李大钊北京十年

教学篇

李燕博　主编　　北京李大钊故居研究室　编著

中央编译出版社
Central Compilation & Translation Press

图书在版编目（CIP）数据

李大钊北京十年. 教学篇/李燕博
主编. —北京：中央编译出版社，2016.11
ISBN 978-7-5117-3088-6

Ⅰ. ①李…
Ⅱ. ①李…
Ⅲ. ①李大钊（1889-1927）-生平事迹
Ⅳ. ①K827=6

中国版本图书馆 CIP 数据核字（2016）第 201952 号

李大钊北京十年：教学篇

出 版 人：葛海彦
出版统筹：贾宇琰
责任编辑：廖晓莹
责任印制：尹　珺
出版发行：中央编译出版社
地　　址：北京西城区车公庄大街乙5号鸿儒大厦B座（100044）
电　　话：(010) 52612345（总编室）　　　(010) 52612345（编辑室）
　　　　　(010) 52612316（发行部）　　　(010) 52612317（网络销售）
　　　　　(010) 52612346（馆配部）　　　(010) 55626985（读者服务部）
传　　真：(010) 66515838
经　　销：全国新华书店
印　　刷：北京汇林印务有限公司
开　　本：787毫米×1092毫米　1/16
字　　数：471千字
印　　张：28.75
版　　次：2016年11月第1版第1次印刷
定　　价：86.00元

网　　址：www.cctphome.com　　　　邮　　箱：cctp@cctphome.com
新浪微博：@中央编译出版社　　　　　微　　信：中央编译出版社(ID: cctphome)
淘宝店铺：中央编译出版社直销店(http://shop108367160.taobao.com)　　(010) 52612349

本社常年法律顾问：北京嘉润律师事务所律师　李敬伟　问小牛
凡有印装质量问题，本社负责调换，电话：(010) 55626985

编辑人员名单

顾问：李权兴

主任：李燕博

编者：北京李大钊故居研究室

成员：张丽娜　刘　洋　刘子强　侯文文　潘　玥

总序　李大钊北京十年

一

1912年冬天，李大钊与同学白坚武为创办北洋法政学会的会刊一事到北京找孙洪伊商洽，经社会党员曹百善介绍，得以同中国社会党北京支部总干事陈翼龙会面。两人一见如故，畅谈终夜，李大钊为陈翼龙的"纯粹的共产社会主义"思想主张和艰苦奋斗的精神所吸引和感动，遂决定加入中国社会党，愿与陈翼龙等社会党人一起为开展有益于改善平民思想和生活状况的活动而工作。至此，李大钊成为陈翼龙到北京后直接发展的天津的中国社会党党员。这是李大钊第一次到北京。1913年2月，中国社会党天津支部正式建立，推选李大钊为天津支部总干事。北京总部的陈翼龙也专程赶到天津来祝贺。李大钊决心把天津建设成"社会主义发育昌明之地"。

1913年6月，李大钊从北洋法政专门学校毕业后，到北京参与创办《法言报》，这是李大钊第二次到北京。他曾经住在设于湘阴会馆内陈翼龙创办的平民学校里，在中国社会党北京总部的领导下，撰写了一大批文章。此时的陈翼龙正在与国民党合作，秘密地从事反袁斗争。7月，陈翼龙在北京被捕。警方取缔中国社会党，并追查与陈翼龙有来往的人。李大钊等人不得不离开北京，暂时隐蔽。李大钊在北京期间游览了颐和园和圆明园故址，写下了"只今犹听宫墙水，耗尽民膏是此声"，"圆明两度昆明劫"，"一曲悲笳吹不尽"的诗句，痛恨封建统治对民众的极度盘剥、帝国主义者对中国的野蛮掠夺。当时的政局"共和自共和，幸福何有于吾民也"。他把所学到的法政原理应用于错综复杂的社会现实，探究政党政治如何促使民主共和政治的实现，如何促使社会经济的发展、铲除民生凋敝之根源。深感由于自己学识的欠缺，还未能找到救国救民的真正道路，于是决定接受友朋资助，为继续求知远赴日本东京留学。

1916年5月，袁世凯称帝复辟失败，昭示着民主共和新的转机，再造中国之不可缓，李大钊弃学从日本回到上海。7月11日，启程北上，应邀到北京创办《晨钟报》，任该报编辑主任。8月15日，《晨钟报》正式面世，在创刊纪念版上李大钊发表《"晨钟"之使命——青春中华之再造》，也开始了他建设新中国伟大革命事业的征程。这是李大钊第三次到北京。

从此，李大钊的革命实践活动和北京联系在一起，他在北京度过了38年生命历程中最辉煌的10年。

二

这一时期的北京是中国的政治文化中心。在北京这个大舞台上演过许许多多关系中国命运、震惊世界的重大事件：五四运动、新文化运动、传播马克思主义、创建中国共产党、工农运动掀起高潮、建立国民革命统一战线、北京政变、迎接孙中山北上、孙中山逝世和策应北伐战争等等，李大钊是这些历史事件的重要参与者，他以自己非凡的行动谱写了他个人在中国革命的历史上和中国共产党的历史上凝重而华彩的篇章。

在北京，李大钊先后积极参与《晨钟报》、《新青年》、《每周评论》、《政治生活》等50余种报刊的编辑工作，为此付出了大量的心血和精力。五四运动前，李大钊发表了《法俄革命之比较观》、《庶民的胜利》、《布尔什维主义的胜利》、《我的马克思主义观》、《物质变动与道德变动》、《唯物史观在现代史学上的价值》等理论著作，宣传苏俄十月革命，传播马克思主义，为五四运动提供崭新的思想武器。五四运动中，他身先士卒，积极领导和推动运动的发展，是五四运动中当之无愧的旗手。

教 学 篇

1920年初，李大钊在北京大学组织建立马克思学说研究会，聚集了一批具有共产主义思想的青年知识分子，为建党做好思想上、理论上和组织上准备。他与陈独秀相约在北京和上海分别行动，筹建中国共产党，使"南陈北李，相约建党"成为中国革命史上的佳话。李大钊以共产主义运动先驱的伟大人格魅力，吸引和影响了一大批知识分子和进步青年。在中国共产党的历史上，毛泽东、周恩来、马骏、林伯渠、陈毅、张太雷、瞿秋白、邓中夏、何孟雄、王尽美、赵世炎、刘伯坚、陈延年、陈乔年、陈为人、王若飞、高君宇、范鸿劼、邓培、缪伯英、邓颖超、乌兰夫、李运昌、刘清扬、郑振铎、罗章龙、张申府、刘仁静等，均受到他的教诲和帮助并走上革命道路，贡献于中国革命事业。

李大钊于1922年到1924间频繁奔走于大江南北，代表中国共产党与孙中山会谈，经由孙中山亲自主盟加入中国国民党，为改组国民党、建立革命统一战线做了大量工作。1924年1月，李大钊出席了国共合作的国民党第一次全国代表大会，被孙中山指定为大会主席团五位成员之一，参加了大会宣言的起草等多项重要工作，当选为中国国民党中央执委会委员。会后担负起国共两党在北方的最高领导职责，为国共合作、推动反帝爱国革命事业作出重大贡献。

在北京，李大钊于北伐战争前夕以国共两党领导人的双重身份，亲自参与并委派得力干部做冯玉祥、胡景翼、孙岳、邓宝珊等国民军的工作。经过两年多的努力，取得重大成果，国民军官兵的思想觉悟和战斗力有了很大提高。他们不畏艰苦，行程数千里，打败了几倍于己的敌人，为赢得北伐战争的胜利起到了至关重要的作用。在李大钊等一大批共产党人的感召和影响下，国民军中不少官兵倾向革命，反帝爱国思想觉悟空前提高，如杨虎城、吉鸿昌、赵博生、董振堂、高树勋、何基沣、屈武等，他们中有的人后来加入共产党，有的率部起义参加了红军，有的在抗日战争和解放战争中为促使胜利的天平向人民一边倾斜发挥了重要作用。

在北京，李大钊开创性地发展北京大学图书馆事业，使北京大学图书馆建设发生质的飞跃。他在图书馆学和图书馆建设方面的理论和实践，奠定了中国现代图书馆学的基础，推动了中国现代图书馆事业的发展。李大钊被美国图书馆协会出版的《世界图书情报百科全书》称为"中国现代图书馆之父"。

在北京，李大钊以马克思主义唯物史观指导史学研究，在史学理论方面卓有建树，他的《史学要论》、《史学思想史》是中国马克思主义史学创立时期的重要文献。他的史学理论及史学思想不仅对中国史学发展有巨大的推动之功，还对近代中国法律史学发展具有深远的指导意义。他的唯物史观为考察法律现象提供了新的视角，开辟了中国近代法律史学研究的新路径。李大钊是中国马克思主义法律史学的拓荒者。

李大钊人际交往广泛，行踪遍及北京许多地方。北京，是李大钊名副其实的第二故乡。

三

北京李大钊故居管理处依据现在保存下来的文件和实物，坚持"修旧如旧，展现原貌"的原则还原的石驸马大街后宅35号（今西城区文华胡同24号）是李大钊一家在北京居住最久的一处住宅。为此我们将追寻和整理李大钊在北京的活动踪迹和交往史实，向人们尽可能全面地介绍展示伟人的思想和实践。这是我们编辑出版《李大钊北京十年》的目的所在。

我们所能做到的只是依据大量记录历史事件的文件，追寻和梳理李大钊参与每个历史事件的来龙去脉和生活细节，以及所处的具体时间、地点和条件，还原其真貌。只有这样，我们才能说是真正地认识和理解了李大钊的思想发展、情感寄托和理想追求，才能把北京李大钊故居中所陈列展示的历史文物和当时李大钊及其家人、同志、朋友等的社会交往、思想交流、组织活动、创作生活各个方面生动地结合在一起，进而展现李大钊在北京革命实践活动的全貌。

李大钊以其所学到的法政知识为起点，开始探索救国救民的道路之时，对于错综复杂的社会政治现象、对于占据最高统治地位的政治人物、对于资产阶级革命后的代议制，都曾经有过认识上的偏颇。作为不断进取的学者和政治家，他勇于与时俱进、与时俱变，坚信"旧者不崩,新者何由而建?幻者不灭,真者何由而成",经过艰难探求,他确信中国问题的"根本解决"只能是走社会主义道路。为此,要有一个正确的主义,本着社会主义作实际的运动,对内齐一全体之心志,对外与其他组织进行联合行动;要有一个社会主义的团体,即平民的劳动家的政党——中国共产党;要接受共产国际的指导和支援,并在行动上与之相呼应。

李大钊是"实践其所信,厉行其所知"的楷模。

四

李大钊到过北京的很多地方,从天安门广场到胡同小巷;从北京大学到孔德学校;从铁狮子胡同孙中山行辕到国民军鹿钟麟部队营区;从岳云别墅到湖广会馆……都曾经留下他的足迹。与他交往过的人物众多,故事感人至深。

我们在追寻李大钊在北京的行踪中发现一个突出的现象——李大钊在北京工作生活十余年,一直居无定所。当然这与他从事革命工作躲避敌人有关,但更重要的原因是李大钊具有为革命不惜牺牲一切的无私的品格。十余年间,李大钊在北京没有购置过一处房产,在北京大学任图书馆主任兼教授时的月薪,约在200元左右,完全有能力支付购房费用。可是,每月的薪水,李大钊拿回家的却只够撑起家中日常开支,有时还使妻子赵纫兰因无钱买米做饭为难。他的薪水大都用于革命事业。现在北京文华胡同的李大钊故居,是他和家人在北京居住时间最长的一处,那也是借住朋友的。

在梳理李大钊的行迹和交往史料中,我们感受最深的是李大钊肝胆照人、光芒四射的崇高人格,正如胡锦涛同志所说:"我们纪念李大钊同志,学习和研究他的著作,必须像他那样保持无产阶级先进分子的革命气节和高尚情操。同李大钊同志接触过的人,都赞誉他具有高尚的道德情操。他既坚持真理,坚持原则,又待人宽厚,团结同志。他生活俭朴,节衣缩食,省下钱来充作党的活动经费,或用来帮助同志,接济贫苦青年。他把党和人民的利益看得高于一切,宁愿舍生赴死,也不出卖党的机密。他为共产主义事业在中国的胜利献出了自己的生命,表现了一个共产党人的崇高气节和浩然正气。"

又如习近平同志所说:"李大钊同志的道德和操守非常崇高。在他身上,凝结着中华民族传统美德,体现着中国知识分子的优秀品格。他作风质朴,不驰于空想,不骛于虚声。他坚持真理,待人宽厚,团结同志,正如后人所赞誉的,'没有宗派气,内外从如云'。李大钊同志是一位真正的革命者,他的伟大人格和崇高风范,将永载中国共产党和中国人民革命斗争的史册。"

王　洁

2010 年 4 月 28 日

"教学篇"序

　　李大钊在北京度过了他人生的最后十年。这十年，是李大钊革命活动最重要的时期，而教学活动就占据了很大篇幅。正是通过这段重要的教学活动，这位中国的第一位马克思主义者，成功地推动了马克思主义和列宁主义在中国的传播，培养或影响了一大批中国的知识分子。在这些人中，有很多成为中国的第一批马克思主义者，新一辈年轻的共产主义知识分子脱颖而出，并在后来掌握了中国革命的领导权，其中最重要的一位就是李大钊任北京大学图书馆主任时的助手——毛泽东。

　　李大钊在北京的教学活动对中国思想界和中国革命的影响，再怎么强调都不为过。李大钊在北京的教学活动，可以被看做是马克思主义与中国实际相结合的一种最初尝试。本篇的目的，正是在力所能及的范围内，通过尽量多的一手和二手资料，把李大钊在北京教学活动的全景展现给读者。

　　本篇共分七个部分。第一部分概括性地介绍了李大钊的教学思想和实践活动。在其教学活动中，李大钊特别强调教育的阶级性，认为无产阶级必须为自己和后代争取获得教育权而斗争，认为无产阶级必须打破封建统治者留下的教学传统，进而改造人的思想，推动社会改造。李大钊还特别强调对青年的教育，同时强调"教育乃培根固本之图"。第二部分和第三部分关注于李大钊在北京大学期间的教学活动——在北大图书馆的工作和对北大课程的革新，正是这些教学活动推动了马克思主义在知识分子中的传播。第四部分展现了李大钊在北京五所高校传播马克思主义思想的情况。第五部分按时间顺序列举了李大钊的多次学术演讲。对李大钊来说，这些学术演讲无疑是传播马克思主义的一种最有效形式。而随着一次次的学术交流活动，他对马克思主义和中国社会现实问题的认识也在不断深化。第六部分和第七部分摘录了李大钊的高校讨薪活动和校务管理实践，展现了李大钊是如何把马克思主义信念付诸实践的。

《李大钊北京十年——教学篇》与已经出版的"交往篇""事业篇""思想篇"，即魂为一体又独立成篇。李大钊的教育思想、教学活动、学术作风和治学态度有很多地方值得后人继承、学习和发展。希望本篇可以为当今的教育工作者和青年知识分子提供一个了解李大钊的教育思想和实践的机会。不当之处，敬请广大读者指正。

李燕博

2015 年 10 月

目 录

第一部分　李大钊教书育人的思想与实践 …………………………… 1
　一、李大钊的教育思想 ……………………………………………… 3
　二、对李大钊教学活动的回忆 ……………………………………… 14

第二部分　李大钊对北京大学图书馆的建设 ………………………… 19
　一、图书馆的建设与管理 …………………………………………… 23
　二、向图书馆捐赠图书 ……………………………………………… 34
　三、促进图书馆教育事业发展 ……………………………………… 38
　四、关心图书馆工作人员成长 ……………………………………… 41

第三部分　李大钊在北京大学的教学活动 …………………………… 45
　一、史学系课程：唯物史观 ………………………………………… 47
　二、史学系课程：史学思想史 ……………………………………… 76
　三、政治学系课程：现代政治 ……………………………………… 211
　四、政治学系课程："社会问题"演习课 …………………………… 236
　五、政治、经济两系课程：社会主义与社会运动 ………………… 240

第四部分　李大钊受聘为北京五所高校教授 ………………………… 297
　一、李大钊受聘为北京大学教授 …………………………………… 299

1

二、李大钊受聘为北京女子高等师范学校教授…………………… 301

三、李大钊受聘为北京高等师范学校教授……………………… 305

四、李大钊受聘为朝阳大学教授………………………………… 307

五、李大钊受聘为中国大学教授………………………………… 310

第五部分　李大钊的学术讲演活动………………………………… 313

一、李大钊各次学术讲演………………………………………… 315

二、1921年末四川讲演…………………………………………… 344

第六部分　李大钊与北京高校索薪斗争…………………………… 347

一、李大钊参加索薪斗争大事记………………………………… 349

二、北京高校索薪斗争中的报界舆论…………………………… 394

三、对《李大钊全集》收录索薪文献的探讨…………………… 397

第七部分　李大钊与北京大学的校务管理………………………… 405

一、李大钊在北京大学的校务管理职位………………………… 407

二、李大钊在北京大学各社团的职务…………………………… 421

附录一：梁启超著《中国古代币材考》………………………… 428

附录二：刘师培（申叔）：《小学发微补》…………………… 443

第一部分　李大钊教书育人的思想与实践

　　1920年7月8日，经北京大学评议会全体通过：李大钊为教授兼图书馆主任。此后，李大钊先后在历史、经济、政治、法律等系开设"史学思想史"、"史学要论"、"社会主义与社会运动"、"社会主义"、"唯物史观研究"等课程。还在北京女子高等师范学校、师范大学、朝阳大学、中国大学等校讲授"女权运动史"、"史学思想史"、"社会学"等。李大钊是在中国大学教育讲台上传播马克思主义学说的先驱，在教学实践中积累了丰富的经验。

教 学 篇

一、李大钊的教育思想

李大钊非常重视青年一代,关注着青年的健康成长,强调教育"乃培根固本之图",运用上层建筑与经济基础关系理论,论述教育受制于经济基础也受政治制约,教育的本质,阶级社会教育的阶级性,加强劳工补助教育、家庭教育的重要,批判封建和奴化教育,是我国教育史上极其珍贵的思想遗产。

(一) 教育受制于经济基础也受政治制约

1919 年,李大钊在《我的马克思主义观》中指出:经济现象是社会现象中最基本的现象,"一切社会上政治的、法制的、伦理的、哲学的,简单说,凡是精神上的构造,都是随着经济的构造变化而变化。我们可以称这些精神的构造为表面构造。表面构造常视基础构造为转移"。而促使"基础构造"发生变化的动因是生产力,"基础构造"处在经常的变动中,"精神的构造也就随着变动……思想、主义、哲学、宗教、道德、法制等等不能限制经济变化物质变化,而物质和经济可以决定思想、主义、哲学、宗教、道德、法制等等"。作为"表面构造"的教育不仅受制于经济基础,且也受政治制约。教育在很大程度上依赖政治,教育与政治是密切相关的,"须知政治不好,提倡教育是空谈的"①。凡脱离政治的教育是不可能成功的。

教育也不是亘古不变的,教育会随着经济结构变化而发生变化,又会受到政治的制约。在阶级社会中,教育具有阶级性,统治阶级把教育作为维护自己统治地位、麻痹人民思想的工具。统治阶级在教育的目

---

① 《李大钊全集》第 4 卷,人民出版社 2006 年版(下同),第 92 页。

的、制度、方针、内容以至方法上都要体现出其阶级利益和要求，及其思想、观点、心理和习惯。当社会已分化出统治者和被统治者的阶级对立时，教育就具有了阶级性，历代剥削统治阶级都会牢牢地掌握着教育权，把它变为阶级支配的工具，统治阶级独占了教育，在资本主义社会，工人不仅在物质上遭受剥夺，更在教育权利上受到残酷剥夺；人们已知道资本家掠夺劳工物质生产的成果是莫大的暴虐与罪恶，"哪知道那些资本家夺去劳工社会精神上修养的工夫，这种暴虐，这种罪恶，却比掠夺他们的资财更是可怕，更是可恶"①！无产阶级必须为自己和后代争取获得教育权而斗争，并通过教育传播社会主义革命思想。因此，在改造社会时，单单改造经济组织，不改造人类精神，是不能得到成功的，应该进行"灵肉一致""物心两面"的改造。而"灵肉一致""物心两面"的改造，最有力的手段是进行教育。

李大钊强调教育在社会改造中的作用。教育的作用是"培根固本"，提高人民觉悟，振奋民族精神。教育可以改造国民性，提高人民道德智慧和各方面的分析能力，这样的教育不是仅仅局限于学校教育，要大力开展社会教育，把教育的对象扩大到全国人民，特别是劳工大众，使之"不论何时何地都有研究学问的机会"。这是教育对社会改造可以发挥的重要作用，民众教育要使教育与政治相结合，组织和动员群众，为社会革命服务；学校教育要多多地培养有进取心、勇于创新、博闻强记、好学求知的青少年和具有专业造诣的学者、专家；还要把工农教育开展好，提高广大工农群众的革命觉悟和文化水平。

（二）坚决批判封建和奴化教育

李大钊指出，辛亥革命后，教育领域内"尊孔读经"的复古逆流甚嚣尘上，以纲常名教为核心的封建教育旧势力依然顽固。他指出，孔子学说之所以支配中国人心两千多年，并非它是永久不变的真理，而是由于它适应了两千年不变的"农业经济组织"。但如今"时代变了！西洋动的文明打进来了！西洋的工业经济来压迫东洋的农业经济了！孔门伦理的基础就根本动摇了"②。孔子的学说中的"修身、齐家、治国、

---

① 《李大钊全集》第2卷，第291页。
② 《李大钊全集》第3卷，第145页。

平天下"的儒学教育,是为封建统治者服务的。中国农业经济发生了变化,孔子的学说也就丧失了存在的基础。孔子的学说的"劳心者治人、劳力者治于人",是把劳动者放在被统治者地位,作为统治者牺牲品的,应提倡新的伦理道德观。

李大钊也揭露了帝国主义在中国的奴化教育和宗教侵略。指出宗教是反动阶级用来愚弄人民的工具。基督教义中的不抵抗主义不过是暗示无产阶级应安分守己,不必与资产阶级抗争,是以空幻其妙的天国去安慰无产阶级在现世所受的剥削与痛苦。认为应反对帝国主义在中国办教会学校,特别是要反对把圣经列为教学科目。他曾组织过"非宗教大同盟",领导过"非基督教运动"和"收回教育权运动",这些活动都对帝国主义的奴化教育给予了沉重的打击。

李大钊指出,近年来,人们都认为教育与政治是相互独立的两件事,"从前蔡元培先生等即抱此种观念,决不干预政治。结果国立北京八校竟有停办的危机"①。正因为基于以上观点,李大钊对现实中一些迫切需要澄清的教育问题做出了明确的回答。新思想、新教育不是凭空捏造出来的,"新思想是应经济的新状态、社会的新要求发生的"②,因此,任何阻挡都无济于事。李大钊运用上层建筑与经济基础的关系理论,深刻揭示了封建教育灭亡、新教育建立的历史必然,抨击封建教育复辟的鼓噪。

运用上层建筑与经济基础关系理论,李大钊告诉我们应该如何去认识教育与政治的关系。李大钊指出,"因为政治不澄清,使我们不能不牺牲求学之精神,而来干涉政治"③,以求铲除军阀压迫和外国资本主义侵略对教育的干扰。"干涉政治"不是要放弃教育,而是使教育显示出它独特的作用,即传播革命思想和文化科学,引导人们达到"光明与真理境界"。正是就此而言,李大钊提出:"不改造经济组织,单求改造人类精神,必致没有效果。不改造人类精神,单求改造经济组织,也怕不能成功。我们主张物心两面的改造,灵肉一致的改造。"④

李大钊指出:"教育只是偏重知识,而忽于使用知识之人格,知识

---

① 《李大钊全集》第4卷,第92页、第177页、第345页。
② 《李大钊全集》第3卷,第150页、第35页。
③ 《李大钊全集》第4卷,第92页、第177页、第345页。
④ 《李大钊全集》第3卷,第150页、第35页。

也不过是作恶的材料,这是一定的。所以至少每小时授课之余,当授以三五分钟的人格教育,使人们相互之间,都能以赤裸裸的真面目相见,而知识教育的效用也因此增进。"①

(三) 重视对青年的思想政治教育

李大钊非常重视青年一代,关注着青年的健康成长,把实现中华民族伟大复兴的希望寄托在青年一代的身上。认为中国贫穷落后,就在于缺少有勇气、有胆略、有新思想的青年。青年是"国家之魂","中华自身无所谓运命也,而以青年之运命为运命";"青年不死,即中华不亡。""国家不可一日无青年,青年不可一日无觉醒。青春中华之克创造与否,当于青年之觉醒与否卜之。"② 青年要有国家兴亡,匹夫有责的精神,以振兴中华为己任,不怕困难、敢于斗争、敢于创造,担负起"再造国家民族之责任"。青年应有"慷慨悲壮、拔山盖世之气魄","回天再造之精神",立足于现实,努力争取美好的未来,要应与工农相结合,把新知识从根底输到社会里面。

青年是整个社会力量中的一部分最积极最有生气的力量,"青年人的精神是进步的、发展的"。"'人'的未来事实,完全为我们青年的责任。进一步说,我们青年的群众运动,就是社会革命的先锋。"③ 出于对青年殷切的期望,李大钊十分重视对青年的思想政治教育,指出青年觉醒与否,在于对青年的思想政治教育。李大钊在发表《我的马克思主义观》前后,在《新青年》《每周评论》《新潮》等刊物上发表一系列论文,宣传马克思主义,用马克思主义观点来解释中国革命问题,为青年一代提供正确的思想认识方法。反对把青年引向脱离现实社会,脱离政治,阻止青年追求进步的整理国故,钻故纸堆;而是采取实际措施,积极引导青年走与工农相结合的道路,"冲决历史之桎梏,涤荡历史之积秽,新造民族之生命,挽回民族之青春者,固莫不惟其青年足望矣"④。为此,要"厚青年之修养,畅青年之精神,壮青年之意志,砺

---

① 《李大钊全集》第 4 卷,第 92 页、第 177 页、第 345 页。

② 《李大钊全集》第 1 卷,第 167 页、第 188 页、第 170 页。

③ 《李大钊全集》第 4 卷,第 92 页。

④ 《李大钊全集》第 1 卷,第 167 页、第 188 页、第 170 页。

青年之气节"①，使之成为有精神、有血气、有魂、有胆之青年。

李大钊指出："一般知识阶级的青年，跑在都市上，求得一知半解，就专想在都市上活动，都不愿回到田园；专想在官僚中讨生活，却不愿再去工作。久而久之，青年常在都市中混的，都成了鬼蜮。农村中绝不见知识阶级的足迹，也就成了地狱。把那清新雅洁的田园生活，都埋没在黑暗的地狱里面，这不是我们这些怠惰青年的责任，那个的责任？"②"都市上塞满了青年，却没有青年活动的道路。农村中很有青年活动的余地，并且有青年活动的需要，却不见有青年的踪影。到底是都市误了青年，还是青年自误？到底是青年辜负了农村，还是农村辜负了青年？只要我们青年自己去想。"③青年应该勇于联合被压迫被剥削的工农大众，"把现代的新文明，从根底输入到社会里面，非把知识阶级与劳工阶级打成一片不可。我甚望我们中国的青年明白这个道理"④。

（四）倡导工农劳动与教育相结合

"人生必需的知识，就是引人向光明方向的明灯。"而在资本主义社会，资本家占有生产资料，贪婪地占有了劳工的劳动成果，更剥夺了劳工获取知识、发展个性的权利，只有在建立工人阶级的国家政权以后，才能实现真正的平民教育。在此之前。工人必须面对生活和生产实际，争取受教育机会。为此，现代的教育，"必须多设补助教育机关，使一般劳作的人，有了休息的工夫，也能就近得个适当的机会，去满足他们知识的要求"。"劳工聚集的地方，必须有适当的图书馆、书报社，专供工人在休息时间的阅览。""像我们这教育不倡、知识贫弱的国民，劳工补助教育机关，尤是必要之必要。"⑤这样就需要通过工人运动，争取缩短工时，使工人有更多工余时间用以读书，"工作以外，还要读书。生出来的时间愈多，就是读书的时间愈多。使工不误读，读不误

---

① 《李大钊全集》第1卷，第167页、第188页、第170页。
② 《李大钊全集》第2卷，第305—306页、第307页。
③ 《李大钊全集》第2卷，第305—306页、第307页。
④ 《李大钊全集》第2卷，第304页、第292—293页。
⑤ 《李大钊全集》第2卷，第304页、第292—293页。

工，工读打成一片，才是真正人的生活"①。"想教育发展，一定要使全国人民不论何时何地都有研究学问的机会。"

  1919年9月21日，李大钊在《北京市民应该要求的新生活》一文中，最早提出"多立劳工教育机关（如夜校、半日学校等）"，"多立贫民学校"②，作为改良北京市民生活的重要措施。在李大钊的支持和帮助下，北京大学的进步学生在北京、河北等地举办了数十所劳动补习学校、夜校等，有力地推动了当地劳工教育的开展。例如1921年1月1日，为开展工人运动，安排邓中夏等深入长辛店铁路工厂，成立工人劳动补习学校，传播共产主义思想唤醒工人大众，向资本家及反动统治者进行斗争，造就了一批工人运动的优秀骨干，史文彬就是其中最杰出的代表。

  李大钊深知"我们中国是一个农国，大多数的劳工阶级就是那些农民"。因此半工半读，同样适用于农民，号召把中国农村的"耕读传家"改为"耕读作人"，通过"耕、读"，使广大农民在劳动之余获取知识，"把黑暗的农村变成光明的农村"。为了实现这个愿望，号召知识青年到农村去，作为发展农村教育的重要途径。

  李大钊最早提出了这样的观点："凡是劳作的人，都是高尚的，都是神圣的，都比你们这些吃人血不作人事的绅士、贤人、政客们强得多。"③而农民"一天到晚，只是到田园里去，像牛马一般做他们的工；就是在吹风落雨、灯前月下的时候，有点闲暇，也没有他们开展知识修养精神的机会"④。"农民如不解放，就是国民全体不解放，他们的苦痛、他们的愚暗，就是国民全体的苦痛与愚暗。然而，农村教育尤其落后，不仅学校极缺，即使为数寥寥，也是十分落后，何况农民还终日劳作，乏有读书时间。"⑤ 李大钊提出，农民教育有着提高文化知识和阶级觉悟两方面任务，尤应进行启发阶级觉悟并进行工农联盟的政治教育。因此，李大钊号召有志青年到农村去，根据农民的生产、生活实际，联合乡村教师，"利用乡间学校，开办农民补习班"。

---

  ① 《李大钊全集》第3卷，第138页、第52页。
  ② 《李大钊全集》第3卷，第138页、第52页。
  ③ 《李大钊全集》第3卷，第170页。
  ④ 《李大钊全集》第2卷，第305页、第304—305页。
  ⑤ 《李大钊全集》第2卷，第305页、第304—305页。

（五）关注儿童早期教育思想

儿童早期教育学是一门崭新的边缘科学，它不完全属于教育学的范畴，而更靠近人类学，是人类学的重要分支——人类潜能的开发与研究。对这个领域的开发和研究是人类文明发展的新觉醒，它不是归属于学历教育、义务教育、专业教育，也不是归属于系统文化知识传授，实属于对人体潜能最佳期开发的探索与方法的研究，更多应是家庭、社会早期教育机构综合努力的研究与实践的方向。

李大钊在1923年春天旅居上海时，偶然读到木村久一的《早期教育与天才》（1916年写作完成，1917年4月首次出版）一书，就成了它在中国的宣传者，可以说李大钊是在中国最早关注此书和宣传关注儿童早期教育的人。

新发现的《李大钊写给吴弱男的信》，令人惊喜地看到李大钊对早期教育的关注与研究。这封写满七页信纸的长信，主要内容竟是介绍日本早期教育家木村久一的《早期教育与天才》一书的内容，并力劝吴弱男"把自己的家庭中的教育经验写出来，更把这些人的教育法一一介绍之于国人"。

李大钊就《早期教育与天才》一书的内容介绍，论述了关注儿童早期教育，对国家民族未来发展的必要和重要。他指出关注儿童早期教育是全社会的历史责任。这是因为：关注儿童早期教育有利于人才成长；"儿童的可能能力有着递减法则"是从《早期教育与天才》一书的论述中得到了证明的。即"儿童的可能能力是有着递减法则的。生来俱有100度可能能力的儿童。如果从一生下来，就给他进行理想的教育，他就可能发展为一个具有100度能力的成人；如果从5岁开始教育，即使是教育的非常出色，也只能发展为具有80度能力的成人；如果从10岁开始教育，最多也只能发展成具有60度能力的成人；教育的越晚，儿童实现的能力就越小"。李大钊说："儿童的教育宜随着儿童知力的曙光以俱进；果能如是，以教育之，大概的小孩子均能有非常的成就。"

关注儿童早期教育有利于民族优秀；早期教育的时限包括乳儿期、婴儿期、幼儿期三个时期，它的教育对象是3岁前和到6岁的儿童，而初等教育对象是6岁以后的学龄儿童。早期教育是在家庭中进行的，实施教育的主要是孩子的父母和父母的长辈，早期接受基础教育的情况如何，决定着孩子一生的发展起点，更早更好地步入学校接受成长教育。李大钊写道："攷希腊史，雅典极盛时代，全人口亦不过五十万；而人才辈出，灿如列星。这固由于希腊人种的优秀，而早教实为其要因，盖早教育为希人的习惯；希人能以早教育造人才，今亦何独不然！"把儿童早期教育与民族优秀联系在一起，实在是高瞻远瞩之见。

关注儿童早期教育有利于健康长寿。《早期教育与天才》一书中说："认为早期教育会危害儿童的健康。这种认识不只是现在有，对早期教育的这种责难是从古就有的。可是威特在儿童时代是非常健康活泼的，他活了83岁，穆勒活了67岁，歌德活了83岁，威斯特贝里卿活了73岁，都是长寿的，所以说，早期教育有损于儿童健康的说法是没有根据的。"所以李大钊说："可见早教育并无害于健康。"

李大钊在信中还说："人或亦以这是温室中的花，全为人工，而非自然；终不免为一种病的现象。此等青春的少年子女，其将来如何实难预为悬测。惟以过去的事例卜之，他们的将来，实在有望。"说明李大钊对儿童早期教育是在给予肯定的同时，也提出了整个社会都应关注和正确对待儿童早期教育的方式方法和循序渐进的原则等问题。

（六）潜心致力子女的家庭教育

李大钊的家庭教育思想，是我国教育史上一份极其珍贵的思想遗产。李大钊有三子两女，李大钊的夫人赵纫兰文化水平不高，在李大钊帮助下能够阅读浅近的书报，勤俭持家的能力很强，为人严己宽人，忠厚坦诚。李大钊夫妇的家庭教育，总结起来有四个方面。

以理想道德教育，培养求真务实精神。李大钊非常注重用音乐来陶冶孩子的心灵，用歌曲寓理于情，寓教于乐，使孩子在愉悦中受到教育。当孩子们高兴地围绕在他身旁，唱起熟悉的《校歌》："啊，我们可爱的孔德，啊，我们的北河沿！你永远是青春的花园……"李大钊幽默地说："北河沿是一条又脏又臭的水沟，怎么能说是青春的花园？这首歌的歌词太不现实了，这不是教孩子睁着眼睛撒谎吗？"李大钊告诉孩子们："会有青春的花园这样合乎理想的学校的。不过，在今天这样的社会根本做不到。只有将来实现了社会主义、共产主义，我们的孩子才能进入那青春的花园。"为培养孩子为共产主义奋斗的理想，他冒着被逮捕的危险教孩子们唱《国际歌》。他一边弹琴，一边用低沉的声音歌唱。他说:"声音不能太大,让街上警察、暗探听见,他们会把我们逮起来的。"他还把歌词大意讲解给孩子听,并且用家乡一位穷苦大伯一年辛苦到头,全家还是吃不饱穿不暖的例子,帮助孩子领会歌词的意义。结果,没教唱几遍,孩子们都会唱了,这使孩子们深受教育,从小便树立共产主义的远大理想,将共产主义的实现作为自己的责任,并且敢于为共产主义而奋斗。长子李葆华于1925年仅16岁时加入中国共产主义青年团。22岁时在日本秘密加入中国共产党,任中共东京特别支部书记,在斗争中锻炼自己成为共产主义战士。李大钊的理想主义教育,要求子女以高度的历史责任感,为祖国的革命事业奋斗终生。

以艰苦朴素教育,培养生活自强能力。 李大钊有丰厚的收入,可以使家人过上优越的生活,但是家庭生活极为简朴,他自己的衣着总是"冬一絮衣,夏一布衫"。他提倡简易的生活,反对奢华的社会风气,"以有限之精力,有限之物质,应过度之要求,肩过度之负担,鲜不气竭声嘶,疲于奔命"①。"应用不足,贪念斯起,实力不足以达者,则觅捷径以达之,正轨不足以济者,则走曲折以济之。于是虚伪、夸张、奢侈、贪婪种种罪恶,皆因此过度之生活以丛滋矣。"② 幼女炎华,常穿得像个乡下孩子,完全不像大学教授的女儿。李大钊常说:"孩子们应当从小养成吃苦的习惯,免得长大了什么也不会做。"李大钊的朴素教育思想影响了孩子的生活观。李葆华的一生中生活以简朴著称,上班都是穿普通服装。1927年李大钊就义后,其家人被迫回到故乡乐亭县大黑坨村。年仅16岁的李星华在农村照料重病的母亲和年幼的弟妹,一直到1931年的暑假,才又带着弟弟和妹妹回到北京复学。在孔德学院高中部上学时,她一直勤工俭学,用给学校刻印法文讲义蜡版挣得家庭生活费用,挑起家庭生活的重担。

以智体全面发展,培养独立思考才干。 李大钊认为人生的意义在于充分发挥自己的才能,为人类造福,为社会做贡献。而要实现这一理想,需要知识和修养。知识是引导人生到光明与真实境界的灯烛,修养是实现人的理想的重要条件,"人们要过优美高尚的生活,必须要有内心的修养"③。为此,李大钊十分关心孩子们增长知识,提高修养,在

---

① 《李大钊全集》第2卷,第118页、第119页。
② 《李大钊全集》第2卷,第118页、第119页。
③ 《李大钊全集》第4卷,第158页。

文学、史学的知识方面都打下扎实的基础。李大钊夫妇对孩子们的成长非常关心，抽出时间教孩子学音乐，经常给孩子选择好的笔、墨、字帖，让他们练习书法，写好汉字。为使孩子们经风雨、见世面，带领孩子乘船、渡河、爬山，锻炼胆量。

李大钊特别看重对孩子进行劳动教育，认定社会的进步决定于由生产力的发展水平，而在生产力中起决定作用的是具有劳动智慧和劳动能力的人。"我觉得人生求乐的方法，最好莫过于尊重劳动。一切乐境，都可由劳动得来；一切苦境，都可由劳动解脱。"① 李大钊在实践中培养孩子们热爱劳动的好习惯。冬天下大雪后，他带孩子们一起扫雪堆成雪人等，激发孩子们的劳动兴趣。他更注重在日常生活中培养孩子的劳动习惯、吃苦精神，让他们懂得劳动是人生的根本，艰苦朴素是中国人勤俭持家的优良传统。

以塑造健全人格，培养成为普通劳动者。"现代青年，应该在寂寞的方面活动，不要在热闹的方面活动。""热闹中所含的，都是消沉，都是散灭；黑暗寂寞中所含的，都是发生，都是创造，都是光明。""现代青年，应该在痛苦的方面活动，不要在欢乐的方面活动。""免苦的好法子，就是劳动。这叫做尊劳主义。""现代青年，应该在黑暗的方面活动，不要专在光明的方面活动。""只要把你的心放在坦白清明的境界"，"只要你的光明永不灭绝，世间的黑暗，终有灭绝的一天"。② 李大钊深刻意识到教育对国家、对青年、对社会的重要性，教育维系着民族的兴衰，发展教育，提高全民族素质迫在眉睫。

李大钊针对当时中国青年的现状，在课堂上进行教学的方式、方法和内容都有着自己独到的见解，从而对传播马克思主义，培育青年共产主义者，做出了巨大贡献。李大钊对自己孩子的教育，更是关注他们人格的塑造，要求他们把自己锻炼成为普通的劳动者。

在培育子女健全人格方面，李大钊是一位楷模：长子李葆华（1909—2005）1925年加入社会主义青年团，参加革命工作；长女李星华（1911—1979）1932年入党，后赴延安，从事教育和民间文艺研究；次女李炎华（1919—1966）参加敌后抗日斗争，后从事教育工作；次子李光华（1922—　）1940年赴延安，从事教育工作。1927年4月，

---

① 《李大钊全集》第2卷，第318页。
② 《李大钊全集》第2卷，第317—321页。

李大钊被军阀张作霖抓捕时，夫人赵纫兰和星华、炎华、光华也被抓走，投入狱中。三子李欣华（1927—1989）出生于故乡大黑坨，李大钊牺牲时，还在襁褓之中，没能见上父亲一面，后于1940年赴延安，参加工作。三子两女都成长为革命者、党的优秀干部。

李大钊要求孩子们一定要多学知识，加强修养，成为一个自食其力的普通劳动者，做一个真正对社会有用的人。李大钊的家庭教育思想，对我们今天的家庭教育工作具有重要启示意义。

二、对李大钊教学活动的回忆

包慧增《回忆李大钊同志》:"我这一回到北京,是同李大钊同志第一次见面,我们是先约好了时间去的。我们进了大门就一直到他的书房,这间房子是三小间合成的一大间,靠着三面墙壁陈设着四个大书架,上面摆满了书籍,有中文的,也有外文的。靠窗户的这一面有一个相当大的写字台,写字台对过有两张条桌,条桌上面堆满了报纸和杂志,也同书籍一样,中国外国的都有。从他藏书的丰富,可以理解到他对追求学问是如何地肯下功夫。据说他无论怎样忙,每天回家总要抽两三个钟头的时间去读书或是写作。这是他多年来的生活规律,从来没有间断过。"(《回忆李大钊》第 150—151 页)

罗章龙《和守常同志在一起的日子》:"我选听了守常先生的'唯物史观'课程。过去的历史课都不外是按旧史观照本宣科不出春秋义法和二十四史范围。而李先生讲授这门课程,在当年是件新鲜事程,这门课无现成教本可循,要自己编写讲义。他的讲义从科学的唯物史观出发,立意创新,内容桔当,而且篇幅很多。他在课前亲自散发讲义,每次都有十张八张,的确开全校风气之先,足见他是经过了长期准备的。李先生讲课有系统,兼有条理,而且联系中外数千年的历史发展加以印证,具有高度说服力,所以同学们听课十分踊跃,座无虚席,迟到的就站着听讲,这些对我印象至深。北京大学前身是京师大学堂,封建思想浓厚,但一些青年接触了新知识,很不满现状,要求进步,渴望新的思想境界,而李先生学贯中西,思想新颖,正是这些青年学生所向往和追求的榜样,于是对他深为敬仰,自然地团结在他的周围。"

"守常先生生平言行一致,即知即行,他所刊布的学术、政论文章,实大声宏,雄视当代。与怀宁文风,南北辉映,这就是'南陈北李'说的由来。"(《回忆李大钊》第 29 页)

章廷谦:"李大钊先生在北大任图书馆主任时,我和他不熟。只记得他是一个圆圆的脸，上唇有两撇浓浓的胡子，戴一副金丝眼镜；中等身材，胖胖的；常穿一套草黄色或者藏青色的西装，也有时候穿一件草黄色的夹袍。他和人说话时，声调不高，很沉、很慢，还带些乡音，头向前微倾并且侧着。有时我们去听他的演说，觉得有极大的煽动力。一班朋友都曾以他的演说辞来作解释群众心理的实例——他是一个言行一致的布尔什维克主义者，所以能号召，能激励一般群众，他的演说辞也因这样才有力量。从一九二〇年下半年到一九二一年上半年，他在北大讲授唯物史观和现代政治，我是他班上的学生。他讲书时，还是侧着头，站在讲桌后面，两只手支在讲桌上稳稳地立着，身子不大移动。

一九二〇年李大钊先生在北京女子高等师范兼课，讲授社会学和图书馆学。我爱人也是他班上的学生——不过在那时节我们还没有结婚。后来晓得那里的女学生对李大钊也都很推崇。"（《回忆李大钊》第109—110页）

朱务善《回忆守常同志》："由守常和中夏等同志的介绍，我参加了发起组织北大马克思学说研究会的讨论。守常同志也参加了这次讨论。我记得守常同志穿着蓝布大衫，戴着眼镜，坐在一张桌子的角上，听我们讨论。我们问他每月可以担任几次讲演，他微微地笑着说：'你们要我讲几次我都可以办到，只是还要邀请其他愿意参加的教授们参加才行'。有一次，我们在北大开辩论会，辩论的题目是'社会主义是否适合于中国'，这次辩论延长数日之久，参加的人都是北京各大学各专门学校的教员和学生，守常同志被邀请为辩论会的评判员。在辩论会上发言非常踊跃，争辩激烈。最后听众都想听一听当代马克思主义专家的意见，一时满场俱寂。守常同志不慌不忙地走上讲台，手里拿着一页笔记大纲，用唯物史观的观点来解答问题。守常同志说明了人类社会发展的规律，证明由资本主义到社会主义，正如封建制度因生产力的发展一定要转变为资本主义社会一样的必然性，非人的意识和感情所能左右的。守常同志用了河上肇所常用的"譬如"来说明这一点（守常同志在日本留学时代，多少受了河上肇的一些影响）。他说，譬如雏鸡在孵化以前，尚在卵壳以内，到孵化成熟以后，雏鸡必破卵而出，此为必然之理。守常同志最后说：'赞成派若是拿唯物史观的观点来解答这个问题，就比较容易驳倒反对派了。但我说社会主义必然到来，这并不是意味着工人阶级不要斗争，就可以垂手等待社会主义的到来……'守常同志说话的声音不大，但在话语里却表现出一种最高度的自信心。闭会后，守常同志在这次辩论会上的结论，引起了大多数听众研究马克思主义的兴趣。此后，马克思主义研究会增加的会员达数十人之多。（《回忆李大钊》第159页）

张尔岩《访问李大钊的学生张尔岩》："守常老师善于教书育人，热忱关心青年，诲人不倦的革命精神。由于他知识渊博，名望高，曾被我们朝阳大学聘请教授《社会学》，每周讲一次课，每次两课时。当时同学们听说守常老师来我校授课，无不喜出望外，大家都怀着敬仰的心情来听讲课。守常老师说话的声音不高，速度也慢，带有浓厚的乡音，但课讲得清楚、形象、生动，给人以很大吸引力。他第一次给我们上课时，开始没有授课，而是和同学们漫谈，引导大家明确学习目的。他指出："学习的目的在于应用。应用要服务于社会，不能为个人名利。"他勉励同学们"为挽救危难中华而学，为人民造福献才智"。他的这一教导，使大家顿开茅塞，皆啧啧称赞。他讲课，也从不照本宣科，而是结合实际传授知识，循循善诱，由浅入深，针对现实穿插实例，处处给人以启迪。如在讲解有关社会过程的课题时，结合讲述了国际、国内的历史沿革，分析了产生种种社会现象的根源。并着重指出："古往今来，社会生活始终存在着新与旧的斗争。而创新则是青年的责任。"他殷切期望广大青年"打起精神，于政治、于社会、于文学、于思想等各个方面开辟一条新路径，创造一种新生活。"通过这样启发式的教学，当时对引导同学们解放思想，破除迷信起到了极大的促进作用。

在教授社会经济方面的课题时，剖析了我国半封建半殖民地社会的经济状况，讲了经济与政治的关系，强调指出："经济制度的改造，是改造一切上层建筑的基础。"号召同学们"发扬薪胆精神、赴国难，雪国耻，发奋为雄，再造神州。"在以后的讲课时，又多次引导同学们应走与工农相结合的道路，离开家庭，离开父母，到农村去，宣传群众，开发农村。他指出："在中国农民占绝大多数的国家里，如果没有农民的解放，就没有全体国民的解放。"号召广大青年要不畏艰苦，克服困难，积极到农村这个天地里去锤炼自己，并把现代新文明，从根本上输送到社会里面，唤醒民众，掌握自己的命运，改造社会，创造新生活。从而，对启发同学们树立革命人生观、投身革命事业打下了良好的思想基础。所以，每当守常老师讲课，同学们没有缺席的，都聚精会神听，教室里的气氛格外两样，只听到他的讲课声和同学们记笔记的响声，连个咳嗽的都没有,每个课时都是在大家没有听够的情况下很快过去。在守常老师讲完课后,同学们仍不走开,纷纷围向讲台,有的请教这个问题,有的请教那个问题。对此,守常老师总是不厌其烦作解答。有时来不及解答,以后另找时间补上。(葛辛垦:《访问李大钊的学生张尔岩》、《李大钊与河北》)

"李大钊教育思想"研究论文索引

● 董平均、李银:《李大钊教育思想》,河北省教育厅人文社会科学研究规划项目(s070409)

● 刘晓燕:《李大钊教育思想对当代青少年教育的启示》,载《党史博采》2009年5期。

● 牟文谦:《李大钊职业教育思想及其启示》,载《继续教育研究》2009年12期。

● 路来庆、牟文谦:《李大钊的农民教育思想及其对新农村建设的启示》,载《教育探索》2010年第6期。

● 姜路平、毕海林:《李大钊的家庭教育思想初探》,载《河北科技师范学院学报(社会科学版)》2010年1期。

● 牟文谦、刘霞:《李大钊教育思想十论》,2011年10期。

● 王艳萍:《李大钊的儿童早期教育思想》,载《唐山学院学报》2011年第7期。

● 刘丽萍、邓小林:《李大钊青年教育思想评述》,载《西部大开发》2011年第4期。

● 杨云:《李大钊的教育思想与贡献概论》,载《兰台世界》2013年第7期。

● 常进军、李继华:《试析李大钊的大学教育思想》,载《高等教育史》2013年第3期。

● 刘群:《李大钊人格教育思想研析》,辽宁师范大学,2011年硕士论文。

第二部分　李大钊对北京大学图书馆的建设

北京大学红楼

　　李大钊进入北京大学图书馆任职，是经章士钊推荐的。当时中国受过高等教育的知识人才尚属不多，以蔡元培已从事教育事业多年，又有民国教育总长的经历，其门生弟子、至友同窗之中，不乏有人，如果要选聘一名北大图书馆主任，自然是没有困难的。然而，蔡元培欣然接受了章士钊的推荐，选聘了李大钊。

　　关于蔡元培决定选聘李大钊的原因，章士钊后来回忆时——章士钊在北京大学讲授逻辑学（《北京大学日刊》1917年11月15日）（1917年11月15日至1918年1月辞职）——说得很清楚。他说："一九一八年，吾入北京大学讲逻辑，以教授兼图书馆主任。其所以兼图书馆主任者，无非为著述参考之便，而以吾萦心于政治之故，虽拥有此好环境，实未能充分利用；以谓约守常来，当远较吾为优，于是有请守常代替吾职之动议。时校长为蔡子民,学长陈独秀,两君皆推重守常,当然一说即行。"

可以明显地说明,李大钊受聘北大图书馆主任,校长蔡元培、学长陈独秀的"皆推重",是关键的所在。蔡元培认为李大钊有真才实学,堪负重任,才决定聘用。

北大图书馆的前身是始建于1898年的京师大学堂藏书楼,设于马神庙校区的公主梳妆楼。1912年,京师大学堂易名为"北京大学校","藏书楼"易名为"图书馆部"。正如李大钊说的:"古代图书馆不过是藏书的地方,管理员不过是守书的人。他们不叫书籍损失,就算尽了他们的职务。现在图书馆是研究室,管理员不仅只是保存书籍,还要使各种书籍发生很大的效用,所以含有教育的性质。"张国涛在《我的回忆》中记载:"那时的北大图书馆设备还很简陋,地方不算宽敞,图书也不够齐备,但已甚具吸引力,常常挤满了人,其中以搜索新奇思想的'左倾'者占多数,少数的社会主义书刊往往借阅一空。休息室中,三五成群的青年高谈阔论,马克思主义和无政府主义常是他们的主要话题。图书馆主任室有两间房,一间是李先生的办公室,另一间是接待室。那间接待室是当时的社会主义者和激进人物会集之所,还有好几次举行过人数颇多的座谈会,辩论得很是认真。"

李大钊以"资源共享、服务共建、文献分藏、读者分流"为图书馆建设的总思路,在图书馆学理论方面的重要探索有:

(1) 关于图书馆的分类。他指出:"图书馆有两种:一是社会的,一是学校的。社会图书馆的对象是社会一般人民、学校图书馆的对象是学生。这两种的性质不同,所以形式也不一样。"李大钊主张社会图书馆即今天通常所说的公共图书馆,要面向大众,面向市民,尤其要面向劳工阶级,因此,藏书就必须通俗一些,他提出要"多办市立的图书馆,通常的尤其要紧。图书馆宜一律公开不收费"。

(2) 关于图书馆与教育的关系。他指出:"图书馆和教育有密切的关系。想教育发展,一定要使全国人民不论何时何地都有研究学问的机会;换一句话就是使全国变成一个图书馆或是研究室。"因此,他主张充分开发图书馆的社会教育功能,图书馆不能像过去的藏书楼,只重书籍收藏,而要使各种书籍发挥很大的效用,使其成为研究室,"含有教育的性质"。

(3) 关于发挥图书馆教育功能的途径。为充分发挥图书馆社会教育的功能,他主张要创造条件满足日益增加的读者借阅的需求。他提出增加复本,"方便多数读者"。还主张采用"开架式",指出采用"开架式"虽有弊端,即"损失较多",但"所得的利益比损失大得多",图书馆应"给阅览的人一种选择的便利","开架式"具备这种优点,"图书馆就是研究室,阅览的能随时翻阅才好"

(4)关于图书馆工作人员业务素质。他建议北京高等师范学校"添设图书馆专科,或是简易的传习所,使管理图书的都有图书馆教育的知识"。在《关于图书馆的研究》的讲演中,他提到:"在中国今日,管理图书馆者,多无专门知识,女界于此,若能事先研究,养成图书馆人才,他日此种事业,自能得到优先权利。"1921年12月,他在《晨报》上发表《美国图书馆员之训练》一文,介绍了美国17所图书馆学校的沿革、学制、课程等方面的情况,以期国人吸取借鉴国外图书馆员训练方面的先进经验。

(5)关于读者服务工作。他指出:"藏书贵活用,欲活用故奖励借书。借书之事,乃成图书馆中最重要的问题。"为方便多数读者,他又提出:"(一)借出之书,宜先预定归还日期。(二)临时借阅,不准携书馆外。"他对读者也提出了要求,指出:"开架式最重要的是公德心。敝校阅书的有一种不好的习惯,就是借去的书籍,往往不按期交还。"注意发挥图书馆在传播先进文化中的优势。正是在他的主持下,北大图书馆成了当时中国的一个研究、传播马克思主义的中心,成了新文化运动的重要阵地,成了早期革命活动的中心之一。图书馆成为先进文化的传播阵地,这是中国图书馆事业史上的划时代转变。

一、图书馆的建设与管理

1917年12月至1923年9月，北京大学图书馆藏书发生巨大变化，5年里中、外文图书增加很多：1917年12月有中文书籍147190册、外文书籍9970册；1923年9月有中文书籍184008册、外文书籍28836册。中文书籍增加36800余册，外文书增加18800余册。日、德、英、俄的图书中，马克思列宁主义理论书籍购入得到重视。1918年10月，北京大学新图书馆建成，李大钊的办公室成为宣传新文化思想的阵地。李大钊亲自参与布局和决定主要用途。北京大学图书馆新馆有书库21个、阅览室6个。

李大钊在《北京大学日刊》上经常发表《图书馆主任告白》《图书馆主任布告》。在工作上十分周到、细致，这是他在图书馆日常工作中所作的一些批示和起草的与国外学术、出版机构进行书刊交流的文件。使图书馆做到了：大量增加书刊、健全规章制度、努力改进服务、积极培训人才、采用先进编目方法、加强与国外联系、提倡无私捐赠。

图书馆主任告白
（1918年1月24日）

本馆昨承陶孟和先生交到天津博物馆宋该院陈列品说明书共四册。除编号存馆外，特此通告，并以致谢。查该院分天然、历史二部，天然部又分动物、植物、矿物三类；历史部又分美术、货币、人种风俗及古迹风景等类，颇足够学术上之参考。吾校同仁研考博物者，盍一往观。院址在天津河北公园内。此白。

图书馆主任告白

(1918年3月1日)

（一）前据化学讲演会全体会员函称：化学书籍太少，而借出者又久不归还，以致学者无由研究。拟请将借书规则酌加修改，凡一种书籍无两帙以上者，不论教员、职员、学生概不借出等语。所陈甚是。除一面查照各国大学图书馆章，厘定一完善规章，请校长核准定期施行外，希望参阅化学书籍者，尽所可能在阅览室阅览，其余借出各书，仍乞按期限归还，以免多数向隅，此白。

（二）迭据学生诸君函称，国史馆及各科研究所，由本馆借书甚多，且无期限，殊有滞碍等情。查本馆与国史馆及各研究所，遂为分立机关，而于书籍之享用，究当谋一联络之方法。俟与国史馆及各研究所商定一互相借书之规则，次第施行，总期使各处图书可以循回转置流通阅览，俾收最大最普之效用，以利研究而惠学子。此白。

（三）查本馆旧章，向无关于寄存图书之规定。现在颇有愿将私有图书寄存本馆俾众阅览者，因拟定简章数条，业经校长核准，即日施行，倘有欲寄存图书于本馆者，本馆甚为欢迎，一切照寄存图书简章办理。此白。

附：图书馆寄存图书简章

图书馆寄存图书简章

(1918年3月1日)

一、凡有欲寄存图书于本馆以供职教员或公众阅览者，本馆欢迎，对于该图书与本馆藏书一列保管。

二、寄存期间须在三个月以上，三个月以后得随时取还，但须预先通知，以便检齐交付。

三、寄存图书者须备一详细之目录，本馆照目录点齐后，付以收条，将来取书以此收条为证。

四、寄存图书须盖有定式之章记。

五、寄存图书中有贵重物品，须特别保管者，宜预先声明并指定如何保管之方法，本馆当酌量情形，照所拟方法办理。

六、寄存图书者应将各书实价列入目录，本馆若因过失有所遗失，当按价值偿补，惟遇有不可抗力时不在此限。

七、寄存图书俱得在阅览室阅览，概不外借。

修正图书馆结束规则

（1918年4月11日）

第一条　本校职员、学生想本馆借书，须用本馆定式之借书券填具书名、号数、年、月、日，并签名盖章，交付本馆存查。

第二条　本馆藏书，分贵重类与通常类二种。贵重书类，无论何人，概不出借。其通常书类中之辞典、字典与中外书籍之仅有一部者，亦须在阅览室翻检，概不出借。但教员借阅关于所授科目之书籍，不在此限，惟其册数及限期，须照第三条办理。

第三条　各科研究所、国史馆以机关名义、个科教员以个人名义每次借阅关于所任科目之书籍，中文以百册为限，西文以十册为限，两个月内必须归还。

第四条　除前项规定外，无论职员、学生，每次借中西文书以两种为度，但中文书以三十册为限，西文书以四册为限。两星期内必须归还。

第五条　借书册数已满定限者，未归还期间，不得另借他书。至期还书时，如无他人需用，可以换券续借一次，但在续借期间有人需用时，须立即归还。

第六条　图书之装成幅帙者，以一幅一帙为一册。

第七条　无论职员、学生借书逾期不缴，即立停止其借书权，逾期一日，停止一星期，并即收回其逾期未还之书。

第八条　本馆遇有清理及编目等事，有检阅之必要时，得随时索还借出之书籍。其职员、学生借阅之书，各教员须参考时，由本馆知会，亦须即时缴还。

第九条　供教室公用之图书，不设册数及日期之制限，但须以各科教务处名义填具借书券。

第十条　贵重图书如有供公用之必要时，须得校长或各科学长、本馆主任之认可，方可借出。但于最短期限内必须归还（期限由本馆酌定）。

第十一条　校外各机关，如有以公函向本馆借阅书籍者，本馆依其书籍之性质，认为无可妨害，可贷与之。但该机关需派人莅馆，以本馆定式借书券填具书名、号数、年、月、日，并签名盖章，并须于一定期限内归还（期限由本馆临时酌定）。

第十二条　职教员辞职及学生退学或休学时，须于离校以前，将所借书籍归还；学生毕业时，亦须于领凭照以前缴还。

第十三条　借出之书，如有遗失、损坏时，须赔偿原书或照缴书价，或按其损坏之程度，酌填修补费。

第十四条　借书事宜，均于本馆开馆办公之时间行之。

图书馆主任告白
（1918年6月5日）

现拟于暑假期中，将馆中存储图书查检一次。自六月十五日起，无论中西图书，一律停止借阅，并望将以前借阅之图书，务于暑假以前归还。特此告白。

图书馆主任告白
（1918年7月9日）

迭据学生诸君面陈，欲利用假期，阅览书籍，拟请将开馆时间略微延长。兹为尊重诸君好学之意向起见，自7月9日起，上午七时至十一时，下午二时至六时开馆，汉文复本书籍，亦准借阅。特白。

图书馆主任告白
（1918年9月10日）

本馆书籍，分贵重与通常二种。除贵重书及各国文辞典久定不出借外，东西文普通书，凡只有一部者。亦既规定概不借出馆外（新订借书规则第二条）。兹审度情形，特再规定，凡普通书虽有二部以上，而版次不同者，亦只出借期旧版，新版者仅得在馆内阅览。此种办法，纯为谋大多数人阅览便利，并为慎重保存起见，本出于弗得已。同学诸君，务希深体此意为要。

图书馆主任布告
（1918 年 9 月 14 日）

现在本馆业经照常办公，所有属于本馆各职员，务乞按规定时间到校办公，至盼至要。

图书馆主任布告
（1918 年 10 月 14 日）

现在本馆拟迁往新大楼，惟以书籍繁多，非顷刻所能毕事，只有陆续搬运，自本月十四日起，每天上午闭馆，下午及晚间仍在旧舍开馆，照常办公。此白。

图书馆主任布告
（1918 年 10 月 16 日）

本馆第一阅览室设在新大楼第一层第二十九号室，专备阅览中外杂志之用，现已布置完竣。由十六日起，每天上午九时至十二时，下午一时至五时启室办公。晚间暂停。此告。

图书馆主任布告
（1918 年 10 月 22 日）

本馆办公室一概迁至新大楼第一层，各阅览室亦皆布置完竣，自今日起，即在新舍照常办公。此告。

图书馆主任告白
（1918 年 10 月 26 日）

（1）本馆第二阅览室设在新大楼第一层第三十一号室，专以陈列各种日报，现已到有十五种，详表另行揭布，反本校教职员及学生君可随时入览。

（2）本馆拟将阅过之日报汇存备考。本校各办公室如有阅过之报，幸勿掷弃，每旬日或半月送交本馆一次，至为感祷。

（3）本校所设阅报室不止一处，本馆极愿相与联络，除几种必不可少之报外，其余订阅中外各报，能随时协商分购，以求齐备而避重复。可以定期互换陈列，殊觉便利。如表同情，即乞将所陈各报名目登布日刊，然后互定交换陈列之法。

图书馆主任布告
（1918 年 12 月 23 日）

近来各科学生，由馆借阅书报逾限多日不肯缴还者，竟居泰半。此种习惯，大失书物流通之效用。所有借书逾限者，应即于年假内缴还，以重公益。自明年开学日起，不缴者一律照章停止借书权。此布。

图书馆主任布告
（1919 年 1 月 30 日）

二月一日为旧历春节，二月三日又为本校开游艺大会之期，自一月三十一日下午图书馆各阅览室一律闭馆，初四日照常开馆。此告。

图书馆主任布告
（1919 年 5 月 29 日）

暑假临迩，本馆例须清理。自六月一日起，凡图书报章，一律停止借出，其从前借出者，亦望从速缴还。此告。

图书馆主任布告
（1919 年 6 月 24 日）

暑假期内，本馆每日自上午八时至十二时开馆，下午及晚间闭馆，但阅报室可延长至下午五时。此告。

图书馆主任布告
（1919 年 11 月 15 日）

近来，发现数种杂志里的重要论文被人撕去，此类事，惟有请阅书报者自重。

图书馆主任布告
（1919 年 12 月 2 日）

本校学生诸君：如有欲得京师图书馆优待卷者，望来本馆收发室报名，以便汇齐函索。此告。

图书馆主任布告
（1919 年 12 月 12 日）

阅览书报诸君：幸勿在各阅览室内吸食纸烟，以防火险，并重公众卫生。

图书馆主任告白
（1920 年 1 月 17 日）

本馆借书规则，凡非有复本之书籍，盖不出借。嗣因学生诸君，偶有以特别理由要求通融者，不得不稍为变通。今查此类通融借出者，亦多不能如期交还，公家殊感不便。自本日起，凡不出借之书籍，概不通融出借，其已经通融借出及当然借出之书籍，亦蒙如期交还，以重书籍流通之用。本馆设有五阅览室，颇足供用，开馆时间又长，阅者诸君幸常来馆阅览，当无不便之处，且可藉此养成利用图书馆之习惯。此告。

图书馆主任通告
（1920 年 5 月 28 日）

本馆书籍，经过一次改编目类，换贴号签，又经过一次迁徙，理应彻底清查整齐一下，兼想乘此机会，造成一份确实的统计表。自6月1日起，所有图书一律停止借出，并望把借去的书，一概交还，特此通告。

图书馆主任布告
（1920年6月30日）

现在天气炎热，自七月一日起，本馆每日开馆时间，改为由上午七时至上午十时，余时及星期日，一概闭馆。

图书馆主任启事
（1920年10月30日）

近来旁听生诸君要求核本科生一律结束的很有几位，此事俟交图书委员会议决后，再为通告。

修正图书馆借书规则
（1920年12月23日）

第一条　本校教职员、政科学生及本校规程上所规定之各机关向本馆借书，须持借书证或机关公函，用本馆定式之借书条填具书名、号数、年、月、日，并由本人或机关主任签名，交付本馆存查。

第二条　借书人借书时，须将借书证连同借书条留存典书课，俟缴还所借图书时再行取回。关于所借图书之责任，应完全由借书证上所记之人负之。如在第一次借书未满期前再借书时，须将第一次所借之书，持往图书馆以资证明。

第三条　本馆藏书，分贵重书类与通常书类二种。贵重书类，无论何人，概不出借。通常书类，除辞典、字典外，俱可按本规则出借，但教员指定之参考书，若参考人甚众时，得由图书馆斟酌情形，暂不出借。

第四条　新到书籍若无复本，则自到观之日起一个月内，陈列馆内供众阅览之用，暂不借出馆外。

第五条　本校规程上所规定之各机关及各教职员，每次借出图书，中文以五十册为限，西文以十册为限（李大钊亲笔改为三十册和五册）；本校正科学生，每次借出图书，中文以二十册为限，西文以二册为限。图书之装成幅帙者，以一幅或一帙为一册。

第六条 借书期限，教职员以十四日为度，学生以七日为度，俱以借书之日起算。但期满还书时，如无他人需用，可以换条续借。

第七条 无论何人，借书期满不缴还者，除暂停其借书权外，并照下条规定征收违约金。

第八条 违约金之办法，依下列方法定之：

（一）违约金率用累进法定之，每逾限七日递加违约金率一倍。

（二）在逾限未满七日以内，中文图书，教职员每册每日征收铜元六枚，学生每日每册征收三枚；西文图书，教职员每册每日征收铜十二枚，学生每日每册征收六枚。在逾限未满十四日以内，中文图书，教职员每册每日征收铜元十二枚，学生每日每册征收六枚；西文图书，教职员每册每日征收铜二十四枚，学生每日每册征收十二枚。在逾限未满二十一日以内，中文图书，教职员每册每日征收铜元十八枚，学生每日每册征收九枚；西文图书，教职员每册每日征收铜三十六枚，学生每日每册征收十八枚。以下类推之。

（三）违约金之征收，教职员或自交典书课，或由薪水中扣除。学生于还书时随交典书课汇收，若学期终了，尚不缴还书籍及违约金者，下学期开始时，即停止其学生资格。

第九条 校外各机关如有以公函向本馆借阅图书者，本馆依其图书之性质，认为无何妨害，得贷与之。但该机关须派人莅馆，以本馆定式借书条，填具书名、号数，签名盖章，并须于一定期限归还（期限由本馆临时酌定）。

第十条 借出之图书如有损坏时，须按其损坏之程度，由图书馆酌定修补费，令借书人赔偿。在未赔偿之前，停止其借书权。

第十一条 借出之图书如有遗失，应由借书人报告本馆。如其遗失报告在规定之借书期内，应由借书人赔偿本馆所估定之代价；如已逾期，则除赔偿以外，并按第八条征收违约金。

第十二条 借书、还书，均于本馆开馆办公之时间行之。

关于征集国外出版物的批文
（1921 年 1 月 14 日）

请登录课作一英文复函致谢，并说明希望他们以后有印刷物源源的寄给我们，如需缴费，望以价目告知我们。

李大钊

图书馆主任通告
（1921 年 2 月 4 日）

近顷有几位同学关于图书馆有商榷者数事，兹为简单答复如下：
（一）第三阅览室即将设置。
（二）第一院典书课办公室与阅览室即行分开。

图书馆主任启事
（1921 年 11 月 4 日）

范时训、李中安、万文生、李逢时、张国祥、聂思敬诸君鉴：
望于四日下午一时至四时间来图书主任室一谈。

图书馆主任通告
（1921 年 2 月 4 日）

本部招用书记一名，曾经登布日刊，现在报名者已有多人，望即于二月六日下午二时至四时间，来本校图书主任室面试。此白。

图书馆主任通告
（1922 年 2 月 8 日）

本部招用书记，承诸君来馆面谈，不胜感谢。现已聘定前在本馆服务甚久之卢遇庚君，以资熟手。其余诸位俟后有相需之处，再为函聘可也。

图书馆主任启事
（1922 年 3 月 8 日）

陆侃如君鉴：

有事须面谈，望于本日（三月八日）下午四点钟至五点钟间来第一院图书主任室一谈。

图书馆主任通告
（1922 年 11 月 20 日）

兹因本校图书馆组织将有所变更，故须将所有图书清查一次。自星期一（十一月二十日）起，第一、三典书课各阅览室暂停出借图书，其已借出者，均望于借书期满日归还，以资清理。一俟组织确定后，再行照章出借。十一、十一、二十。

李守常启事
（1922 年 12 月 2 日）

鄙人已辞图书主任职。本校同人如有关于图书部的事件，乞与图书主任皮皓白先生接洽，可也。

二、向图书馆捐赠图书

《北京大学日刊》1918 年 3 月 20 日，图书馆布告：
承本馆主任赠《乐群》杂志第一期一册，特此布告。

《北京大学日刊》1918 年 4 月 29 日，图书馆书目室启事：
又承本馆主任李先生赠《独立周报》杂志第一年全年（十四期）；第二年全年（二十一期），共 32 册。

《北京大学日刊》1918 年 5 月 24 日，图书馆书目室启事：
承李主任先生捐赠《学艺》杂志第三期一本。编号存馆转函鸣谢外，特此布告。

《北京大学日刊》1918 年 12 月 6 日，图书馆书目室启事：
承本馆李主任捐赠本馆：
今井博士《建国后策》一册
《国耻之一》一册
《民彝》第三期一册
《言治》第二号一册
…………
编号存馆转函鸣谢外，特此布告。

《北京大学日刊》1919 年 5 月 29 日，图书馆登录室布告：
本馆兹承本馆主任李先生惠赠《教育》第一期一册，特此声谢。

《北京大学日刊》1920 年 6 月 18 日，捐赠杂志：
本校图书馆主任李守常先生，以大批旧杂志捐助本校图书馆，日本文者有《太阳》、《支那》、《外交》、《雄辩》、《生活》、《向上》、《正论》、《新日本》、《洋及洲》、《东大陆》、《外交时报》、《经济论丛》、《六合杂志》、《东京评论》、《东方时轮》、《中央公论》、《哲学杂志》、《日本浪人》、《东亚之光》、《国民评论》、《隔周杂志》、《洪水以后》、《第三帝国》、《日本评论》、《日本及日本人》、《世界之日本》、《伦理讲演集》、《国民经济杂志》、《国家学会》、《国家级国家学》、《社会及国家》,和《黎明会讲演》等267册。中文者如《雅言》、《楚宝》、《寸心》等30册。又小册子17册。刻已登录完竣,分存各阅览室云。

《北京大学日刊》1921年10月11日,图书馆登录室第三部布告:本馆兹承李守常先生惠赠俄文书两种,特此声谢。

《北京大学日刊》1922年4月12日,图书馆登录室第三部布告:本馆兹承李大钊先生捐赠《国风报》52册,特此声谢。

《北京大学日刊》1921年4月14日,图书馆登录室第三部布告:本馆兹承李守常先生惠赠《革命军》一册,特此声谢。

李大钊赠书今何在

对于李大钊捐赠给北京大学图书馆的日文书刊,1986年日本信州大学的后藤延子教授,曾以三个月的时间在北京大学图书馆进行细致的调研。其调查结果大致如下:

1.《世界之反响　洋与洲》,5册。为1914年2、3号及1915年1、2、3号。主办人是矢部八重吉。以翻译欧美报刊评论日本的文章为主。其撰写的自然与人生刊登在1914年2、3号上。

2.《日本浪人》,2册。1916年的第1卷7、12号。主编是远藤隆吉。浮田和民、吉野作造等是执笔者。

3.《生活》,1册。1916年第4卷2号,刊登有加藤弘之的《迷信的进化》、河田嗣郎的《日本家庭制度的现在和将来》。

4.《世界的日本》,7册。1913年12月号,1914年1、2、4、9、11月号,1915年1月号。主编是桥本彻马。刊登有安部矶雄的文章《战后的欧洲和日本劳动界》。

5.《东亚之光》，4册。1914年1号，1915年2、7号，1916年12号。东亚协会主办。

6.《一大帝国》，1册。1916年11月号。日本立宪青年党的机关杂志。主编桥本彻马。

7.《向上》，2册。1913年12号，1914年4号。修养团编辑，1913年12号上刊有浮田和民的《新道德论》。

8.《国民评论》，2册。1917年1、3号。是赞美哲人政治否定政党政治的杂志。1917年1、3号上面连载北聆吉的文章《近代的哲人政治》。

9.《外交》，4册。1915年6号，1916年11、12号，1917年1号。主要关注欧洲的时局。

10.《黎明会讲演集》，3册，1918年第1集，1919年2、3集。刊有吉野作造、今井嘉幸、木村久一、福田德三等人的文章。李大钊曾密切关注黎明会的动向。

11.《伦理讲演集》，6册。由丁酉伦理会主办。1917年的173—178集刊有论述俄国革命的文章。认为"对世界人心的无形的影响不可估计"。

12.《国家及国家学》，4册。1915年12月号，1916年11、12月号，1917年4月号。由明治大学出版部发行。

13.《哲学杂志》，6册。东京帝国大学哲学会1916年至1917年353、359、360、361、362、363号。这几期以论说康德哲学为主。

14.《新公论》，1册。1915年9月第9号，这期杂志以论说自杀问题为主要论题。

15.《中央公论》，2册。1915年6月，1916年12月。刊有吉野作造的《对外外交的严正批判》《答对欧洲动乱史论的批评》等。

16.《六合杂志》（*The Cosmos*），10册。1914年11、12月号，1915年2、3月号，1916年11、12月号，1917年1、2、3、4月号。《六合杂志》大力宣传新的社会风尚，配合用法律取缔恶习陋规，当时具代表性。这些期中有比利时号、俄国文化号等。

17.《日本评论》，2册。1916年12月，1917年1月。日本精神团的机关杂志。主盟是茅原华山，其弟茅原茂是主编。

18.《东京评论》，5册。1917年2—6号。一元社主办。茅原茂是主编。关注日本国民的道德教育。

19.《第三帝国》，册数不详。益进会主办，是以茅原华山、石田友治为中心的刊物，此刊物在当时的留日学生中较为流行。

20.《洪水以后》，册数不详。《第三帝国》分裂后，茅原华山创办。山本圣峰的《中国民族灭亡的命运》一文，对李大钊写作《青春》可能有所影响。

21.《社会及国家》，册数不详。一匡社主办。《日知录》有"取其一匡九合之功。盖权衡于大小之间，而以天下为心也"。

22.《东大陆》，册数不详，详情待考。

23.《隔周杂志》，册数不详，详情待考。

24.《正论》，2 册。1913 年 1、2 月号，注明是吴弱男女士所赠。

25.《新日本》，6 册。1918 年 5、7—11 号。山川均（无名氏）的文章在上面较多，多论说民主及文化问题。

26.《雄辩》，1 册。日本讲谈社，大日本雄辩会 1912 年刊行。

27.《日本及日本人》，3 册。政教社。现有 1913 年 600 号，1916 年的 695 号，1917 年的 719 号。其中有中岛端的《余辈的中国观》，为他的《支那分割之运命》做辩护，并认为李大钊等所著《〈支那分割之运命〉驳议》，是袁世凯一派的御用学者所作。

28.《东方时论》，6 册。1918 年 6 月号，其余 5 册均注明是吴弱男女士赠。北聆吉的《东西文化的融合》一文，对李大钊写作《东西文明根本之异点》一文是有影响的。

《经济论丛》《支那》《外交时报》《国家学会杂志》《国民经济杂志》等 5 种杂志，均有北大或燕大图书馆的印章，而且是完整齐全的，因此即使有李大钊的捐赠也只是与之重复。

从现有的这些书刊中，还难以查找出对李大钊思想产生重大影响的文章。而这样的向图书馆捐赠行为，则显示了李大钊所提倡的好书大家研读、资料大家享用的图书馆建设思想。

三、促进图书馆教育事业发展

《在北京高等师范学校图书馆二周年纪念会演说辞》

李大钊1919年12月13日《在北京高等师范学校图书馆二周年纪念会上的演说辞》，首先刊登在《平民教育》1919年第10号上。已经收录于《李大钊全集》第3卷，第132—134页。这篇演说开头就说："古代图书馆不过是藏书的地方。管理员不过是守书的人。他们不叫书籍损失，就算尽了他们的职务。现代图书馆是研究室，管理员不仅只保存书籍，还要使各种书籍发生很大的效应，所以含有教育的性质。"现代图书馆不同于古代藏书楼，最根本的一点，就是介入了教育和学术事业。1920年8月15日《申报》刊登题为《北大图书馆之现在与将来》的文章，谈及蔡元培、李大钊以及诸多北大教授热心图书馆事业："图书馆为学校第二生命，稍有常识者，无不知之。""该校教员及学生对于本校图书馆事业能如此热心筹划，则前途发展定可预期也。"

李大钊在这次演说中不仅说明了现代图书馆与传统藏书楼的区别，还说明图书馆有两种：由于服务对象不同，可划分为社会图书馆和学校图书馆。说明图书馆对图书的购、借阅的方式，图书馆藏书的编目方法，现在图书馆不是单纯藏书、文库，是要为读者服务，为此，图书馆不仅要增加复本、开架式查询，更需要具有专业知识的管理人员。李大钊希望北京高等师范学校"添设图书馆专科或简易的传习所，使管理图书的都有图书馆教育的知识"，强调指出图书馆和学校教育、社会教育的密切关系，"这是关系中国图书馆前途的事情，也是关系中国教育前途的事情"。为我国图书馆向现代化发展奠定了基础。

教 学 篇

《关于图书馆的研究》

1921年10月24日,李大钊在北京女子高等师范学校讲演,题目是《关于图书馆的研究》,分别介绍了图书馆书籍的来源,书籍进入图书馆以后的登录、编目、上架,书籍的借出和管理事务,图书馆学校的教育。特别介绍了美国图书馆教育,著名的17所学校的情形。他列出了纽约州图书馆学校的毕业生841人,男生只占167人,女生则为674人。用以说明"图书馆员的职业,于女子最为相宜"。此演讲最初刊登在《益世报·女子周刊》1921年10月24日,11月7、14日。现收录于《李大钊全集》第3卷第330—334页。

《美国图书馆学员之训练》

1921年12月1日《晨报》上面刊登了李大钊的《美国图书馆学员之训练》一文。对美国图书馆学校从1913年为11所,1918年就有了17所,说明美国图书馆教育的发达。然后分别介绍了这17所美国的图书馆学校。然后,细致地介绍了这些学校开设的课程要目:甲、行政类:图书馆行政、图书馆立法、图书馆建筑、图书馆簿录、购订书报、对于儿童的事务、图书馆运动、图书馆组织、借书课、研究室。乙、技术类:总目、分类、书架目单、标题、索引、字母顺序及书类整理、装订及修缮。丙、题解类:参考事务(政府文书)、图书馆史、印刷术史、外国语、商业题解、国民题解、问题题解。丁、批评类:小说鉴别、儿童文学、盲人用书、书籍选择及注释。戊、杂类:时行问题、图书馆界的调查、打字术、实习与参观。李大钊在文章中还指出:"图书馆员的职业,于女子最为相宜。""可惜中国现在研究此种学问的尚少,教员实不易得人。""我相信在最近的将来,女高师的同人必能为中国图书馆运动史开一新纪元。这是可以预祝的。"现收录于《李大钊全集》第3卷第336—346页。

北京高等师范学校图书馆讲习会

李大钊为提高图书馆工作质量、发展图书馆事业,认为关键是要发展图书馆学教育,"使管理图书的都有图书馆教育的知识,这是关系中国图书馆前途的事情,也是关系中国教育前途的事情"。1920年8月,北京高等师范学校应各省之请,开办暑期图书馆学讲习会,各地参加者78人,首开中国图书馆学业余教育之先例。李大钊承担了北京高等师范举办的图书馆讲习会"图书馆教育"课程的讲授工作。这是我国图书馆界首次举办的讲习班,在我国图书馆教育事业中具有开拓性和示范效应。

当选北京图书馆协会中文书记

李大钊为谋求我国图书馆事业的整体进步,他倡导北京大学图书馆与汇文大学图书馆共同发起,联合清华大学、北京协和医学校等单位的图书馆,于1919年12月21日在北大文科事务室,召开成立北京图书馆协会大会,到会各馆代表20余人,通过了会章记附则。选举袁同礼为北京图书馆协会正会长,高罗提(Mr Galt)为副会长,李大钊为中文书记,吉非兰(Miss Crilfillon)为英文书记。北京图书馆协会开创了中国图书馆之间合作的先例,为1925年成立的中国图书馆协会提供了范例。

关于图书编目法的通信

为全面了解各国图书馆的图书目录编目及管理方法,曾向在日本的殷汝耕两次写信,要其对日本图书馆的目录编制方法向吉野作造求教,写信回来。1918年7月24日收到殷汝耕的来信,便将其刊登在1919年8月8日的《北京大学日刊》上面,作为研究参考。

1921年6月正处在北京国立专门以上八校的索薪斗争罢课期中,美国国会图书馆的卫德女士执金陵大学校长鲍文的介绍信到北大图书馆。李大钊还是热情接待,参观了北大的书库,双方互相交流书籍编目法及有关著作。1921年9月30日的《北京大学日刊》,详细地报道了这次中美图书馆事业的友好往来。

四、关心图书馆工作人员成长

李大钊与张申府

张申府（1893—1986），名崧年，张岱年之兄，河北献县人。1913年考上北京大学预科学习数理，第二年考入北大文学院攻读哲学。两个月后，又转到了数学系。1917年，张申府以助教名义留北大工作，教预科数学和逻辑。通过同学郭仁林（晓峰）认识了李大钊。这时，张申府接触到全新的理论——马克思主义思想。李大钊时任图书馆主任，编目工作要重新创制工作任务重，就请张申府兼图书馆编目股股长，主持图书编目工作。

陈独秀时任文科学长，常去李大钊处交谈，因此与张申府熟识，1918年冬陈独秀、李大钊、张申府联手创办《每周评论》周刊，决定由张申府负责编辑。在李大钊离开的时候，张申府几乎担任北大图书馆代主任的工作。张申府还担任了《新青年》的编委，参加了少年中国学会和新潮社。1920年，共产国际东方局代表魏金斯基来华，商谈在中国建立共产党。他经北京大学俄籍教员柏烈伟的介绍，见到李大钊和张申府。8月中旬，陈独秀筹备建党，为确定组织名称，从上海给李大钊和张申府的信中说：创党之事只有你与守常可以谈。

1920年10月，北京共产党早期组织在北京大学图书馆李大钊的办公室正式成立。党组织的最初成员就是李大钊、张申府和张国焘。张申府参加了党的早期创建工作，在当时是"南陈北李"间的奔走串联者，为中共建党做出了卓绝的贡献。1923年底，张申府从德国回国，李大钊建议他去广东参加国共合作的工作。于是，张申府来到广州，参加了黄埔军校的筹建工作。1924年5月，张申府被孙中山任命为黄埔军校政治部副主任，负责黄埔第一期学生的口试、笔试监考和阅卷工作。

1925年1月，张申府列席中共四大。会议上反对共产党加入国民党，认为共产党应当保持它的独立性，不应当依附其他政党。有人说他幼稚可笑，怒不可遏，表示要退党。张申府回到北京后，李大钊等人劝他不要退党，他不为所动，退出了共产党。

李大钊与毛泽东

毛泽东（1893—1976），字润之，笔名子任。湖南湘潭人。毛泽东说："我在李大钊手下担任国立北京大学图书馆助理员的时候，曾经迅速地朝着马克思主义的方向发展。李大钊是我真正的老师。"

1918年冬，毛泽东从湖南来到北京，经过北大杨昌济教授介绍，于10月间到北大图书馆工作。李大钊和毛泽东在北大红楼一层东南角的办公室第一次见面，毛泽东获得了图书馆助理员的兼职。北京大学工资发放册记载，毛泽东于1918年12月、1919年1月和2月分别签收了3个月工资，月薪为8元。可知毛泽东到李大钊身边工作的时间是1918年的最后两个月，恰是李大钊向中国民众宣传俄国十月革命，发表《庶民的胜利》和《布尔什维主义的胜利》之际，毛泽东认真踏实的工作态度，深得李大钊赞赏。在李大钊的指导下接触过多方面图书馆工作，并使他拥有阅读新书刊的便利，及向李大钊求教社会问题的机会。在李大钊的引导下，毛泽东在北京大学参加了哲学会和新闻学会，旁听北京大学的一些课程。

1919年12月至1920年4月，毛泽东因率领湖南"驱张代表团"赴京请愿第二次到北京大学。又经李大钊等人介绍，加入了"少年中国学会"和"马克思学说研究会"，在李大钊的推荐下阅读了《共产党宣言》和《阶级斗争》，使毛泽东树立了对马克思主义的信仰。

毛泽东的"赴俄勤工俭学"的想法，也同李大钊详细研究讨论过，1920年4月毛泽东离开北京大学。

李大钊与卢遇庚

1921年2月4日图书馆主任通告："本部招用书记一名，曾经登布日刊，现在报名者已有多人，望即于二月六日下午二时至四时间，来本校图书主任室面试。"1922年2月8日图书馆主任通告："本部招用书记，承诸君来馆面谈，不胜感谢。现已聘定前在本馆服务甚久之卢遇庚君，以资熟手。其余诸位俟后有相需之处，再为函聘可也。"

李大钊与马家骧

　　李大钊于1922年3月1日写信给校长办公室："敬启者：图书馆职员马家骧君久已改为助教，聘任委员会及总务委员会皆已通过，乞即将薪薄马君名下改为助教为祷！"

　　1921年11月7日，北京大学图书馆职员马家骧已由学校聘任委员会通过改为助教，但是其薪俸至1922年2月尚未改动，李大钊作为图书馆主任主动为之致信校长办公室请予改正。

第三部分　李大钊在北京大学的教学活动

1920年7月8日，北京大学评议会特别会一致通过将"图书馆主任改为教授"。1920年7月23日，北京大学文牍课发出李大钊先生为本校教授聘书。随后，李大钊在北京大学史学系、政治学系、经济学系、法律学系等开设了"唯物史观"、"史学思想史"、"社会主义与社会运动"、"社会问题"等多种课程，还到女子高等师范、师范大学、朝阳大学、中国大学等校讲授"女权运动史"、"史学思想史"、"社会学"等课程。

教授兼图书馆主任

1918年1月，李大钊任北京大学图书馆主任。

{本校布告}本校总务处经校长按评议会通过之试行章程，委任委员六人，并于其中指任总务长一人。如下：

总务长兼文牍、会计部主任　蒋梦麟
注册、编志、询问、介绍部主任　郑寿仁
图书部主任　李大钊
仪器部主任　陈世璋
出版部主任　李辛白
校舍、斋务、杂务、卫生部主任　沈士远

（《北京大学日刊》第506号，1919年12月8日）

1920年7月北京大学评议会记录：
北京大学评议会1920年7月8日特别会：
到会者：校长蔡元培（蒋梦麟代）、蒋梦麟、朱希祖、朱锡龄、贺之才、黄振声、张大椿（贺之才代）、何育杰（朱锡龄代）、陶履恭、

胡适、沈尹默、马夷初、马幼渔（马夷初代）

(1)、(2)、(3)｛从略｝。

(4) 议决：图书馆添用助教，图书馆主任改为教授。全体通过。

（《北京大学评议会议事录》第 2 册）

1920 年 7 月 23 日，北京大学文牍课发出聘书：李大钊先生为本校教授。自此，李大钊任本科政治学系教授兼图书馆主任。

家庭住址：西城石驸马大街后闸 35 号，电话：西局 2257。

（《北京大学日刊》1920 年 7 月 30 日）

一、史学系课程：唯物史观

　　1920年10月1日，《北京大学日刊》刊登"注册部通告"："李大钊先生担任史学系唯物史观研究，自来周始授课。此布。"郭湛波在《近五十年中国思想史》中称，李大钊是唯物史观最彻底、最先倡导的人。今日中国辩证法、唯物论、唯物史观的思潮这样澎湃，可以说是李大钊立其基础，导其先河。

　　"唯物史观研究"这门课程在北大史学系先后开设过三次：1920年10月在北大为第一次。1922年10月开第二次。1922年10月31日《北京大学日刊》刊登"注册部通告"："李大钊先生所授政治、史学两系唯物史观课本日上课，其社会主义史、社会立法两课均稍缓再行授课。"1923年上半年开设第三次，1923年5月10日《北京大学日刊》："李大钊先生已来校，所授唯物史观本星期起照常授课。"

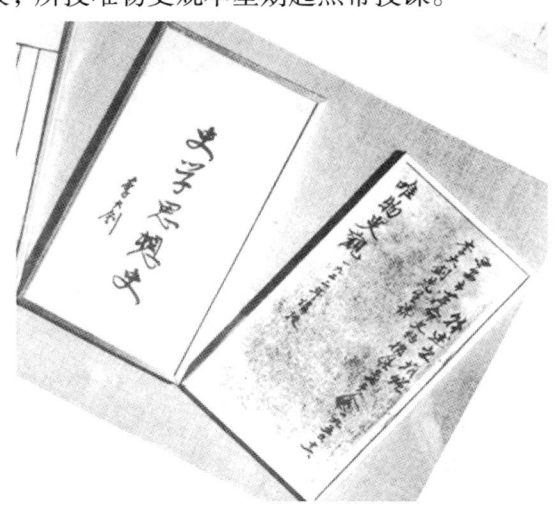

《唯物史观》和《史学思想史》两种讲义的书影

《唯物史观（北大讲义)》原稿，现存国家博物馆。在解放军文艺出版社 1989 年出版的《李大钊》（画册）第 74 页上印有《唯物史观》讲义的封面书影。

《唯物史观（北大讲义)》目录：

1. 唯物史观在现代史学上的价值
2. 马克思的经济历史观
3. 物质变动与道德变动
4. 原人社会于文字书契上之唯物的反映
5. 东西文明根本之异点
6. 由经济上解释中国近代思想变动的原因
7. 中国古代经济思想之特点（未完）

（一）《李大钊全集》对《唯物史观讲义》的收录

体现在《李大钊全集》中的收录情况是：

1. 《唯物史观在现代史学上的价值》，收录的是 1920 年 12 月 1 日在《新青年》第 8 卷第 4 号上发表的文章，未曾注明这篇文章即是《唯物史观（北大讲义)》中同名的那一篇。

2. 《马克思的经济历史观》这篇文稿，在《李大钊全集》中则没有收录，也没有任何说明。

3. 《物质变动与道德变动》，收录的是 1919 年 12 月 1 日在《新潮》第 2 卷第 2 号上面发表的文章，未曾注明这篇文章即是《唯物史观（北大讲义)》中同名的那一篇。

4. 《原人社会于文字书契上之唯物的反映》，注释为据 1920 年北大讲义刊印。

5. 《东西文明根本之异点》一文，收录的是 1918 年 7 月 1 日，在《言治》季刊第 3 册上发表的文章，未曾注明这篇文章即是《唯物史观（北大讲义)》中同名的那一篇。

6. 《由经济上解释中国近代思想变动的原因》，收录的是 1920 年 1 月 1 日在《新青年》第 7 卷第 2 号上面发表的文章，未曾注明这篇文章即是《唯物史观（北大讲义)》中同名的那一篇。

7. 《中国古代经济思想之特点》，注释为据 1920 年北大讲义刊印。

《唯物史观在现代史学上的价值》《物质变动与道德变动》《东西文

明根本之异点》《由经济上解释中国近代思想变动的原因》四篇文章，是依据在不同年代、不同刊物上发表的文章收录的。

《马克思的经济历史观》一篇，根本就未收录。

《原人社会于文字书契上之唯物的反映》《中国古代经济思想之特点》这两篇是依据1920年北大讲义刊印的。

实际上是把《唯物史观》讲义给拆散和替代而根本不见原貌了。如果在刊物上发表的文章与《唯物史观（北大讲义）》的文字相同，则应加以明确的说明。而《李大钊全集》并没有这样的说明文字。因此，读者完全有理由询问，为什么《李大钊全集》中，会对李大钊在北京大学讲授唯物史观的讲义，不予完整收录呢？要知道，这是在中国的高等学校里第一次讲授马克思主义唯物史观课程的讲义啊。李大钊在20世纪20年代初写的《唯物史观讲义》《史学思想史讲义》和《史学要论》，被中国史学界看做是用马克思主义指导历史学研究的起点。而在《李大钊全集》中竟然得不到完整的体现，这就不是一个可以忽视的现象了。

研究马克思主义在中国的传播，都必然要提到李大钊和他的《唯物史观讲义》《史学思想史讲义》，可是，谁都难找到这两部讲义的完整版本（1962年，上海图书馆影印过《史学思想史讲义》），难道不会令人感到遗憾吗？如果认定这两部讲义是一个完善的整体，就不应该把它们的成分拆成零散的体例不一的单篇个性文章。

这部《唯物史观讲义》，主要阐述了马克思主义关于经济基础决定上层建筑、物质决定精神的原理，表现出李大钊对唯物史观基本要旨的掌握，及努力运用这一思想方法探研中国历史。然而，作为唯物史观研究则缺乏严谨的整体性、系统性，讲义本身甚至也未能完篇，还只是一部分。但是，难能可贵的是作为中国第一次研究唯物史观的尚不够成熟的课程讲稿，能以经济基础的变更解释社会变动的原因，打破了神权思想的禁锢，破除了进化论的束缚，完成了历史观的一次根本性的革命。它如实地反映了李大钊对唯物史观的积极探索，证明了李大钊率先为马克思主义与中国历史学研究指出了正确的方向，在1920年就用唯物史观思想占领了中国高等学校的历史学讲坛。

（二）关于《唯物史观在现代史学上的价值》

1920年12月1日《新青年》第8卷第4号：

李大钊指出："有些人误解了唯物史观，以为社会的进步只靠物质上自然的变动，勿须人类的活动，而坐待新境遇的到来。因而一般批评唯物史观的人，亦有以此为口实，便说这种定命（听命由天）的人生观，是唯物史观给留下的恶影响。这都是大错特错，唯物史观及于人生的影响乃适居其反。""唯物史观在史学上的价值，既这样的重大，而于人生上所被的影响，又这样的紧要，我们不可不明白他的真意义，用以得一种新人生的了解。我们要晓得一切过去的历史，都是靠我们本身具有的人力创造出来的，不是那个伟人圣人给我们造的，亦不是上帝赐予我们，将来的历史亦还是如此，现在已是我们世界的平民的时代了，我们应该自觉我们的势力，赶快联合起来，应我们生活上的需要创造一种世界的平民的新历史。"

李大钊指出，"有人说社会的进步，是基于人类的感情。此说乍看似与社会的进步是基于生产程序的说相冲突，其实不然。因为除了需要的意识和满足需要的愉快，再没有感情，而生产程序之所以立，那是为满足构成人类感情的需要。感情的意识与满足感情需要的方法施用，只是在同联环中的不同步数罢了"。

李大钊在《唯物史观在现代史学上的价值》一文中说："心的变动常是为物的环境所支配。"充分肯定了"存在决定意识"。应该注意到他特别使用了一个"常是为"的限定语，就是要指出意识对存在也有着能动性的反作用。"我们要晓得一切过去的历史，都是靠我们本身的人力创造出来的，不是哪个伟人、圣人给我们造的，亦不是上帝赐予我们。"唯物史观不是供权势阶级愚民的"器具"，而是对于社会进化的研究，"社会一语，包含着全体人民，并他们获得生活的利便，与他们的制度和理想"。

李大钊的这篇文章，阐述了唯心史观与唯物史观的对立，唯心史观给人以怯懦无能的人生观，唯物史观则给人以奋发有为的人生观。"从前的历史，专记王公世爵纪功耀武的事"，"过去的"政治，把政治的内容理解为"宪法的和外交的关系"。"而解释此类事实，则全用神学的方法"，"所记载于历史的事变……都要归之于天命，夸之以神武，

教 学 篇

使读者认定无论他所遭逢的境遇如何艰难,都是命运的关系。只有祈祷天帝,希望将来,是慰藉目前痛苦的唯一方法",唯心史观使人们"认定自己境遇的苦难,都是天命所确定,都是超出自己所能辖治的范围以外的势力所左右的,那么以自己的努力企图自救,便是至极愚妄的事,只有处于忍受的一途,对于现存的秩序,不发生疑问,设若发生疑问,不但丧失了他现在的平安,并且丧失了他将来的快乐。他不但要服从,还要祈祷,还要在杀他的人的手上接吻"。而"唯物史观所取的方法,则全不同",人类的历史乃是人在社会上的历史,也就是人类的社会生活史。人类的社会生活"互有联系、互与影响",所以历史也"应该是包括一切社会生活现象的广大的活动"。而唯物史观正是这样的一种历史观。它把握了社会"进展"的根本原因,从"人的生存全靠他维持自己的能力"出发,把经济的生活视作一切生活的根本条件,对历史的解释"不求其原因于心的势力,而求之于物的势力",强调"心的变动常是为物的环境所支配"。"生长与活动,只能在人民本身的性质中去寻,决不在他们以外的什么势力。""斯时人才看出一切进步只能由联合以图进步的人民造成,他于是才自觉他自己的权威,他自己在社会上的位置,而取一种新态度。""从前他不过是一个被动的、否定的生物,他的生活只是一个忍耐的试验品,于什么人亦没有用处。现在他变成一个活泼而积极的分子了,他愿意知道关于生活的事实,什么是生活事实的意义,这些生活事实给进步以什么机会,他愿意把他的肩头放在生活轮前,推之挽之使之直前进动。""这样看来,旧历史的方法与新历史的方法绝对相反:一则寻社会情状的原因于社会本身以外,把人当作一只无帆、无楫、无罗盘针的叶舟,漂流于茫茫无涯的荒海中,一则于人类本身的性质内求达到较善的社会情状的推进力与指导力;一则给人以怯懦无能的人生观,一则给人以奋发有为的人生观。这全因为一则看社会上的一切活动与变迁全为天意所存,一则看社会上的一切活动和变迁为人力所造。"

李大钊对唯物史观的使用上,虽然没有作出唯物史观与历史唯物主义的区分,但是,也没有关于唯物史观等同于历史唯物主义的论述。关于这个问题,《哲学研究》2011年第2期上发表的张奎良在《关于唯物史观与历史唯物主义的概念辨析》一文,及《求是学刊》2012年第3期上发表《历史唯物主义探秘》一文,认为宣称"唯物史观即历史唯物主义"或"历史唯物主义即唯物史观",是欠妥当的。事实上,二者无论是提出的时间、背景、初衷、内涵还是实际的运用,都不尽相同,因而有必要做一定的分辨。唯物史观与历史唯物主义这两个概念既存在密切的关联又具有差异。唯物史观是马克思和恩格斯共同加以系统阐释的,马克思、恩格斯在《德意志意识形态》中最先系统地表述了唯物史观的基本思想,但未直接提出唯物史观概念,他们只是说"这种历史观与唯心主义历史观不同"(《马克思恩格斯选集》第1卷第92页)。按照通常理解,这种历史观当然就是指唯物主义历史观,简称唯物史观。1894年,恩格斯在致瓦·博尔吉乌斯的信中说,"马克思发现了唯物史观"(《马克思恩格斯选集》第4卷第733页)。唯物史观的底蕴是历史观,是与唯心主义相对立的唯物主义的历史理念。按其本意来说,唯物史观并非一般意义上的哲学,它只是遵循唯物主义哲学的基本原则观察和理解历史的结果。恩格斯说:"这种历史观结束了历史领域内的哲学,正如辩证的自然观使一切自然哲学都成为不必要的和不可能的一样。"(《马克思恩格斯选集》第4卷第257页)唯物史观不是哲学思辨,它应当归结为"描述人们实践活动和实际发展过程的真正的实证科学"(《马克思恩格斯选集》第1卷第73页)。正是在这个意义上,列宁称唯物史观为唯一"科学的历史观",也称它为"科学的社会学"(《列宁选集》第1卷第10页)。所以唯物史观与作为意识形态的哲学不同,它指向经验事实,"按照事物的真实面目来理解事物"(《马克思恩格斯选集》第1卷第76页)。

历史唯物主义则是恩格斯为了与经济唯物主义进行理论斗争采用的。1890年,恩格斯在致康·施米特的信中,首次提出历史唯物主义概念(《马克思恩格斯选集》第4卷第692页)。1893年,恩格斯在致友人的信中又探讨了"历史唯物主义的起源"(《马克思恩格斯选集》第4卷第721页)。

辨识历史唯物主义与唯物史观在理论外延、理论性质、思想来源、理论侧重点等方面存在的区别,有利于走出唯物史观与历史唯物主义的纠结,使它们更明确的各司其职,开展各自的独立研究,唯物史观属于科学范畴,历史唯物主义属于哲学范畴,二者的内容指向不同,确立的前提不同,基本问题不同。唯物史观不是哲学思辨,它是"描述人们实践活动和实际发展过程的真正的实证科学"(《马克思恩格斯选集》第1卷第73页)。历史唯物主义是辩证唯物主义的世界观运用和推广于社会历史领域的结果,是纯粹的部门哲学。

（三）关于《马克思的经济历史观》

这篇只存目录的《马克思的经济历史观》一文，感到非常遗憾，至今未能见到。我们只能从两方面来推测它的内容：一是李大钊讲了多次《马克思的经济思想》；二是李大钊在《我的马克思主义观》一文中，对马克思的经济历史观已经有过完善的论说。

1919年10、11月，李大钊在《我的马克思主义观》中，全文引用了这个马克思主义对唯物史观的经典表述：

"人类必须加入那于他们生活上必要的社会的生产，一定的、必然的、离于他们的意志而独立的关系，就是那适应他们物质的生产力一定的发展阶段的生产关系。此等生产关系的总和，构成社会的经济的构造——法制上及政治上所依以成立的、一定的社会的意识形态所适应的真实基础——物质的生活的生产关系一般给社会的、政治的及精神的生活过程，加上条件。不是人类的意识决定其存在，他们的社会的存在反是决定其意识的东西。

"社会的物质的生产力，于其发展的一定阶段，与他从来所在那里面活动当时的生产关系，与那不过是法制上的表现的所有关系突出。这个关系，这样由生产力的发展形式变而为束缚。于是乎社会革命的时代来。巨大的表面构造的全部，随着经济基础的变动，或徐，或激，都变革了。

"当那样变革的观察，吾人非常把那在得以自然科学的论证的经济的生产条件之上所起的物质的变革，与那人类意识此冲突且至决战的，法制上、政治上、宗教上、艺术上、哲学上的形态，简单说就是观念上的形态，区别不可。想把那样变革的时代，由其时代的意识判断，恰如照着一个人怎样想他自己的事，以判断其人一样，不但没有所得，意识这个东西宁是由物质生活的矛盾，就是存在于社会生产力与生产关系间的冲突，才能说明的。

"一社会组织，非到他的全生产力，在其组织内发展的一点余地也没有了以后，决不能颠覆去了。这新的，比从前还高的生产关系，在这个东西的物质的生存条件于旧社会的母胎内孵化完了以前，决不能产生出来。人类是常只以自能解决的问题为问题的。因为拿极正确的眼光去看，凡为问题的，惟于其解决所必要的物质条件已经存在，或至少也在成立过程中的时会，才能发生。

"综其大体而论，吾人得以亚细亚的、古代的、封建的及现代资本家的生产方法，为社会经济的组织进步的阶段。而在此中，资本家的生产关系，是社会的生产方法之采敌对形态的最后。——此处所谓敌对，非个人的敌对之意，是由各个人生活的社会的条件而生的敌对之意，——可是在资本家社会的母胎内发展的生产力，同时作成于此敌的解决必要的物质条件。人类历史的前史，就以此社会组织终。"（以上的译语，从河上肇博士。）

把这段文字与现在译成中文的版本相对照，正是完全相同：

1859 年，马克思在《政治经济学批判·序言》中写道：

"我所得到的、并且一经得到就用于指导我的研究工作的总的结果，可以简要地表述如下：

"人们在自己生活的社会生产中发生一定的、必然的、不以他们的意志为转移的关系，即同他们的物质生产力的一定发展阶段相适合的生产关系。这些生产关系的总和构成社会的经济结构，即有法律的和政治的上层建筑竖立其上并有一定的社会意识形式与之相适应的现实基础。物质生活的生产方式制约着整个社会生活、政治生活和精神生活的过程。不是人们的意识决定人们的存在，相反，是人们的社会存在决定人们的意识。

"社会的物质生产力发展到一定阶段，便同它们一直在其中运动的现存生产关系或财产关系（这只是生产关系的法律用语）发生矛盾。于是这些关系便由生产力的发展形式变成生产力的桎梏。那时社会革命的时代就到来了。

"随着经济基础的变更，全部庞大的上层建筑也或慢或快地发生变革。在考察这些变革时，必须时刻把下面两者区别开来：一种是生产的经济条件方面所发生的物质的、可以用自然科学的精确性指明的变革，一种是人们借以意识到这个冲突并力求把它克服的那些法律的、政治的、宗教的、艺术的或哲学的，简言之，意识形态的形式。我们判断一个人不能以他对自己的看法为根据，同样，我们判断这样一个变革时代也不能以它的意识为根据；相反，这个意识必须从物质生活的矛盾中，从社会生产力和生产关系之间的现存冲突中去解释。

"无论哪一个社会形态，在它所能容纳的全部生产力发挥出来以前，是决不会灭亡的；而新的更高的生产关系，在它的物质存在条件在旧社会的胎胞里成熟以前,是决不会出现的。

"所以人类始终只提出自己能够解决的任务,因为只要仔细考察就可以发现,任务本身,只有在解决它的物质条件已经存在或者至少是在生成过程中的时候,才会产生。大体说来,亚细亚的、古代的、封建的和现代资产阶级的生产方式可以看作是经济的社会形态演进的几个时代。资产阶级的生产关系是社会生产过程的最后一个对抗形式,这里所说的对抗,不是指个人的对抗,而是指从个人的社会生活条件中生长出来的对抗;但是,在资产阶级社会的胎胞里发展的生产力,同时又创造着解决这种对抗的物质条件。因此,人类社会的史前时期就以这种社会形态而告终。"(《马克思恩格斯全集》第13卷第8—9页)

李大钊接着说:"据以上所引,我们可以略窥马克思唯物史观的要领了。现在更把这个要领简单写出,以期易于了解。

"马克思的唯物史观有二要点:

"其一是关于人类文化的经验的说明;

"其二即社会组织进化论。

"其一是说人类社会生产关系的总和,构成社会经济的构造。这是社会的基础构造。一切社会上政治的、法制的、伦理的、哲学的,简单说,凡是精神上的构造,都是随着经济的构造变化而变化。我们可以称这些精神的构造为表面构造。表面构造常视基础构造为转移,而基础构造的变动,乃以其内部促他自己进化的最高动因,就是生产力,为主动;属于人类意识的东西,丝毫不能加他以影响;他却可以决定人类的精神、意识、主义、思想,使他们必须适应他的行程。

"其二是说生产力与社会组织有密切的关系。生产力一有变动,社会组织必须随着他变动;社会组织即生产关系,也是与布帛菽粟一样,是人类依生产力产出的产物。手臼产出封建诸侯的社会,蒸气制粉机产出产业的资本家的社会。生产力在那里发展的社会组织,当初虽然助长生产力的发展,后来发展的力量到那社会组织不能适应的程度,那社会组织不但不能助他,反倒束缚他、妨碍他了。而这生产力虽在那束缚他、妨碍他的社会组织中,仍是向前发展不已。发展的力量愈大,与那不能适应他的组织间冲突愈迫,结局这旧社会组织非至崩坏不可。这就是社会革命。新的继起,将来到了不能与生产力相应的时候,他的崩坏亦复如是。可是这个生产力,非到在他所活动的社会组织里,发展到无可再容的程度,那社会组织是万万不能打破。而这在旧社会组织内,长成他那生存条件的新社会组织，非到自然脱离母胎，有了独立生存的运命，也是万万不能发生。恰如孵卵的情形一样，人为的助长，打破卵壳的行动，是万万无效的，是万万不可能的。

以上是马克思独特的唯物史观。"

李大钊明确地指出："唯物史观，也不是由马氏创的。自孔道西（Condorect）依着器械论的典型，想把历史作成一科学，而期发见出一普遍的力，把那变幻无极的历史现象，一以贯之，以经开了唯物史观的端绪。故孔道西算是唯物史观的开拓者。至桑西门（Saint-Simon）把经济的要素，比精神的要素看得更重。十八世纪时有一种想象说，说法兰西历史的内容不过是佛兰坎人与加利亚人间的人种竞争。他受了此说的影响，谓最近数世纪间的法国历史不外封建制度与产业的竞争，其争以大革命期达于绝顶。而产业初与君国制联合，以固专制的基础，基础既成又扑灭王国制。产业的进步是历史的决定条件，科学的进步又为补助他的条件。Thierry（梯叶里）、Mignet（米涅）、及 Guizot（基佐）辈继起，袭桑西门氏的见解，谓一时代的理想、教义、宪法等，毕竟不外当时经济情形的反映。关于所有权的法制，是尤其重要的。蒲鲁东亦以国民经济为解释历史的钥匙，信前者为因，后者为果。"

在这里，很明显可以看出，李大钊认为唯物史观的形成是有着前史的，这个起点就应该从鲍丹开始，可见，李大钊的"史学思想史讲义"本来就是要写成《唯物史观发展史》的。

（四）关于《物质变动与道德变动》

1919 年 12 月 1 日发表在《新潮》第 2 卷第 2 号上面。

据《五四运动和北大学生》（《北大青年》1959 年第 7 期）一文所说：李大钊从 1919 年 5 月到 1921 年 7 月中国共产党成立以前，一共写出了 122 篇文章，这些文章有长有短，平均每六天就写出一篇。要求这些文章在宣传马克思主义学说时，没有幼稚性和不够精当之处，显然是不现实的。正是从这些文章中我们才可以看到，李大钊是怎样地从爱国的民主主义者转变成为马克思主义者的。

在《物质变动与道德变动》一文中，李大钊先是提出了四个问题：

第一问，道德是什么东西？

第二问，道德的内容是永久不变的，还是常常变化的？

第三问，道德有没有新旧？

第四问，道德与物质是怎样的关系？

他在对各家的论述要旨转述之后，也得出了回答四个问题的四点结论：

"一、道德是有动物的基础之社会的本能，与自己保存、种族繁殖、性欲母爱种种本能是一样的东西。这种本能是随着那种动物的生活的状态、生活的要求有所差异，断断不是什么神明的赏赐物。人类正不必以万物之灵自高，亦不必以有道德心自夸。

"二、道德既是社会的本能，那就适应生活的变动，随着社会的需要，因时因地而有变动，一代圣贤的经训格言，断断不是万世不变的法则。什么圣道，什么王法，什么纲常，什么名教，都可以随着生活的变动、社会的要求，而有所变革，且是必然的变革。因为生活状态，社会要求既经变动，人类社会的本能自然也要变动。拿陈死人的经训抗拒活人类之社会的本能，是绝对不可能的事。

"三、道德既是因时因地而常有变动，那么道德就也有新旧的问题发生。适应从前的生活和社会而发生的道德，到了那种生活和社会有了变动的时候，自然失了他的运命和价值，那就成了旧道德了。这新发生的新生活新社会必然要求一种适应他的新道德出来，新道德的发生就是社会的本能的变化，断断不能遏抑的。

"四、新道德既是随着生活的状态和社会的要求发生的，就是随着物质的变动而有变动的，那么物质若是开新，道德亦必跟着开新，物质若是复旧，道德亦必跟着复旧。因为物质与精神原是一体，断无自相矛盾、自相背驰的道理。可是宇宙进化的大路，只是一个健行不息的长流，只有前进，没有反顾；只有开新，没有复旧；有时旧的毁灭，新的再兴。这只是重生，只是再造，也断断不能说是复旧。物质上，道德上，均没有复旧的道理！"

李大钊认为：

"达尔文研究道德之动物的起源，马克思研究道德之历史的变迁。道德的种种问题至此遂得了一个解决的方法。"所以，他要把达尔文的进化论和马克思的唯物史观，分别地加以论说，他还不能准确地表述达尔文的进化论是马克思主义唯物史观的理论来源之一。但是，李大钊明确地坚持了他在《我的马克思主义观》中所坚持的观点：唯物史观的要旨是经济基础决定上层建筑。

（五）《物质变动与道德变动》有无蓝本

日本学者后藤延子在《三个影响李大钊思想的日本人》中指出：李大钊的《物质变动与道德变动》一文，其中（一）、（二）是以堺利彦的《道德之动物的起源及其历史变迁》（1916 年 9 月）为蓝本。其（三）是以堺利彦《宗教及哲学之物质的基础》为蓝本。其（四）是取自以卡尔·考茨基著，堺利彦翻译成日文的《社会主义伦理学》。其（五）是取自路易斯·布丁（Louis Boudin）的《社会主义与战争》，是由堺利彦译成日文的《欧洲战争之经济的原因》部分。

堺利彦（1870—1933）是日本明治时代社会主义运动的先驱，著作家。1891 年参加第二国际布鲁塞尔大会。回国后联合社会主义团体创办"社会问题研究会"。1899 年和幸德秋水一起在《万朝报》任编辑，日俄战争期间，力主反战论。1904 年和幸德秋水一起退出，创办《平民新闻》周刊，发展日本社会主义运动。1903 年创办《家庭杂志》。堺利彦以笔名堺枯川所写的关于家庭问题的论述，使其名声得到提高。曾与幸德秋水翻译《共产党宣言》。1919 年创办《社会主义研究》杂志。1920 年组织日本社会主义同盟。1922 年创立日本共产党。1930 年倡议日本各社会民主党联合起来，于 1930 年 7 月成立全国大众党，当选为顾问。一生著译颇丰。病逝前夕向夫人口授："我以死于反对帝国主义战争的吼声里为光荣。"

堺利彦的《道德之动物的起源及其历史变迁》，正是以卡尔·考茨基所著《社会主义伦理学》（1913 年发行时用此名，后来改为《伦理与唯物史观》）作蓝本的。就构成了堺利彦以考茨基的著作为蓝本，李大钊又以堺利彦的著作为蓝本，这样的反复为蓝本的关系。后藤延子说："其他部分，可以认为，李大钊参考了堺利彦翻译介绍的《欧洲战争之经济的原因》。"（后藤延子：《李大钊思想研究》第 70 页）

结论是，李大钊的《物质变动与道德变动》一文，主要是以堺利彦的著作和译作为蓝本写作的。《物质变动与道德变动》全文共有六部分，（一）至（五）都指出了蓝本，"其他部分"，就只能是（六）了。

现在，要认真的核对各种文本的参照关系，确实在客观上有一个文本学的困难。一则要从日文著作中找出堺利彦的著作和译作的全部，二则要找出卡尔·考茨基的德文原著，然后对照堺利彦的翻译是否忠实于原著,再然后,把堺利彦的文章翻译成中文,再把李大钊的文章与堺利彦的文章对照。这种对照的结果,可能是李大钊的《物质变动与道德变动》一文,从行文上看与堺利彦著作和译文接近,或个别语句和段落完全一致。但从理论观点上看,却又是通过堺利彦间接的引用了考茨基的观点。那么这个蓝本说就难以说清了。李大钊明确指出:

"人类社会一切精神的构造都是表层构造,只有物质的经济的构造是这些表层构造的基础构造。在物理上物质的分量和性质虽无增减变动,而在经济上物质的结合和位置则常常变动。物质既常有变动,精神的构造也就随着变动。所以思想、主义、哲学、宗教、道德、法制等等不能限制经济变化物质变化,而物质和经济可以决定思想、主义、哲学、宗教、道德、法制等等。"

李大钊特别强调的、最重要的这一点,正是后藤延子所指出的各种蓝本中所没有加以强调的观点。这才是最大的不同。后藤延子据此认为此时的李大钊,在思想上还"承认超时代的、超历史的道德观念的存在"。还保留着"'阶级竞争'与互助、博爱的理想相对立的说法","陷入了难以解脱的矛盾之中"。则明显的是言过其实了。

(六) 关于《原人社会于文字书契上之唯物的反映》

1. 李大钊写作此文的资料多引自刘师培、梁启超

《原人社会于文字书契上之唯物的反映》一文,经韩国学者都重万(牧园大学史学科教授)细心查证,"发现李守常《原人社会于文字书契上之唯物的反映》一文的材料大都是直接从辛亥革命运动时期刘、梁等人的学术著作转引而来的"(都重万:《五四时期李守常对唯物史观的介绍和晚清学术的关系》)。

在这里把相关的部分,依据上文的提供列举出如下:

——李大钊对刘师培观点的援引

刘师培的《小学发微补》,写作于1905年,发表在《国粹学报》第1年第8号的"丛谈"中。

(1) 刘师培在《小学发微补》中说:

英·斯宾塞尔之言曰:"有语言,然后有文字。文字与绘画,无二理也。"盖上古之时,字皆象形,墨西哥之古文、埃及之古碑,

莫不皆然，中国古代之文字亦然（如洪崖石刻是）。……日字，篆文作（☉）（外以象其体之圆，其中一划，即古人日中有黑影之说也），古人所绘之日图也。月字，篆文作（☾）（约阙时多，满时少，故象其阙形，其中一划，即古人所谓月中大地，山河影之说也）。气字，篆文作（≡）（下云：云，气也，象形。该三划所以象云气之重叠，复曲其形以象云气之流动也）。……雨字，古文作（☂），即古人所绘之雨图也。……山字，篆文作（山），即古人所绘之山图也。水字，篆文作（⸾），即古人所绘之水图也（水字，古文作（⸾），即坎卦之形，近人绘水纹，有长有短，皆有（⸾）字之象，此其确证）。田字，篆文作（⊞），即古人所绘之田图也。……目字（古文作（◉）），外象目眶，八象睫毛，〇象黑睛，●象瞳子，古为象形）……吕字（脊骨也，象其两两相连之形）。

李大钊在《原人社会于文字书契上之唯物的反映》一文中说：
"在苏格兰 Ayr 郡 Coilsford 地方发见的石柜镌有记号。这种记号是绘画文字的起原。由绘画文字更进而为象形文字。上古时，文字都象形。墨西哥之古文、埃及的古碑、中国古代的文字（如洪崖石刻，在今贵州永宁州），马画马形，牛画牛形，都是象形。'日'字，篆文作〈☉〉，外象体圆，内象日中黑影（古人有日中一黑影之说）。'月'字，篆文作〈☾〉，月缺时多盈时少，故象缺形。其中一画，象大地山河的影子（古人谓月中有大地山河的影子）。'气'作〈≡〉，象云气低重的样子。'雨'作〈☂〉，象落雨的样子。'山'作〈山〉，'水'作〈⸾〉（古文作〈⸾〉，坎卦形），'田'作〈⊞〉，'目'作〈◉〉，囗象目匡，八象眉，〇象黑睛，●象瞳子。'吕'作8，象背骨相连的样子。"

（2）刘师培在《小学发微补》中说：

又伏羲画卦，乾、坤、坎、离之卦象，即天、地、水、火之字形（天字草书，似乾卦形。坤字古作（⸝⸝），即坤卦倒形……）故西人谓："伏羲画卦，出于巴比伦锲文。"（西人拉克伯利氏说）盖中国象形文字，固权舆于伏羲也。

教 学 篇

李大钊在《原人社会于文字书契上之唯物的反映》一文中也有："史传伏羲画卦，即是记号文字的开始。'天'字草书似三，坤字古文作〈巛〉，即〈☷〉的倒形（西文谓伏羲画卦出于巴比伦楔形文字）。"

（3）刘师培在《小学发微补》中说：

且神农之时，结绳而治，以统其事，虽结绳之字，不可复考，然观'一'、'二'、'三'诸字，古文则作"弌"、"弍"、"弎"。改田猎时代，以获禽记数，故古文'一'、'二'、'三'之字，咸附列弋字于其旁，所以表田猎所得之物数也，是为结绳时代之字。……结绳之文，始于一字，……是结绳文字不外方、圆、平、直，此结绳时代本体之字也。

李大钊在《原人社会于文字书契上之唯物的反映》一文中说："原人的记号，有结绳为符的，有刻在骨上的，有刻在贝壳上的，有刻在龟版上的，有刻在宝石上的，有刻在金类上的，亦有刻在木杆、木板上的。"

古代中国传说，在神农时代结绳为治。在那个时代大概是因为渔猎时代网罟为用，而弋获的物品必须用绳缚之，所以将此观念推演而为结绳的文字。这种结绳的文字，如今虽不可考，然"一""二""三"等字，古文作"弌""弍""弎"，足以证明在渔猎时代于其所获物旁结绳以记数。结绳的文字不过是些方、圆、平、直极简单的画数罢了。

可以看到李大钊在《原人社会于文字书契上之唯物的反映》一文中，当论说古代文字时，关于文字的起源、关于八卦卦形与文字的关系、关于结绳文字的产生，确实是引用了刘师培在其文章中的论说的。刘师培的《小学发微补》，写于1905年。李大钊的《原人社会于文字书契上之唯物的反映》，写于1920年。

李大钊写的是一篇教学用的讲稿，即学校内部的讲义，并不是用来作为自己的论文发表的，在《李大钊文集》中专门注明了"北大讲义"的字样（《李大钊文集》第3卷第226页）。

李大钊在这片讲义的开头就讲，这片讲义旨在论说："原人社会的经济情形，常与原人社会的文字书契以明著的反映。故今日吾人研究古代的社会情形，每能从文字的挈乳演蜕之迹得着确实的证据。"

刘师培（1884—1919），字申叔，号左盦。1904年春参加开封会试，落第回乡后回扬州，创办师范学会和协助扬州乡人出洋留学社，支持学生运动；秋，参加反清革命，加入光复会、同盟会，成为激进的革命党人。1906年春与陈独秀在宣传革命，同时编辑出版了《中国文学教科书》等。1907年东渡日本，结识孙中山等革命党人，参加同盟会东京本部工作。曾组织翻译《共产党宣言》，却又深受无政府主义思想影响。1908年回国后，竟追随端方成其幕僚。辛亥革命后，孙中山惜其才华，荐为教席，讲授《左传》《说文解字》等。1913年，阎锡山将其推荐给袁世凯。1915年与杨度、严复等发起成立筹安会，鼓吹帝制。1917年被蔡元培聘为北京大学教授，遂专心研究国学，成为经学大师。1919年11月20日病逝于北京，年仅36岁。其主要著作经整理后，名《刘申叔先生遗书》。

李大钊对刘师培所作所为是了解的，1917年以后刘师培在北京大学的国学研究，受到了学界的肯定，在北京大学讲授中古文学、《三礼》《尚书》和训诂学的同时，还兼职北京大学附设国史编纂处的工作。1919年1月，与黄侃、朱希祖、马叙伦、梁漱溟等成立"国故月刊社"，成为国粹派。刘师培得主要著作，是由南桂馨、钱玄同等人搜集整理，以《刘申叔先生遗书》面世的。刘师培以进化论的观点取得的研究成果，如《论小学与社会学之关系》《读书随笔》《国学发微》《小学发微补》《中国中古文学史》等，在学术史上具有开创性和较高的学术价值。鲁迅在讲授文学史时曾说过："我看过的已刊的书，无一册好。只有刘申叔的《中古文学史》倒要算好的，可惜错字太多。"鲁迅在《魏晋风度及文章与药及酒之关系》演讲中还说："研究那时的文学，现在较为容易了，因为已经有人做过工作……辑录这时代文学讲座，有刘师培的《中国中古文学史》……对于我们的研究有很大的帮助。""我今天所讲，倘若刘先生的书里已详的，我就略一点；反之，刘先生所略的，我就详一点。"可见，李大钊和鲁迅，都没有因为刘师培的那段历史而否定他在学术研究方面的贡献。

——李大钊对梁启超观点的援引

李大钊在写于1920年的《原人社会于文字书契上之唯物的反映》一文中，有多处时援引了梁启超写于1907年的《中国古代币材考》

(1910年4月载《国风报》第1年第7期。后收入《饮冰室文集》之二十，第58—72页。)

（1）梁启超在《中国古代币材考》中说：

> 考古代凡滨海之国，其人民皆喜用贝壳以为币材。西史所述地中海沿岸诸民族用贝之迹，历历可稽，即今日印度洋、南太平洋诸岛民，尚多用贝者。……而用之最盛者，则莫我中国古代矣。

李大钊在《原人社会于文字书契上之唯物的反映》一文中说：
"古代滨海的人民多喜用贝作货币的材料，地中海沿岸诸民族皆有用贝的遗迹，就是现今印度洋、南太平洋诸岛人还多用贝。"（《李大钊全集》第3卷第564页）

（2）梁启超在《中国古代币材考》中说：

> 无论何国，古代人民，皆喜用贝，而我国其最著者也。……《说文》贝字下云："海介虫也，居陆名猋，在水名蜬，象形，古者货贝而宝龟（谓以北为货，以龟为宝也。）周而有泉，至秦废贝行钱。"……我国凡生计学上所用之字，无论为名词、为动词、为形容词，十有九皆从贝，盖古代之生计组织、生计行为，无一不以贝为标准也。
> 试取《说文》所示之训诂，择要而诠索之：
> 贲，饰也；贿，财也；财，人所宝也……购，以财有所求也；赎，小罚以财自赎也。
> 以上皆许氏《说文》中贝部所解之字也。
> 其他见于徐氏新附字，如赆，赐也；赒，助也；赛，报也；……由是观之，凡中国文字与生计学有关系者，大率皆从贝，则贝为古代最通行之货币，且行之最久，其事甚明。……以上所举之字，未必皆起于一时，其为夏、商、周间孳乳浸益者盖甚多。

李大钊在《原人社会于文字书契上之唯物的反映》一文中说：
"中国古代用贝为货币的遗迹，尤其彰著。《说文》：'贝，海介虫也。居陆名猋，在水名蜬，象形，古者货贝而宝龟。周而有泉，至秦废贝行钱。'现于经济上的用语，几全由贝字孳乳而成。足证在中国石器时代以贝壳为主要的货币（考古学者说，在那些贝陵里，除贝壳外，还有些木炭的屑片，并些石作的、骨作的器皿，可见那时已经用火，已经是石器时代了）。

许氏《说文》贝部所解的字如下：

贳 贿 财 货 资 赈 賢 贺 贡 赞 賫

徐氏新添的字如下：

贶 赒 赛 赚 贴 贻

此外还有数字如'贼'、'寶'、'卖'、'积'、'赘'、'贯'、'實'亦都是经济上的用语。这些字不必都起于一时，是渐次孳乳的。"（《李大钊全集》第3卷第565页）

（3）梁启超在《中国古代币材考》中说：

古代以贝代表百物，其迹更有极著明者。《说文》员部员字下云："物数也，从贝，囗声"（囗字说文别为一部，训曰："回也，象回帀之形"……）金坛段氏释之曰："从贝者古为货物之重者也。"然则古代以币指物数，问人之富，则数贝以对，此与今日计财产者，言有金银几何圆，无以异矣。……

古之用贝者，皆累而贯之。《说文》毌字下云："穿物持之也，从一横（▭▭），（▭▭）象宝货之形。"贯字下云："钱贝之毌也，从毌贝。"古者以二贝为一朋。《汉书·食货志》云：大贝、壮贝、幺贝、小贝，皆以二枚为一朋。《诗·小雅》："既见君子，赐我百朋"，是也。（毌）正像二贝相并之形，……是毌字已函贯义，贯乃后起之字，加贝以明之耳。

李大钊在《原人社会于文字书契上之唯物的反映》一文中说："古代中国以贝为货币，还有更明显的例证。《说文》：'员，物数也，从贝囗声。'《说文》：'囗，回也，象回帀之形。'金坛段氏释员字云：'从贝，古以贝为货物之重者也。'足证古代以贝为计算货物的标准，员即是以贝计物的单位，与现今以圆计算货物的价值相类。《说文》：'毌，穿物持之也，从一横贯，象寶货之形。'是中已象两贝相并之形。《说文》：'贯，钱贝之贯，从毌贝。'乃后来发生的字。《易》有云：'或益之十朋之龟。'《诗·小雅》：'既见君子，锡我百朋。'《汉书·食货志》说：大贝、壮贝、幺贝、小贝，都以二枚为一朋。郑康成诗笺又说，五贝为朋。但都可以证明'朋'是二贝以上的一位。"（《李大钊全集》第3卷第565—566页）

(4) 梁启超在《中国古代币材考》中说：

  《说文》云："古者货贝而宝龟"。《礼记》云："诸侯以龟为宝"。《史记·平准书》云："人用莫如龟"。……是古代以龟为币（以其介为币也），历历甚明。据杜氏《通典》言，神农时已用之。其信否虽不可考，然《汉书·食货志》言，秦并天下，凡龟贝皆不为币。然则秦以前皆用为币甚明。……

  光绪二十五年，河南汤阴县属之古羑里城，有龟版数千枚出土，皆椠有象形文字，为福山王氏懿荣所得，推定为殷代文字，而莫审其所用。余以为此殆古之龟币也。

李大钊在《原人社会于文字书契上之唯物的反映》一文中说："《说文》云，'古者货贝而宝龟'，《礼记》说，'诸侯以龟为宝'，《史记·平准书》说，'人用莫如龟'，《汉书·食货志》亦说，'货谓布、帛……及金、刀、龟、贝'，更以《易经》'益之十朋之龟'来相参证，足见古代中国有以龟为货币的事实。杜氏《通典》说，神农时代已用龟为货币；《汉书·食货志》亦说，秦并天下，凡龟贝皆不为币。可知龟贝用作货币，自石器时代已然。直到秦并天下早已入了铜器时代的时候，才不用作货币了。

近年以来，出土的龟版日多，此项发掘物皆镌有象形文字，大都出于河南。河南为殷代故墟，故可认为殷代遗物。中外人士藏拓而研究之者，亦日益众。观此则龟版为用，在当时或不仅为币，以之为种种纪录亦未可知。"（《李大钊全集》第3卷第567页）

很明显，李大钊在对河南出土的殷代龟版，均为古代货币这一点上，是不同意梁启超的武断说法的："河南为殷代故墟，故可认为殷代遗物。中外人士藏拓而研究之者，亦日益众。观此则龟版为用，在当时或不仅为币，以之为种种纪录亦未可知。"当时的甲骨文研究还刚刚开始。

（6）梁启超在《中国古代币材考》中说：

> 我国书契所记载，已自猎业时代以进于农牧时代，故皮币之用于民间者，不甚可考见，言币制者，亦罕道言焉。……然尚行之于聘享馈赠，其用亦等于货币。……而古俗相沿，尤以为宝，故专用之于大礼重典，而不与寻常货币同视也。……凡此皆最隆重之有价物品，即货币之变相也。士婚礼纳征用"俪皮"，亦所谓以货财为礼也。

李大钊在《原人社会于文字书契上之唯物的反映》一文中说："由渔猎时代到畜牧时代，兽皮亦是一种重要财货。贵族间的馈赠礼聘都用兽皮，婚礼亦用'俪皮'纳征。"（《李大钊全集》第3卷第567页）

（7）梁启超在《中国古代币材考》中说：

> 泰西古代各国，多以家畜为币，而我国则不概见，……虽然，其迹亦非无一二可寻者，……皮币珠玉，既皆为古代货币，则犬马亦为古代一种货币明矣。

李大钊在《原人社会于文字书契上之唯物的反映》一文中说："牛在原始社会亦为重要的财产。英文称资本为Capital。Capital本训为头，故称首都亦云。经济学者有认此为古代用牛为货币——至少为重要的财产——的证据者。"（《李大钊全集》第3卷第568页）

（8）梁启超在《中国古代币材考》中说：

> 汉武帝铸币，镌马形于其上，亦犹希腊古币镌牝牛形，皆沿古者用畜之习，而以金属代表之也。

李大钊在《原人社会于文字书契上之唯物的反映》一文中说："汉武帝铸币，镌马形于其上，希腊古币，镌牝牛形，足见于原始社会有以家畜为货币的。"（《李大钊全集》第3卷第568页）

（9）梁启超在《中国古代币材考》中说：

各国有以器具为币者,而我国古代之例证,更为显著,其最为盛行者,则军器与农器也。古代部落战争甚烈,人人所不可缺者,则护身之兵器也,然冶铸之事,非尽人所能,故人多欲他物以易取之,久之遂成为交易媒介之用。

李大钊在《原人社会于文字书契上之唯物的反映》一文中说:
"入了铜器时代,有用兵器或农器作货币的事,印度洋沿岸的人民所用铜币亦有作刀形者,中国古代称钱为刀,齐铸法货犹作刀形,因在当时社会部落的战争很烈,兵器为人人所必须的物品,故能作交易的媒介。"(《李大钊全集》第3卷第568页)

(10)梁启超在《中国古代币材考》中说:

农器亦然,为人人所欲得之物,而非人人所能造,故咸欲以他物易取之,久之遂成为交易媒介之用。其后,虽铸专币,亦沿其名,且模其形,征诸钱字之语源而可知也。《说文》钱字下云:"銚也,古者田器。"《诗·周颂·臣工章》:"痔乃钱镈。"《毛传》云:"钱,銚也。"然则钱之本义,与銚转注,绝不含有钱币之意甚明,然则銚果为何物乎?銚字,《尔雅·释器》作'斛'郭注云:古锹字。《方言》云:'斛'谓今锹也。然则钱銚,銚即锹,古者以农具为钱,为一种交易媒介之要具。后此铸币,仍象其形而袭名曰钱。观古代之钱,其形与今之锹酷相类,则其名之所由,可以见矣。"

李大钊在《原人社会于文字书契上之唯物的反映》一文中说:
"农业盛行的时代,有以农器为货币者。中国的钱字初见于《诗经·臣工》'庤乃钱镈',《毛传》云:'钱銚也。'銚字,《尔雅》释器作〈斛〉,郭注云,古锹字。《方言》云:"〈斛〉谓今锹也。'足证钱为一种农器,在农业社会,农器为人人必需的物件,故亦能用为货币。"(《李大钊全集》第3卷第568页)

(11)梁启超在《中国古代币材考》中说:

中国以布帛为币材,其历史最长。唐虞以前,殆已有之。三代及春秋战国间,其用盖极盛,故钱谓之布,亦谓之币。布者,布也；币者，帛也。货币二字今成为交易媒介物质专名。

李大钊在《原人社会于文字书契上之唯物的反映》一文中说：
"到了纺织技术发达的时代，有以布或帛作货币的。中国古代钱谓之布货，幣的'幣'字即是帛。"（《李大钊全集》第3卷第568页）

前面已经说过，李大钊写的是教学用的讲稿，即学校内部的讲义，并不是用来作为自己的论文发表的，李大钊在这片讲义的开头就讲，这片讲义旨在论说：

"原人社会的经济情形，常与原人社会的文字书契以明著的反映。故今日吾人研究古代的社会情形，每能从文字的挚乳演蜕之迹得着确实的证据。"（《李大钊全集》第3卷第559页）

因此，李大钊肯定了刘师培、梁启超等人的"以字诠史"的清代末期国粹派学者的小学研究取得的成果。文字的产生与发展变化，是和人们的物质生活条件的变化密切相关的，而这也正是李大钊的这篇讲义所要论说的内容。

梁启超的文章，本是李大钊在青少年时代最喜读的，那时是取其立宪、共和思想。1915年，梁启超发表《异哉所谓国体问题者》，1916年，李大钊回国后曾任《晨钟报》总编辑，但只半个多月即行辞职。其间，对梁启超的政治主张已经看得一清二楚，1917年，李大钊发表《辟伪调和》《暴力与政治》等文章，完全与梁启超等人的伪调和以营私划清了界限。但是，这并不意味着，对梁启超所从事的小学研究取得的成果给以全盘否定。特别是梁启超1920年洗手于政治之后，埋头于治学之中，所取得的成绩"学识文章，实为一世所推重"（王森然：《近代二十家评传》第171页）。

我们从前面所对照的文字段落中，也可以看到，李大钊用作给学生的讲义所引，较之梁启超的细致考索，要简要的多。梁启超实为国学大家，其论著能博采众书，言之有据，发人之所未作，成为后学者便捷之途。其《饮冰室合集》得以作为国学研究的重要著述而传之世，概源于此。李大钊肯定了刘师培、梁启超等人的"以字诠史"的清代末期国粹派学者的小学研究取得的成果。文字的产生与发展变化，是和人们的物质生活条件的变化密切相关的，而这也正是李大钊的这篇讲义所要论说的内容。

2. 李大钊写作此文意在阐明古代社会生活的发展轨迹

"大钊同志应北京大学、北京女子师范大学、中国大学等校之聘，担任历史系、政治经济系、法律系等教授，关于讲授这些课程的讲义，仅得在北大讲的《唯物史观》和《史学思想史》印本两种以及《原人社会于文字书契上之唯物的反映》一篇。"这是方行同志等在编辑李大钊的著作《守常文集》时，写下的一段话。

"原人社会"这个概念是指从远古到古代的人类社会，就是说要从中国的远古叙述到夏商周汉唐宋元明清。这样大的时间跨度，从神农时代的结绳记事，到创造文字书契，所需资料自然要借助已有的研究成果，目的是为了阐述人类社会的演进离不开社会物质生活诸种条件。第一件大事便是火的发现和使用，接着从土地转徙到海滨河岸，石器时代是以石、骨仿造贝形的东西作为交换的等价物的，正是依据了考古的发现，李大钊才得出了殷的时代尚是石器时代的结论，因为在写作此文时，还没有殷代青铜器物的考古发现。李大钊紧密地结合远古开始的人类社会生活，论说了渔猎、畜牧、农业不同经济社会生活的演进。现在从中国历史学的角度审视，李大钊这篇写于1920年的史学文章在中国经济史的研究中，是应予以一定的地位的。这是因为：

一是李大钊明确列出了中国远古到商周经历了渔猎、畜牧、农业不同的经济社会生活演进；

二是火的应用及从土地转徙海滨河岸促使人类的物质生活得到了保证和满足；

三是农耕生活成就了商周社会生活以家庭为本位的主要架构；

四是商周的铜器时代到铁器时代的转换使生产水平提高促进了人类的生息繁衍。

李大钊尝试把中国远古和古代的社会生活演进与西方国家相比照，论说了纸的发明、印刷术的应用，带给人类社会生活的变化；论说了图腾和姓氏的近似与不同；论说了农耕为主的生产结构迫使女权衰落、婚姻关系的变化；这一切都为了证明人类的历史发展是与生产方式的发展密切相关，前者决定着后者。

（七）关于《东西文明根本之异点》

现在录用的《东西文明根本之异点》一文，发表于1918年7月1

日《言治》季刊的第三册，是当时李大钊参与东西文化论战的文章。

第一次东西文化论战，焦点是中西文化差异的认识和评价。时间从1915年9月，陈独秀任主编的《青年杂志》（从第二卷起改为《新青年》）创刊开始，持续到五四运动爆发以后的1920年，杜亚泉辞去《东方杂志》主编。

《新青年》杂志创刊后，全力宣传倡导新思想、新文化、新道德。"所谓新者就是外来之西洋文化，所谓旧者就是中国固有之文化"，公开主张以西方文化来取代传统的封建文化。陈独秀在《东西民族根本思想之差异》（1915年12月15日《新青年》杂志1卷4号），对东方文明和西洋文明加以比较，概括出东方文明和西洋文明的特点是："（一）西洋民族以战争为本位，东洋民族以安息为本位。（二）西洋民族以个人为本位，东洋民族以家庭为本位。（三）西洋民族以法治为本位，以实利为本位；东洋民族以感情为本位，以虚文为本位。"全文立论在以西方文化之长来映照中国文化之短。这种态度很快引起持保守思想读者的强烈反对。1916年开始，时任《东方杂志》主编的杜亚泉以"枪父"为其笔名，发表了一系列论述东西文化差异的文章：《动的文明与静的文明》《迷乱之现代人心》等，同样采用比较方法，将西洋文明概括为动的文明，中国文明概括为静的文明。认为："精神文明之优劣，不能以富强与否为标准"，西洋"物质上虽获成功"，"其精神上之烦闷殊甚"。中国在物质上"不饥不寒，养生丧死无憾"，精神上我国"固有之道德观念，为最纯粹最中正者"。"谋道不谋食，忧道不忧贫"。"凡社会之中，不可不以静为基础"，西洋"动"的文明需依靠中国"静"的文明以救弊。"两文明互相接近，故抱合调和，为势所必至。"他指责新思想新文化自西方输入，破坏了这一传统标准，造成了"人心之迷乱，国是之丧失，精神之破产"。

1917年4月，李大钊发表了《动的生活与静的生活》，采纳了东洋文明主静、西洋文明主动的观点；1918年7月又发表了《东西文明根本之异点》，指出："西文明有根本不同之点，即东洋文明主静，西洋文明主动是也。……一为自然的，一为人为的；一为安息的，一为战争的；一为消极的，一为积极的；一为艺术的，一为科学的；一为精神的，一为物质的。"李大钊认为，形成两种文明区分的根源在于地理环境、文化背景、民族之生活依据不同。东方"以农业为主"，西方"以工商为主"的经济生活区别，造成了思想、哲学、宗教、伦理、政治等方面的具体差异。"静的文明，精神的生活，已从处于屈败之势"，"动的文明，物质的生活"，"实属优越之域"。因此社会发展不是"以静为基础"，而是出现"动"的潮流。在这一潮流面前，"守静的态度，持静的观念，以临动的生活，必至人身与器物，国家与制度，都归粉碎"。现实社会发展恰恰不是要"动"的文明依靠"静"的文明以济穷救弊，而是要"竭力以受西洋文明之特长，以济吾静止文明之穷"。"彼西洋之动的文明，物质的生活，虽就其自身之重累而言，不无趋于自杀之倾向，而以临于吾侪，则实居优越之域。"同时，学习西方文化，不要求一切"取法西洋"，而是要以自身之短学别人之长，坚决反对盲目的排外主义。李大钊说理的否定了杜亚泉的论说。

第二次大规模的论战是兴起的中西文化"调和论"。时间是1919年五四运动之后。

五四运动之后，西方文化如"洪水"般涌入，中国传统文化受到猛烈冲击，新文化的传播不可阻挡，完全拒绝外来文化已经根本不可能。1919年秋天起，章士钊到处讲演，鼓吹新旧调和之说。他认为："调和者，社会进化至精之义也"，"不有旧，决不有新"，"不善于保旧，决不能迎新"，提出了一种中西文化"调和论"。在文化调和论中也出现了一种文化守旧论。杜亚泉等人就提出中国固有文明不但不能"革除"，这种调和只有把西洋文明"融合于吾固有文明之中"。

李大钊明确主张中西文化的调和，反对以一种文化征服另一种文化。李大钊指出，东西方文明的差异是不以人的主观意志为转移的客观存在，"东西文明有根本不同之点，即东洋文明主静，西洋文明主动是也。溯诸人类生活史，而求其原因，殆可谓为基于自然之影响"。"东西民族因文明之不同，往往挟种族之偏见，以自高而卑人。""平情论之，东西文明，互有长短，不宜妄为轩轾于其间。""其所长，则在使彼西人依是得有深透之观察，以窥见生活之神秘的原子，益觉沉静与安泰。因而起一反省，自问日在物质的机械的生活之中，纷忙竞争，创作发明，孜孜不倦，延人生于无限争夺之域，从而不遑思及人类灵魂之最问题者，究竟为何？"

李大钊与章士钊等在文化方面的调和论有本质的区别。章士钊主张的调和是在保存旧的基础上进行"新旧杂糅"；李大钊主张新旧调和是在吸收新的基础上进行的"对抗"与统一，是"创新"。对章士钊提出的"物质开新，道德复旧"的调和论，进行了抨击。他指出"物质既须急于开新,道德亦必跟着开新",而"断无单独复旧的道理",因为"物质与精神是一体的"。李大钊在论战中从经济基础的决定因素方面分析了新文化取代旧文化是历史发展的必然,而不是相互调和。

第三次论战主题是中国文化发展道路的讨论。时间是 20 世纪 20 年代初期。

1918 年,梁启超自欧洲归国,出版《欧游心影录》发表了大量观感,主要观点是认为在欧洲一百年来的物质文明高度发展,却带来的许多灾难,要想解放"物质文明破产,哀哀欲绝地喊救命"的西方世界,只有依靠中国的古老文明。

梁漱溟于 1921 年出版的《东西文化及其哲学》认为:(一)西洋生活是直觉运用理智的:"是以意欲向前要求为其根本精神的";(二)中国生活是理智运用直觉的:"是以意欲自为调和持中为其根本精神的";(三)印度生活是理智运用现量(感觉)的,"是以意欲反身向后要求为其根本精神的"。西方文化、印度文化、中国文化,这三种文化系统代表了人类文化发展循序而进的三个阶段,结论是:西方文化的路已经走到了尽头,紧接着"便是中国文化复兴成为世界文化的时代"。

胡适认为:"现在全世界大通了,当初鞭策欧洲人的环境和问题现在又来鞭策我们了。将来中国和印度的科学化与民治化,是无可疑的。"

李大钊此时已经开始运用马克思主义理论参与这次论战。"东洋文明既衰颓于静止之中,而西洋文明又疲命于物质之下","非有第三新文明之崛起,不足以渡此危崖"。经过多年的东西文化论争,得出了"第三新文明"乃是社会主义文明的结论。李大钊在上世纪 20 年代初期发表的《社会主义与社会运动》《社会主义下之实业》《中国的社会主义与世界的资本主义》《由平民政治到工人政治》《社会主义下的经济组织》《社会主义释疑》等大量著述,正是"非有第三新文明之崛起,不足以渡此危崖"的具体阐释。李大钊在论述东西文化的异同点时,始终坚持了:文化是社会的政治、经济在观念形态上的反映,又会反转影响于社会的政治与经济;分析一定的文化现象时,坚持历史主义的分析,不能脱离事件、地点和条件;分析一定的文化现象时,在重视时代性的同时,还必须中世民族性特点和特色。实现了科学性和革命性的结合。

（八）关于《由经济上解释中国近代思想变动的原因》

《由经济上解释中国近代思想变动的原因》一文，用唯物史观分析了五四新文化运动产生的原因，进一步阐发了他的社会改造思想，最能反映李大钊运用唯物史观研究中国近代思想史的努力。强调"凡一时代经济上若发生了变动，思想上也必发生变动。换句话说，就是经济的变动是思想变动的重要原因"。他分析了"中国以农业立国，所以，大家族制度在中国特别发达。原来家族团体一面是血统的结合，一面又是经济的结合。中国的大家族制度，就是中国的农业经济组织，就是中国两千年来社会的基础构造。一切政治、法度、伦理、道德、学术、思想、风俗、习惯，都建筑在大家族制度上作他的表层构造"。"中国的农业经济挡不住国外的工业经济的压迫，中国的家庭产业挡不住国外的工厂产业的压迫，中国的手工产业挡不住国外的机械产业的压迫。"中国的农业经济因受到世界工业经济的压迫从而使中国社会发生巨大变化，这变化中显著的一点是大家族制的崩颓，于是风俗、礼教、政治、伦理也都跟着发生变化，种种"思潮运动"、"解放运动"均由此而起。

李大钊指出："凡一时代，经济上若发生了变动，思想上也必然发生变动"，"新思想是应经济的新状态、社会的新要求发生的，不是几个青年凭空造出来的"。"欧洲各国的资本制度一天盛似一天，中国所受他们经济上的压迫也就一天甚似一天。中国虽曾用政治上的势力抗拒过几回，结果都是败辱。把全国沿海的重要通商口岸都租借给人，割让给人了，关税、铁路等等权力，也都归了人家的掌握。这时的日本崛然兴起，资本制度发达的结果，不但西洋的经济力不能侵入，且要把他的势力扩张到别国……中国是他的近邻，产物又极丰富，他的势力自然也要压到中国上。""结果就是中国的农业经济挡不住国外的工业经济的压迫，中国的家庭产业挡不住国外的工厂产业的压迫，中国的手工业挡不住国外的机械产业的压迫。"阶级结构也发生了变化，"全国民渐渐变成世界的无产阶级"。阐明中国近代社会变动导致与传统社会产生不同的特点，即近代中国是在西方列强压迫下开始自己的特殊的半殖民地半封建社会的发展历史。

李大钊还对以孔子为代表中国传统文化进行了历史唯物主义的剖析，指出孔子及其学说"所以能在中国行了二千余年，全是因为中国的农业经济，没有很大的变动，他的学说适宜于那样经济状况的缘故。现在经济上生了变动，他的学说，就根本动摇，因为他不能适应中国现代的生活，砚代的社会"。

李大钊认为《由经济上解释中国近代思想变动的原因》一文，是从"经济的变动是思想变动的重要原因"这个唯物史观的立论，客观地解释思想变化的原因。李大钊建议梁漱溟在研究文化理论时注意这个基本观点。梁漱溟在自己的著作中特别提到："吾友李守常很恳切的忠告我讨论东西文化应当留意他客观的原因，诸如茅原山人的《人间生活史》等书可以去看看，因那书多是客观的说法。他自己的《东西文明之根本异点》便是如此的，后来又作了一篇《由经济上解释中国近代思想变动的原因》。"梁漱溟的回答是："他们的好意我极心领，只是我已经有成竹在胸。"（梁漱溟：《东西文化及其哲学》第三章：如何是东方化？如何是西方化？）

吕希晨、何敬文主编《中国现代唯物史观史》一书，主要研究马克思主义唯物史观的传入、发展及其中国化的历程、特点和基本规律。该书第一章"李大钊是传播唯物史观的先驱者"分为六节：一、进化论是转向唯物史观的桥梁；二、对马克思主义唯物史观的介绍；三、论物质运动与道德运动的关系；四、由经济上解释中国近代思想变动的原因；五、唯物史观在现代史学史上的价值；六、李大钊传播唯物史观的历史意义。就是把《物质变动与道德变动》和《由经济上解释中国近代思想变动的原因》两篇文章作为重点阐述的。（天津人民出版社2003年版）

（九）关于《中国古代经济思想之特点》

《中国古代经济思想之特点》是未完成的一篇文章，它标志着中国早期的马克思主义者李大钊，正开始以唯物史观研究和解释中国古代的历史。只是列出了老子、儒家、管子、韩非子、墨子、荀子，这六大家有关经济思想的语录。有的引语，可能是所依据的版本不同，在文字上有所不同；有的引语则应作调整：如"天道节，而四时成"，语出《周易》，应为"天地节，而四时成"。据清·李道平撰《周易季解纂疏》第385页（中央编译出版社2011年版）。"俭人之求"，语出《荀子》，应为"给人之求"。据孙晓春译注《百子全书·荀子》第288页（辽宁民族出版社1998年版）。

李大钊提供出这篇文章的本意，一开头就说得很清楚，在论述过东西方文明的不同点之后，想进一步发现在经济思想方面的不同之特点。对欲望的满足与节制，西方经济思想是应欲与从欲，在于适用于足用；东方经济思想是无欲与寡欲，在于节用于俭用。正式基于这样的理性分析，李大钊列出了春秋战国时期几个有代表性的学派的经济观点。

我国在东晋时代（公元4世纪）已使用"经济"一词，是"经邦""经国"和"济世""济民""经世济民"等词的综合和简化。《晋书·殷浩传》："足下沉识淹长，思综通练，起而明之，足以经济。"人有消耗物品以满足需求的欲望，货物基于人的需以存在的时效性用途产生价值和交换价值，得以流通在人与人之间的置换交易之中，这种合理有序的活动就是经济的本意。正是在这个意义上，才产生了欲望需求强弱与满足程度高低的经济思想范畴的义利观问题。

二、史学系课程：史学思想史

北京大学于 1919 年 8 月 12 日，经"中国史学门"教授会主任康宝忠提议，改"中国史学门"为"史学系"，由学习和研究中国历史向学习和研究世界史拓展。李大钊被聘为史学系教授，开设"史学思想史"课程。这门课程先后讲授过两次。

第一次是 1923 年 9 月至 1924 年 6 月。按照《北京大学日刊》发布的《史学系课程指导（1923—1924）》（1923 年 9 月 29 日）："本系对于史学，本国与外国并重，盖现代史学，以人类全部之历史为归宿，故本国与外国各时代史，须汇通观之。""第四学年：选修科……史学思想史……3（学时）……李大钊（讲授）。"期间，由于李大钊接受孙中山邀请，到上海参加国民党改组特别会议，请假两星期。（《北京大学日刊》1923 年 10 月 25 日）随后，李大钊到广州出席中国国民党第一次全国代表大会，请假将近两个月（《北京大学日刊》1924 年 1 月 5 日），直到 1924 年 2 月底，"李大钊先生刻已回校，下星期起照常授课。"（《北京大学日刊》1924 年 2 月 29 日）第二次是在 1925—1926 学年，《北京大学日刊》（1925 年 2 月 24 日）发布注册部布告："李大钊先生已回京，原授之史学思想史定于下星期一开始授课。周四一时，周六二时，共三时，半年内讲完。"

按照北京大学规定的惯例，总是先讲课，后发讲义。这份讲义并没有在每一篇上面都署有李大钊的名字，只是其中的四篇文章，曾先后发表在期刊上，均署名李大钊。

李大钊的《史学思想史》讲义，特别强调的一点，就是唯物史观在历史家的历史观中所处的核心地位。

李大钊很重视历史和历史哲学的研究。他在《狱中自述》中写道："历在北京大学、朝阳大学、女子师范大学、师范大学、中国大学教授史学思想史、社会学等科。""钊夙研史学，平生搜集东西书籍颇不少，如已没收，尚希保存，以利文化。"可见，李大钊是把开设史学思想史这门课程和自己喜爱史学研究结合在一起的。1924年5月，在商务印书馆将其列为"百科小丛书"之一，并出版了李大钊著《史学要论》一书。

（一）讲义是《欧美史学思想史》部分

《史学思想史》讲义为北京大学出版部讲义课印制。铅印、线装书格式、竖排、留有边框、边框外印有收稿及印出的日期和页数记录，共计63页，约6万余字。但是，依据傅振伦介绍（傅振伦：《七十年所见所闻》卷一《北大史学习课程》），其所购得的为李大钊的《欧美史学思想史》讲义。经保存多年后，将此讲义捐赠给了中国革命博物馆。

1922年夏天，傅振伦考入北京大学，转入正科后，曾受业于朱希祖、李大钊，精心保存二位老师拟定的《北京大学史学系课程指导书》，并将其在《六十年所见所闻录（续2）》中作为首条发表（不知为何在《李大钊全集》的"联合署名"部分未收录）。这份讲义共分为11个题目，从内容上看，将此讲义冠以《欧美史学思想史》确实更为贴切。这11篇是：

1. 《史观》（收稿于1923年12月8日，印发于12月20日）；
2. 《今与古》（《今与古》刊登在北京大学《社会科学季刊》第1卷第2号，1923年2月12日）；
3. 《鲍丹的历史思想》；
4. 《鲁雷的历史思想》；
5. 《孟德斯鸠的历史思想》；
6. 《韦柯及其历史思想》；
7. 《孔道西的历史思想》（《孔道西的历史观》刊登在北京大学《社会科学季刊》第2卷第1号，1923年11月）；
8. 《桑西门的历史思想》（《桑西门的历史观》刊登在北京大学《社会科学季刊》第1卷第4号，1923年8月）；
9. 《马克思的历史哲学与理恺尔的历史哲学》；
10. 《唯物史观在现代史学上的价值》（同名文章刊登在《新青年》第8卷第4号，1920年12月1日）；
11. 《唯物史观在现代社会学上的价值》（印发于1924年7月

2日)。

　　李大钊之所以选择这些学者专门评说,主要是李大钊任定他们在唯物史观的形成过程中具有前史的历史地位。李大钊认定:"唯物史观,也不是由马氏创的。"让·布丹(Jean Bodin,1530—1596,旧称鲍丹)的历史观对于后来的历史发展进步论有重要的启迪;他否认人类退落说;他主张今决不劣于古而且优于古;他认定地球上的人民都有共同的利害关系。勒·卢阿的历史观全与布丹相同。就是世界未曾退落;现代不劣于古典的古代;全世界的人种将形成统一的共和国。尽管孟德斯鸠在史学史上不是历史哲学的建立者,但他为史学方法的建立作出了重要贡献。孟德斯鸠精到地论述了社会物质生活条件对人类社会发展的相互依赖关系及法律的本质。维柯的新科学有着不少天才思想的闪光。孔多塞(Condorect)的历史观已经开了唯物史观的端绪,孔多塞在1793年所著《人类精神进步史表纲要》中提出的"人类不断进步"的历史观念,"不仅以确认开明与社会幸福的无限进步的确定为满足;他进而想出其本质,预示其方向,决定其标的,而强要辽远将来的探索"。"自孔道西依着器械论的典型,想把历史作成一科学,而期发见出一普遍的力,把那变幻无极的历史现象,一以贯之,以经开了唯物史观的端绪。故孔道西算是唯物史观的开拓者。至桑西门(Saint-Simon)把经济的要素,比精神的要素看得更重。18世纪时有一种想象说,说法兰西历史的内容不过是佛兰坎人与加利亚人间的人种竞争。他受了此说的影响,谓最近数世纪间的法国历史不外封建制度与产业的竞争,其争以大革命期达于绝顶。而产业初与君国制联合,以固专制的基础,基础既成又扑灭王国制。产业的进步是历史的决定条件,科学的进步又为补助他的条件。梯叶里(Thierry)、米涅(Mignet)、及基佐(Guizot)辈继起,袭桑西门氏的见解,谓一时代的理想、教义、宪法等,毕竟不外当时经济情形的反映。关于所有权的法制,是尤其重要的。蒲鲁东亦以国民经济为解释历史的钥匙,信前者为因,后者为果。"

　　正是如此的选择,李大钊在自己的史学思想史讲义中最终选定从布丹开始,然后讲述孟德斯鸠、维柯、孔多塞、圣西门、马克思和李凯尔特,就是试图写出一部唯物史观的前史。只要从西方思想界的人文主义思潮之后,逐一审视其代表人物的思想发展便可以确定李大钊的选定是有着充分的理论根据的。

　　14世纪,"人文主义者之父"意大利的法兰西斯科·彼特拉克

教学篇

（1304—1374）把人类历史划分为古代（为基督教被定为罗马国教以前）、近代（为从那以后直到他生活的年代）。古代才是光明的，近代则是野蛮和黑暗的。彼特拉克历史观突出的观点是对所处时代轻蔑和敌视，鼓吹今不如昔。

15世纪，佛拉维俄·比昂多（1388—1463）对彼特拉克的时代划分以新的发挥，所著《罗马帝国衰亡以来的千年史》记述从412年到1442年，总共1030年的欧洲历史，是古代、中世纪、近代三段历史分期法的首创者，系统研究欧洲中世纪史的第一人。

16世纪初，佛罗伦萨历史学家尼可罗·马基雅维里（1469—1527）和法兰西斯科·圭恰尔迪尼（1483—1540）把文艺复兴时期历史学与政治的结合达到登峰造极。历史学家乔吉奥·瓦萨里（1511—1574）在其所著的《著名艺术家、雕刻家和建筑师传》中第一次提出了"文艺复兴"概念。另一位强调历史与现实结合的历史学家是法国费力普·德·科曼（1447—1511）。文艺复兴时期历史学家的历史意识逐渐成熟、批判的精神、博学的态度，使历史学作为一门学科初具规模。幼稚和不足在于方法单一、范围狭小、认识片面的通病。把历史只看作是人的活动史，没有关注到人是在客观的物质世界才能获有生存和活动的能力。

布丹（1530—1596）在《史学易解》一书中，把历史分为人类史、自然史和宗教史三个门类，指出历史应当是普遍性和特殊性的统一。认为地理环境对人类历史进程有着巨大的作用。布丹是史学史上地理环境决定论的肇始者。

培根（1561—1626）则宣称历史属于科学领域，首倡史学的科学化，号召创立一种有益于学术和社会的新型史学，随着历史学家思想的深化，后来统治西方数百年之久的进步观念这时也渐露端倪，布丹、培根和法国思想家勒·卢阿（1510—1577）都阐发过今人胜过古人的观点。特别是布丹关于人类文明史依次由古代东方、地中海沿岸的希腊罗马和中世纪以后的西北欧占主导地位的论述，实为19世纪黑格尔三阶段分期法的原型。严格地说，这一时期的历史思想还是比较肤浅的。但它却从不同方面规定了18世纪以后近现代历史哲学发展的方向。

孟德斯鸠（1689—1755）这位法国老一辈启蒙学者的著名代表，对历史学有重大影响。他的主要著作有《罗马盛衰原田论》（1734）和《论法的精神》（1748）。孟德斯鸠是封建专制制度和宗教神学的批判者。他从"自然神论"出发，否认上帝的存在，抨击天主教会，认为

79

早在古代罗马，基督教就是统治者手中的工具，而现在，教会则是封建专制统治的卑鄙帮凶。孟德斯鸠的政治观点是温和的。他不赞成共和制度，崇尚英国式的君主立宪制，但是他反对专制暴政，常用辛辣和幽默的语言讽刺和批判法国反动腐朽的封建专制制度。孟德斯鸠通过研究历史阐发自己的政治主张。在《罗马盛衰原因论》一书中，他认为共和时期罗马强盛的原因，在于当时罗马公民享有广泛的政治权利，有公民责任心和爱国心，有勇武、俭朴、热爱自由的品德，法律公正，统治者贤明。而在帝制时期，人民的政治权利和自由被剥夺了，罗马公民的道德品质日益沦丧，罗马终于日颓废，在这里全然没有中世纪编年史中的神学史观，上帝的"意志"，也没有17世纪唯理论者从纯理念中演绎社会发展的迹象，而是借历史指出了：国家兴衰，历史演变维系于政治制度的优劣和风俗的善恶。这给史学界吹进一股清新之风。

孟德斯鸠把历史看成是循着不为人的意志所能控制的一定规律演进的。他并正试图揭示历史演进的这种规律。在《论法的精神》一书中，孟德斯鸠广泛运用了比较方法，指出在制约人类社会发展的诸多因素中，地理环境——气候、土壤、位置等有着决定性影响。自然条件决定民族性格和民族精神，影响民族经济活动，并决定国家政权和立法形式。这一理论成为后来资产阶级史学中"地理学派"的奠基理论。孟德斯鸠的这种"地理环境决定论"夸大了自然条件在人类社会发展中的作用，并不能真正说明历史发展的真谛。但是，他用物质生活条件而不是用上帝的意志来解释历史发展，无疑是进步的。

伏尔泰（1694—1778）对西方史学发展有着多方面的影响。伏尔泰1756年首次把"历史哲学"这个词用于一篇文章的题目，是"第一个把历史当做一个整体来观察的学者，把世界各地所有伟大的文化中心阳历史联系族来，并包括了对人类生活有意义的各个方面的情况"。通过比较不同国家和地区，不同民族的历史发展，寻找共同性，展示人类历史发展的共同规律。

涂尔阆（1737—1781）是"重农学派"经济学家，也是哲学家和历史学家，代表作有《人类理性的不断胜利》（1750）、《关于世界历史的意见》（1750）。涂尔阆在把人类历史同自然界的对比中，看到人类历史是沿着上升路线有规律前进运动的。人类"经历着安定和动乱、幸福时期和灾难时代，尽管步履滞缓，但永远向着愈来愈完美的境地进军"，历史学的任务是"研究人类连续不断地前进，并详细分析造成这些胜利的原图"。

休谟（1711—1776）是英国哲学史上"不可知论"的创始者。强调历史的伦理教育和娱乐作用，认为"娱乐和教诲"，"有用和有趣"应是历史写作的主要原则，历史研究的目的是"通过展现在不同环境中的人来说明普遍的、永恒一致的人性原则"。站在精神基础上去理解历史，将物质因素的影响排斥在历史之外，并以此反对孟德斯鸠的"地理环境决定论"。

博须埃（1627—1704）法国历史学家。直到17世纪，他还在继续坚持和宣扬奥古斯丁的基督教神学史学观。17世纪中期以后，强调理性思维的笛卡尔主义在西欧哲学中占据了主导地位。把历史、法律等排除在科学知识之外。这种反历史的倾向引起许多思想家的不满，因此18世纪西欧哲学界掀起了声势浩大的反笛卡尔主义运动，维柯的哲学和历史理论正是在这一运动中建立的。

维柯（1668—1744）在1725年，出版了一生最重要的著作《关于民族共同性的新科学原理》，简称《新科学》，其中涉及了神话、宗教、法律、政治、语言等多方面内容，当然也包括了作者对人类历史的一些基本看法。他在自传中承认，他整个思想的形成和该书的写作主要受了柏拉图、塔西陀和培根三人的影响。维柯历史思想中最精彩的部分是关于历史发展规律的学说。他在《新科学》第一卷中声明："本科学所描绘的是每个民族在出生、进展、成熟、衰微和灭亡过程中的历史，也就是在时间上经历过的一种理想的永恒的历史。"维柯认为理想的永恒的历史即指人类历史发展的共性，是一条由"过去有过，现在有，将来还会有"的"永恒规律"决定的一切民族的必经之路。维柯的"永恒规律"是人性，他主张"从人类心灵各种变化中"去寻找"普遍永恒的原则"；他相信"起源于互不相识的各民族之间的一致的观念必有一个共同真理基础"。人性的变化必然导致社会的变化。历史决本重演它自身，而是以一种有别于已成为过去事情的形式而出现于每个新阶段。维柯历史观中明显存在着辩证和社会进化的因素。维柯和马克思主义有一个一致的肯定或积极的看法，认为人的本质就是社会关系的总和，或是各种制度在发展中的体系，维柯关于人自己创造历史、社会实践，历史发展规律和阶级斗争等观点同马克思有些相似之处。马克思在1862年4月28日致拉萨尔的信中确实指出过，维柯的《新科学》中"有不少天才的闪光"。

维柯之后对人类历史进行理论思索的 18 世纪著名哲学家还有德国的伊曼努尔·康德、约翰·哥特弗里德·赫尔德和法国的让·安托万·孔多塞（1743—1794）。他们共同的特征，就是承认历史发展的进步性和规律性。他们都试图从错综复杂、变化万千的历史现象中探求和描绘人类社会前进的必然趋势。

康德（1724—1804）作为哲学家，康德的贡献巨大，他的历史观认为人性的自私和人与人之间的对抗是整个人类不断进步的手段，人类个体的恶成就了集体的善，经过世世代代的漫长努力，人类最终必将实现其光明和既定的目标：人性的完美和永久的和平。

赫尔德（1744—1803）对各民族特点及其形成原因的探讨，成为近代西方民族学和人类学之父。他承认民族之间存在差别，却不承认民族有优劣之分，每一个民族都对人类文化有所贡献，都有平等的生存和享有自由的权力。赫尔德相信神的"最高干预"在历史上的作用，以及把欧洲看成是世界历史的中心。

孔多塞（1743—1794）的历史哲学著作《人类精神进步史纲》是在临终前几年写成的。孔多塞认为人类社会是一种自然的过程，因此"真实地洞察历史事变意义的关键是承认人类事务同自然现象一样受可被发现的普遍规律的支配"，人类社会的根本规律就是进步的规律，这种进步并不仅仅是人类精神的进步，而且是"朝向知识和智慧的进步，朝向普选权、全民教育、思想言论自由、法律平等以及财富再分配这些普遍目标的进步"。孔多塞把社会进步归之于科学，并以科学发展为标准划分了世界历史的十个阶段。孔多塞强调历史具有一定的预测性，强调科学方法和科学概念对人类思维的影响，强调科学各部门之间联系和合作的重要意义。孔多塞是 19 世纪西方实证主义史学的先驱。

到了 19 世纪，西方出现哲学和历史独立发展的趋向。乔治·威廉·弗里德里希·黑格尔（1770—1831）那里，称得起是历史哲学大师。黑格尔的《历史哲学》一书，有很高的学术价值。黑格尔断言，在自然界和人类社会存在以前，就存在一种精神本原，即所谓的"绝对理念"，它派生了世界上的万事万物。从他的客观唯心主义本性论出发，人类历史必然是精神的产物，是"绝对理念"的展开和实现。如果 18 世纪称为"哲学的世纪"，19 世纪可以称为"历史学的世纪"。历史学作为独立的学科受到重视，专业化倾向不断加强，历史学家的组织和刊物日报增多，史料学发达成就显著。

阶级斗争史观的提出是19世纪法国史学进步的重要标志，主要应归于梯叶里、基佐和米涅。

梯叶里（1795—1856）被马克思称为"阶级斗争之父"。他认为，阶级斗争是由现实的利益，主要是经济利益引起的。例如，16世纪宗教改革运动便是各个教派为了本阶级财产上的利益而进行的斗争；17世纪中叶英国革命是平民与贵族之间的斗争；18世纪末法国大革命是广大第三等级反对僧侣、贵族特权等级的斗令。梯叶里的阶级斗争史观是从圣西门那里继承来的。梯叶里是圣西门忠诚的追随者相最亲密的合作者。

基佐（1787—1874）已将阶级斗争作为他研究历史的指导思想。他指出"法国的历史充满了等级斗争，或者确切地说，是阶级斗争造就了法国的历史"。"我们社会之各阶级的斗争充塞着我们的历史"。基佐解释阶级斗争起源比梯叶里前进了，承认阶级斗争首先是政治斗争，是争夺政权的斗争，同时指出仅从政治学角度看待阶级斗争是肤浅的，争夺政治的斗争掩盖的是经济利益的冲突。

米涅（1796—1884）通过对法国革命的研究，于1824年出版了《法国革命史：1789—1814年》一书。认为法国革命，各社会阶级的斗争是政治事变的原动力，社会发展受着不依人的意志为转移的客观规律的支配。但他未能认识到这些规律是由社会经济基础决定的。把必然的东西说是社会本身"需要的"，说成"上帝预先安排的"。

马克思、恩格斯曾写道："我们仅仅知道一门唯一的科学，即历史科学。历史可以从两方面来考察，可以把它划分为自然史和人类史。但这两方面是密切相连的。"法国思想家奥古斯特·孔德（1798—1857）最早提出哲学概念——"实证"，倡导了实证主义的发展。实证主义认为，研究任何事物都应当从实证的（具体的、现实的、可以检验的）事实材料出发，而不应当从抽象的、先验的材料出发。孔德提出了"观察优于想象"这一重要命题。孔德继承了孔多塞和圣西门的历史发展观，并将其与生物进化论相结合，先于达尔文承认人类社会是生物进化的结果，他的主张有一定的唯物主义因素，在历史观上认为社会发展是人类精神推动的，又走向了唯心主义。

如果认真思考了上面的简要论述，便不难理解李大钊依据其所确定的对历史的发展动力侧重在对社会物质生活条件的论述，作为主要选择条件所确定的这个名单了。

（二）关于《史观》

《史观》一文，1923年12月8日收稿，1923年12月20日印发。

史观涉及的问题有：史观与历史、史观与人生观、论说历史的价值。旨在探求历史的进步性、历史进程中的人性、历史学家的自律性。

李大钊以《史观》开篇，历史观是对历史的解释和概念。什么是历史？"吾兹所云，乃与'社会'同质而异观的历史。同一吾人所托以生存的社会，纵以观之，则为历史，横以观之，则为社会。横观则收之于现在，纵观则放之于往古。此之历史，即是社会的时间的性象。一切史的知识，都依他为事实，一切史学的研究，都以他为对象，一切史的纪录，都为他所占领。他不是僵石，不是枯骨，不是故纸，不是陈编，乃是亘过去、现在、未来、永世生存的人类全生命。对于此种历史的解释或概念，即此之所谓历史观，亦可云为一种的社会观。"历史是社会的，联系过去、现在和未来的有生命的历史，正确的历史观就只能是唯物史观。"故历史观者，实为人生的准据，欲得一正确的人生观，必先得一正确的历史观。"

关于历史演展的动因，有人说在于个人，如英雄、王者；有人说在于社会，如经济、知识；有人说在于精神，如圣神、德化、理念；有人说在于物质，如地理、人种、经济；有人说在于神权，如天命、神意；有人说在于人生，如社会的生产方式，或社会的知识程度，这些明显都是错误和荒谬的。李大钊将历史观概括为四大类：（1）退落的或循环的历史观与进步的历史观；（2）个人的历史观与社会的历史观；（3）精神的历史观与物质的历史观；（4）神教的历史观与人生的历史观。"前者以历史行程的价值的本位为准，后三者则以历史进展的动因为准。"从史学演进的历史看，历史观有它的发展过程，由神权的历史观进而为人生的历史观，由精神的历史观进而为物质的历史观，由个人的历史观进而为社会的历史观，由退落的或循环的历史观进而为进步的历史观。神权的、个人的、退落的或循环的历史观是旧史观，人生的、物质的、社会的、进步的历史观是新史观。历史观越发展，人们对历史的认识就越真实，越接近于历史实际。"历史观的更新，恰如更上一层，以观环列的光景，所造愈高，所观愈广。"（参见文玖：《史观与正确地认识历史》，载《学习时报》2006年1月19日）

由于历史解释的变化，历史观也随时变化，因此历史观是包含有历史进步性的。李大钊具体论述道："实在的事实是一成不变的，而历史事实的知识则是随时变动的；记录里的知识是印板的，解喻中的历史是生动的。历史观是史实的知识，是史实的解喻。所以历史观是随时变化的，是生动无已的，是含有进步性的。"历史观是不断进步的，有必要依据新的历史观对历史事实重新解释，因此李大钊提出："历史不怕重作，且必要重作。"

　　李大钊对中国传统史学的旧史观进行了尖锐抨击。他说中国哲学家的历史观，"全为循环的、神权的、伟人的历史观所结晶。一部整个的中国史，迄兹以前，遂全为是等史观所支配，以潜入于人心，深固而不可拔除。时至今日，循环的、退落的、精神的、'唯心的'历史，犹有复活反动的倾势"。他疾呼："吾侪治史学于今日的中国，新史观的树立，对于旧史观的抗辩，其兴味正自深切，其责任正自重大。"五四前后，新史家在史书内容、史学体例、编纂方法等方面对旧史学展开了激烈的批判，李大钊则在史观方面批判旧史学，足见其思想之深邃。"历史观本身亦有其历史，其历史亦有一定的倾向。大体言之，由神权的历史观进而为人生的历史观，由精神的历史观进而为物质的历史观，由个人的历史观进而为社会的历史观，退落或循环的历史观进而为进步的历史观。""历史是有生命的，僵死陈腐的记录不能表现那活泼泼的生命，全靠我们后人有新的历史观念，去整理他，认识他。""历史是不怕重作改作的，不但不怕重作改作，而且要改作重作。"

　　李大钊肯定唯物史观是科学的历史观，是新史观的代表。他分析说，唯心史观在解释历史时"求其原因于心的势力"，"这种历史及于人类精神的影响，就是把个人的道德的势力，全弄到麻木不仁的状态"。用唯心史观编写的史书，"简直是权势阶级愚民的器具"。而唯物史观解释历史的目的，则"是为得到全部的真实，其及于人类精神的影响，亦全与用神学的方法所得的结果相反。这不是一种供权势阶级愚民的器具，乃是一种社会进化的研究"。从这个意义上，李大钊高度评价了唯物史观在现代史学和现代社会学的价值，并倡导学界以唯物史观为指导进行学术研究。李大钊对历史观问题的探讨，是系统的、深入的，他全面批判各种旧史观，肯定以唯物史观为代表的新史观的进步作用，有力地传播了马克思主义的历史观。

(三) 关于《今与古》

　　这里的《今与古》一文，1923年2月12日，刊登在北京大学《社会科学季刊》第1卷第2号上。还有一篇与之同名的文章，则是李大钊在北京孔德学校的课外讲演，发表在1922年1月8日的《晨报》副刊上。从内容上可以看出，李大钊已经认真地在此之前，研究过崇古派与崇今派的斗争核心所在及历史，这两篇文章是可以和在一起来读的。

　　人民文学出版社1981年出版的《李大钊诗文选集》，就是把1922年1月8日的《晨报》副刊上的《今与古》列为其一；把1923年2月12日《社会科学季刊》第1卷第2号上的《今与古》被列为其二。在这里，为了论说方便也使用其一、其二的称呼。

　　其一，李大钊是讲给学生们听的，重点放在了爱默生（耶马孙）的"你若爱千古，你当爱现在，昨日不能唤回，明天还不能确实，你能确有把握的，就是今日。今日一天，当明天两天"。这是李大钊十分喜爱的诗句。他在《青春》一文中是这样翻译的。因此，他讲了为什么会出现怀古的思潮，一共列出五个方面的原因：一是对社会现实不满、厌恶，引发了怀旧的情绪，因而怀古；二是对古人的成就过分崇敬，认为今人难以企及，因而怀古；三是社会进化，人的经济地位随之产生变化，若今不如昔，必然怀古；四是家族制度崇祀先人伟业，必然发生怀古；五是古代艺术成就辉煌，艺术乃创造天才之所能，令人崇敬，因而怀古。李大钊指出：怀古不等于崇古。"崇古派主张人类初有历史的时期，叫做黄金时代，以后逐渐退落，而为银时代、铜时代、铁时代，世道人心，如江河致日下云云者以此。"这就大错特错了。于是，有崇今派与之展开说理的斗争。

　　李大钊在这里提到法国的布丹对古代史黄金时代说的批评。提到《书经》上的"人惟求旧，器匪求旧维新"。李大钊讲："历史是人创造的。古时是古人创造的，今世是今人创造的。""历史是循环不断的，我们承古人的生活，而我们的子孙，在接续我们的生活。我们要利用现在的生活，而加创造，使后世子孙得由黄金时代，这是我们的责任。"

　　其二，则是从史学思想发展史的角度，讲述什么是怀古派、崇今派。然后便具体地讲述了西方国家史学思想史中，从布丹开始所展开崇今与怀古的激战。在这一部分李大钊以简练的手法,从布丹(1530—1596,法国)开始,因为有国别的不同,大体依据时间顺序,分别介绍了弗朗西斯·培根(旧称倍根,1561—1626,英国)、塔索尼(塔桑尼,1565—1635,意大利)、布瓦罗贝尔(白衣士罗伯,1598—1662,法国)、笛卡尔(1596—1650,法国)、帕斯卡(巴士库儿,1623—1662,法国)、德马雷(圣骚林,1595—1676,法国)、帕劳尔(佩罗,1628—1703,法国)、高乃依(1606—1684,法国)、拉辛(1639—1699,法国)、莫里哀(1622—1673,法国)、黑克维尔(黑克威尔,1578—1649,英国)、格兰维尔(格兰威尔,1636—1680,英国)、斯普拉特(1635—1713,英国)、考利(考雷,1618—1667,英国)等人的著作和崇今的思想观点。

在这篇一万几千字的讲义中,李大钊讲述了从16世纪末叶到17世纪中叶的怀古派与崇今派激战史。李大钊在当时(1922—1923)的学术环境下,是要付出巨大的劳动和精力的,这些思想家、史学家、艺术家、科学家、神学家的著作大多尚未翻译介绍到中国,甚至一些人的名字在中国学术界都还感到陌生。20世纪初,"哲学"一词由日本传入,各期刊中有对古希腊哲学及西方近代者学的介绍。进化观念的传入对中国哲学思想产生重大影响。严复翻译了《穆勒名学》,此后,梁启超、蔡元培对于中国近代伦理学影响最大。对西学典籍的介绍,依据陈应年《20世纪西方哲学理论东渐述要(上)》的统计,1923年以前只有:

严复在1898年将赫胥黎的《进化论与伦理学》译成中文以《天演论》为书名出版。1901年至1909年,严复相继翻译了亚当·斯密的《原富》(即《国富论》)、斯宾塞的《群学肄言》、穆勒的《群己权界论》(即《自由论》)、甄克思的《社会通诠》、孟德斯鸠的《法意》(即《论法的精神》)、穆勒的《穆勒名学》(即《逻辑学》)和耶芳斯的《名学浅说》等八种名著。

梁启超于1902年在《新民丛报》发表介绍西学的论文有:《霍布斯学案》《斯宾诺莎学案》《卢梭学案》和《亚里士多德之政治学说》《进化论革命者颉德之学说》《乐利主义泰斗边沁之学说》《法理学大家孟德斯鸠之学说》《天演学初祖达尔文之学说及其传略》《近世文明初祖二大家(培根和笛卡儿)之学说》《论希腊古代学术》《近世第一大哲康德学说》等。介绍了亚里士多德、卢梭、孟德斯鸠、边沁等人的政治学说,霍布斯、斯宾诺莎、培根、笛卡儿、颉德、达尔文等人关于文明论的观点。

蔡元培1903年6月从日文翻译了德国科培尔的《哲学要领》。

马君武在1902年至1903年间，编译过《新派生物学（天演学）家小史》《斯宾塞女权篇》、弥勒的《自由原理》《唯物论二巨子（狄德罗、拉梅特里）之学说》《社会主义与进化论比较》《唯心派巨子黑格尔学说》《社会主义之鼻祖德麻司摩儿》《托马斯·莫尔之华严界（喻指乌托邦）观》《弥勒约翰之学说》《论理学之重要及其效用》等。

杜威于1919年4月至1920年7月访问中国后，讲稿《杜威五大讲演》于晨报社1920年8月出版。

《民铎》杂志于1922年出版"柏格森专号"。1923年4月，《东方杂志》刊出了"杜里舒专号"。

《实用主义》，詹姆斯著，孟宪承译，1918年。

《共产党宣言》，马克思恩格斯著，陈望道译，1920年。

《哲学问题》，黄凌霜译，新青年社，1920年。

《理想国》，吴献书译，商务印书馆1920年版。

《哲学中的科学方法》，罗素著，王星拱译，1921年。

《算理哲学》，罗素著，傅钟孙等译，1923年。

《政治理想》，罗素著，程振基译，1921年。

《战时之正义》，罗素著，郑太朴译，1921年。

《德国社会民主党》，罗素著，陈与漪译，1922年。

《物的分析》，罗素著，任鸿隽等译记，1922年。

《罗素的相对原理观》，关桐华译，1922年。

《罗素论文集（上、下）》，杨端六等译，1923年。

《新史学》，鲁滨孙著，何炳松译1923年出版。

《西洋近世哲学史》，〔丹麦〕霍甫丁著，彭建华译，1923年。

这个统计可能不够完整，在这里是想说明，李大钊何以在讲义中使用了外文的人名而不做翻译，只是因为那是还没有通行的译名，担心引起误解。那时为学界所知晓的只有赫胥黎、斯宾塞、穆勒、孟德斯鸠、霍布斯、斯宾诺莎、卢梭、亚里士多德、柏拉图、边沁、培根、笛卡儿、颉德、达尔文、狄德罗、拉梅特里、黑格尔、杜威、罗素、托马斯·莫尔、马克思、恩格斯等人。

要在这样断的篇幅之内，讲述法国、英国和意大利从16世纪末叶至17世纪末叶，近一百多年中历史观的演变，崇今派与怀古派的激烈斗争，难免也会出现遗漏，例如，对英国的哲学家霍布斯（1588—1679）创立了机械唯物主义的完整体系，认为宇宙是所有机械地运动着的广延物体的总和；洛克（1632—1704）主张政府只有在取得被统治者的同意，并且保障人民拥有生命、自由和财产的自然权利时，其统治才有正当性。洛克相信只有在取得被统治者的同意时，社会契约才会成立，如果缺乏了这种同意，那么人民便有推翻政府的权利。李大钊对霍布斯、洛克的进步历史思想，就未能给予充分地注意。

但是，李大钊作为"史学思想史"讲义中的一篇，他的编写目的已经达到了：以此篇讲述的进步历史观，与后面要讲述的18世纪的进步历史观的代表人物的讲述密切相连接，布丹、勒·卢阿、孟德斯鸠、维柯、孔道西、圣西门直到马克思与李凯尔特。孔道西提出的：历史进化或进步的理论，是唯理智论的，历史进步的目标是人类的平等。维柯认为"社会世界当然是由人建立的，因而，其原因可以也必须在我们人类头脑自身的变化中发现"。他指明，人类思想变化和社会发展是同一进化过程的两个方面。孟德斯鸠则把人类社会的发展过程与人类所处的物质生活条件密切联系起来设想社会历史状态及其变化的轨迹，已经接近唯物史观的形成了。正如恩格斯说的："马克思发现了现代资本主义生产方式和它产生的资产阶级社会社会的特殊的运动规律。""正像达尔文发现有几界发展规律一样，马克思发现了人类社会的发展规律。"

在《今与古》一文的结束时，李大钊还是引用了爱默生（耶马孙）的诗句："你若爱千古，你当爱现在，昨日不能唤回，明日还不确实，你能确有把握的，就是今日。今日一天，当明日两天。"这句话李大钊从1916年9月第一次引用，到1923年2月第二次引用，中间经过了六年半的时间。

顺便指出，《李大钊全集》的有关注释，对李大钊在《今与古》中介绍帕劳耳时，说"1687年帕劳耳以《路易大王的时代》的名称，印行他的诗歌"。现在翻译为《路易大帝的世纪》；而伏尔泰的著作书名是《路易十四时代》，在注释本中，本想说明这两本书不是同一著作，却把著作者弄错了。

（四）《史学思想史》与罗伯特·弗林特著作的关系

李大钊著作的编辑出版者在整理这份讲义，将其收录于《李大钊文集》或《李大钊全集》时，认为文稿都是李大钊的著作，所以，在《李大钊文集》《李大钊全集》，特别是《李大钊全集（最新注释本）》的编辑、注释工作时，对写作时间进行了的认真的考证，对文稿内容的出处却未进行对照审读并加以说明，也就没能说明讲义中的文稿，有些是以苏格兰历史哲学家罗伯特·弗林特（Robert Flint，1838—1910）的著作《历史哲学：法国、法语区比利时、瑞士》（The Philosophy of History in France and French Belgium and Switzerland）部分章节，译介并组织成文而编入讲义的，甚至关于弗林特为何人，注释中也未列为条目予以必要的交代。

如果想对李大钊在拟定史学思想史讲义时，所参考、援引过的中外历史哲学著作进行一次认真全面的梳理，这不是一件容易做到的事情。笔者一直坚持认为李大钊在北大讲课的过程中，援引过国内外学者的一些观点，甚至较多地引述了相关文章中的某些段落，这些都是编写讲义的题中应有之意，可以称之"援引"。这种援引，不能简单地看作李大钊对他人文章的"抄袭"，而是在思想发展过程中，接受新事物，吸取新养料等多方面原因所造成，是引进和吸收的必经阶段。在接受的初期，对新事物、新思想所展开的论述，其中必然会存在以国内外的知名著述为"蓝本"的现象。这可能是将原著大段落的翻译或转述，如《物质变动与道德变动》与日本共产党创始人堺利彦两篇文章的密切关系；也可能是对原著结构和叙事方法的借鉴，如《我的马克思主义观》与河上肇《马克思的社会主义理论体系》的相互关系等等。指出"援引"和"蓝本"现象的存在，正是为了如实反映李大钊在接受新事物、新思想时必经的艰辛过程。

有学者指出：李大钊1923年间在北京大学史学系开设史学思想史课程时的《史学思想史讲义》与苏格兰的罗伯特·弗林特的《历史哲学：法国、法语区比利时、瑞士》一书有密切的借鉴关系。（Adiyat：《也"疏证"一下李大钊〈孟德斯鸠的历史思想〉一文》，2012 - 08 - 08，https：//www.douban.com）一位对李大钊著作进行疏证的学者竟然说："我的感觉是，李大钊算宣传家、传播者，却难以说他是思想家、学术家。"就更令人不解了。（gujin111：《对〈也"疏证"一下李大钊〈孟德斯鸠的历史思想〉一文〉的回应》，2012 - 09 - 24，https：//www.douban.com）

其对照的结果是：

一是《历史哲学：法国、法语区比利时、瑞士》第216、219

页与李大钊在《孟德斯鸠的历史思想》一文中评述包绥的文字多处相同；

二是《历史哲学：法国、法语区比利时、瑞士》第262—263页及其后关于孟德斯鸠历史思想部分，与李大钊《孟德斯鸠的历史思想》一文的文字也大多相同。

由此断定李大钊的《孟德斯鸠的历史思想》一文，实际上是译自弗林特的著作。进而推想"同期《史学思想史讲义》中的《鲍丹的历史思想》《鲁雷的历史思想》《韦柯及其历史思想》《孔道西的历史思想》《桑西门的历史思想》等文，也可能只是译著"。并且说："李大钊开设史学思想史课程时所用的《史学思想史讲义》，原本并不打算发表，所以未署作者的名字，后人在搜集、整理李氏文稿时，却误认为这些文章都是李大钊所写的吧。"

2011年社会科学文献出版社出版了李继华著《新版〈李大钊全集〉疏证》一书，其中有关于《史学思想史讲义》多篇文章的疏证，只是没有《鲍丹的历史思想》一文的疏证，很令人不解。原来这些疏证着眼于人名、文字、典故，对李大钊开设此课程前后的教学情况、依据蓝本等所述无多。而对于回答前面有学者指出提出的想定，该书著者竟然认为："李大钊的许多著作都有蓝本，本人也发现了五六篇。《史学思想史》本来就是讲义，各篇大都有蓝本，甚至就是译作，也很有可能。我的感觉是，李大钊算宣传家、传播者，却难以说他是思想家、学术家。如果把弗林特的原文翻译出来，和李大钊的文本相对照，应该是一篇有分量的大作。"一位对李大钊著作进行疏证的学者竟然说："我的感觉是，李大钊算宣传家、传播者，却难以说他是思想家、学术家。"就更令人不解了。（对《也"疏证"一下李大钊〈孟德斯鸠的历史思想〉一文》的回应，gujin111，2012-09-24）

这里有必要，先谈谈罗伯特·弗林特的历史哲学著作。

罗伯特·弗林特（Robert Flint，1838—1910），苏格兰神学家、哲学家、社会学家。出生在地处苏格兰与英格兰边界的邓弗里斯（Dumfries）附近，在格拉斯哥大学毕业后，一度在香港工作，1864年被安德鲁斯大学任命为道德哲学和政治经济学教授，1865年出版《地球上基督的国度》。1876年至1903年间，任英国爱丁堡大学神学教授。1874年著有《欧洲、法国和德国的历史哲学》（*The Philosophy of History in Europe, France and Germany*，全书634页）。1893年完成的《历史哲学的历史》(*A History of the Philosophy of History* 是对前书的增订,全书 776 页),有版本为《欧洲历史哲学》(*The Philosophy of History in Europe*)。1877 年著《论有神论》(*Theism*),1879 年著《论反有神论》(*Anti-theistic*),1884 年著《维柯》(*Vico*),1894 年著《法国历史哲学》(*Philosophy of History in France*)《社会主义》(*Socialism*)《历史哲学:法国、法语区比利时、瑞士》(*The Philosophy of History in France and French Belgium and Switzerland*,全书 764 页),是完成为第一部 19 世纪欧洲历史哲学史著作的作者。1904 年著《哲学作为科学:科学的分类史》(*Philosophy as scientia scientarum* : *And a History of Classifications of the Sciences*,全书 360 页),提出科学是一个整体的系统,其中的每个门类都应有合适的地方。哲学是科学的科学,负责协调科学理性和自然感性之间的关系。

在这里,我们所依据的版本是:

1. 罗伯特·弗林特:《历史哲学在法国和德国》,1874 年,伦敦、爱丁堡:W. 黑木出版社。(Flint Robert:*The Philosophy of History in France and Germany*. 1874. Edinburgh,London:W. Blackwood.)

2. 罗伯特·弗林特：《历史哲学在法国和法国比利时和瑞士》，1894 年，纽约：C. 斯克里布纳尔之子出版社。（Flint Robert：*Historical Philosophy in France and French Belgium and Switzerland*. 1894. New York：C. Scribner's sons.）

弗林特在他的著作中，认为人类的事务并不只是混乱和变幻无常，而是接受着道德和法制的约束和支配。道德和法制不从属于自然法则，也不能从自然科学中寻找出规律。历史叙述中所涉及的事务，总离不开三个最重要的核心概念：发展、进化、自由。自由也可以说成是人类的团结。在这个意义上，历史哲学的开始点是文艺复兴时期，或许可以说是从布丹开始的。

弗林特的著作没有完成什么思想体系，尽管他公正地对待黑格尔等人，并且接受有神论，他在教学中论说通情达理，概念明确、资料翔实，但只是一个综合者，存在着重点不突出、叙事零碎的弱点。他没有能够把自己提出的历史哲学三个核心概念：发展、进化、人类团结（自由），在自己的著作中进一步作出论证和充分说明。

有的研究者曾经指出，李大钊在编写"史学思想史讲义"时，参考过罗伯特·弗林特的著作《历史哲学的历史》，并着重指出李大钊介绍这部著作是在 1923 年，足以证明李大钊是民国初期我国历史哲学研究的重要开创者，因为直到五年之后的 1928 年，才有郭斌佳（1906—　）翻译出版了弗林特《历史哲学史》原著的第一部分，将中译本定名为《历史哲学概论》（全书 296 页，仅是罗伯特·弗林特《历史哲学的历史》一书的第 1—175 页，1928 年由新月书店出版。而罗伯特·弗林特的《历史哲学史》英文原书是 776 页。1934 年，黎明书店还曾以孙寒冰主编的"社会科学名著译丛"中的一种，再版了郭斌佳译的《历史哲学概论》1000 册）。

　　1928 年，吕思勉看到有些人在攻击马克思主义学说，便在阅读郭斌佳译的英国弗林特的《历史哲学概论》时，写下了这样的眉批："马克思之说虽受人攻击，然以中国史实证之，可见其说之确者甚多。"从现有的《史学思想史》讲义所设定的题目来看，从《史观》开始，在《今与古》中讲了布丹、培根、塔桑尼、笛卡儿、巴士库儿、圣骚林、帕劳尔、黑克威尔、斯普兰特、兰格威尔、考雷、孔德等人对历史发展趋势的思想，这些人不仅有思想家、哲学家、史学家，还有政论家、诗人、作家、文学评论家和科学家，然后选定以布丹、勒·卢阿、孟德斯鸠、维柯、孔多塞、圣西门、马克思、李凯尔特为专题（博须埃是放在孟德斯鸠专题中讲述的），作为他的讲义的专题。

　　令人不能不思考的是，李大钊没有从希腊、罗马的史学家讲起，根本没有提及希罗多德、修地西斯、李维等人，这是为什么呢？又为什么会选中以弗林特的《历史哲学的历史》一书为讲义的主要蓝本呢？现在的回答应该是：

　　一是李大钊的史学思想史讲义，已经为这一部分确定了一条主线，就是要探寻唯物史观在西方国家的产生和发展过程，因此，将起点确定在 16 世纪，对此前的历史学家均予以忽略，而是从布丹开始。因为："唯物史观自鲍丹（Bodin）辈出，已经闪陎了些光彩；而自孔道西（Condorcet）依仗着器械论的典型想把历史作成一科学，而期发现出一普遍的力，把它变幻无极的历史现象一以贯之，更进而开了唯物史观的端绪。故孔道西可以算是唯物史观的开创者。至桑西门（Saint Simon）把经济的要素看得更重。十八世纪时，……产业的进步，是历史的决定条件；科学的进步，又为补助他的条件，梯叶里（Thierry）、米捏（Mignet）及基佐（Guizot）辈继起，袭桑西门氏的见解，谓一时代的理想、教条、宪法等，毕竟不外当时经济情形的反映。关于所有权的法制，是尤其重要的。蒲鲁东亦以国民经济伟解释历史的键，信前者为因后者未果。至于马克思,用他特有的理论,把从前历史的唯物论者不能解释的地方,与以创见的说明;遂以造成他的特有的唯物史观,而于从前的唯物史观,有伟大的功绩。"(《李大钊全集》第 4 卷第 340 页)

二是正是基于这个出发点,弗林特的《历史哲学的历史》恰恰是讲述历史哲学在西方国家的提出、形成与发展的历史的,尽管与李大钊所确定的内容要求不完全一致,却为李大钊提供了可以选择的余地。

(五) 李大钊对史学、历史哲学定义的翻译

李大钊先后在两篇文章中介绍过弗林特的史学定义。

第一次是 1923 年 4 月 17 日在复旦大学演讲《史学与哲学》(这篇讲稿是由黄维荣、温崇信记录的)。在讲到史的定义时曾经列举出五种关于史学的定义:

1. Felint 的史的定义。这里应是 Flint,即 Robert Flint。(很难理解《李大钊全集》的整理者为什么对此明显的排印错误,既不做纠正,也不注释。Robert Flint,就是后面《史学要论》中要讲到的英国的弗林特。)弗林特在《历史哲学的历史》中历史的定义:"历史哲学,不是一个从历史事实分出来的东西,乃是一个包蕴在历史事实里边的东西。一个人愈能深喻历史事实的意义,他愈能深喻历史哲学,而于历史哲学,也愈能深喻于其神智。因为历史哲学,只是些历史事实的真实性质与根本关系的意义的合理的解释、智识罢了。"

2. Lamprecht 的史的定义。这里应是德国的兰普雷茨(1856—1915)在《什么是历史》(1905 年出版)中关于历史的定义:"史事本体无他,即是应用心理学。历史乃是社会心理学的科学。"

3. Van loon 的史的定义。这里应是美国的万龙在《人类史》中的史的概念:"历史是经验的伟大楼阁,这是时间在过去世代的无终界域中建造的。达到这个古代建筑物的屋顶,并且得到那全部光景的利益,不是一件容易的事。"

4. 内田银藏博士的史的定义。这里应是日本内田银藏在《历史理论》中的史的要义。史学有三要义:一是随着时间的经过,人事进化不已;二是历史研究当就实际所起的情形,一一搜集齐证据;三是不把人事认作零零碎碎的东西去考察,而是认作有因果的、连续的东西去考察他。

5. 梁任公氏的史的定义。这里应是中国梁启超在《中国历史研究法》中的史的定义:"记述人类社会赓续活动的体相,校其总成绩求得其因果关系,以为现代一般人活动资鉴的是史。"

这充分表明:一是李大钊早已把史学、历史哲学的研究作为自己教学和研究的重点课题。二是把弗林特的被称为19世纪末欧洲第一部《历史哲学史》作为重点研究对象,同时表明,李大钊对这些已有的历史定义、概念、要点,都认为还需要进一步商榷。其中,他接受了弗林特关于"历史哲学,史学也包括在内"的观点。李大钊对弗林特历史哲学研究成果的关注,在时间起点上,与从西方归来的史学学者何炳松等人几乎同时。

第二次是1924年5月由商务印书馆以百科小丛书第51种出版的李守常著《史学要论》。这次的不同在于将Flint翻译成"弗林特",并且引述了其表述历史哲学定义的英文:

The philosophy of history is not a something separate from the facts of history, but a something contained in them. The more a man gets into the meaning of them, the more he gets into it, and it into him; for it is simply the meaning, the rational interpretation, the knowledge of the true nature and essential relations of the facts. (Robert Flint: *the philosophy of history in europe*, 1874, p. 8)

"历史哲学不是一些从历史事实分离出来的东西,乃是一些包蕴在历史事实里面的东西。一个人愈能深入历史哲学中,即历史哲学愈能深喻于其理智,因为历史哲学纯是些历史事实的真实性质与根本关系之意义之合理的解释之智识而已。"(《李大钊全集》第4卷第483页)

李大钊在1923年4月17日在复旦大学演讲《史学与哲学》,引述弗林特的历史哲学定义时,被记录下来的译文,则是:

"历史哲学,不是一个从历史事实分出来的东西,乃是一个包蕴在历史事实里边的东西。一个人愈能深喻历史哲学,而于历史哲学,也愈能深喻于其理智。因为历史哲学,只是些历史事实的真实性质与根本关系的意义的合理的解释、智识罢了。"(《李大钊全集》第4卷第160页)

从中可以看到,李大钊对弗林特的这个历史哲学定义进行的中译,为了能够准确表达愿意,反复进行了汉语表述上的推敲。

1928年新月书店出版、郭斌佳翻译的《历史哲学概论》中,对弗

林特的史学定义论说的翻译是:

"所谓历史,凡是人所感受的思想的践行的,应当完全包括在内。历史是一个人类的完全的生命,社会的全部的演进。一定要这样解释历史,才是历史艺术历史科学历史哲学的题目(历史艺术去追叙他描写他。历史科学去分析他推究他的规律。历史哲学去表显他和宇宙运行的关系)。如果要想再去多加一些定义,非但无用,并且有害。"(郭斌佳译:《历史哲学概论》第 13 页)

(六)开创中国历史哲学的艰苦努力

1902 年,梁启超的《新史学》提出了史学研究的新观点,号召对过去的史学传统作出批判,进行史学研究创新,实现中国史学重大变革。一时间,实证主义、唯心主义、唯物史观分别成为史学研究的指导思想,随着留学西方的何炳松、陈哲衡、徐则陵、李济、李思纯、陈翰笙、胡适等学成归国,及西方著名学者来华讲学,促使中西文化交流加强。西方史学主要理论著作,陆续在国内翻译出版,如美国鲁滨逊著《新史学》,何炳松译,1924 年初版;法国郎格罗瓦、瑟诺博斯合著《史学原论》,李思纯译,1926 年初版;英国罗伯特·弗林特著《历史哲学概论》,郭斌佳译,1928 年初版;法国施亨利著《历史之科学与哲学》,黎东方译,1930 年初版;美国班兹著《史学》,向达译,1930 年初版;美国弗领著《历史方法概论》,薛澄清译,1933 年初版;德国黑格尔著《历史哲学》,王造时、谢诒征译,1936 年初版;德国伯伦汉著《史学方法论》,陈韬译,1937 年初版。这些著作中译本先后出版发行,克服了梁启超所说的从日本间接输入的西方近代史学理论往往"无组织、无选择、本末不具,派别不明"的缺陷。

何炳松(1890—1946)将历史研究重点,也放在了史学思想史建设上。他在 1913 年至 1916 年留学美国,1924 年翻译出版美国鲁滨逊著《新史学》,结束了西方史学理论从日本引进的局面。为了给中国史学史研究提供借鉴,他计划编译一套"西洋史学丛书"。1925 年,何炳松与郭斌佳翻译了美国绍特韦尔著的《西洋史学史》。翻译完成的英国史学家古奇著《十九世纪之史学与史家》,1932 年因"一·二八"事变未能出版。所著《中国史学之发展》《浙东学派溯源》,对中国史学史学科做出了拓展性贡献。

郭斌佳（1906—　）是何炳松在上海光华大学任教时的学生，志于史学，除协助何氏翻译外，独自翻译了弗林特的《历史哲学概论》，新月书店1928年出版，黎明书店1934年出版。这本书只是弗林特的《历史哲学的历史》艺术的第一编，仅为该书的第1—175页，而全书的篇幅多达776页。

李大钊关注和从事历史哲学的研究，集中地反映在他对唯物史观的开创和演进的研究之中。1919年秋、冬，李大钊完成并发表了的《我的马克思主义观》。该文的第四节，专门论说了唯物史观的开创与演进过程："唯物史观，也不是由马氏创的。自孔道西（Condorcet）依着器械论的典型，想把历史作成一科学，而期发见出一普遍的力，把那变幻无极的历史现象，一以贯之，已经开了唯物史观的绪端。故孔道西算是唯物史观的开创者。接下来讲到了桑西门（Saint-Simon）、梯叶里（Thierry）、米涅（Mignet）、基佐（Guizot）、普鲁东（Proudhon）、劳利亚（Loria）等人对社会变化最高动因的阐释，共同认为：'经济现象的进路，是具有不可抗性的。''经济构造是社会的基础构造，全社会的表面构造，都依着他迁移变化。但这经济构造的本身，又按他每个进化的程级，为他那最高动因的连续体式所决定。这最高动因，依其性质，必须不断地变化，必然的与社会的经济的进化以诱导。'"

李大钊指出："马克思则以物质的生产力为最高动因：由家庭经济变为资本家的经济，由小产业制变为工厂组织制，就是由生产力的变动而决定的。"所以，在第五节的开头写道："迄兹所陈是历史的唯物论者共同一致的论旨。今当更进而述马氏独特的唯物史观。"

李大钊是用唯物史观系统审视中国历史的开创者，强调马克思主义必须与中国的国情相结合，才能实现"马克思的学说真是拯救中国的导星"。"应该细细地研考马克思的唯物史观，怎样应用于中国今日的政治经济情形。详细一点说，就是依马克思的唯物史观以研究怎样成了中国今日政治经济的情状，我们应该怎样去做民族独立的运动，把中国从列强压迫之下解放出来。"在1919年的《再论问题与主义》里，李大钊更指出，作为一名社会主义者，欲使笃信的主义引领世界潮流，就要将"他的理想尽量应用于环绕着他的实境"。将其精神转成"实际的形式使合于现在需要的企图"。李大钊始终努力地探索马克思主义基本原理与中国革命实际相结合的路径。

这里所涉及的历史哲学思想史、唯物史观引发的史学研究、社会学动因探究的变革过程,在《我的马克思主义观》中不可能进行详细的论说,而这些问题又很有必要予以充分论述。1920年12月,李大钊看到社会上有些人对唯物史观的误解,专门写出了《唯物史观在现代史学上的价值》,发表在《新青年》第8卷第4号上面。

首先是名称问题,"唯物史观"已经广为流行,改称"经济史观"有无必要,以正视听、明辨是非;其次,唯物史观必然会引发对历史解释方法的变化,从而产生旧史观和新史观的决然不同,旧史观对历史的唯心的解释,总是把车放在马前一样的倒置,成为权势阶级愚民的器具,使人民老老实实的听任他们掠夺。新史观给人以奋发有为的人生观,社会包含着全体人民,社会上的一切活动和变迁全为人力所造。最要紧的,是要寻出那个民族的人依以为生的方法,因为所有别的进步,都依靠该民族生产衣食方法的进步与变动。

通过欧洲史学家历史观的变化发展,论述唯物史观是科学的历史观,对中国史学史的开创产生重要影响。1924年,李大钊出版专著《史学要论》,为我国唯物史观为指导写成的第一本史学概论,对我国史学界产生很大影响。1932年刘剑横的《历史学ABC》,1933年周容的《史学通论》、刘静白的《何炳松历史学批判》,1935年李则纲的《史学通论》等,都明显受到李大钊史学思想的影响,从而构成李大钊史学思想学术谱系的开展。这在胡秋原1935年写就,1940年再版的《历史哲学概论》一书中是给予充分肯定的:"吾国自古重史,复印文字变化较少,史书传今,浩如烟海。自章太炎、刘申叔、梁启超以降,对中国史书加以评述者,有李守常、郑鹤声、柳诒征、蒲梓完、金毓黻、方江猷、王玉彰、朱希祖等;介绍新史学者有何炳松、卢绍稷、董之学、陈训慈诸人,然皆重于平衡过去,介绍外论,而于今后史学发凡起例者,则章柳之外,要以梁氏为体大思精。"(胡秋原:《历史哲学概论》第22页,时代日报印刷所,1940年1月)可见,李大钊为中国开创历史哲学的工作,在20世纪中叶就是得到了充分肯定的。

(七) 为什么要从布丹讲起

李大钊的史学思想史讲义,为什么在讲过《史观》和《今与古》之后,要从西方16世纪的布丹讲起呢?李大钊曾经说过:"唯物史观,也不是由马氏创的。自孔道西(Condorcet)依着器械论的典型,想把历史作成一科学，而期发见出一普遍的力，把那变幻无极的历史现象，一以贯之，已经开了唯物史观的绪端。故孔道西算是唯物史观的开创者。"回答这个疑问，可以从两方面进行思考。

一是因为这只是史学思想史的下篇——西方国家部分，它的上篇——中国部分，单独称之为"唯物史观"（北大讲义），共有七个题目。这七篇文章，有五篇在当时的刊物上发表过，因而被独立出去了。这样说的依据是，在这份讲义的最后一篇《中国古代经济思想之特点》，清楚地写有"未完"二字。

在《李大钊全集》的编辑过程中，只将史学思想史讲义中未曾发表过的各篇编写为（1923年12月—1924年7月2日），而对"唯物史观"（北大讲义）中各篇文章的印制日期，却没有作出任何说明。

"唯物史观"（北大讲义）目录：

1. 唯物史观在现代史学上的价值；
2. 马克思的经济历史观；
3. 物质变动与道德变动；
4. 原人社会于文字书契上之唯物的反映；
5. 东西文明根本之异点；
6. 由经济上解释中国近代思想变动的原因；
7. 中国古代经济思想之特点（未完）。

李大钊的史学思想史课程开设在1923年12月，讲义印制是在讲课之后，真的是所发讲义文稿与两三年前发表过的文章完全相同，一字不改。李大钊在担任北大等五校教授期间，对教学工作的认真是为北大是生一致称道的，编写《李大钊全集》时，把那么多图书馆的通知、启事、告白，都收录了进来，却对李大钊教学所用的讲义缺少细致考证，实在是一件憾事。不过，这里不想去进一步探讨这个问题。只是想说明既然思想史的中国部分在"唯物史观"（北大讲义）中讲过了，这后一部分思想史，当然主要讲西方各国的历史学家了。

二是就西方国家的历史思想发展而言，李大钊指出："在十六世纪末叶，已有一位崇今派的战士，首先跃起作崇今派的先驱。其人是谁？即鲍丹（Jean Bodin）是。"（《李大钊全集》第4卷第258页）在这一点上，李大钊与弗林特的认识是一致的，或许是受到了弗林特主张的影响。

自从哥白尼在1543年出版了《天体运行论》，使自然科学的研究和发展，得以摆脱神学的束缚，16世纪的西方从此进入了一个科学时代，基督教神学理论开始瓦解，与宗教蒙昧主义相对立的理性主义破土生长，新旧思想的冲突极为激烈，人们的理性意识在觉醒，也是唯物史观萌芽生长的开端。对宗教的本质、人与人类社会的关系、政府和公民权利的运用等重大问题，进行理性的思考。

文艺复兴以后，历史客观主义也随之复兴，法国的让·布丹在《易于理解历史的方法》中，对史学的对象、价值、本质、形式类别，史学主体的要求等，都进行了分析。认为史学的本质是对真实的叙述，因此，史家的首要标准是不能轻信，对古典史学采取了理性的批判态度。布丹在孟德斯鸠之前指出了地理位置、气候和土壤对民族性格和民族命运的影响；另一方面，还提醒人们注意，作家的个人地位、爱国和宗教倾向性，以及求知机，都会对他的见解和成就产生影响。在他以前没有对于环境所起作用，有过如此深刻的见解，甚至在他以后二百年也没有人添加新的观点。在宗教战争最炽烈的时期，把历史看作世俗性课题，以科学精神进行研究，认为历史是有秩序向前发展的过程，还将人类史按照其中心地区分为东方、地中海沿岸及北欧三个阶段，强调地理条件对历史运动的决定性作用。这些观点对后代思想家有很大的影响。布丹的论述是大胆而辉煌的成就。

布丹在史学中第一个对历史发展的动力和总体过程提出看法，总结了历史发展模式，认为人类的历史主要来自自己的意志，人类是在不断进步过程中，地理环境起了主要作用。于是，他根据地理环境的变换，把人类历史分为三个阶段：第一个阶段，天性爱好沉思的南方民族（北非、西亚民族），产生出哲学和宗教；第二个阶段，温带地区民族（地中海钡域民族）占据主导地位，发展出良好的政府和政治；第三阶段，寒冷地带的北方民族（日耳曼民族），是机械和战争艺术的发明者。成为西方史学最早的较为系统的历史观。

此后的哲学家们的历史观与布丹的协史观表现出某种连续性。这些哲学家大多对史料学不感兴趣。主要考虑的不是史学的性质、方法、价值，而是历史本身（即历史本体）的性质、意义、模式或规律。如维柯、卢梭、康德、黑格尔都相信历史是在不断进步；斯宾格勒、汤因比相信文化或文明有一个从萌芽到产生、发展、衰落、灭亡的过程。他们分别建立了不同的历史模式（或历史发展规律），划分了历史发展的不同阶段。维柯认为历史发展经过了神的时代、英雄的时代、人的时代；

黑格尔认为历史发展经过了东方社会、古希腊罗马社会、日耳曼社会等三个阶段。对于历史发展的动力也有不同解释，分别诉诸宿命、民族共同性、诉绝对精神、人性等等。因之，李大钊在讲授西方史学思想史时，把布丹列在首位并提出："鲍丹的新历史观，在史学上的贡献，如此其大，我们不能抹煞他的伟大的功绩，研索唯物史观起原时，尤不可遗忘了此人"。

布丹（1530—1596）原本是热心的立宪主义者，1566年出版的《历史方法论》，就体现着立宪主义的政治立场。在十年之后的1576年出版的《国家论》。提出了国家起源于家庭，"国家是主权力量对无数家庭及共同事务的公正处理"，国家是民族利益的集合整体。国家主权不能分割，凌驾于其他权力之上，有不可转让性和永久性。应按法治的原则——法律来进行国家的治理，但是，不适用于自然法及私有财产权的保障。国家政权可以以国王和一院制议会、国王和两院制议会等不同形式建立。

李大钊是在《今与古》一文中讲述培根的，说："继鲍丹而起者则有倍根（Francis Bacon，1561—1626，弗朗西斯·培根）。英国文艺复兴时期最重要的散作家、哲学家。在文学、哲学上多有建树，在自然科学领域里也取得重大成就。培根是一位经历了诸多磨难的贵族子弟，复杂多变的生活经历丰富了他的阅历，思想成熟，言论富含哲理。世界观是现世的，虽然他坚信上帝。

李大钊接着讲述了意大利的塔桑尼（Alessandor Tassoni，1565—1635）、意大利作家和诗人。大学学习法律，毕业后曾为罗马红衣主教阿斯卡尼欧·科隆纳做秘书，1589年选为院士。1618年在罗马大使馆秘书。1621红衣主教卢多维西服务，直到去世。作品充满活力，讽刺而不失严肃。

李大钊十分欣赏法国的历史哲学研究史，在布丹之后的博须埃、孟德斯鸠、伏尔泰、涂尔干、爱尔维修、卢梭、孔多塞。也提到了他所欣赏的笛卡儿（Descartes）、巴士库儿（Passcal）、圣骚林（Desmarets de Saint Sorlin）、帕劳尔等人的知识进步学说，在他的讲义中，都曾简要地谈论过这些人物。

然后，李大钊转向了英国的今古论战，讲述论战中的代表人物：黑克威尔（George Hakewill）、斯普拉特（Sprat）、格兰威尔（Glanvill）。

最后，所形成的、现在保存下来的"西方史学思想史讲义"的章节顺序是：布丹、勒·卢阿、博须埃、孟德斯鸠、维柯、孔多塞、圣西门、马克思、李凯尔特。

这与现在西方的史学思想史教程的章节相比较，是有着很大的局限性的，其选择的重点是放在唯物史观的形成与发展方面，所以对黑格尔、康德等都略掉了；另一方面的原因，是受到讲课时间的限制，不可能讲得过多；是否也有教学研究文献和资料方面的限制，现在还难以断定。

（八）关于《鲍丹的历史思想》

布丹（Jean Bodin，1530—1596旧称鲍丹），法国史学家，著《易于理解历史的方法》（法文：*Methodus ad Facilem Historiarum Cognitionem*）。李大钊在《古与今》介绍了布丹对于历史退步学说的批判。在《史学思想史》又指出，布丹企图建立一种新的历史学说代替中世纪流行的观念，即历史的规律性及其可认识性，不应抹杀布丹的历史贡献。布丹的认识受益于法律研究，把人类历史发展分为东方民族占优势时期、地中海民族占优势时期、北方民族推翻罗马而在文化上为领导的时期。人类是在震动不已

布丹（1530—1596）

的循环中渐次升高的。布丹的历史观是对伊壁鸠鲁学派的继承和发展。

李大钊指出布丹主张世界历史的整体性和历史运动的有规律性的《历史方法论》，是第一部较系统的史学理论著作，他的历史地位"在于创立一普遍的历史的新学说，以代中世所流行者"。布丹认为"历史就是对事物的真实描述"。人类史、自然史、神圣史三者相互联系、相互依赖，构成广义的历史。它描述的是"处于社会之中的人的种种活动"，而"人的主要活动就是为了维护其共同社会的"。这就指出了历史的规律性及可认识性，在历史研究中有着规律性历史科学的探求。布

丹反对历史退步的学说，认为人类在震动不已的循环中渐次升高，用乐观的态度看待人类的境遇。布丹否定人类历史之初存在"黄金时代"，认为那时人类还生活在原野和丛林中，历史表明人类社会持续发展进步，从野蛮状态演进进到文明社会的，将来必将超过现在。布丹从地理环境为出发点考察世界历史的进程，认为世界历史发展具有统一性，因贸易而增多的联系促进着这种统一，通过研究各民族的法律制度，可以解释各民族的社会和政治现象，发展是有规律可循的，从中可以找出发展规律。

布丹的历史观不是宿命的，"一、他否认人类退落说；二、他主张今决不劣于古，而且优于古；三、他认为地球上的人民都有相互共同的利害关系"。布丹也继承袭了古典文化中的一些基本观念。他的学说中所保留的有占星术等一些神秘信念，则是应该予以排除的。李大钊批评布丹立论只限于过去及现在，而未涉及将来："鲍丹之注重过去，亦犹培根之注重未来，皆能窥见半面的真理……必二子之相待，而后进步之真理之全，乃以大明于兹世。"

布丹在其《历史方法论》一书中，抛弃了中世纪四大帝国的世界史分期法，从地理环境、气候条件来考察世界历史的发展进程，把世界历史的发展划分为三阶段：首先是东南方民族（埃及和美索不达米亚）占优势的阶段；其次是希腊和罗马居统治地位的阶段；最后是北方诸民族领先的阶段。他在对社会发展过程中人性因素和自然因素综合研究基础上提出了这个理论，比中世纪神学史观要进步得多。

在李继华著《新版〈李大钊全集〉疏证》一书中，对新版《李大钊全集》逐篇予以疏证。只是对《鲍丹的历史思想》一文却不着一字，甚至在目录中也没有列入此文，因此对新版《李大钊全集》中《鲍丹的历史思想》一文排印出现的错误，也就未能进行必要的疏证：

1. "所著《国家论》（Republic）六种，出版于一五六七年，为他的最大杰作。"这里的出版年代错了。

鲍丹的《国家论》出版于 1576 年，不是 1567 年，这样明显的错误，都没能帮助《李大钊全集》的编辑者疏证出来。

2. "鲍氏的《历史方法论》（Historic Medthod，Medthodus ad facilem historiarum cognitionem）出版于一五六六年，亦是他的很重要的著作。" Historic Medthod 与书名无关。

应该疏证为：《历史方法论》（Medthodus ad facilem historiarum cog-

教 学 篇

nitionem）所引在前面的"Historic Medthod"只是英文的"历史方法"，与书名无关。并可注明：后来此书也曾用《易于理解的历史的方法》或《史学易知法》(Medthod for the easy compersion of History）为书名出版。

3. Casanbon 是卡索邦。

应该是 Casaubon：伊萨克·卡索邦（Isaac Casaubon，1559—1614），文艺复兴时期法国希腊语学者。多年致力于出版与研究工作，校订出版了若干古代作家的著作版本。1609 年出版《波力比阿斯》(Polybius) 一书的序言，曾受到称颂。

波力比阿斯（前 200 年—前 118 年），古希腊政治家和历史学家。以《历史》（又称《通史》、《罗马史》）留名传世，原书 40 卷，只有 5 卷传世。

4. 这段文字中没有翻译的文字要注明是拉丁文。

  十六世纪，遍乎全欧，有一研究历史的兴趣普遍的觉醒的征象。此征象维何？即有些关于历史文艺的著述出世是也。中有少许，在鲍氏论著未出以前，即已问世。最早者，如 Mylaeus 的《Theatrum scribendae historiae Unimversae》则于一五四八年在 Florence 出版了。最广行而有趣味者，如 Patrizi 的《Della Storia dialoghi X》则于一五六〇年在 Venice 出版了。自兹以还，经十六世纪乃至几乎全十七世纪，此等著作的潜流，继续未已。至一五七四年顷，《Pensns srtis Historicae》已出版于 Basle。是书由十八篇关于历史的文著合集而成，其中除去二三例外，皆为属于十六世纪者。

对照弗林特的该段原文，可以知道在《李大钊全集》印制时，在校对上做的还有些欠细致。特别是因为书名都是拉丁文，给后来的注释工作带来了困扰。《Theatrum scribendae historiae universae》可以翻译为《写戏剧史》；《Della Storia dialoghi X》应是《Delia Storia dialoghi x.》可以翻译为《迪莉娅修女历史对话集 X》；《Pensns srtis Historicae》应是《Penus Artis Historicae》可以翻译为《艺术史家的收入》。

5. Reinhold 是莱因霍尔德。

应注释为：伊拉兹马斯·莱因霍尔德（Erasmus Reinhold，1511—1553）或译为伊拉斯谟·莱因霍尔德。德国天文学家和数学家。对以太阳为中心的宇宙论中产生了兴趣，认为天体的运动是匀速圆周运动，或者是由匀速圆周运动部分合成的运动。美国科恩著《科学中的革命》一书的第三部分：17 世纪的科学革命。第 7 章《哥白尼革命》中有："哥白尼显然以为，他在天文学取得的重大成就之一，就是恢复了匀速圆周运动的原则。他的追随者伊拉兹马斯·莱因霍尔德断言，在哥白尼看来，与把地球从宇宙中心的宝座上撵走而把太阳定为宇宙中心相比，排除了等分点并且退回到纯匀速圆周运动的思想上则是更有意义的贡献（欧文·金格里奇，1973，515）。"伊拉兹马斯·莱因霍尔德完成了《普鲁士星表》（1551）的编写工作，他在他本人收藏的一本《天体运行论》的扉页上（用拉丁文）写着："天文学公理：天体的运动是匀速圆周运动，或者，是由匀速圆周运动部分合成的运动。"（欧文·金格里奇，1973，515）"该书中还有一些与之相关的论述。

6. Stadius 是斯塔提奥斯。

应注释为：约翰内斯·斯塔提奥斯（Johannes Stadius，1527—1579）比利时天文学家，占星家和数学家。原名扬凡，Stadius 是"火山口"的意思。在鲁汶大学学习数学，后来成为该校数学教授。1554 年出版星历表。这是最早的"新星历表"，列出了行星位置，但水星位置有 10 度以上的周期性误差。星历表可以列出每天在特定时刻（正午或子夜）的太阳系天体的视位置（直角坐标系统的地平高度、赤道坐标系的赤经与赤纬、黄道坐标系的黄经与黄纬等）。还可以列出较亮恒星的位置，推导过去与未来数个世纪的天体位置。

7. Dugald Stuart 应是 Dugald Stewart。

应注释为：Dugald Stuart 是 Dugald Stewart 的误写。杜格尔德·斯图尔特（1753—1828），苏格兰哲学家，爱丁堡大学教授，从 1786 年直到去世讲授道德哲学。著有《历史学和哲学》《亚当·斯密的生平和著作》等。

8. "弗林特"与"弗领"并非一人。

在 1933 年 7 月，列入商务印书馆"史地小丛书"出版的弗领

（Fred Morrow Fling）著，薛澄清译《历史方法概论》。这位"弗领"是美国人，与英国人弗林特无关。弗领的《历史方法概论》这本书分为引论、选择题目的方法——史料的搜集和分类、史料的批评——真伪的决定、史料的批评——时地人的断定、史料的批评——史料源流问题、史实的建造、综合法—事实的编比、史文作法等八个部分。

（九）《鲍丹的历史思想》有无蓝本的疏证

李大钊的《鲍丹的历史思想》一文，现在收入《李大钊全集》第4卷第270—281页，共12页。把李大钊的这篇《鲍丹的历史思想》全部文字，认真地和罗伯特·弗林特的《历史哲学的历史》（The Philosophy of history in Europe）（1874年出版，2013年作为经典系列的图书再版发行）一书中的第190—200页，论述布丹史学思想的文字相比照，可以看到，一方面李大钊是对弗林特的原来论说的翻译和援引；另一方面确实也增加了，作为史学思想史讲义所必要的内容上的添加。因此不能说李大钊的这篇将以是翻译文章，只能说是以和罗伯特·弗林特的《历史哲学的历史》一书中的有关章节作为蓝本进行翻译和援引。

下面，我们将罗伯特·弗林特《历史哲学的历史》中《鲍丹》一节的目录及原文，与李大钊的《鲍丹的历史思想》一文，进行对照的结果，作为附录收入文中，因为它使我们得出了如下的结论。

李大钊的这篇《鲍丹的历史思想》，作为学校发给学生的讲义，不是对罗伯特·弗林特的《历史哲学的历史》一书中的有关章节的完全翻译，而是以其为蓝本，进行了细致的调整和补充，对布丹的评价，李大钊有着自己鲜明的观点，并且认定西方历史哲学的起点、唯物史观的起点，理应从布丹的史学思想讲起。

经过与罗伯特·弗林特的《历史哲学的历史》（The Philosophy of history in Europe）的第190—200页的对照比较，李大钊在翻译时省略掉了其中的两个大段落，其余文字确实是对罗伯特·弗林特著作的翻译。

但是，重要的是翻译的文字并不是李大钊文章的全部。李大钊的文章中有将近五个整页的篇幅，即约占全文的少一半，是对布丹史学思想的重要论说，这部分的写作，不仅源于弗林特著作的其他章节的内容，还涉及另外的历史哲学著作。

为了便于将弗林特的原著文字与李大钊《鲍丹的历史思想》相对照，这里提供了仅供参考的弗林特的原著文字的直译中译文，只是为了显示其基本内容和两篇文字的对应关系。李大钊《鲍丹的历史思想》简称"李文"。

```
Bodin was the first French writer who took a philosophical survey
    of history .      .      .      .      .      .      .      .   190
Aim of his 'Methodus'    .      .      .      .      .      .      192
Some previous works on historical method .      .      .      .    192
The place he assigns to human history    .      .      .      .    193
His recognition of law in history   .      .      .      .      .   195
His recognition of progress in history   .      .      .      .    196
He attempted to explain events chiefly by physical and political
    causes   .      .      .      .      .      .      .      .   197
He developed the Aristotelian theory of revolutions   .      .    198
His theories on the origin of nations, and on epochs in history    .    199
Popelinière's 'History of Histories'    .      .      .      .    200
```

　　鲍丹是第一位对历史作哲学分析的法国作家/190

　　鲍丹的《方法论》/192

　　此前一些关于历史方法的作品/192

　　他对人类历史的定义 193/

　　他对历史规律的确认/195

　　他对历史进步的确认/196

　　他试图解释事件主要原因是物理的和政治的/197

　　他发展了亚里士多德的革命理论/198

　　他对国家起源和历史时代的理论/199

　　历史记录/200

II

　　鲍丹是采取哲学视野看待历史的第一位法国作家。他出生的1530年至死亡的1596年之间的大部分时光，正是处在法国社会的、政治的、宗教的转换、争吵、摇动，变故众多的历史年代之中。这些变故自然地引导着鲍丹发起深思而走向政治上建立理论的道路。鲍丹关注所有关于政府和社会所反映出的关于平等的问题，并且以深刻地洞察力讲出真话。他以罗必达法则的高贵道德性质去清楚地理解社会秩序的一些实际原则，作为关心政治行为问题的哲学家，直到孟德斯鸠以前，鲍丹在他的同时代人之中没有对手，至少在他自己的国家没有这样的对手。为开展深入的研究，他投入巨大的智力、学习，着重研究语言、法律和历史，以其丰富的政治经验，开始在图鲁兹大学教授法律学。在法国巴黎的提倡正义，成为布洛瓦集会的第三等级的代表，以其实际的、可钦佩的服务，使州的各种重要办公室工作得到重视，为此却分别享有法院的赞赏和亨利三世的羞辱。他以醒目的证据、无理性的偏见，成为倡导免税者的睿智的思想家。他对所有积极的宗教提出怀疑，却承认在巫术中具有一种极端易于使人轻信的数字和占星术的威力，在整个16的世纪，让人们的思想从这些迷惑中解脱出来，依然有着很多、很大的困难。

《共和国》（*Republic*）在1576年出版。毫无疑问地、显然这是鲍丹的最好的作品，的确是关于政府和立法的哲学论述历史中少有的优秀著作。在此之前，鲍丹的《历史性的方法》（*Methodus ad facilem historiarum cognitionem*）在1566年出版之时，

II.

The first French writer who took a philosophical view of history was John Bodin. The years between his birth in 1530 and death in 1596 were among the most agitated and eventful in the history of France,—years of social, political, and religious transition and strife, which naturally led thoughtful men to political theorising. And of all who in that age made government and society the subject of reflection, none can be put on an equality with Bodin as regards comprehensiveness, depth, and truthfulness of insight. The noble moral nature of L'Hôpital enabled him to apprehend as clearly some of the great practical principles of social order, and especially that of religious toleration; but neither L'Hôpital nor any other had such enlarged views of society as an object of science. As a political philosopher, indeed, Bodin had no rival among his contemporaries, and none, at least in his own country, till Montesquieu appeared. He had great native force of intellect, great learning, especially in languages, law, and history, and large legal and political experience, having taught jurisprudence at Toulouse, practised as an advocate in Paris, shared both in Court favour and disgrace under Henri III., performed admirable service as a deputy of the Tiers État in the Assembly of Blois, and filled various important offices of state. It is a striking evidence that even the greatest men may not be exempt from the most irrational prejudices of their age that this broad and sagacious thinker, although sceptical as to all positive religions, should have been an extremely credulous believer in sorcery, the virtues of numbers, and the power of the stars. In the sixteenth century it was still most difficult for the mind to emancipate itself from these delusions.[1]

The 'Republic,' first published in 1576, is undoubtedly by far the greatest of Bodin's works. In the history of the philosophy of government and legislation there are, indeed, few greater works; perhaps, as Sir Wm. Hamilton has affirmed, none in the whole interval between the appearance of the 'Politics' of Aristotle and that of the 'Spirit of Laws' of Montesquieu, although it is certainly inferior to both these treatises.[2] The 'Historic Method' (Methodus ad facilem historiarum cognitionem), published in 1566, has more interest and

---

[1] The superstitious credulity of Bodin is most completely seen in his Demonomanie des Sorciers, 1581; and his religious freethinking in his Colloquium Heptaplomeres, which remained in manuscript until Guhrauer published extracts of it in 1841, and Noack the whole work in 1857.

[2] Summaries of the 'Republic' sufficient to give a good general view of its character are to be found in Hallam's Lit. of Europe, vol. ii. (1st ed.), Lerminier's Introduction à l'Histoire du Droit, Heron's History of Jurisprudence, Bluntschli's Geschichte des Staatsrechts, and Janet's Hist. d. l. Sc. Pol.; while that in Baudrillart's J. Bodin et son Temps is so exceedingly careful and excellent that scarcely a thought of any value in the original has escaped being indicated.

教学篇

　　在这里，李文没有采用这句话："威廉姆·汉密尔顿爵士就断言：没有人在亚里斯多德和孟德斯鸠的'法律的精神'之间的整个间隔中，能够提出比之更优秀作品。"加上了"主张君主政治，反对马基亚威理主义（Machiavellism），是其政治主张的特点。自马氏以迄鲍氏，期间才杰不作，法国学术界量消沉之象已久。"下面接着的《国家论》"是书出世，去马氏之死，已四十余年矣，他的眼光及方法，与马氏迥乎不同。鲍氏思想的范围，比马氏广；马氏的精神，只集中于政治学说，而鲍氏学说的重要，不在他的主张君主政治的政治论，而在图立一普遍的历史的新学说，以代中世纪所流行者。"

　　这些话都是弗林特著作中所没有的，可见，李大钊在编写讲义时充分考虑到了鲍丹的君主政治论与马基亚威理主义的君主政治论的不同。鲍丹主张君主享有主权，君主的行为不对人民负责，也不受法律约束，主权最重要的任务是制定法律，君主是主权者，当然也就是立法者。鲍丹的学说反映了中世纪后期法国新兴资产阶级的利益，既要求建立君主专制的中央集权制，又要求维护资产阶级的财产权利。在西方政治思想史中，鲍丹的学说与同时代的马基雅维里（1469—1527）的学说，一同被认为具有国家主义、专制主义的倾向，但又有着不同。

　　虽然对历史的哲学的研究，有较多的意趣和和重要性，然而，还不能算是历史哲学著作，也不能说是光荣地为历史哲学奠定了基础。正如书中所明确地声称的，只是提供研究和领受历史的方法论，并非是历史哲学本身。

　　对16世纪在欧洲各处发生事件，研究历史的兴趣普遍的觉醒，在鲍丹的论著文之前研究和写作出版了历史判断的文艺性著作。最早者，如麦拉奥斯（Mylaeus）的《戏剧学术史》（*Theatrum scribendae historiae Unimversae*）于1548年在佛罗伦萨出版了。广行而有趣味的，如帕特瑞兹（Patrizi）的《修女迪莉娅的历史对话X》（*Della Storia dialoghi X*）在1560年的威尼斯出版了。从此开始，16世纪至17世纪几乎全部，此等著作的出版继续不断。至1574年，《艺术历史的收获》（*Pensns srtis Historicae*）出版于巴塞，这是由18篇关于历史的文章合集而成，其中除去二三例外，皆为属于16世纪。

　　鲍丹的论文不同于同时代的其他学史著作使用的"历史的方法"，基本上不是在进行一种设计，而是从实际方向考量事件之中包括历史科学的价值。如何从独立的、有利的状态去发现，详细而费力地说明每一

111

件历史事件的科学价值，无疑，这不仅需要天才更需要坚持的毅力，才能实现有意识的、明确的目的性和实践其独有的研究兴趣。

importance, however, for the student of the philosophy of history than the 'Republic.' Yet it is not a philosophy of history, nor does it even, although the honour is one which M. Baudrillart has claimed for it, lay the foundation of the philosophy of history. It makes itself no pretension of the kind, and is, what it professes to be, not a philosophy of history, but a method of studying and appreciating history.

One sign of the general awakening of interest in the study of history which took place throughout Europe in the sixteenth century, was the appearance of publications on the art of writing, reading, and judging of history. A few works of the kind preceded the treatise of Bodin. One of the earliest of these was the 'Theatrum scribendæ historiæ universæ' of Mylaeus, published at Florence in 1548; the most popular and interesting was Patrizi's 'Della Storia dialoghi x.,' published at Venice in 1560. There was a continuous flow of such works throughout the rest of the sixteenth and almost the whole of the seventeenth century. The 'Penus Artis Historicæ,' a collection of eighteen pieces on the composition and study of history, all with two or three exceptions belonging to the sixteenth century, was published at Basle as early as 1574. The treatise of Bodin differs from the other "historic methods" of the age, not in essence nor as to design, but in involving among its practical directions considerations of scientific value. Its aim is simply to teach how history may be read in an orderly, independent, and profitable manner; not to found, and still less to elaborate a science: a great and arduous task, however, to which even genius is only competent when, circumstances favouring, it strenuously exerts itself with conscious and definite purpose, and an exclusive devotion to its fulfilment.

In the following account of Bodin's treatise I shall only seek to indicate those ideas in it which may be supposed to have some interest for a student of the science of history.

The 'Methodus' begins with a preface in which Bodin discourses on the easiness, pleasantness, and profitableness of historical study—" de facilitate, oblectatione, et utilitate historiæ." Such eulogies of history were coming into fashion when he wrote, and they continued to be much in fashion for at least a hundred and fifty years afterwards. Perhaps the one now

在鲍丹的论文中，只要注意，就不难指出那些对于研究历史的学者饶有兴趣的对历史事件的论述。

鲍丹的《历史性的方法》由他写序文开始，就谈论了历史研究的容易、快乐和益处：历史研究是学者观察、判断和探索的结果。这种观点在当时非常流行，甚至对历史研究的如此赞词，至少成为流行观点继续到了以后的一百五十年。1609年卡索朋（Casaubon）的《波里比阿斯》一书的序言，至今或仍被人所记忆，而且主要是对他使用拉丁语法的功绩予以称颂。现在其存在着的唯一的真正价值就是把它当做"时代的特征"，用以展示16世纪和17世纪的人们以怎样的动机、期待、兴趣，能如此热心地转向历史著作的写作和阅读。

鲍丹正是和他的同时代人一起热心地转向历史的，不为了要解释历史的运动或者确定历史的法则，是为了寻找历史里的智慧带来的欢快和实践活动的指导，能够提供的文学史料、学问研究的资料，尤其是能够在道德和政治活动中得到帮助，提供了他们在自己作品中的构思，历史知识不可能如同用仪器和试验那样，构成或引出的历史科学的本质，但是，这种历史研究却超过对历史事件本身的认识。鲍丹确信历史研究，只要方法得当回事很容易的。这样一个非常错误的见解，虽然并不会使我们为之吃惊。因为它真的当时曾是在作家之中和历史书读者之中被确认的一种普遍的迷惑。一旦人们开始具有足够地觉悟，他们就会停止在这类历史书上使用过的赞词，而对历史事件的认识提出更高的要求，同时他们会认识达到全面把握历史事件的因果，会是非常困难的，在鲍丹的时代，也未能达到这样的境界。

鲍丹的《历史性的方法》共分为十章，每一章都有着论说的主题。第一章是人类历史的性质和地位。对历史本身要以真实的叙述、同等物的描述保存并表现出来。历史被区分为：人类、自然的和神明。人类史主题是人，自然史主题是博物世界，神明史的主题是上帝。或更进一步说，人类史的材料应该是最广义的人类的自由行动，全人类的"医案、名言、文献"，人类历史的所有特色、特征是那样不断地丰富和变动。而神明史和自然史的主题，大自然和上帝却几乎是处在不变的，保持一样的状态。

best remembered is Casaubon's preface to Polybius (1609), and it owes the honour chiefly to the merits of its Latinity. The only real present value of any of them is as "signs of the times" in which they appeared; they show us from what motives, or with what expectations and interests, the men of the sixteenth and seventeenth centuries turned so eagerly to the writing and reading of history. Bodin and his contemporaries turned eagerly to history, not in order to explain its movement or ascertain its laws, but to find in it intellectual entertainment and practical guidance, materials for their literary and learned pursuits, and especially help in moral and political life. They conceived, in other words, of historical knowledge not as possibly constitutive of, or reducible to, science, but as instrumental and subservient to some end beyond itself. That Bodin should have believed historical study easy, although a very erroneous opinion, will not surprise us, as it is still a prevalent delusion both among the writers and readers of history. As soon as men began adequately to realise the supreme claims of truth in history they ceased to write eulogies on the uses of history; and at the same time they became aware that truth in history is very difficult to reach. This stage had not been attained in Bodin's day.

His 'Methodus' contains ten chapters, the titles of which will be found below.[1] The first thing in it to be noted by us—keeping our special aim in view—is the account given of the nature and place of human history. History in itself is represented as equivalent to true narration or description. This allows of its being divided into human, natural, and divine. Human history has man for its subject, as natural history has the physical world, and divine history God; or, more definitely, its materials are the free actions of men in the widest sense of the term action—all human "consilia, dicta, facta." The distinctive feature of human history is that its subject is constantly changing, whereas God and nature change not; they

---

[1] The titles referred to are: 1. Quid historia sit, et quotuplex. 2. De ordine historiarum. 3. De locis historiarum recte instituendis. 4. De historicorum delectu. 5. De recto historiarum judicio. 6. De statu rerumpublicarum. 7. Confutatio eorum qui quatuor monarchias aureaque secula statuunt. 8. De temporis universi ratione. 9. Qua ratione populorum origines haberi possint. 10. De historicorum ordine et collectione.

N

教 学 篇

　　而人类史则从未能立即实现保持一样的状态，这正是人类历史的不断易变的特性，必然引起人们对历史发展没有可遵循的原则、没有发展的次序，如同宇宙的其他部分及其相关知识和类型一样的信念，这种信念，虽然旧时曾极为普遍，却是错误的。因为人们都是以一个躯体和一个灵魂结合而成的。永远是精神浸入在物质中，总是在人的行动中透过物质的影响力，认识众多的感到困扰和矛盾，然而，在其中是在总是显示着自然的神性的一种永恒的原则的精神，而且这些原则有能力被人所理解，它可能被有的人认为没有对人类的历史寻求这种原则的需要。因为，这在神的历史中很容易地直接地将被人们理解，但是事实不是这样：这种说明是从神学家下达于人类，而不是从人类上达于神学家。这种顺序是颠倒的，历史研究的真实次序本应是从人类上达于神学家的。人应该以自己的质询开始，而逐渐地达到知晓最高的和终极的本因。人本身是灵魂和躯体复合的存在，透过地理到自然，透过宗教到上帝。作为历史学家一定小心地分辨历史被影响的因素存在着凭借由上帝和自然这两各方面，精神方面的、躯体方面的，因此，就存在了两种科学，使人对世界历史的达到全面理解的是宇宙学，还有精神方面必需的宗教。

　　布丹主张历史研究应该有次序地着手对个别项目进行——从全世界历史的撮要视野，到对它的一些部分的详细、完全的调查——如此去做以达于对彼此的关系和各部分之间的关系，都能确地被把握。他在适当标题之下注意收集并且记录下来有关的谈话，使之适合用于分析道德或政治事件时有所帮助，以对主题作空间的观察提供历史学家所需要反映的质量。依据历史研究的规则作为判断历史事件的证据，以避免历史作家时常成为偏见的来源。远古及现代各种不同观点历史学家的功绩和缺点十分相似，他们通常作出的正确判断，很少是最初或深刻的。鲍丹表示讨厌历史研究中所有修辞学表现，理想的历史真实是对经常碰巧发生的事物的精确展览，人们在经受历史裁判中被愉快的描述。"Historia nihil aliud esse debeat quam veritatis et rerum gestarum veluti tabula."（这一段文字，李文没有翻译和采用）

remain ever the same, it remains no instant the same. This its essential characteristic, incessant mutability, has given rise to the belief that no principles pervade it; that no order is to be traced in it, as in the rest of the universe and in other kinds of knowledge. But that belief, although old and prevalent, is erroneous, for man is a soul in union with a body, an immortal spirit immersed in matter; and so, although through the influence of matter there is much which is confused and contradictory in his actions, yet is there in them also eternal principles which reveal a spirit participant of the divine nature, and these principles are capable of being apprehended. It may be thought that there can be no need for going to *human* history for them,—that they will be most readily apprehended directly in *divine* history; but no: to reason from the divine down to the human, instead of rising from the human to the divine, is to reverse the true order of study and begin at the end. Man ought to commence his inquiries with himself, and ascend gradually to the supreme and ultimate cause. And as he is a compound being—soul and body, spiritual and material—his history is connected with that both of nature and of God; through geography with nature, through religion with God. The historian of man must take careful account of the complex constitution and relationships of man, and trace how his history is influenced both by God and nature, both through spiritual and physical forces. Hence two sciences are requisite to the attainment of a satisfactory universal history of man: cosmography, and a general or comparative science of religions.

Bodin argues that history should be studied in an order proceeding from general to particular—from a compendious view of universal history to the detailed and thorough investigation of its several portions—in such a manner that the relations of the parts to one another and the whole may be correctly perceived. He has much to say on collecting and recording under appropriate headings the utterances and incidents fitted to be morally or politically helpful. He devotes considerable space to observations and reflections on such themes as the qualities to be desired in the historian, the rules to be attended to in ascertaining historical facts and judging of historical evidence, the sources of the prejudices often displayed by historical writers,

教 学 篇

鲍丹有意识地了解历史律法的存在,他感觉到历史被律法所贯穿。作为观察通常我们仅仅提到的是对历史方法的科学性质的信念,在合法研究中洞察以寻求痕迹,这些历史研究立即传达了他的追问、深思思想。而且很快使他认识律法与历史不能分离,这种约束穿越从开始到结束一切所有的各方——没有任一的部分可以与全体分离,鲍丹在最初着手历史研究时,他自己正是这样设定的——在他写出的《历史方法》一书中,直接、公开的反对一些人们自认为哲学的法学家,而他们却将注意仍然限制在罗马律法的范围。

他自己野心勃勃要成为一个哲学的法学家,他不会像居雅斯(Cujas)那样,只是拉丁文本的翻译员。他攻击同时代有一定声名的人的研究方法的狭隘,也不会像奥特忙(Hotman)那样,将追求实效的兴趣当做科学的真理。他争论罗马法律的研究,当时完全正确的东西也只是提供了法律的部分观念。让罗马法成为对全世界法律衡量标准,使之同一。这是十分荒谬的观点。全世界的法律都有着自己的法律根柢和原理,在这种多样的表达中,部分拥有普遍性的法律是存在的,但是这部分法律的内容,要向历史学家和法理学家请教,并且形成一致意见。波斯人、希腊人、埃及人、希伯来人、西班牙人、英吉利人、日耳曼人,都能寻找到与罗马人同样要完全地遵守的律法。全世界法律中的普遍性部分,只能透过历史的、整体的方法研究方能实现。鲍丹提出了这个任务,但要完成它还是要被催促的一个,在深思考量下指出它的普遍内容与形式,明确地区别自然法与人行为法的不同,因为,他清楚地看见人的行为法与自然法不同,人的行为发展是一个有秩序的程序,需要有自然和道德的条件来管理。但是,他提出的只有了历史法律的概念则十分含糊,没有能够对所含有的意义或期限予以明确的解释。

在这里李大钊在讲义中使用了大量的文字,整整占了两页的篇幅,用来叙述鲍丹的历史分期法及否定"黄金时代"说,指出鲍丹认为的"人类不但不是永远退落的,而且在震动不已的循环中,渐渐的升高。这就是螺旋状的进步"。今人的发明创造,"足以抗颜古人而有余"。

这大段文字见《李大钊全集》第4卷,第274—276页。

the merits and defects of various ancient and modern historians, and the like. These are seldom very original or profound, but they are generally judicious. They show that Bodin disliked all rhetorical representations of history; was distrustful of those writers who delighted in passing judgment on the persons and transactions they described; and regarded as the true ideal of history a plain and exact exhibition of what had happened as it happened. "Historia nihil aliud esse debeat quam veritatis et rerum gestarum veluti tabula."

Sound as the observations just referred to generally are, we seek in vain among them for traces of scientific insight into the nature of historical method. Yet Bodin consciously realised the existence of historical law. He felt that history was pervaded by law. He owed this conviction to his legal studies. These carried his inquisitive and thoughtful mind at every instant to history, and soon satisfied him that law and history were inseparably bound together all through from beginning to end,—that no part of either was fully intelligible if dissociated from the whole of the other. He sets himself at the very outset—in the very dedication of his 'Historic Method'—in direct and declared antagonism to those who claimed to be philosophical jurists, and yet confined their whole attention to the law of Rome. A philosophical jurist, and not, like Cujas, a mere interpreter of Latin texts, it was his own ambition to be; and he attacked the narrowness of his renowned contemporary not so much, as Hotman did, in the interest of practical utility, as of scientific truth. No study of Roman law, he argues, however complete or accurate, can give more than a partial notion of law. It is absurd to make Roman law identical with or the measure of universal law. There is a universal law, in which all codes of law have their root and rationale, and of which they are but the multiple and partial expressions; but to reach that law the historians must be consulted as well as the jurists, in order that Persians, Greeks, Egyptians, Hebrews, Spaniards, English, Germans, may all find their due place by the side of the Romans. The idea of universal law, the knowledge of which can only be reached through the methodical study of history as a whole, is central with Bodin, and it is one which still requires to be urged, even in its most general form, on the

教　学　篇

　　前面已经有地方提到了，鲍丹《方法论》第七个章的题目，将以特别清楚地理解来陈述历史进步的大致过程。它的第一个部分是一个争论，大意是对历史进步过程能否以预言者丹尼尔（Daniel）的四个君主政体说为基础来陈述。鲍丹则声称一切解释他都不能接受丹尼尔的四个君主政体年代说。它没有接受这些君主政体可能象征着历史知识和道德教化的建议，对于这四个君主政体年代的神话进行了以历史发展视野的反驳。反驳了人类社会是处在一个不断退落的持续运动中，从一个黄金年代到一个铁的年代，美好事物甚至变得减少，邪恶事物更大胆，这样的发展视野使《圣经》与历史处在矛盾之中，最早的洪水、巴别塔等等（李文在这里加上了对巴别塔的注释）。所有这一切已经被异教诗人

196　　PHILOSOPHY OF HISTORY IN FRANCE.

thoughtful consideration of our lawyers. It is only in its most general form that Bodin has enunciated it; no clear distinction, for instance, being anywhere drawn by him in this connection between natural and positive law. He clearly saw that the course of human things was an orderly process or development naturally and morally conditioned and regulated, but he had only the vaguest conception of historical law, or of law in any definite sense of the term.

Again, Bodin, as I have already had occasion to mention, clearly apprehended and stated the fact that history has been on the whole a course of progress. The seventh chapter of his 'Method' is on this account of special and permanent interest. The first part of it is an argument to the effect that whatever may be meant by the four monarchies of the prophet Daniel—and Bodin professes himself dissatisfied with all the interpretations—it is *not* meant that history is only a long course of intellectual and moral deterioration. Whatever these monarchies may signify, they are not, as some suggested, the four ages of heathen antiquity. The rest of the chapter is a refutation of the view of historical development which underlies the myth of the four ages, the view that mankind has been in a constant movement of degradation, from an age of gold to an age of iron, becoming ever harder, more barren of good, more audacious in evil. Our author argues that this view is in contradiction to the Biblical history, which tells us so early of the Flood, the tower of Babel, &c.; that, from all that has been reported to us by heathen poets and mythologers of the gods and heroes of the so-called golden age, *it* would seem to have been the true age of iron; that many cruel and unjust customs which prevailed in the palmiest days of Greece and Rome had come to be seen in their true moral light; that Christianity had brought with it some new virtues which were leavening the world; that even the barbarian invasions could be seen to have fulfilled a providential purpose; and that modern times could claim such inventions as the compass and printing, had discovered a new world, and greatly improved astronomy, natural history, medicine, and industry. He compares the advocates of the continuous deterioration of the race—those who fear that learning, humanity, and justice are on the point of disappearing

以所谓的黄金时代的神和英雄的报告给我们，似乎真的进入了铁的真实年代。希腊、罗马采用的那许多残酷、不公平的关税，显现出真实道德的光明。基督教正在使世界产生一些新德行，野蛮侵犯可能被发现，以实现天理为目的。到了现代因为发明指南针和印刷术，而发现一个新世界，进而改进了天文学、自然学、医药和工业。这些都是历史的路径，如同比赛的连续升级。——鲍丹把那些害怕学术、人性和正义正要消失的人们——比之于忧愁、微弱的老年人，身体不适成为重负，却相信世界已经遗失所有的德行、美好和仁慈；又比之于水手，当船从港口驶向到公海，所经过岬和山，房子和城市都在向后面退去。

在这里，李文加上了"鲍氏认为在过去有一普遍的进步，此观念决非新创，就是耶比库鲁派（Epicureans）旧有的观念。惟自耶比库鲁（Epicurs）哲学失了生存以后，多年消灭于兹世矣。鲍氏于此，又多考察了一千二百年间的新变化。""本鲍氏之说而推之，将来的进展，亦必依震动的法则而与过去及现在等在进步的运动中；将来的新发明，新发现，亦必不减于既往。但鲍氏立论，只限于过去及现在，并未推论及将来的变动，特未为世界末日等说的幻影所迷蔽已耳。"

教 学 篇

鲍丹断言未来会有进步,整个过程从遥远的过去,缓慢地向前发展作为现代的读者必要接受对这个过程肯定。讲授这一过程的语言(实在真实的很少,多是些含糊不肯定的)表示这一信念,或宁可怀疑。人事可能回到他们开始的地方,或可能在一个周期中循环。鲍丹能看到历史的进步,只有见到了一半的事实,他没有看到未来。鲍丹对过去大加谈论,他甚至为中世纪被误解,而批评所有宗教和哲学改革家。在鲍丹之后的30年出现的以为伟大人物,才弥补了鲍丹的片面性观点。这就是培根公爵(Lord Bacon)。但是培根不能公平地对待过去,以更大的热情寄希望于未来。名声与之相齐的笛卡儿(Descartes)也轻视古代世界,认为太多而无法了解。他的眼前是光彩照耀的新世界。

鲍丹不能停止在一般的观念上,一定更进一步地观察,给予事件真正的解释,他不停止在理论上,更尝试解释具体事物。他努力追踪造成历史复杂时期的原因及这些因素的操作。他尤其努力于明了两类因素所制造的影响力——物理的、政治的因素。

BODIN. 197

from the earth to return to their native skies—to old men, sick, sad, and feeble, the burden of whose own infirmities leads them to believe that the world has lost all its virtue, beauty, and goodness, since the days when they were young; and to sailors who should fancy, when launching out from harbour into the open sea, that it was the capes and mountains, the houses and cities, which were withdrawing. It will seem strange to those who are ignorant how slow has been the growth of great ideas, that with so clear a perception of the progress which had pervaded the past, he should have nowhere affirmed that there would be progress in the future. His whole course of reasoning seems to a modern reader to involve, to necessitate, this affirmation; yet nowhere is it made. Nay, instead of it we find phrases (only few, it is true, and these vague and undecided) indicating a belief, or rather suspicion, that human affairs might return to where they had started from, might revolve in a cycle. It was left to a still greater man, born thirty years later, Lord Bacon, to give prominence to the aspect of progress which Bodin overlooked; and it is curious to observe how entirely as to this matter the one was the complement of the other, each seeing only the half-truth. Bodin was singularly just to the past, and loved to dwell on it; he appreciated even the middle ages, which were so misunderstood and calumniated by almost all the reformers, both of religion and of philosophy. Bacon was most unjust to the past, being quite engrossed with the aspirations, the hopes, the ambitions of the future; like his great contemporary and rival in renown, Descartes, he despised the olden world too much to comprehend it—his eye being riveted on prophetic visions of the new world which shone before him, "fresh as a banner bright unfurled."

Bodin, it must be further observed, does not stop short in merely general ideas, but aims at the real explanation of events; he does not rest in the abstract, but tries to account for the concrete. He seeks causes and endeavours to trace their operations in the complex phases of history. He endeavours especially to make apparent the influence of two classes of causes,—physical and political causes. He treats of physical causes with considerable fulness in the fifth chapter of the 'Method,' and in a still more detailed and developed form in the first chapter of the fifth

鲍丹在《方法论》的第五个章及在其《国家论》第五卷的第一章中，都有相当详细而展开的关于物理因素的论说。气候在民族的个性方面的影响力，而且地理学对于一个国家的历史有特定的联系，事实如此明显，因而非常之早就被注意到了，希腊的希波克拉底（Hippocrates）、柏拉图（Plato）、亚里士多德（Aristotle）、波利比奥斯（Polybius）和加仑（Galen）都明确和肯定地陈述了此等事实。但是他们开始的对物理境况原则性说明与影响国家特性的关系，较之鲍丹举出大量事实以印证这一论点，则体现出了明显的不足。

鲍丹把国家区分为北方的、中部的、南方的，丰富调查的知识令人惊奇。研究气候、地理的情况，如何影响居民身体的勇气、智力、人性、贞操，即这个国家居民的思想、道德和礼貌，与山、风、土壤的不同对个体和社会有着怎样的影响，他引出了一般视野的巨大数据，有许多是错误的、但是确实有些是真实的。

有人把鲍丹与孟德斯鸠（Montesquien）做比较，正如哈勒姆（Hallam）所说："只是在《国家论》中，对气候的论说的章节，两者有相当多的相似处。"

孟德斯鸠的法意一书的第14—18卷中，所以出的主张的一半，已经在保单的书中论说过了,这样说才是符合事实的。鲍丹看来不熟悉伊本·赫勒敦(ibn Khaldun)的著作。孟德斯鸠对鲍丹的论说是以前人的成就而吸取的,而且明显于多处。在他们之间存在着时间的间隔,而且他们集聚的知识和收集资料的机会不同,他俩都会被记住,鲍丹关于这个问题的论说在二人中一定是更为显著的。如果鲍丹的灵敏没能超过孟德斯鸠,而鲍丹论说的广泛是可以与孟德斯鸠同等的,这是不应回避的事实。透过他的自由,为德行与教育加强了的自由,能抵抗而且征服外部的影响力。

鲍丹对政治因素的引起变动,受到亚里士多德思想影响很多。但是他利用极深刻的思想家锋利的观察方法,却独立思考而没有作为其方法的奴隶。他把政府分为民主政治、贵族和君主政体三种,尝试发现并且描绘每中政府政治的情况,和研究他们如何形成和成长,他们如何实现强大和联合,又怎样地走向衰落和毁灭。他明确区别革命和无政府状态,革命是由一种政治向另一种政治类型变化,无政府状态则是政府的消失,因为他清楚区分政体的形式是三种,于是推导出革命的类型有六,每个政体变化都有可能变成其他两种。所有的革命类型可能以不同的因素发

198   PHILOSOPHY OF HISTORY IN FRANCE.

book of the 'Republic.' That climate has an influence on the character of a people, and that there is a certain correspondence between the geography and the history of a nation, are facts so obvious that they could not fail to be noticed very early, and Hippocrates, Plato, Aristotle, Polybius, and Galen stated them explicitly and definitely; but it is altogether unfair to put their general enunciations of the principle that physical circumstances originate and modify national characteristics, on a level with Bodin's serious, sustained, and elaborate attempt to apply it over a wide area and to a vast number of cases. Dividing nations into northern, middle, and southern, he investigates with wonderful fulness of knowledge how climatic and geographical conditions have affected the bodily strength, the courage, the intelligence, the humanity, the chastity, and, in short, the mind, morals, and manners of their inhabitants; what influence mountains, winds, diversities of soil, &c., have exerted on individuals and societies; and he elicits a vast number of general views, many of which indeed are false, but many of which also are true. It is less than fair to Bodin to say merely, as Hallam has done, that "there is certainly a considerable resemblance to Montesquieu in the chapter on Climates in the 'Republic.'" It would even probably be under the truth to say that one half of the propositions maintained in books xiv.-xviii. of 'The Spirit of Laws' are distinctly laid down in that chapter. Ibn Khaldun excepted, with whose work he was unacquainted, Bodin added much more to what his predecessors had done than Montesquieu to what he had accomplished; and when the interval of time between them, and their consequently different opportunities of amassing appropriate knowledge, are remembered, his treatment of the subject must be deemed the more remarkable of the two. Indeed, if less ingenious than Montesquieu, he is as comprehensive, and, at the same time, not chargeable with obscuring the great truth that man is free, and, through his freedom, fortified by virtue and education, can resist and master external agencies.

For his knowledge of the working of political causes Bodin was greatly indebted to Aristotle. But he made use of what that profound thinker and keen observer taught him in no

生，而且可能被避免或至少延迟。在不同的方面，他调查了革命的多种因素和小心地反对渗透，从没有为占星术的迷信而带领他步入迷途。

关于物理因素的见解，为在操作方面，应当将《方法论》的第六章，应该与《国家论》的第二、第三和第四卷，相互参照地阅读，前者可以说是后者的摘要（resume）。

另外，在鲍丹《方法论》的第八和第九章中，有后来杜格尔德·斯图尔特（Dugald Stuart）援引过的所谓推测的或理论上的历史样本，很可能使历史科学的研究者感兴趣。第八章是针对世界的起源与时间世代的研究，第九章是民族、国家起源的研究。鲍丹对此有些过分渲染这种研究的重要性，或至少没能将其放在适当的位置。他甚至说对历史起源的真实遗传素质，只有他能指导给我们一条通过历史迷宫的线索。然而对历史的遗传素质却不能精确阐明，在哪里什么恰恰是最晦涩和必须保持最长久的有待查清。关于他进行研究的模式，有很多的称赞和同样多的指责。

servile way, and added to it extensively from his own reflections, his large acquaintance with history, and his varied personal experience. He divides governments into democracies, aristocracies, and monarchies; and tries to detect and delineate the characteristics and conditions of each, and to show how they originate and grow, how they strengthen and consolidate themselves, and how they decline, fall, and perish. He distinguishes revolution from anarchy, the former being a change from one kind of government to another, while the latter is the extinction of government; and he accordingly finds, since the distinct forms of polity are three, that the kinds of revolution are six, each polity being capable of change into two others. All the kinds of revolution may take place from different causes, and may be prevented, or at least delayed, in different ways; and he investigates the manifold causes and counteractives of revolution with care and penetration, and, wherever his astrological superstitions do not lead him astray, with elevation and soundness of judgment. For his views on the operation of physical causes the sixth chapter of the 'Method' ought to be compared with the second, third, and fourth books of the 'Republic,' of which it seems almost like a *résumé*.

Another respect in which the 'Methodus' of Bodin may interest the student of historical science is that in the eighth and ninth chapters there is a specimen of what Dugald Stewart has called conjectural or theoretical history. The eighth chapter is an inquiry into the origin of the world and the epochs of time, and the ninth into the origins of nations. Bodin exaggerates the importance, or at least is mistaken as to the proper position, of this sort of research. He even goes so far as to say that a true idea of the origin of history is the thread which can alone guide us through the labyrinth of history, whereas it is precisely what is most obscure and must remain longest unelucidated. As to the mode in which he conducts the research, there is at least as much to praise as to censure. He tries to show by the use of reason alone the truth of the Mosaic account of the origin of the world as a free creation by God in time. I am sorry to add that he also concludes that the world must have been created in September,

鲍丹认为世界将会有一个终结，指出的证明是由"高贵的数学家"哥白尼（Copernicus）、莱因霍尔德（Reinhod）、斯塔提奥斯（Stadius）相信，地球将会随着时间的推移，落入太阳。

在这里，李大钊写下了一段话："鲍丹之世，距倍根已三百年，此三百年，可称为人文主义（Humanism）的三世纪。虽经三世纪间反抗中世主义（Medievalism）的努力，而其流风所被，犹有存者。加以由文艺复兴成就的希腊人、罗马人的权威，虽未实行，而已重压于如鲍丹一流的不踌躇的自由以批评古代作者的思想家。故当其周虑以图寻得一解释普遍历史的线索，彼乃为过去的遗物，神学的并宇宙的学说所束缚。当他研讨科学和文学的时代的衰颓，他便提议那当是基于上帝的直接行动，以责罚那些恶用有益的科学于人类的残毁的人们。"

鲍丹试图展示独自以理性确认世界的起源，摩西的说明是真实的，是上帝在恰当的时间里自由的创造。令人抱歉的，还有鲍丹总结出的，世界必须在9月被创建，历史最大事件在当月已发生的谬说。

他以独立的精神，批评而且拒绝以流行的历史区分，作为自己对历史时代的分划的依据。虽然这种历史时代的分划只是令他自己感到满意，这是基于他在第五章里所论说的民族学为基础的。国家的成就和命运取决于种族的身体和思想的特性。认为南方人对知识和智能的获得，那些中央或温待区域的人从事政治和商业活动的能力，北方人对工业技术和军工企业的技能，皆归于其特别的资质。因此，他将全世界的历史划分为三个相应的时代。南方国家的霸权以基督的出生结束；中央的国家被条顿骑士团入侵。历史学家们对国家的起源的如何陈述或将是一般的依据。然而，不能不说鲍丹提出了许多洞察历史批评的原则或方法。

上面的这两段文字，李文没有译出来，略去了。

他坚持以相当大的篇幅，论说语源学研究的价值，对有关的事实，可能是没有文书记载的、或证言不是唯一的，语源学研究对考证事实还是有帮助的。

200   PHILOSOPHY OF HISTORY IN FRANCE.

and that in that month the greatest events of history have taken place. He likewise maintains that there will be an end of the world, and refers in proof to the reasons given by "the noble mathematicians" Copernicus, Reinhold, and Stadius for believing that the earth will in course of time fall into the sun. In an independent spirit he criticises and rejects the divisions of history into epochs which were prevalent in his time. He fails, however, to make a satisfactory distribution of his own. The one which he favours is based on an ethnological generalisation set forth in his fifth chapter, referring the achievements and fates of nations to their racial characteristics of body and mind. To the southern peoples he attributes special aptitudes for the acquisition of knowledge and wisdom, to those of the middle or temperate regions political ability and commercial activity, and to those of the north industrial skill and military enterprise; and accordingly, he assigns to universal history three corresponding epochs, the supremacy of southern nations ending with the birth of Christ, and that of the middle nations with the Teutonic invasions. He shows how little the statements of historians as to the origins of nations are in general to be relied on. It cannot be said, however, that he gives much evidence of insight into the principles or method of historical criticism. He insists, at considerable length, on the value of the study of etymologies as a means of throwing light on facts relative to which there is either no written testimony or only such as is false.

李文把上面关于"语源学研究的价值"的这句话，译出后，放在了"关于他进行研究的模式，有很多的称赞和同样多的指责"之后，作为了一个小段落。

接下来，李大钊以两页的篇幅，详实地分析了布丹的冥想，是对占星术的迷恋，及对七、九、十二，这几个数字的神秘观念的评论，说明鲍丹不能摆脱时代的局限性。但是，李大钊也指出，布丹还是谨慎地避免着宿命主义，认为"历史大部分是基于人类意思的"。较之他以前一切人与进步的观念更为接近。布丹的著作，因此可以说是一种新的历史观，是乐观主义的历史观。然后，李大钊进一步总结出布丹历史观的三大特点：一是否认人类退落说；二是主张今绝不劣于古；三是地球上的人民有着共同的利害关系。因此"鲍丹的新历史观,在史学上的贡献,如此其大,我们不能抹煞他的伟大功绩,研索唯物史观起原时,尤不可遗忘了此人"。

这些文字见《李大钊全集》第4卷第280—281页。

他指明世界的起原,乃为上帝在恰好的时候自由的创造,谓摩西的说明是真实的,谓世界必须在九月中被创造,历史上最大事变,亦皆发生于九月中。

鲍丹的冥想,是特别为占星术的信念所混合而成者。这种占星术的信念,虽经 Petrarch、Aeneas、Sylvius、Pico 等一流人文派的努力,以明其不足征信;而亘乎文艺复兴期间,许多优尚的或则自由的思想家,犹且重被其影响。鲍丹于此,是 machiavelli 和 Lord Bacon 之流亚。但他不满足那星象影响人事的学说,而别寻一解释历史的变动系受数的影响的键;再兴 Pythagoras 与 Plato 的观念,而自立一方式以出之。他列举许多名人的生存期,以示他们可为七与九两数的力量所表示,或为七与九两数的产物。还有别的有效能的数,如十二等数是。他举出很多的例,以证这些神秘的数决定帝国的生存期而为历史年表的基础。例如东方王国(Oriental monarchies)的存在期,由 Ninus 到亚历山大王(Alexander the Great)征服波斯,共有 1728 年,其数等于 123;又如罗马共和国由罗马建立到 Actium 战役共有 729 年,其数等于 93。明达如鲍氏,虽致疑于独断的宗教而犹不能自脱于轻信星术之神秘,信乎其时代的不合理的偏执之力之大也。

从那样一种信星数而带有神学影响的学说的人,似难觅出进步的影子;但就他的星数的历史的解释,鲍丹亦算把历史置于与宇宙的他部分最相接近的地位,建一个全世界是被建立在一个神的计划上各部分,依此亲密的互相关系的学说。但他很谨慎的避免宿命主义(fatalism)。他说历史大部分是基于人类意思的。他较他以前的一切人与进步的观念愈益接近。我们若把他那占星术的与 Pythagoras 派的冥想,并那些不足以累其学说的神学的插句,排除净尽,他的著作,实在可以表示一种新历史观。此新史观,抱乐观主义(Optimism)的态度看人类在地球上的境遇,而不管将来的命数如何。

鲍氏的历史观,有三大特点,于后来进步论的发长上,有很重要的关系:(一)他否认人类退落说;(二)他主张今决不劣于古,而且优于古;(三)他认地球上的人民都有相互共同的利害关系。这个概念与古代希腊人、罗马人的"世界的观念"（ecnmenical idea）相合；而经过许多现代航海者的发见，又添了些新意趣。他屡说世界是一个普遍的国家，各种种族各依他们的特别嗜性以贡献于全体的公善这个人民的合同的观念，实为进步论发长上的重要元素。

鲍丹的新历史观，在史学上的贡献，如此其大，我们不能抹煞他的伟大的功绩，而于研索唯物史观起原的时，尤不可遗忘了此人。

（十）关于《鲁雷的历史思想》

路易斯·勒·卢阿（Louis Le Roy，旧称鲁雷，1510—1577）欧洲文艺复兴时期人文主义史学家的史学理论的最大特色是提倡历史进步观。进步观念，可以上溯到12至13世纪，但严格说来，它却是文艺复兴时期的产物。主张进步观念的典型史学家可举出法国史学家勒·卢阿（鲁雷）和布丹。所以，在论说了布丹的历史观之后，李大钊简要地谈到了勒·卢阿的历史思想。

这位法国历史学家以翻译柏拉图、亚里士多德的著作及预言全人类将居住在同一座"世界城市"而为人所知。所著《宇宙事物的变化》，现在翻译为《世界事物的变迁和差异》。该书中考察了各个时代的文化兴衰，认为世间一切事物都不可能是长久不衰，都要经历一个从兴起、繁荣、成熟到衰败、终结的循环发展过程。历史上兴起的各伟大文明都先后衰败了，所以他自己所处时代的文明也不可能摆脱走向死亡的命运。上帝为各个民族提供相同的善恶标准，只要各民族发挥聪明才智，都可以创造出优秀的文化。世界作为一个整体，文化是循环发展的，它经历了从亚述、米底亚、波斯、希腊、罗马到西欧各国的嬗变，这不是历史的重演而是发展和进步。他致力于研究牧师在各个社会中的功能，从中发现每一个牧师的权力都来源于所掌握的重要知识，知识在不同时代被不断积累起来。

勒·卢阿的思考由分析牧师转到分析文明的功能，文明的差异是在特定时代中形成的，人类的知识是无穷尽的，现代人有可能超越古代，知道更多，这是一种进步，古代的自然环境和条件没有超越现在的地方，相反现今所具备的优越性和特殊条件却是古代所未有的。所以，在古代能产生柏拉图、亚里士多德这样的杰出人物，现今也一样能产生这样的人物。坚信今胜于古的进步的必然性，认为三大发明就开辟了现今社会进步的道路，而科技和知识的进步，商业贸易的发展，推动了整个人类社会的前进，世界史的范围不断扩大，并将世界历史扩充为一个整体。

勒·卢阿坚信今胜于古的进步必然性，社会科技的创新、知识的进步，贸易的发展，必然推动人类社会的前进，走向一统。李大钊把勒·卢阿和布丹放在一起，因为勒·卢阿对史学思想的贡献"全与鲍丹相同"。就是：世界未曾退落；现代不劣与古典的古代；全世界的人种现在形成一个世界共和国（Mundane Republic）。

1581年波普利尼埃尔（La Popelinière，1541—1608）出版的《法国史》中所提出的"整体的历史"主张和此后的布丹、勒·卢阿共同的历史思想，标志着科学理性、历史理性与西方中心论的历史观点的初步形成。

李大钊对西方思想家，从布丹、勒·卢阿到法国17至19世纪诸史学家的历史思想，伏尔泰、爱尔维修、涂尔干和卢梭，对英国历史学家卡莱尔的《过去与现在》（Past and Present）、格罗特的《希腊史》等著作中关于人的学说也作过介绍。还介绍了德国莱辛的《人类教育论》、康德的《通史概论》、赫德尔的《历史哲学概论》、黑格尔的《历史哲学》。还引用福利曼的话："历史是过去的政治，政治是现在的历史。"这一切表明，李大钊以人类社会不断向前发展的观点充分肯定了非马克思主义思想家相关的论述，对唯物史观形成所做出的贡献。"马氏用他特有的理论，把从前历史的唯物论者不能解释的地方，与以创见的说明，遂以造成马氏特有的唯物史观，而于从前的唯物史观有伟大的功绩。"

李大钊传播的西方历史观的演进，确立历史进步的观念，通过科学分析非马克思主义思想家的历史思想，展开对历史进步学说、唯物史观的形成和发展的宣扬。对照弗林特的《历史哲学的历史》的相关部分之后，可以说李大钊是进行翻译而一直为"蓝本"编写的相关讲义。在编写过程中，李大钊是否读过鲍丹的《历史方法论》《国家论》《七人宗教对话录》等原著，已经难以查证清除。只知道这些著作的在当时——直到现在，都还没有完整的中译本出版。弗林特的《历史哲学的历史》《历史方法论》《国家论》《七人宗教对话录》等书，到现在也还没有完整的中译本。李大钊在此种条件下，采用弗林特对布丹著作的论说，以弗林特的著作为"蓝本"，并以此为据，提出了自己对布丹历史观的评价。作为未署名的课程讲义是完全可以理解的，所有这种情况理应在编辑《李大钊全集》时，由整理者交代清楚。

不论是勒·卢阿，还是布丹，他们都承袭了古典文化中的一些基本观念、特别是历史循环论,不过这种循环论不是一种简单的重演论,而是加进了进步因素的发展论。此外,他们的学说中已有西欧中心论的萌芽。这些都反映了人文主义史学理论的时代局限。

(十一) 介绍博须埃的文字并非"译文"

博须埃·J. B.（Bussuet Jacques-Benigue 1627—1704,旧称包绥）,17世纪法国作家、宣道者。出身于贵族家庭,10岁为修道院学生,勤奋好学,1652年学业完成后为教士,以知识渊博、宣道口才出众而闻名。1659年升任巴黎教职。1662年对国王路易十四宣道受赞扬。1670年至1680年以主教身份任太子导师,编写了拉丁语法、世界史、政治史、宗教史等一系列教材,后作为著作陆续出版。他是天主教正统派,1688年写有反对新教的《新教教会改易史》。他宣教的讲演稿具有很

博须埃（1627—1704）

高的文学价值,讲演稿流传至今约计200篇,阐述《圣经》教理,宣扬宗教道德观,雄辩而且富于感情,被列为17世纪法国古典文学的卓越散文作品。

博须埃的史学名著《世界历史教程》（*Discours sur l'Histoire Universelle* 一书,李大钊翻译为《普遍史论》）,李大钊对博须埃的介绍主要内容:一是博须埃的生平、社会地位和政治倾向、历史观;二是在《世界历史教程》一书中的历史分期:三部分十二期、缩约而成的七代,又总括为三大世;三是人类历史分期,若以《圣经》为基准,以天命为归宿,对历史哲学而言则毫无价值可言。

李大钊在讲述了布丹的历史观之后,以博须埃的《世界历史教程》,作为17世纪代表人物,进而过渡到18世纪唯理主义的兴起,指出到了18世纪中叶,涌现出孟德斯鸠的《法律的精神》、涂尔高的《普遍史计划》、伏尔泰的《风俗论》,开创了历史哲学的新纪元,是为

了在"西方史学思想史"课程中 教育学生掌握历史哲学发展史重要节点的需要。所以,只用了两页的篇幅,指出以《圣经》为基准,以天命为归宿,对历史哲学的发展则毫无价值可言。

这里,先要说明一点,即李大钊所写关于博须埃的两页文字(《李大钊全集》第 4 卷第 284—285 页)是否为"译文"。因为有李大钊史学研究论者说:《孟德斯鸠的历史思想》"该文前面的两段论'包绥'(Bossuet)的文字,是译自 Robert Flint 的 History of the Philosophy of History 一书中,论及 Bossuet 的部分,只是李大钊在组织该文时,把它放在论说孟德斯鸠生平的前头了。"

说李大钊所写的关于博须埃的文字,也"用同样是译自 Robert Flint 的 History of the Philosophy of History 一书论及 Bossuet 的部分",实在有些含糊,因为,人们实在难以理解,李大钊关于博须埃的这 1300 余字,是如何"译自"弗林特的书中长达 18 页的文字?仅凭列举出该书的第216、219 页两页文字,其中与李大钊的文章多处相同,就能够作为论证吗?只要认真分析,就不难发现,像介绍博须埃的生平、社会地位、政治倾向、历史观;简述《普遍史论》一书中的历史分期内容:三部分、十二期、七代、三大世。这些文字,不仅两书中只能是一样的,任何一本介绍包绥的书,也会是大体相同。据此实在难以作为论证李大钊是"译自"该书的充分根据。

在弗林特的书中,《历史哲学在法国》部分第 1 章第 2 节"鲍丹";第 2 章第 2 节"包绥"(该书第 216—234 页)用了 18 页篇幅,这一节的目录是:

II.

Bossuet: his character and beliefs	216
The originality of his conception of history discussed	217
The aim of his 'Discours'	218
His division of history into epochs	219
His uncritical use of the Biblical narrative	220
His delineation of the course of religion	220
His main thesis regarding it not established	221
Attempted to explain the causes of the rise and fall of empires	222
Merits and defects	223
The true and the false in his attempt to rest the philosophy of history on the doctrine of Providence	225
He erred as to the final cause of history	227
Did justice only to the Christian element in history	229
Bossuet defended against Mr Buckle's criticisms	230
Mr Huth's defence of Buckle considered	233

包绥：他的性格和信念/216

他对历史概念的原创性论述/217

他的话语的目的/218

他对历史时代的划分/219

他不加批判地使用的圣经叙事/220

他对宗教的充分肯定/220

他的不能成立的主要论题/221

试图解释的帝国兴衰的原因/222

功绩和缺点/223

他试图论说普罗维登斯关于历史哲学学说的真假/225

关于他犯了错误的历史的最终原因/227

只对历史上的基督元素做了正义/229

包绥抗拒布克莱先生的批评/ 230

胡斯先生对布克莱观点的辩护/233

为了彻底说清楚李大钊的史学思想史讲义与弗林特著作的关系，只有把两篇文章的相应部分进行一次对照，这样的结果，才是最具有说服力的。所以，特别将弗林特的书中的第216、219页直译出来，以便于与李大钊的讲义文字相对照。

弗林特著作第216页论说博须埃的中译文：

2

包绥主教独具特色的作品：《论世界历史》（*Discours sur lhistoire universelle*），它在1681年出版，是17世纪期间在法国唯一出版的著作。包绥曾是法国皇太子的导师，写作此书是为教育皇太子所使用。包绥具有思想崇高、清晰判断、综合性、实用性强的品格，和极具说服力的演说口才，是当代对天主教信仰最具权威的布道者，他所表达出的智慧品质和宏伟的理想受到人们的赞美，在整个路易十四时代没有人能够比之更优秀和完美。为此，获得了高卢教会授予的崇高荣耀。但是，他没能超过他的生存时代，对未来社会发展类型的期盼和言论，并不具有预言性或开创性的思维。作为令人敬佩的信徒，他对天主教的教义视为真理性的引导，从不怀疑，从没有提出过任何异议之处。他过高地估计朝臣和主教的权威，过轻的估计广大人民的自由。他认为任何的教堂，确定的对上帝的崇拜，都是愉快的行为，足以替代行使武力反对异教徒，他对君主政体更是无比的尊重，是皇家和僧侣的专制主义的倡导者。

The so-called "querelle des anciens et des modernes" was not merely the foolish and unprofitable controversy which it is widely believed to have been. In the course of it the idea of progress was greatly developed, and men's views as to what were and were not legitimate inferences from it became much more correct and definite.[1]

II.

The only work published in France during the seventeenth century which has any claim to a separate and special consideration from us is the 'Discours sur l'Histoire Universelle' of Bishop Bossuet. It appeared in 1681, having been written for the use of the Dauphin of France to whom Bossuet was preceptor. Its author was a man of lofty and comprehensive mind, of rare practical clearness of judgment, of a strong and disinterested character; the brightest glory of the Gallican Church; the most skilful expositor and champion of the Catholic faith in modern times; and a sacred orator of overpowering eloquence. No one represented more perfectly what was attractive and imposing in the age of Louis XIV., realised more fully its ideal of intellectual power and grandeur, or embodied better the qualities it admired most. But he did not rise above his age; his was not a prophetic or creative mind; his spirit was not of the kind which anticipates and dominates the future. He was an admirable believer, much inferior as a seeker of truth, incapable of doubting, and without sympathy for independence of opinion. He estimated authority too highly, and liberty too lightly; he was too much of the courtier and the bishop, too little of the man and the citizen. He felt certain of whatever the Church taught; he considered the exercise of force and severity against heretics as conduct agreeable to God; he was an advocate of absolutism, royal and sacerdotal; he had for the monarchy an idolatrous veneration,

[1] There is a very learned 'Histoire de la querelle des anciens et des modernes' (1856), by Hippolyte Rigault, and good chapters relating to it in A. Michiel's 'Histoire des idées littéraires en France au xix° siècle.' There is much ingenious theorising on the main question of the controversy in the work of M. Véron, 'Du progrès intellectuel dans l'humanité.'

弗林特著作的第 219 页的中译文：

《世界历史教程》并不是一件超过科学或哲学的艺术品，它要达到的是满足教学的需要，目的是要在这样的展示中，对他的学生和读者传授世界历史的发展过程，并使他们确信宗教和政治的影响贯穿在历史的全部过程之中。他依据此计划顺利地结束工作达到了这个目的。

《世界历史教程》在第一部分，把历史划分成十二个时期（epoch），其中，第一时期是由亚当（Adam）的创造开始起于公元前 4004 年；第二时期由诺亚（Noah）的洪水起于公元前 2348 年；第三时期是由亚伯拉罕（Abraham）召集起于公元前 1921 年；第四时期是由摩西（Moses）的律法授予到起于公元前 1491 年；第五时期是由特雷（Troy）的占领起于公元前 1124 年，第六时期是由所罗门（Solomon）寺庙的奉献起于公元前 1004 年；第七时期是由罗马的建立起于公元前 784 年；第八时期是由塞拉斯（Cyrus）颁布恢复犹太人的法令起于公元前 536 年；第九时期是由迦太基（Carthage）为西庇阿（Scipio）占领起于公元前 200 年；第十时期是基督诞生开始，也为公元纪年的开始；第十一时期由康士坦丁民众采用基督教起于公元 312 年；第十二时期由教皇利奥（Pope Leo）为罗马末代皇帝查理曼（Charlemagne）大帝加冕起于公元 800 年。

这些十二个时期又被认为可以归结到七个年代（age），即亚当、诺亚、亚伯拉罕、摩西、所罗门、赛拉斯、基督，分别作为这七个年代的标志。更进一步，这种划分又被视为三个大的世（great period）：在摩西之前的法律时期；从摩西延长到基督的书面的法律时期；接下来是基督恩惠期。包绥的《世界历史教程》是否能够称之为世界历史，从他的历史分期中可以得出答案，所有分期都是针对以色列人的命运，距离正确叙述全世界的历史，实在非常之遥远。包绥的历史书的第一部分很大程度上是重复《圣经》上面的记录，尽管顺序完美，每句话都有出处，令人钦佩和印象深刻，甚至可以说无与伦比、如诗如画，却只是《圣经》一书的摘要。

'Discourse on Universal History' was not to produce a work of art, any more than of science or philosophy, but to attain a practical and educational end. His aim was to exhibit history in such a light as would convey to his pupil and his readers the religious and political impressions which he believed history to be especially meant to impart. His work could not be better planned with a view to the attainment of his end.

In the First Part history is divided into twelve epochs. Of these, the first is said to have begun with the creation of Adam, B.C. 4004; the second with the flood of Noah, B.C. 2348; the third with the calling of Abraham, B.C. 1921; the fourth with the giving of the law to Moses, B.C. 1491; the fifth with the capture of Troy, B.C. 1124; the sixth with the dedication of Solomon's temple, B.C. 1004; the seventh with the foundation of Rome, B.C. 784; the eighth with the restoration of the Jews by the edict of Cyrus, B.C. 536; the ninth with the taking of Carthage by Scipio, B.C. 200; the tenth with the birth of Christ; the eleventh with Constantine's public adoption of Christianity (A.D. 312); and the twelfth with the coronation by Pope Leo of Charlemagne as Emperor of the Romans, A.D. 800. These twelve periods are regarded as reducible to seven ages, which are said to have begun respectively with Adam, Noah, Abraham, Moses, Solomon, Cyrus, and Christ. Further, both epochs and ages are regarded as included in three great periods: namely, that of the law of nature, which was prior to Moses; that of the written law, which extended from Moses to Christ; and that of grace. When it is observed that seven out of the twelve epochs, all the ages and all the periods, are dated according to Biblical indications and with reference to the fortunes of the people of Israel, it will be understood that the 'Discourse' of Bossuet is very far from answering fully to its title, or from really dealing with universal history.

The First Part of Bossuet's treatise is thus to a large extent a summary of Biblical history as recorded in the Biblical books. As such it is truly admirable, and probably even to this day unsurpassed. It is marvellous how much Bossuet manages to say in a few words, and how apt, picturesque, and impressive these are. The order is perfect; every statement is in its place;

以上译文可以与《李大钊全集》第 4 卷第 284—285 页中，关于介绍博须埃的文字相互对照：

十七世纪中，法兰西的史学名著，首推包绥（Bossuet）的《普遍史论》（*Discours sur l'Histoire Universalle*）。是书出版于一六八一年。包绥曾为法国皇太子（Dauphin of France）的教师，故此书乃为授皇太子而作者。包绥是一位笃诚的信者，信《圣经》，信教会，崇拜皇帝为偶像，为独裁主义的拥护者。凡《圣经》之所垂告，彼皆深信而不之疑；故其思想绝不能超越于其时代以上，而有涉及将来的预见。他把权威看得过高，把自由看得过轻。他作朝廷的官吏，作牧师，作得太多；作平民，作市民，作得太少。他解释历史，始终以《圣经》为秘键，纯为一种宗教的历史观。他的《普遍史论》，包含着三部分：第一部分，是创世以远迄于夏烈曼朝历史事变的编年的分期；第二部分，是真实宗教的程途的撮要；第三部分，是帝国兴衰的考察。他在他的著作第一部分里，把历史分为十二期：第一期，由亚当（Adam）的创造起（B.C. 4004）；第二期，由诺阿（Noah）的洪水起（B.C. 2348）；第三期，由亚布拉哈母（Abraham，犹太人之祖，见《圣经》）的招请起（B.C. 1921）；第四期，由摩西（Moses）律法的授与起（B.C. 1491）；第五期，由特雷（Troy，小亚细亚西北部的一个旧城）的占领起（B.C. 1124）；第六期，由娑罗门（Solomon Israel，王）庙的供奉起（B.C. 1004）；第七期，由罗马的建立起（B.C. 784）；第八期，由塞拉斯（Cyrus 波斯王）的谕旨犹太的恢复起（B.C. 536）；第九期，由迦太基（Carthage）为席飘（Scipio，罗马的将军）所略取起（B.C. 200）；第十期，由耶稣的诞生起；第十一期，由康士坦丁大帝（Constantine，罗马皇帝）的国家采用基督教起（A.D. 312）；第十二期，由廖教皇（PopeLeo）为夏烈曼（Charlemagne）举行罗马皇帝戴冠式起（A.D. 800）。他又把这十二期缩约而为七代：第一代以亚当始；第二代，以诺阿始；第三代，以亚布拉哈母始；第四代，以摩西始；第五代，以娑罗门始；第六代，以塞拉斯始；第七代，以耶稣始。把这些期（epoch）与代（age）又总括而为三大世（great-period）：摩西以前，为自然法期，是为第一世；由摩西至耶稣，为成文法期，是为第二世；耶稣以降，则为天惠期（Period of grace），是为第三世。他的分期，纯按《圣经》之所示就 Israel 人的幸运为标准。他的《普遍史论》的名实不符甚远，观此可以瞭然。其论宗教的径路与帝国的兴衰也，亦皆以《圣经》

为宝典，而以天命为归，乌足语于历史哲学之价值乎？

迄于兹时，历史中一定的秩序与统一，为基督教的天命论最终原因论所寻出；至十八世纪此原则又为唯理主义所推翻；于是史学界遂有一大革命的运动的酝酿。此种运动，乃须于历史中寻出秩序与统一的新原则，以代基督教的旧原则。科学的进展，全赖物理的现象服赖于不变的法则的假定；历史亦然，假使有何等结论由历史中引出，则关于社会现象的类似的假定，亦所必须。果也，在十八世纪中叶，此新研究的线路，即于是乎肇开，以导向社会学、文明史、历史哲学而进也。现代社会科学最显著的著作如孟德斯鸠的《法律的精神》（*De l'esprit des lois*），及于人类过去的光景开一新纪元的服尔泰（Voltaire）的《风俗论》（*Ess-ai sur les Moeurs*），涂尔高（Turgot）的《普遍史的计画》，都在此时项出世了。

对照之后，可以明显地看到，李大钊不是根据弗林特的这本书直接翻译的，在许多地方加上了注释，是费了许多功夫的。这在编写教材时是很正常的现象，既需要参照有关资料作为依据，又要考虑到学生阅读和理解的方便。

更为重要的是，李大钊以博须埃这样一位有神论者为论说唯物史观发展史的过渡性人物，这个段落在于要指出"历史中一定的秩序与统一"，并非是由天命所定，人类对自然和社会历史的认识过程，随着科学的进展也在继续前进。李大钊指出：18世纪开始兴起的唯理主义者，至世纪中叶寻找除了"历史中一定的秩序与统一"的新原则，开始了一条新的历史研究路线，即以孟德斯鸠的《法律的精神》、伏尔泰的《风俗论》、涂尔高的《普遍史的计画》为代表的新成果。

（十二）关于《孟德斯鸠的历史思想》

孟德斯鸠（1689—1755）是雅克三世·德·塞孔达·拉布莱德男爵的长子，原名夏尔-路易·德·塞孔达·德·拉布莱德。19岁时获法学学士学位，出任律师。1709年，第一次在巴黎游历。1714年，担任波尔多法院顾问。1716年，他的伯父让-巴蒂斯特·德·塞孔达·孟德斯鸠男爵在4月24日逝世，遗嘱指定他为继承人，继承祖父、伯父一直担任的波尔多法院院长职务，并继承伯父的财产、姓氏、爵位，遂名夏尔·德·塞孔达·孟德斯鸠。

孟德斯鸠在法学、史学、哲学和自然科学方面的造诣很深,撰写过许多有关论文,是法国国家学说和法学理论奠基者,基本思想被法国《人权宣言》、美国《独立宣言》所采用,被伏尔泰誉为"理性和自由的法典"。孟德斯鸠先后当选为波尔多科学院院士、法国科学院院士、英国皇家学会会员、柏林皇家科学院院士,得到了很高的荣誉。

李大钊所写"史学思想史"讲义中的《孟德斯鸠的历史思想》一文,据《李大钊全集》的整理者断定,是在1923年9月—1924年上半年完成的。此前,在1904—1909年严复译出了孟

孟德斯鸠(1689—1755)

德斯鸠的《法意》(即《法律的精神》)全译本,交由商务印书馆在1909年出版。严复在翻译的孟德斯鸠的《法意》时说:"西士东来,其耆硕好学,莫如明季与国初之耶稣会人。而欧洲于东籍最稔者,莫若前两期之法国,如孟德斯鸠,如福禄特尔,及当时之狄地鲁诸公。"是指孟德斯鸠、伏尔泰和狄德罗。严复极为赞同孟德斯鸠对中西法律精神的比较。"西方之伦理,先有义而后有仁,而东方之伦理,先有仁而后有义,此东西法制之至异也。"(《法意》第162、301—30页)

在严复所译《法意》出版之前,1895年由李提摩太的《泰西新史概要》就对卢梭的《人间不平等之起源》有所介绍,并提及法国启蒙思想家卢梭、孟德斯鸠和伏尔泰。1899年12月13日的《清议报》,就刊载过梁启超撰写的《蒙的斯鸠文学说》,第一次向国人介绍了孟德斯鸠氏的生平和著作。梁启超撰写的《法理学大家孟德斯鸠之学说》(《饮冰室壬寅文集》卷三),壬寅年指光绪二十八年(公元1902年),梁启超称法国18世纪最伟大的学者有三:一为卢梭,二为伏尔泰,三为孟德斯鸠。"三君子者,轩轾颇难。而用力之多结果之良,以孟氏为最。"孟德斯鸠的思想是经由戊戌变法与中国发生了思想上的联系,三权分立、人道主义、废除奴役、以法治国等思想观点,都与孟德斯鸠相关。1900年孟德斯鸠的《法意》的部分译文刊登在《译书汇编》上;1915年林纾与王庆骥合译孟德斯鸠的《波斯人信札》全部161封信。

书名《鱼雁抉微》。称"孟氏者，孤愤人也"。在商务印书馆的《东方杂志》上连载，自第十二卷第九号至第十四卷第八号（1915年9月至1917年8月），共17期。

可以说，清末民初，中国学术界对孟德斯鸠及其思想已经不是陌生的了。

1748年，孟德斯鸠的《法律的精神》，是18世纪中叶最进步的政治理论书，是亚里士多德以后第一本综合性的政治学著作。孟德斯鸠所处的时代，是中国清朝的康熙、雍正、乾隆年代。他的著作，1721年发表的《波斯人信札》，是在清康熙六十年；1734年发表的《罗马盛衰原因论》，是在清雍正十二年；1748年发表的《论法的精神》，是在清乾隆十三年。

孟德斯鸠在《法律的精神》第三卷第十九章，对中国礼教与法律的关系有着深刻的批判。孟德斯鸠指出："中国的立法者们认为政府的主要目的是帝国的太平。在他们看来，服从是维持太平最适宜的方法。""这个帝国的构成，是以治家的思想为基础。""学文字就必须读书，而书里写的就是礼教。""礼教里没有什么精神性的东西，而只是一些通常实行的规则而已，所以比智力上的东西容易理解，容易打动人心。""如果你削减亲权，甚至只是删除对亲权表示尊重的礼仪的话，那么就等于削减人们对于视同父母的官吏的尊敬了。""中国统治者就是因为严格遵守这种礼教而获得了成功。""中国人把整个青年时代都用在学习这种礼教上，并把整个一生用在实践这种礼教上。文人用之以施教，官吏用之以宣传。"

《法律的精神》的核心理念贯穿了历史哲学的三个最重要的理念：发展、进化和自由。在《法律的精神》出版40年之后的1789年爆发了法国大革命，历史事实充分地展示出了思想的力量。又过了220年之后，20世纪的1909年，中国人严复翻译完成《法律的精神》，将其定名为《法意》，在商务印书馆出版，使孟德斯鸠的政治和法律思想在中国的广泛传播。其君主立宪学说，被马建忠、王韬、郑观应、康有为、谭嗣同、严复、梁启超等人赞赏；其三权分立学说，受到孙中山、章太炎等人推崇。《法意》出版两年之后，1911年中国爆发了辛亥革命，帝制被推翻，建立起"中华民国"。

李大钊认为孟德斯鸠在《法律的精神》中"断言社会制度与条令，不单是任意的制作，必当建立在理性上，在万物本性上也；断言

教 学 篇

有些平衡的关系,这是人类不去创造而只假定者也;断言变化如社会所取的形式之多,他们都是渊源于一个通于人人的人性的诸原则,或为所贯彻也;凡此皆为吾人所应当承认者"。"孟氏求所以说明历史者,重要的即由这些物理的影响。文明如何为外界的行动所限制,一个民族的法律和那个民族的社会的与道德的生活的成果,如何与温度、土壤及食物相关联,这于孟氏是根本的问题,他尽其全力以解决此根本问题。"

李大钊认定孟德斯鸠对历史的进程的决定因素的分析和认识是正确的:"历史行程,全为普通原因所决定,全为广布而永存的倾向所决定,全为广而深的潜流所决定;而为单独的事变,有限的议论,特殊的制度,任何偶然的、孤立的各个事物,所影响者,实微乎其微,只是次副的附属的程级而已。这是一个开一新纪元的原则,此原则的承认,是历史科学可能的一个根本的条件。驳拒此原则,是无异于宣告那一种科学是诞妄无稽;是认此原则,便是表明用必要的尽力,历史科学将不难兴起;依此以行,用此以行,即是努力于历史科学的组织。孟氏以其透辟的观察,澈悟此原则;以其后来未或能越过的天才与诚实表明之,于历史科学,实为一崇高的贡献"。孟德斯鸠"把经济的元素引入历史科学,不论这些卷里的经济论的误谬是怎么样,这已是一个绝大的贡献","他的关系于经济学的伟大而特殊的功绩,乃在他首先把经济的与历史的科学牵到一块儿,强他们在社会现象的说明中合作。他如斯以指出一条无尽的搜寻的新径路,陈于二种科学之前"。当然,李大钊也指出了孟德斯鸠的局限是:他"不曾分别或联结文明的阶段","未把握住进步的观念,亦孟氏之不幸也"。

2012年8月8日,互联网上署名 Colin Clovts 在文章《也"疏证"一下李大钊〈孟德斯鸠的历史思想〉一文》中写道:"昨晚偶然翻阅《孟德斯鸠的历史思想》(见《向着新的理想社会——李大钊文选》,上海远东出版社,1995)一文,刚看了开头,便觉得这篇署名'李大钊'的文章很有可能是译著,翻了几页之后,我更坚定了这个想法:按照当时的学术水准,我看国内是没人能写出这么博学的文章的。于是立马用英文关键词搜索,果然,此文实际上译自 Robert Flint 的 *History of the Philosophy of History*(有的版本题为 *Historical Philosophy in France and French Belgium and Switzerland*)一书。查人民出版社最新注释本《李大钊全集》,收录该文的第4卷也未提及此文是译自 Flint。"

既然提出了这个问题，就需要认真研究。一则关系到"按照当时的学术水准，我看国内是没人能写出这么博学的文章的"这个论断是否正确；有必要认真考察当时国内对孟德斯鸠历史思想的认识，是否超越了弗林特的学术水准；二则《孟德斯鸠的历史思想》一文（《李大钊全集》第4卷第286—303页）是"译文"还是以弗林特的文章为蓝本编写的讲义，关系到今后编辑出版李大钊著作集或文集时，应当如何对待著作和译文的关系。

经过认真查对，罗伯特·弗林特的 History of the Philosophy of History 中关于《孟德斯鸠》一节的原文，是在书中的第262—279页，我们采取对照的方法，把这部分原文译成中文，与李大钊的《史学思想史讲义》中的《孟德斯鸠的历史思想》相对比。可以得知李大钊确实是一直为"蓝本"进行翻译、整理，补充论说，完成的这篇讲义。

II.

Montesquieu's 'Lettres Persanes'	262
The value of his 'Considérations'	263
The originality of his work discussed	265
The central conception of the 'Esprit des Lois'	266
Montesquieu's method defective inasmuch as he did not systematically compare coexistent and consecutive social states	267
Often explained historical facts when he failed to reach their general laws	268
The accusation that he confounded fact with right not proved	269
He had an inaccurate notion of inductive law	269
In treating of the influences of governments he confounded two distinct methods	271
Montesquieu on the theory of the three powers; his eulogy of the British Constitution	273
His defective method led him to exaggerate the influence of physical agencies, and to overlook that it is chiefly indirect	274
He proved and applied the principle that the course of human history is chiefly determined by general causes	276
He introduced the economical element into historical science	277
The concluding books of his work	278
His services to historical philosophy	279

教 学 篇

孟德斯鸠的《波斯人信札》/262
他所关注事物的价值/263
他独具创意的研究内容/265
《法律的精神》的核心概念/266
孟德斯鸠方法缺陷是没能系统研究社会形态的共存和连续/267
他时常解释历史事件却无法论证历史一般规律/268
指控他混淆事实与权利不证明/269
他有一个不确切的归纳法律概念/269
他混淆了两种不同方法治理政府的影响力/271
孟德斯鸠的三大权力理论,他的英国宪法赞词/273
他的方法缺陷在于夸大气象气候的间接性影响/274
他证明人类历史进程适用于一般因素决定的原则/276
他引导经济入历史科学/277
他最后工作书面总结/278
他对历史哲学的服务/279

为了便于将弗林特的原著文字与李大钊《孟德斯鸠的历史思想》相对照,这里提供了仅供参考的弗林特的原著文字的直译中译文,只是为了显示其基本内容和两篇文字的对应关系。李大钊《孟德斯鸠的历史思想》简称"李文"。

查尔斯·路易斯·德·塞孔达·孟德斯鸠男爵,1689年1月18日出生在法国波尔多附近拉伯烈德庄园。25岁时成为波尔多议会议员,27岁任波尔多法院首席法官。担任首席法官两年后,他辞职了,为了便于全力投身于学习和写作。

那时,法国的法律是无理性的、残酷的,使孟德斯鸠这样的人道明智之人,时常感受到推行这种法律的可憎而急欲参与进行变革,并且以立法者和法官的实际经验,无疑可以作为所进行事业的令人敬佩的准备。起初,他把精力集中用于属于物理和自然科学的科目。1719年他写出了《地球的历史》的草稿,但他还是放弃了这个过于雄心勃勃的计划。但是,他花费在这上面的劳动,对于孕育后来给他带来荣耀的《法律的精神》一书,还是很有帮助的。

the chief initiators of the reflective or philosophical study of history which now prevails. It is therefore incumbent on me to consider what these three remarkable men accomplished in this connection.

II.

Charles Louis de Secondat, Baron de Montesquieu, was born at La Brède, near Bordeaux, on the 18th of January 1689.[1] In the twenty-fifth year of his age he became a councillor in the parliament of Bordeaux, and two years later chief-justice (*président à mortier*). After holding the latter office for two years he resigned, in order to devote himself entirely to study and literature. The law of France was at that time so irrational, and even brutal, that a wise and humane man like Montesquieu must have often felt the administration of it hateful; yet his practical experience as a legislator and judge was doubtless admirable preparation for the literary work which he was to accomplish. He at first occupied himself chiefly with subjects belonging to physics and natural science, and by 1719 he had sketched 'A History of the Earth.' It was well that he abandoned this too ambitious scheme; but the conception of it did him honour, and the labour spent on it must have been advantageous to the 'Spirit of Laws.'

At the age of thirty-two he published the 'Lettres Persanes': " ce livre si frivole et si aisé à faire," as Voltaire has unjustly

---

[1] As to the biography of Montesquieu and the bibliography of his writings and of writings regarding him, Vian's (L.) 'Histoire de Montesquieu' (1878) is indispensable. M. Brunetière's severe criticism of the work, however, is not essentially unjust (Rev. d. Deux Mondes, 1879). Compare Caro, 'La Fin du dix-huitième siècle,' tom. i. ch. 2. Bersot and Damiron have treated of Montesquieu's general philosophy. Lerminier, Heron, Bluntschli, and Janet have expounded his legal and political philosophy. Auguste Comte and Sir G. C. Lewis have made some most valuable remarks on his historical views, by which I have endeavoured to profit. Villemain, Sainte-Beuve, Nisard, and many others, have sought to delineate his personal and literary character. The best edition of his works is Laboulaye's in 7 vols., 1873-79. M. Albert Sorel's 'Montesquieu' (1887) is an excellent general monograph. Of the 'Deux Opuscules de Montesquieu, publiés par M. le Baron de Montesquieu' (1891), the first, 'Réflections sur la monarchie universelle en Europe,' which was printed in 1725, but withheld from publication, contains in germ a considerable number of the ideas which attained maturity in 'L'Esprit des Lois.' Baron de Montesquieu has since published 'Mélanges inédits de Montesquieu,' 1892.

said; "ce livre, si fort, léger en apparence, d'une gaieté habile et profondément calculée," as Michelet has truthfully characterised it. It at once placed its author in the first rank of the French writers of the age, and made him famous throughout Europe. It had the appearance of an ornamental plaything meant merely to sparkle and please, but it was in reality a terrible weapon skilfully contrived to give deep and incurable wounds to foes who could not otherwise be attacked, or only ineffectually. It satirised with consummate art both the Orient and France, their civil and spiritual governments, their authorities and traditions, their follies and vices. At the same time, it was a book essentially sound and true in spirit, ethical and constructive in purpose. It gave evidence of a singular faculty for the description and analysis of social life, habits, and motives. Many of the views afterwards developed in the 'Esprit des Lois' already found expression in the 'Lettres Persanes.'

Montesquieu sketched the plan of the former of these works as early as 1724; and after admission into the Academy in 1728, he went abroad for several years, and visited Germany, Hungary, Italy, Switzerland, Holland, and England, in order to become acquainted with their manners and institutions. His residence in England lasted from October 1729 to August 1731. In 1734 he published his 'Considérations sur la grandeur et la décadence des Romains.' This work may perhaps be regarded as a section of the 'Esprit des Lois,' detached from it on account of its length; but it forms of itself so perfect a whole, and has such speciality of character, that its separate publication was certainly appropriate. It is the only strictly historical work of Montesquieu which we possess, seeing that the 'Histoire de Louis XI.,' if ever completed, or not burned, has at least not yet been found. And it was also the first work in which a sustained and comprehensive attempt was made to show how the events and course of history have been determined by general physical and moral causes. It is even at the present day one of the most remarkable of the numerous studies to which the surpassing interest of Roman history has given rise. Its originality as regards all that had been previously written on the same subject must be obvious to every competently

在 32 岁时，孟德斯鸠发表了《波斯人信札》，"这本书看来轻浮和容易完成"，伏尔泰评论说："这本书外观轻巧、快活，可又那么聪明而极端深刻地表现出主旨。"米什莱如实描述了《波斯人信札》使得孟德斯鸠盛名远扬。

李大钊的译文中略掉了伏尔泰、米什莱对《波斯人信札》评价的这些话。

孟德斯鸠凭借具有观赏和思想火花的《波斯人信札》，成为那个年代法国作家排名第一，并闻名于欧洲各地，但它是在现实中一个可怕的武器，巧妙地设法深和无法治愈的伤口给不否则被攻击的敌人。但它实际上是可怕的武器，它巧妙地对现实社会深刻而无法治愈的伤口进行了揭露，使敌人无法或只能徒劳地回击它以精湛的讽刺艺术，再现了东方及法国的政府权威和传统中对待民事的愚蠢和恶习。同时，这本书的核心内容和真正的精神，在社会伦理上具有明确的建设性，它以奇异描述和证据分析的能力对社会生活中的习惯和动机。《波斯人信札》中的许多的观点，后来在《法律的精神》中得到了更好的表达。孟德斯鸠早在 1724 年就设计了这些作品的写作计划，在 1728 年进入学院后，他出国去了好几年，访问了德国、匈牙利、意大利、瑞士、荷兰和英国，成为相识的绳子，为了了解并熟悉他们的风俗和制度。他居在英国的时间是从 1729 年 10 月到 1731 年 8 月。

1734 年他出版了《罗马盛衰原因论》，这项工作也许原是《法律的精神》的一部分，由于其篇幅过大，而使之独立出来。其形式的本身也是十分完美的一个整体，具有其独立的性质和特征，肯定是合适分别出版的。这是孟德斯鸠使我们拥有的一部严格的历史著作，我们至今还没能发现那本《路易十一的历史》，尽管它或许曾经完成、或许没被烧掉。而且也是第一部历史著作，是孟德斯鸠持续和全面地进行尝试，如何显示一般的道德原因和物理因素决定着历史上的事件和种族的历史。甚至在今天，也还是一部最不寻常的关于罗马历史的全面研究，使人对罗马的伟大感奋并产生浓厚的研究兴趣，而且它所具有的独创性，可以在与所有写作同一主题的作品中明显地比较出来。

informed person. One may well contrast, but one cannot reasonably compare, it with what Machiavelli and Vico taught as to the story of Rome. Saint-Evremond and Saint-Réal may have suggested a few of the views which it contains, but they just as likely did not, and they had at the most only few to give. Bossuet's grand sketch may be even more admirable in its kind than that of Montesquieu, but it is of an essentially different kind, being taken from a point of view not within but above history. Of course, in the present state of our knowledge neither all the statements as to fact, nor all the explanations, in the 'Considérations' can be accepted; but were the particular faults of the work much more numerous and serious than they are, it would still have to be accounted a production of rare historical merit and value.

Sixteen years elapsed, and the 'Esprit des Lois' appeared. It bore on its front a claim to originality in the epigraph: "Prolem sine matre creatam." The secret of its formation was disclosed in these words of its preface: "I have many times begun, and as often abandoned this work. I have a thousand times cast to the winds the leaves which I had written; I have often felt my paternal hands fall. I have followed my object without forming a plan; I have known neither rules nor exceptions; I have found the truth only to lose it again. But when I once discovered my principles, everything I sought for came to me; and in the course of twenty years, I have seen my work begun, growing up, advancing towards completion, and finished." His twenty years of labours were justified and rewarded by the result. The 'Spirit of Laws' not only enjoyed an immediate popularity which carried it through twenty-one editions in eighteen months, not only exerted a vast and beneficial practical influence, but will always retain, owing to the comprehensiveness, penetration, and ingenuity of the treatment of its great theme, a distinguished place among the few works which have advanced most the most difficult of sciences.

It did not however, escape, unjust criticism and bigoted hostility, which called forth from Montesquieu the brilliant and ironical 'Défense de l'Esprit des Lois,' published in 1750. He wrote little of importance after this. His death occurred at Paris on the 10th of February 1755.

一个可能的但不尽合理的对比，就是将其与马基雅维利和维柯所讲罗马的历史相比较。圣·爱弗勒蒙和圣·芮璐他们本可能提出一些意见，但是他们没有这样做，只是在少有的几处进行了相互的比较。博须埃的大方案，它的宏大类型可能更令人钦佩，但是，他基本上是把政体从这样一个角度来看，即其本质是超越历史之上的，自然与孟德斯鸠完全不同。当然，在目前已有的的知识状态下，孟德斯鸠在《伟大罗马盛衰的原因》一书中，对所有事实的陈述和解释，也不都是可以被接受的。即使是这本书存在着大量而严重的缺点，它在史学上的罕见的功绩和价值还是必须受到珍视的。

十六年之后，《法律的精神》出版了。孟德斯鸠为该书列出的副标题是："或论法律与各类政体、风俗、气候、宗教、商业等等之间应有的关系，附作者对罗马继承法、法兰西诸法以及封建法的最新研究"。该书前面的题词以拉丁文提出了独创性要求："没有母亲而生的孩子。"

这句话引自古罗马诗人奥维德的著名神话史诗《变形记》的第二卷第553行。李文在文章中省略了"没有母亲而生的孩子"这个题词、孟德斯鸠为该书列出的副标题是"或论法律与各类政体、风俗、气候、宗教、商业等等之间应有的关系，附作者对罗马继承法、法兰西诸法以及封建法的最新研究"。把"题词"和"前言"，统称为"绪言"。

并且在本书的前言中披露了这本书形成的秘密："我曾屡次动笔写作，又数次搁笔；我上千次地想把写就的书稿像树叶般丢给清风去玩味；我甚至常常觉得父辈传流给我执笔的手日渐无力；我追寻着自己的目标却未能完成理想的规划；我不知道有什么规范和例外；我有时把找到的真理却可能又将其舍弃。当我一旦发现了自己确定的的原则，所孜孜寻求的思绪就会喷涌出来。历经二十年之久的写作，我才见到自己的开始、成长、成熟走向完成的终结。"孟德斯鸠二十年的创作劳动所得到相应结果是：《法律的精神》一书迅速走红，不仅在十八个月内印刷了21个版次，产生了辽阔的实际影响，但由于其对伟大主题处理杰出的综合性、渗透性和智慧性将永远得以保留，成为最科学、最睿智少数先进作品中一个。当然，它也不会逃脱不公正的批判和偏执的敌意，1750年孟德斯鸠出版了具有的辉煌和讽刺意味的《为〈法律的精神〉辩护》一书。此后，他没有写出重要性作品，1755年2月10日死在巴黎。

MONTESQUIEU.

He was a man of shrewd practical sense, of social tact, and of well-regulated life, although not of untainted imagination; neither vain nor anxious for glory, but not without aristocratic pride, a keen eye to his own interest, and the full consciousness of his own worth and ability; honourable, considerate of the feelings of others, and charitable. His love of liberty and justice was at once ardent and enlightened. His intellect was alike vigorous and alert, comprehensive and intense, indefatigable in seeking the satisfaction of a boundless curiosity, and tenacious in the prosecution of a distant aim. He was not less eminent as a literary artist than as a scientist.

There has been much discussion as to his originality. I believe him to have been highly endowed with that most valuable sort of originality which enables a man to draw with independence from the most varied sources, and to use what he obtains according to a plan and principles and for a purpose of his own,—the originality of Aristotle and Adam Smith. He has been suspected to have owed much to Vico, and to have concealed his obligations. The suspicion only proves that those who entertained it had little knowledge of either author. Montesquieu may possibly have read Vico's work. Although a conjecture unsupported by any positive evidence, it is not an improbable conjecture, that the 'Scienza Nuova' came into his hands when he was in Italy, or that he learned to know it at a later date through his friend the Abbé de Guasco. But if he ever read it, the impression which it produced on him must have been almost confined to one point. His most serious defects are just those which a careful study of Vico might have removed. The thoughts which give Vico a place of special and signal honour in the history of science, if ever known to Montesquieu, were not appreciated by him, and have produced no effect on his writings. Substantially the whole argument for his indebtedness to the great Neapolitan rests on the circumstance that he was preceded by him in distinguishing from the form of government the fact which gives it birth and the principle which gives it force. This anticipation of the theory of the one thinker by the other is indubitable and remarkable, and Vico is entitled to whatever honour may be involved in it, but it is no proof of dependence or plagiarism on

他是一个精明的、具有社会交往技巧的、生活井然有序的现实的人，虽然在想象力方面不是没有缺点；既不虚荣也不渴望荣耀，但并非没有贵族的骄傲，以敏锐的眼光，有意识地保持自己的价值、能力和利益，体谅他人的感情和参与慈善事业。他对自由和正义的热爱热烈而深沉。他不是作为文学艺术家，也不是作为科学家，他以充满活力、不屈不挠、顽强、全面、激烈的追求来满足自己无穷的好奇心，他的智力是寻求一个更为遥远的实现自由和正义的目标。

　　他的创意性讨论一直具有独立性，相信他从各种不同来源获得的见解，被高度赋予了最有价值的创意，为实现自己的目的，他所获得和使用的根据计划和原则，正如同亚里士多德和亚当·斯密的独创性那样。有的怀疑他的功绩很大程度应归功于维柯，不应隐瞒这个责任。这种怀疑只是证明了那些人对维柯的著作所知之甚少。孟德斯鸠很可能读过维柯的著作，虽然没有任何积极的证据支持这一个猜想，但是它不是不可能的猜测，维柯的《新科学》走进他的视野，可能是在孟德斯鸠在意大利的时候，或者在晚些时候通过他的朋友阿贝·德·瓜斯科，从那里学到了这部书。即使孟德斯鸠读过它，使之产生的印象几乎也只能局限于一点，即他只是仔细研究了那些维柯可能已经删除的念头，给予维柯一个特别的在科学史上的荣誉，孟德斯鸠的著作并没有收到维柯的影响，但是在他之前，有关政府的形式的产生和原则的分析，毕竟在维柯的著作中已经提到过了，维科有权享有不容置疑的这样的荣誉。同时，对另一的思想家的论述则可证明确属不知前人有关论述，而不予证明其论说是独立的发现，竟予以属于剽窃行为的论断，这实在是对孟德斯鸠的不公平。

　　就这一点而言，孟德斯鸠所应面对的责任范围，将是非常广泛的，只要是在其以前的学者，包括经典作家，16世纪的基督教的小册子作者，如奥特芒、朗盖、鲍丹、沙朗、马基雅维利和格拉维纳，笛卡尔和他的学派、洛克和其他英国作家，特别是有关政治，甚至包括物理学家和旅行家在内。

　　这里，李文写成了"洛克与别的美国的作者"，孟德斯鸠生活的年代是1689—1755年，美国独立是1776年。很有可能，这是最初排印时就已经出现的差错，而《李大钊全集》的整理者们由于疏忽，一直未能予以纠正。见《李大钊全集》第4卷第288页。

the part of Montesquieu. The range of his obligations was, however, very wide, including the classical writers, the Protestant pamphleteers of the sixteenth century, such as Hotman, Languet, &c., Bodin, Charron, Machiavelli and Gravina, Descartes and several of his school, Locke and other English writers particularly on politics, physicists, travellers, &c.

The title of Montesquieu's *magnum opus* expresses well its central and pervading conception. The work is an attempt to discover the *spirit* of laws; to explain them; to trace how they are related to manners, climates, creeds, and forms of government. It is an attempt to view them in all lights in which they can be viewed, so as to show how they arise; how they are modified; how they act on private character, on domestic life, on social forms and institutions; and, in a word, so as to elicit their full meaning. This conception, it will be observed, is entirely different from that of Bossuet. He took a theological doctrine to begin with, and tried to show how all history had been the exemplification of it. He started, that is to say, with a doctrine which he had not derived from history; and that doctrine he introduced into history as a principle of explanation. It is quite otherwise with Montesquieu. He assumes no doctrine extraneous to history, but begins with the facts of history themselves, with the positive laws which either are or have been on the earth. He seeks merely to account for these laws as so many historical facts. The difference between these two conceptions is very great; and obviously, so far as science is concerned, that of Montesquieu is far in advance of that of Bossuet. Scientifically, the method of Bossuet is radically wrong; that of Montesquieu is good so far as it goes.

But how has Montesquieu elaborated and applied his conception? He has done so in various respects, with great success and ability. He had a genuine love of history for its own sake, and a singularly keen historic insight; he had a calm, unprejudiced, fair mind; he was distinguished by a liberality and moderation of feeling and judgment, which, while it did not exclude a true though tempered zeal for human good, gave him the breadth, and steadiness, and dispassionate clearness of view which his subject demanded. No one is less chargeable than

孟德斯鸠的巨著的标题很好地表达其核心和扩展的概念。这项工作是一个尝试，试图跟踪、发现和解释法律的精神如何与礼仪，气候，宗教信仰，政府机制密切相关。这是企图在所有的景象中，查看并显示它们是如何产生的，如何改进的，如何发挥作用的，它们的性质以及对私人品行、家庭生活、社会制度的法的约束的全部意义。可以观察到这样的法律概念与包绥的主张完全不同，包绥是从一个神学教义开始论说，试图说明所有的历史已经被验证为神学的例证，他一开始就不是就历史事实的本身来论说，而是以一个教义作为一个解释历史事实的原则，将历史事实引入到那教义之中，这与孟德斯鸠截然相反。孟德斯鸠从没有假定教义与历史事实相关，从开始所关注的就是历史事实本身，或者曾经在地球上已经存在的积极的法律。他的目的仅仅是为了解释众多历史事实适用于这些法律。这两者之间的区别非常之大，很明显，到目前为止，孟德斯鸠远远地比博须埃前进了。就科学而言，博须埃的方法根本就是错误的，孟德斯鸠的方法达到了对历史事实的法律解释。但孟德斯鸠是如何阐述和应用概念的？他已经在各个方面取得做巨大的成功和能力，他对历史自身的真正热爱和奇异敏锐的历史眼光，他有一个冷静，公正，公平的心态，卓越的心胸和适度的感觉和判断，虽然不排除一个真正热情的人的好脾气，使他具备了研究课题所要求的广度、平稳、冷静、清晰的观点。

与他同时代的人，大多局限于哲学宗派主义的片面性，或为了一个政党服务的目的对社会事实予以曲解或予以蔑视，相比之下，孟德斯鸠的著作中此种弊端最为少见，因此，他能够对一系列社会现象做出近似的解释。然而，有一个危险存在于孟德斯鸠面前，他还没能克服掉这个危险造成的困难，得以安全地摆脱，正如有人说的，不能过分把法律看作为孤立的事实、为独立的现象、为固定的和完整的存在。还有人说，法律作为一种社会现象，是不能如同对自然哲学和化学仅仅是物理现象那样而做出解释的，更不能无视一个法律与另一个阶段的另一个法律的关系、法治和每个阶段的关系，以及与同时期共存的宗教、艺术、科学及工业行业的关系。最显著的特点，在于这种研究，需要占有各个国家一般条件下的社会共存，以及它们不断的演变和发展能力，只有通过对其自身进化中比较连续的状态，才可以使我们合理的获取他们对法律专业知识的那些阐释，正是在这里我们找到了孟德斯鸠的主要弱点。

Montesquieu with what was a common fault among his contemporaries, one-sidedness, philosophical sectarianism, perversion of social facts from contempt of them or to serve a party purpose. He has accordingly arrived at least at approximate explanations of a host of social phenomena.

There lay, however, a danger before Montesquieu which he has not safely escaped, a difficulty which he has not overcome. It was that of looking on laws too much as isolated facts, as independent phenomena, as stationary and complete existences. It was that of ignoring the relation not only of one law to another, but of one stage of law to another, and of the relation of each stage and system of law to coexistent and contemporaneous stages and systems of religion, art, science, and industry. Social phenomena such as laws are, cannot be explained like the merely physical phenomena of natural philosophy and chemistry. The most distinctive characteristics which they possess lie in their capacities of continuous evolution or development; and it is only by the study of their evolution, by the comparison of their consecutive states, and of each state with the coexisting general conditions of society, that we can rationally hope to reach an adequate knowledge of their laws. It is here that we find the chief weakness of Montesquieu.

He was most industrious in the collection of facts, and he had a quite marvellous quickness and keenness of intuition into the meaning of them, but he had no appropriate scientific method, no definite notion of the modifications of the inductive process which the peculiarities of historical phenomena render necessary. He made little use, no systematic use, of what is, however, *par excellence, the expedient* of historical philosophy, the comparison of coexistent and consecutive social states. He paid always little attention, generally none, to the chronology of his facts, which is, however, the indispensable condition of their comparison. The reason was that he did not perceive the importance of comparing them, of following them through the whole course of their evolution; but this is only saying in other words that he attempted to construct a science without availing himself of the only method by which it could be done. It would be unjust, however, to censure severely this error of Montesquieu, although it is fatal to his system as a complete

孟德斯鸠最勤劳的事实的收集，头脑中有很奇妙的迅速和敏锐的直觉发现其中的意义，但他却没有以适当的科学方法、对历史现象的特殊性过程进行必要的归纳，进而提出明确的概念。他很少使用或没有系统的使用历史哲学的方法，即以出类拔萃的方便之法对共存和连续的社会状态进行比较。他历来很少注意，历史事实的编年代史及其间的比较，原因是他没有觉察到进行这种的比较及其演化的重要性，换句话说，他试图构建一门科学，却没有利用自己所能做到的唯一的方法。把它作为严重的错误指责孟德斯鸠或许不够公正，但是这确实是孟德斯鸠作为一个解释这类社会现象的完整系统的致命的弱点。

268　PHILOSOPHY OF HISTORY IN FRANCE.

explanation of the class of social phenomena with which it deals; for while true that Bodin had on this fundamental point more comprehensive and philosophic views, we may well excuse any man of the eighteenth century for ignorance the most entire of the science of comparative legislations, which, like the comparative study of religions, is a creation of the nineteenth century.

Devoid of a true method of investigation, Montesquieu could not, except by chance, discover the general laws which connect social facts. The laws of history are laws of development, and if we ignore the development of any fact, we can never discover the law according to which it has come to be what it is. What then has Montesquieu discovered? Not the general laws of the facts, but certain special reasons of them. That was to a considerable degree possible to him, notwithstanding the neglect of the distinctive characteristics of social phenomena. Where a general law could not be reached, an intellect so keen in its intuitions might still detect a force or forces in which some given law or custom had its origin; and this was what Montesquieu had a rare degree of success in doing. His quickness of perception, his suggestiveness of thought, his intimate acquaintance with the working of human motives, and the extent of his reading in history, travels, and natural science, gave him a quite marvellous power of conjecture, and enabled him to arrive at approximate explanations of social usages and laws in a vast number of cases where another man would have been

教 学 篇

helpless. Still no faculty of guessing, however extraordinary and felicitous, can supply the place of scientific method, or elicit much historical philosophy not of the humblest kind. And although it may happen to be, as it was in Montesquieu, fertile in a kind of truths, it can hardly fail to be fertile also in illusions. If it often seize a verity, it will often likewise impose on itself a fancy. It is only a sound method which is competent to the uniform and consistent discrimination of truth from error. This is fully exemplified in the case of Montesquieu, no serious student of whose work will deny that it abounds in false as well as in correct generalisations. It is rich in truths, yet crowded with errors. It is scarcely more exuberant in the one respect than in the other.

  因为虽然鲍丹曾对这个基本问题，更多的综合和哲学观的没错，我们可能会原谅无知最科学的比较的法例中，整个18世纪任何人，如宗教的比较研究。虽然，鲍丹对这个根本点曾经有过更综合和哲学的观察，我们应当原谅生活在18世纪任何人，他们无知于比较立法的科学研究，如同宗教的比较研究，都是十九世纪的创造。

  缺乏一个正确的调查方法，孟德斯鸠除了偶然的机会，不可能发现连接社会事实的一般法律，历史规律的发展规律，如果我们忽视任何事实的发展，我们将永远不会发现法律的依据是什么。那么什么是孟德斯鸠发现呢？没有事实的一般规律，对他来说，它们特殊成因可能了解到一个相当的程度，尽管那是忽略了特色鲜明的社会现象的一定程度。一般的法律不能达到的，孟德斯鸠凭借十分热衷智力的直觉，仍然可能检测到一种力量或多种力量所自定得法律或习俗；这是他所独特拥有的努力获得的一种罕见的成功。他敏捷的感知，活跃的思想，熟悉人类活动的动机，他对历史、旅行、自然科学的研究深入的程度，赋予他了不起的奇妙的力量，使他能够达到对一大批社会惯例的事物作出法律近似的解释。然而猜测的才能，平凡又巧妙，却不能提供以科学的方法，也未能引起任何不是卑微的历史哲学的注意。

  孟德斯鸠的著作充满了正确的概括以及错误的观点，甚至有的地方错误观点比正确的论说更为充盈和丰富，研究他著作的学者们都肯定了这一点，并肯定这是开创者的成果。

  没有研究的科学方法，是这本书的结构性障碍、编排混乱之根源。还真的有些人没有意识到这一缺陷，甚至否认这一缺陷的存在，并且称

The want of a scientific method of investigation is also the source of the confused arrangement, the structural disorder, of the book. There are, it is true, those who have not recognised this defect, who have even denied that it exists, and praised the plan as simple and grand; but this only proves that they have studied it superficially. There is an outward order of a loose kind, and an imposing appearance of order; but all the order there is, is of the outward and surface kind, while the confusion is internal, and so all-pervading that examination finds no end to it. Thoughts are juxtaposited not organically connected, because they have been amassed merely by industrious collection and fertility of suggestion, and not elicited and collected by scientific method.

The same want, and the consequent dealing with laws and customs as isolated and fragmentary phenomena, and reference of them to particular causes not to general laws, have exposed Montesquieu to the commonest charge brought against him,— that of confounding fact with right, the explanation of a thing with its justification. This charge has been often expressed in an exaggerated way. Perhaps it should even, on the whole, be held unproved, and Montesquieu absolved. It is certainly not applicable to him in the same degree as to Aristotle, or, to take a modern name, Mr Buckle. The frequently recurring phrase "ought to be" is ambiguous and objectionable; it is, however, almost certainly meant to express not a moral or rational necessity, but only that sort of actual necessity which there always is between a cause and its consequence. His mode of investigation, however, tended towards the serious confusion imputed to him, and he has undoubtedly on several occasions been far from sufficiently careful to guard himself from the suspicion of having fallen into it.

The subject of Montesquieu's book being laws, he very properly begins with two chapters of general considerations on the nature of laws. But, unfortunately, these two chapters, although they have been repeatedly eulogised beyond measure, are by no means satisfactory. The language of them is so vague as to apply, when it does apply, not only to all kinds of laws, physical and moral, natural and positive, proper and metaphorical, but to many things which never go even by that name.

教 学 篇

赞这本书的计划是简单而隆重的；但是，这恰恰证明了他们只是研究了它的表面一种外在的松散的秩序，给人以气宇轩昂的感觉，但是，在这种外观和表面的顺序秩序下，内部出现的却是混乱，而且在全书开头如此直至结束，思想方面的论述展开方式不是有机联系的，甚至只是并列的，仅仅是展示了通过辛勤收集和丰富积累的资料，并没有真正通过科学研究的方法安排合理的结构。这样以孤立的和零星的现象处理法律和习俗，只看到它们特定的原因，却未能提升到与一般法律的关系，这正是披露了孟德斯鸠的反对者最常见的指控——这个被指控，往往以夸张的方式表示出来：混淆事实与权利，对每件事总是作出有其理由的解释。或许，应该从全书的整体上来看，对这种未能完全证实的指控，理应对孟德斯鸠予以赦免。这当然是不适用于与他相同程度上的亚里斯多德，或者现代姓名的巴克勒先生。

李文省略未译出"这当然是不适用于与他相同程度上的亚里斯多德，或者现代的巴克勒先生"这句话。

经常重复出现的短语"应该是"，模糊不清和令人反感。然而几乎可以肯定的是，它不是在表达道德的或理性的必然，它总是要说明一种事情所固有的一种原因和后果之间实际的必要联系。他的调查方式，倾向归咎于他所出现的严重混乱，他无疑在一些场合没有足够小心地提防自己有陷入混乱境地的可能。

孟德斯鸠的书主题是法律的问题，他非常适当地开始于各章对法律的本质进行一般性考虑。但是，不幸的是这开头的两章，虽然被一再称赞无可衡量的功绩，却不能真正令人满意。两章的语言是含糊不清的，它不仅可以适用于各种法律，甚至可以用于物理的、道德的、自然的很多方面，积极妥善及隐喻的事情，而这些事情与法律这个名称本不相关。

没有试图解开法律这一术语的令人费解的歧义；也没有试图区分和界定不同种类的法律，这样潜在混乱、含糊不清的归纳法律的性质，甚至是一个错误的概念。这两章显示着整篇论述在证实，孟德斯鸠没有清晰而正确的法律概念，到底什么是法律。

对于那些从来没有试过跟踪法律思想，似乎令人难以置信自己身上会关系到法律思想的存在，其实这是不奇怪的。在当前科学意义上，能够对法律的概念，在思想上能如此分明、清晰地认识到，这在希腊、罗马和中世纪都还是不可能做到的事情。亚里士多德认为原则一词有七个

157

There is no attempt to disentangle the perplexing ambiguities of the term law; no attempt to distinguish and define the different kinds of laws. And underlying this confusion there is, in particular, the vaguest and even an erroneous conception of the nature of an inductive law. These two chapters show, what the whole treatise confirms, that Montesquieu had no clear or correct conception of what such a law is.

To those who have never tried to trace the history of ideas this may seem incredible; to those who have, it will be in no wise strange. A distinct, consciously realised notion of law in its present scientific acceptation was unknown to Greece, Rome, or the middle ages. Of the seven meanings which Aristotle attributes to the word principle, not one answers to the modern scientific signification of law; and of the thirty terms defined in the fourth book of his 'Metaphysics,' which is a sort of philosophical glossary, law does not occur. Law was thought of by the ancients as a type or idea with something external corresponding to it. And Montesquieu's thought was no closer, no more definite, than that laws were "the necessary relations which arise out of the nature of things." A metaphysician or theologian may be satisfied with that, but certainly no student of inductive science, physical, psychical, or social.

Notwithstanding the defects indicated, it must be admitted that these two chapters have the great merit of insisting that social institutions and regulations are properly no mere arbitrary inventions, but ought to rest on reason, on the nature of things; that there are relations of equity which human legislation does not create but presuppose; that, varied as are the forms which society assumes, they all originate in and are pervaded by the principles of a human nature common to all men. They have the farther merit that along with this recognition of fundamental unity there is the clearest recognition likewise of superstructural variety, and of the necessity of laws being adapted to the distinctive peculiarities of each nation and age, these peculiarities being, in the opinion of Montesquieu, of such decisive importance that the laws which are good for one people will rarely suit another. He thus separates himself on the one hand from the empty abstract

含义,他在自己的《形而上学》第四卷中,解说了三十个词语,这是对哲学词汇的分类排序,而在其中并没有法律这个词语,就是说,他对法律的词义没有作出答案。法律,被古人认为是某种类型或观念,与一些外部的事物相对应而存在。孟德斯鸠的思想不是,也不明确法律是"事物的本质而引起的必要关系"。一个形而上学家或神学家或可能满意如此,但物理、心理或社会科学的学者肯定不会认同此种归纳。

"Montesquieu's thought was no closer, no more definite"李文在这里的译文是"孟氏的思想,并不见得加切加确于'法律起自万物本性的必然关系'"。其中的"并不见得加切加确于",实在令人费解,可能排印有差错。

尽管指出了存在的缺陷,必须承认这两章所强调的社会体制、规章制度并不只是任意的发明,确有伟大的功绩。事物的本质而引起的必要关系,起源于并且渗透着人类共同的人性原则;社会假定的定理依据公平关系的性质原因而创建;

他们有更远的优点以及这种承认的基本统一是最清晰的识别同样的上层建筑品种和必要性的法律正在适应每个名词的鲜明特点和年龄这些特点被认为孟德斯鸠,这种决定性的重要意义,对一个人好了,重新将很少适合另一个的法律

他们有进一步的优点,随着对这种基本统一的清晰的认识,促使着上层建筑同样必要的变化,法律必须适应各民族和各时代的独特的特点,在孟德斯鸠看来,这种决定性的重要性,在于再好的法律如果对一个民族适用,却很少会完全适应于另一个民族。因此他将自己,一方面是空洞的抽象的理论家,

MONTESQUIEU. 271

theorist, and on the other from the rude literal empiricist, and seeks the golden mean of political wisdom.

By the spirit of a law, Montesquieu means the whole of the relations in which that law originates and exists. A most important order of these relations comprises those in which laws stand to the various kinds of governments; and this order of relations is the general subject of not fewer than nine books, besides being frequently returned to in others. Montesquieu divides governments into *monarchies*, in which a single person governs by fixed laws; *despotisms*, in which a single person governs according to his own will; and *republics*, in which the sovereign power is in several hands, being a *democracy* when the nation as a whole possesses it, and an *aristocracy* when only a part thereof shares in it. He endeavours to characterise these various governments, to discover their principles or motive forces, and to show what laws flow from their respective natures, what are the sources of their strength and weakness, the systems of education most suitable to them, and the causes of corruption most powerful in them; and how with the variations of their respective genius, the civil and criminal codes, sumptuary laws and laws relative to women, and the military arrangements both for offensive and defensive war, must likewise vary. In doing so he arrives at a large number of consequences, often very remote and heterogeneous consequences, which he expresses mostly in the form of general and absolute propositions. Probably as many of these propositions are false as true.

But there is in this part of the work a still greater defect than the commingling of true and false conclusions: that, in fact, which is its source,—the blending and consequent confusing of two methods. If we wish to ascertain the character and consequences of monarchy, for example, we may proceed in our search either by induction or deduction. In the former case we endeavour from an examination of all monarchies to generalise what is common to them in virtue exclusively of being monarchies. In the latter case we start from a definition which embodies what we suppose to be the distinctive nature of monarchy, and logically evolve what it implies. If in the former case the induction be sufficiently extensive and careful,

另一方面区别于从字面上附会的经验主义者，以寻求政治智慧的中庸之道。

李文将"golden mean"在这里译为"黄金意义"。

孟德斯鸠通过法律的精神，意味着法律起源和存在于事物整体的关系之中，

这些关系最重要的内容，是指各种类型的政治中涉及的那些法律关系，而这些要求所涉及的种种关系，正是《法律的精神》一书前九卷的主题，此外，也重复地见于其他各卷。孟德斯鸠划分成君主制、独裁

教 学 篇

专制、共和制。君主制,是指由一个人以固有的法律统治者身份作为政府的君主统治政府;独裁专制,是指政府中的其中某个人按照自己的意愿管辖政府,国家主权权力处于个人手中;共和制,是指共和国的主权处于几个人之手,成为一个领导集体共同拥有权力管理它。

李文在这里添加了:"共和制下又分二类:国民全体有此统治权者,谓之民主制;一部分人就此统治中各有一份者,谓之贵族制。"

他以甜言蜜语来描述这些各国的政府,发现他们的原则或动力重构,显示什么法律流行于各自的政权性质,什么是他们实力和弱点的来源,什么是最适合他们的教育系统,什么是产生腐败现象的强大的成因,他们如何随着政权的变化,修订各自的民事法典、刑事法典,禁奢侈的、保护妇女的法律法规,无论是进攻性和防御性战争的军事部署,都必须发生明智的变化。这样做,他获得大量的成果,往往是非常遥远的、异构的后果,他主要以普遍性和绝对性的命题形式陈述它们,因为可能许多这些命题都是虚假的真实。

在这本书的这一部分一个更大的缺陷,是真实和虚假混合的而得出的结论。事实上,真实和虚假的混合,以及随之而来造成的混乱,这两种方法是缺陷的根源。假如我们想要查明君主制的性质和后果,我们可能会继续我们的搜寻,要么通过归纳方法或演绎方法继续我们的研究。在前一种通过归纳方法的情况中,我们要努力从所有的君主国家中检查总结,概括出什么是君主国家需要的共同的君主美德;在后者通过演绎方法的情况下,我们将从定义开始体现我们想做的,研究君主制的独特性质和逻辑上的进化,到底意味着什么。如果通过归纳方法,资料应是足够广泛和细致;

272　PHILOSOPHY OF HISTORY IN FRANCE.

and if in the latter the presupposition involved in the definition be warranted and the deduction rigorous, the results of the two methods should so coincide as to afford mutual verification; but in order to this the two processes must be kept separate and distinct—inductions must not be passed off as deductions, nor *vice versâ;* the ideal and the empirical must not be allowed to coalesce until they meet at the definitive point of union,—in essential reality. If Montesquieu had either done so, or adhered strictly to either method, he would certainly never have arrived at so many general theorems. With every extension of his inductive basis, and every effort at rigid verification, he would have found many of them drop away, and learned that it was an extremely difficult task to detect the characteristics which are the pure results of the form of government. With a clear consciousness that the greater part of his reasoning was deduction from hypothetical premisses; and that consequently his inferences, however correctly drawn, had only logical and not actual validity, except in so far as the hypotheses assumed were in accordance with fact, he would have felt bound strictly to inquire whether they were so or not, and would probably have speedily perceived that monarchies, despotisms, and republics, as defined by him, had merely an ideal existence—that his definitions, and the classification on which they rested, had nothing either in the history of the past or present corresponding to them otherwise than most remotely. It was because he kept neither to induction nor deduction, but passed from the one process to the other, or mixed up the one with the other in an illegitimate way, that conclusions came to him so easily. It was thus that he was able, on the one hand, to believe himself to be extracting and concentrating the legislative experience of mankind in his descriptions, when he was merely making affirmations about abstractions; and, on the other hand, to raise narrow empirical generalisations almost to the level of necessary truths, so that the peculiarities of the French monarchy are transformed into essential attributes of monarchy, the peculiarities of the oriental despotisms into universal attributes of despotism, and the peculiarities of the Greek republics into universal attributes of republicanism.

While Montesquieu treated of governments in their own

通过演绎方法，预设定义中涉及的前提条件，应当是必要的和严谨的。所以，这两种方法，应该实现相互吻合、相互验证。这两个过程又必须保持分立——归纳必须区别于演绎，反之亦然。理想与经验，不是必须允许完全相合，除非直到它们相遇到某个联合点——现实存在确实满足了理想的要求。如果孟德斯鸠这样做，或者严格遵守归纳或演绎的任何一种方法，他一定不会得到如此众多的一般性定理。他若在归纳基础上实现每个扩展，经过严格认证的努力，就会发现一般定理存在会有许多减少，进而认知检验不同政体的纯正的特点，这是一个极其困难的任务。一个明确的意识，孟德斯鸠的推理很大的部分是以假设为前提，

教 学 篇

通过演绎而得来；他的这些推论，到目前为止，除了所假定的假设是符合事实的，唯一能够合乎逻辑，然而，因其属于假定的假设并不具有实际的有效性。他也认识到一定要严格把关，以论证它们的是与不是真正如此，但他可能迅速认识到了，他所划分的君主制、独裁专制、共和制，都只是一个概念理想的存在——所下定的定义和分类，无论在过去的、现在的、甚至远程的历史中，都未能与之真正相对应。正是因为他既不坚持归纳法，也不坚持演绎法，总是从一个进程传递到另一个过程端，或是将两种不同的过程混合在一起的一种不正当方法，尽管得出结论很容易。可是这样仅仅是使他的抽象的概念得到了肯定，他可以一方面自信他的描述中提取和集中了人类的立法经验，另一方面，他实际上是把狭窄的经验概括水平提高到了几乎是必然真理的地位。就这样，他就把法国君主政体的特点说成是君主制的本质属性、把东方独裁专制的特殊性说成是独裁专制的普遍属性，把希腊共和国的特点说成是共和制的通用属性。

而孟德斯鸠对政府自身的性质和相互关系，他没有像亚里士多德和鲍丹那样，致力追踪它们的革命和变革。他没有提出人性的一般运动的理论，也没有进行任何普遍历史进程的调查。《法律的精神》的第十一章：建立政治自由的法律与政体的关系；第十二章：建立政治自由的法律以及政治自由和公民的关系；第十三章：征税、国库收入与自由的关系。这三章的主题是建立政治自由的法律与政体和宪法、公民和税收等方面的关系，它们都是精心之作。

李文将《法律的精神》一书中的"章"，一律译成了"卷"，严复所译的中文译本《法意》是将"章"称之为"卷"的。而《法律的精神》这本书目前通行的中译本，全书都是分为六卷三十一章。

> MONTESQUIEU.　　　　　　　　273
>
> natures and in their relations to one another, he did not, like Aristotle and Bodin, endeavour to trace their revolutions and transformations. He propounded no theory of the general movement of humanity, nor attempted any survey of the course of universal history.
>
> 　The relation of laws to liberty as regards the political constitution, the security of the citizen, and taxation, is the subject

of the eleventh, twelfth, and thirteenth books. They are all celebrated, and especially the eleventh, owing to its application of the theory of the three powers—legislative, executive, and judiciary—to the explanation of the constitution of England, and owing to its eulogy of that constitution. The general theory of the three powers was derived by both Locke and Montesquieu from Aristotle. The application of it made by Montesquieu may have been suggested by Locke's 'Second Treatise concerning Government,' and the party pamphlets of the Whigs and Tories under George II.; but it had not been explicitly made by Locke, nor has it been shown to have been so made by any of the English Whig or Tory pamphleteers. The view of H. Jansen (Montesquieu's 'Theorie von der Dreitheilung der Gewalten im Staate,' p. 26), that its source was Swift's 'Discourse of the Contests and Dissensions between the Nobles and the Commons in Athens and Rome' (Swift's Works, vol. iii., ed. 1814), is altogether erroneous. Montesquieu never claimed originality for his ideas as to the British constitution, but it was attributed to them, without denial or discussion, both by Continental and British writers. Blackstone in his 'Commentaries' (1765), and still more De Lolme in his 'Constitution of England' (1775), developed them into what continued to be until recently the accepted theory of English constitutionalism.

Montesquieu's eulogy of the British constitution has often been misunderstood and misrepresented. It referred only to its relation to political liberty; to the provision made by it for security under the law. Montesquieu had a very unfavourable opinion of British political virtue, honour, and regard to equality. There is no warrant for supposing that he imagined that even political liberty could be gained by simply manipulating the political constitution. He would have been most

8

尤其是第十一章由于论述三权分立理论——行政、立法、司法——应用于英国宪法的解释,成为对英国宪法的颂辞。三权分立的理论,是由洛克和孟德斯鸠从亚里士多德那里导出的。孟德斯鸠应用三权分立的理论,可能是由洛克的《关于政府的第二篇论文》和乔治二世时辉格党和托利党的小册子。

已经明确,洛克和英国辉格党和托利党的任何小册子的作者均未对此作出明确的说明。H. 詹森的观点则依据孟德斯鸠的《国家内部权力的三方分工理论》第 26 页所说，说它的来源是斯威夫特的《雅典和罗马贵族与平民间的话语竞赛和纠纷》（斯威夫特的作品，卷三，1814），这也是完全错误的。

李文将"the party pamphlets of the Whig and Tories under George II"译成"在乔治二世时保守与进步两党（Whigs and Tories）的小册子"。也没有译出"H. 詹森的观点则依据孟德斯鸠的《国家内部权力的三方分工理论》(*Theorie von der dreitheilung der Gewalten im Staate* 第 26 页)。

孟德斯鸠从来没有声称他的思想为英国宪法创意，大陆和英国作家归因于他，他没有否定或讨论。布莱克斯通在他的《评论（1765）》和政论家狄龙在他的《英国宪法（1775）》相继论说，发展成继续至今为英国宪政论者所接受。

孟德斯鸠的英国宪法颂词，经常被误解和歪曲。它只指其政治的自由，由它法律规定为安全的规定。孟德斯鸠有一个非常不利的意见，对英国政治、美德、荣誉和平等的考虑，没有任何理由假定他通过运用政治宪法，即可得到的政治上的自由平等。他会是最不一致，如果他教过明示或默示教人以英国宪法向法国宪法移植，是对法国的邪恶的一种足够的救赎。积极的制度和法律，是一个民族的性格决定其政治的本质，而不是别的原因，将制度和法律从一国移植到另一个不同种族的国家机构，想从制度和法律方面的得到什么好必将是徒劳的，这是因为，不同民族的精神、道德素质的历史前提以及物质生活条件相异，而这正是孟德斯鸠法律学说的精髓。

这五章所遵循的主旨，是论述物质生活条件的作用力量，物质生活条件对社会的制度及其变化的影响。对物质生活条件的调查，最容易发现是什么影响了法律和习俗的存在和变化，有没有别的思想家提出了更好的方法可以超过孟德斯鸠的方法？孟德斯鸠只有一个答案：是物质条件对社会的制度及其变化产生影响。这些影响对社会生活中的人塑造自己命运的力量不都是那么显而易见，我们却应给与足够的重视。可以说，孟德斯鸠正是试图主要通过物质生活条件来解释历史，文明是如何被外部物质世界的行为改变的？一个人在社会中生活，他的生命与温度、土壤、食品等物质生活条件相关联及法律关系如何？这就是孟德斯鸠在他的著作中要用全部力量求得解决的基本问题。

inconsistent if he had taught, either expressly or implicitly, that the transference of the constitution of England to France would be an adequate remedy for the evils of the latter country. It was of the very essence of his juridical and political doctrine that positive institutions and laws are far more the effects of a nation's character than its causes, and that it is vain to expect any good from transplanting the laws and institutions of one nation to another differing from it in race, mental and moral qualities, historical antecedents, and physical conditions.

The five books which follow treat of the effect of physical agencies on social institutions and changes. What are the influences of which the presence would be most easily detected in laws and customs by a thinker with no better method of investigation than that which Montesquieu had? There can be only the one answer: physical influences. Of the forces which act on man and shape his destiny, none are so conspicuous, and, we may almost say, so palpable. Hence it was principally by them that Montesquieu sought to explain history. How has civilisation been modified by the action of the external world? How are the laws of a people and the other products of its social and moral life connected with temperature, soil, and food? That is the fundamental problem for Montesquieu, to the solution of which he devotes all his strength.

It would be absurd to say that he has solved it. We know only very imperfectly, even at present, the influence of physical agencies on man's development. The meteorologist, chemist, physiologist, ethnologist, and political economist, have all much to discover before the historical philosopher will be able to pronounce an adequate decision on this large and important question. The errors into which Montesquieu has fallen appear to be chiefly two. And, first, he has drawn no decided distinction between the direct and the indirect influence of physical causes, which is a quite fundamental distinction. The direct or immediate action of climate, soil, and food is probably feeble, and its working is certainly very obscure. Our knowledge of it is both little and dubious. Perhaps, indeed, not a single general proposition regarding it has yet been conclusively established. The indirect influence, on the other hand, or that which physical

教学篇

说他已经解决了这个基本问题，则不足凭信。我们只知道还很不完善，甚至目前物质生活条件对人的发展的影响。气象学家，化学家，生理学家，人类学家，政治经济学家，都要在历史哲学家将能够把这个大的和重要的问题发现一个适当的决定之前，孟德斯鸠陷入已出现的错误主要是两个，首先，他没有明确的区分物质生活条件对生理原因造成的直接的和间接的影响，这是一个根本性的区别，气候、土壤和食物直接影响的活动可能是软弱的，它的活动方式肯定非常模糊，对此我们的知识是少而可疑。也许是这个事实上不是一个单一的一般命题，关于它尚未获最终确定。另一方面，气候、土壤和食物的间接影响

MONTESQUIEU.   275

agencies exert through the medium of the social wants and activities which they excite, is very great; and since the time of Montesquieu not a little has been accomplished in the way of tracing it. The advance of geographical knowledge, for instance, on one side, and of the science of political economy on another, now permits us to survey, with a comprehensiveness and clearness impossible in the time of Montesquieu, the whole range of relationships between geographical and economical facts; and no one will deny that all the higher orders of social phenomena are intimately associated with the latter of these.

The error just indicated is closely connected with another. The direct action of physical agencies must obviously be a necessary mode of action,—one which is independent of volition,—one in which the man is passive. The indirect action, on the contrary, presupposes a reaction on man's part, and a development of his nature under the stimulus of the wants, and in virtue of the activities, proper to it. The confusion of the two forms of action must therefore tend to obscure the great fact of human freedom. It has undoubtedly done so in the case of Montesquieu. For although it be true that he has explicitly affirmed his belief in free agency, and repudiated fatalism, he cannot be exonerated from having at times forgotten this profession in his practice; from having if not directly stated, at least frequently suggested, the inference that laws are the creatures of climate; from having exhibited the nature of man as far more plastic and passive under external influences than it is. Thus he represents the peoples of tropical regions as having been doomed by the overmastering power of physical forces to inevitable slavery and misery. Now there is no doubt that physical conditions have had much to do with the slavery and misery of tropical countries. Where outward nature is exuberant, gigantic, and terrible, she is apt to depress, paralyse, and overpower man, and to give rise to an unequal distribution of wealth, an excess of imagination, and a prevalence of superstition socially pernicious. But while this is true it is only half the truth, and it will be practically a falsehood if separated from its correlative truth that the influence of physical forces on human life is not absolute but relative; that they are advantageous or the reverse, beneficial or pernicious, according to the wealth and knowledge, and still more according

  它们通过社会的需要所激发的活动，经由媒介传播使这种间接影响非常之大，而且从孟德斯鸠以来，人们一直在追踪它的经由媒介传播的各种方式，并且有所成就。政治经济学的另一种关于地理的科学知识，例如现在允许我们的调查，获取地理和经济的相关关系的事实全面性和清晰度，这是孟德斯鸠所未能实现的，地理的科学知识进步了，政治经济科学进步了，现在已经没有人会否认所有的社会现象，都与地理和经济的紧密联系密切相关。

  与孟德斯鸠陷入的错误紧密相连，揭示出物质生活条件的直接影响活动，显然是其必然的活动——这是其一种独立的意志——人们陷入被动的接受。相反，间接作用的前提是人们的一种反应和发展，其性质是要适应在活动适当刺激下发展人的美德。当物质生活条件直接和间接影响两种活动出现交混时，必然因此倾向于掩盖人的能动性这一伟大的事实，无疑孟德斯鸠在这种情况下就是这么做的。虽然他已明确申明信奉自由选择的信念和否定宿命论，这是真的，但他在实践中有时不能免除忘记了这个职责。如果不是直接指出，至少总是认定法律是气候活动的推论，认为在外部气候的影响下，展示了人的本性具有更多的可塑性、被动性，因此，他表明生活在热带地区的人民，将注定被社会物质生活条件的力量必然带来奴役和苦难。现在，毫无疑问，热带国家的社会物质生活条件确实与人民遭受奴役和苦难有关，外界自然力量旺盛巨大而可怕，很容易使人瘫痪和被驾驭，导致财富分配不均，流行对社会有害的迷信，但这是真的只是真理的一半，它实际上几乎是一个谎言，如果从相关的真实中分析出社会物质生活条件对人类生活的影响是绝对的或相对的、有利的或不利的、有益的或有害的，根据财富和知识，更根据能量和美德。

to the energy and virtue, of those on whom they act; that it is not, in strict propriety of speech, nature which is ever at fault, but always man. "It is not nature," says a thoughtful writer, "which is in India too grand—not nature which is in excess, but man who is too little, man who is in defect. Man there is not what he ought to be, not what he was meant to be, not properly man; he wants the intellect and the energy, the love of truth, the sense of personal dignity, the moral and religious convictions which enter into the constitution of true manhood, and therefore it is that nature acts as his enemy: but let him have these, give him these, and nature will come round to his side at once. Nature is no man's enemy except in so far as he is an enemy to himself." [1]

If a tendency to fatalism, however, makes itself felt throughout these books, the corrective and remedial truth is not far to seek; it is established and applied in the very next book, which treats expressly of laws in relation to the principles which form the general spirit, the morals, and manners of a nation. Savages are either wholly devoid or very slightly participant of a general spirit, and in consequence are swayed and determined irresistibly by physical forces; but every civilised people is pervaded by a common spirit, which is in fact but another word for the whole of its civilisation. This spirit is the substance of the people's life, the chief source of their actions, carrying along with it those who are unconscious of it, and those even who wish to resist it; it is incapable of being changed otherwise than slowly and by the concurrence of many agencies, and is feebly modifiable by laws, while so powerfully operative on them as to be able to make them either honoured or despised. In this book there is the enunciation, proof, and varied application of the great principle which Montesquieu had already exemplified in so masterly a manner in the 'Grandeur et Décadence des Romains': the epoch-making principle that the course of history is on the whole determined by general causes, by widespread and persistent tendencies, by broad and deep undercurrents, and only influenced in a feeble, secondary, and subordinate degree by single events, by definite arguments, by particular enactments, by anything accidental, isolated,

[1] M'Combie's Modern Civilisation in relation to Christianity, pp. 50, 51.

那些活动的过错,永远不会是属于自然,而总是人的言语的、礼仪的行为,"它不是自然"。一位作家说:"印度太大,也没有超出自然,人太小,并不是缺陷。什么是人应该做的,尽管不一定是他的意愿。一个人想要得到智慧、能量的真理之爱,道德、宗教信仰的尊严,宪法意识的气度。大自然活动有可能成为人的敌人,但人在自然活动中的行为又使之获得了智慧和能量,让人在经由这些活动之后可以使自然为其所驱使,这些曾经是人的敌人的自然,立即转到他身边而不再是敌人。"(威廉·米康必业:《现代文明与基督教》1864年,第50—51页)

在这本书中有一种宿命论倾向,使人觉得纠正和补救真理都不难做到,在这本书中,论说了一个国家道德、礼仪等总体精神的形成,制定和应用法律的一般有关原则。野蛮的人是完全没有或非常轻微的总体精神形成的参与者,后果是在对物质力量不可抗拒地动摇中所决定,但每一个文明的人都充满了参与总体精神的热情。事实上,它只是整个文明的另一中表达。这种精神是人的生活的实质,是驱动人们行为的主要根源,无意的抗拒和甚至有意的抵制,都不能使之变动,只有极为缓慢地经由许多因素的共同作用,才可能使之有所变动,法律试图让人们要么履行或要么无视它,都是那么无力;而它却可以有力地影响于修改法律。

在本书中表明的对各种事物不同的处理原则和多样化的应用,孟德斯鸠在此前的著作《罗马盛衰原因论》中曾以娴熟地方式应用过,历史的进程总体上是通过广泛和持久的倾向,通过宽而深的暗流,由一般原因确定的原则所决定,只任何偶然的、孤立的和隶属于主要事物的单个事件,对历史进程的影响都只是一个虚弱的参数。

识别这一原则是历史科学可能性的基本条件。确认它并运用它,是为了表达运用科学原则必要和将产生的信念,将采取行动作用和应用它历史科学不难兴起;与之相反,拒绝这一原则,则宣告了其每一个想法的荒诞不经。孟德斯鸠以清晰和全面的观点理解这一原则,以聪明才智作出了具有独创性、真实性的论说,对历史科学是高质量的、超越前人的贡献。

or individual. The recognition of this principle is an essential condition of the possibility of a science of history. To deny it, is to pronounce every notion of such a science absurd; to affirm it, is to express the conviction that with the requisite exertion the science will not fail to arise; to act on and apply it, is to labour in its construction. It was a high service, therefore, to historical science, that Montesquieu apprehended this principle with a clearness and comprehensiveness of view, and illustrated it with an ingenuity and truthfulness, which have perhaps not been surpassed since.

The next four books deal with commerce, with money, and with population in their relation to laws and social changes. They may be regarded as composing a group, and may be read in connection with the thirteenth book, which treats of the relations which the revenues and taxation of a nation have with its liberties. These books introduced the economical element into historical science,—an immense service, whatever be their errors of economical theory. It is incorrect to ascribe the honour of this service, as has been done, to Turgot, or Condorcet, or Saint-Simon, or Comte. It is mainly due to Montesquieu. Of course, in order not to give him more than his due, we must remember that economical science had when he wrote come to be actively cultivated in France; that Vauban, Boisguilbert, Dutot, and Melon had published important works on it; and that Quesnay and the other founders of the famous physiocratic school were his contemporaries. The science of political economy, in fact, was then passing through one of the most interesting periods of its history, one which reflected a change in the history of society itself, which corresponded to a great national movement, the throwing off by France of her feudal and theocratic bonds, and her eager leap towards a secular and industrial polity. It was only natural that Montesquieu in treating of economical subjects should have fallen into a considerable number of errors which were shortly afterwards convincingly exposed, and failed to observe a considerable number of truths which were shortly afterwards conclusively established, by Quesnay, Adam Smith, and their disciples. He occupies a very important place in the history of political science; but it is just where two orders of econom-

接下来的四章，主要是论说商务、货币和人口，以及其对法律和社会变化的关系。它们可以被视为构成一组，并可以和第十三章所讲的《征税、国库收入与自由的关系》联系起来，书中将经济因素引入了历史科学——尽管书中的经济理论存在着这样那样的错误，都应该承认这是对历史科学的一个巨大贡献。把这项荣誉是归之于杜尔哥，或孔多塞，或圣-西门，或孔德，都是不正确的，它只能归之于孟德斯鸠。

当然，为了不给他过度的荣誉，我们必须记住，在孟德斯鸠写作这本书的时候，在法国的经济科学已经得到了积极的培育：沃邦、布阿吉尔贝尔、杜托、麦伦等人都发表了经济学的重要作品；而魁奈和其他著名的重农学派的创始人，更是与孟德斯鸠同时代的学者。

李文将杜托："Dutot"误写为"Dntot"。尼古拉斯·杜托（1684—1741）是一位重要的法国经济思想史研究者、货币理论和价格统计的先驱。《李大钊全集》的注释"疑为 Dupont 之误"亦误。

事实上，政治经济学正处在发展史上最有趣的时期之一，通过一个一个社会本身的历史变革反映在经济学的发展上，相当于记录了一个伟大的法兰西国家的运动，打破封建的神权的束缚，向世俗和工业的政体急切地大步跨越。孟德斯鸠在处理经济问题时，出现了为数可观的错误，不久之后，就由魁奈、亚当·斯密和他们的弟子令人信服地暴露出来，一些未能观察到的相当多数量的真理，随后之后也建立了明确的认识。

孟德斯鸠在政治科学历史中占有非常重要的空间，但只是在那个两种经济思想，重商与重农这两个不同的两个研究原则，彼此相互交叉而存在，老的没有消亡和新的正在兴起。孟德斯鸠对贸易、税收、货币和人口等问题的看法，与之大部分不一致之处是发现了解释上的错误。旧原则和新成员——重商主义和重农学派——他脑海中不能做出排除哪一个的果断的抉择。然而他的智力优势也清晰地显示在经济学方面，他伟大和独特的优点，正是他第一次把经济的和历史的科学联系在一起，以这样一种约束方式，使两者在解释社会现象中实现合作。因此，表明他对重商主义和重农学派新相互交叉的研究路径的支持，正如威廉·罗雪尔所表示的"一个伟大的国家呈现普遍的进步势在必然"。

ical ideas, two systems, met and crossed each other, the old not yet dead and the new only struggling into life. This is the explanation of most of the inconsistencies and errors which have been discovered in his views on such subjects as trade, taxation, money, and population. The old principles and the new—those of mercantilism and those of physiocracy—both ruled in his mind, and he was unable to make a decisive choice between them. Yet his intellectual superiority was clearly displayed also in the department of economics. His great and distinctive merit in connection with it, however, was that he first brought economical and historical science together in such a way as to constrain them to co-operate in the explanation of social phenomena. He thus showed that a new path of inexhaustible research lay before both; and, as Roscher expresses it, " einen grossartigen, ebenso nationalen wie universalen Fortschritt anbahnte."

The two books which trace the influence of religious beliefs and institutions on laws and government, although far from an adequate treatment of their theme, are eminently judicious so far as they go. They recognise the necessity and importance of religion, and with a warmth and reverence markedly in contrast to the tone of the 'Lettres Persanes.' Reflection and experience had convinced Montesquieu that his earlier opinions and feelings on this subject had been lacking in fairness and moderation; and had opened his eyes to the merits of Christianity, and especially to the number and magnitude of its services to society. Perhaps the chief errors in these two books, as in the preceding book—that on population—regard matters of fact. As it is simply not the case that in warm climates the proportion of male to female births is materially different from what it is in cold climates, and polygamy can consequently be accounted for in no such way, so neither is it the case that orientals are indifferent about religion except in so far as religious change may involve political change; and hence reasoning to and reasoning from that supposition are alike in vain.

The twenty-sixth and twenty-ninth books concern the jurist much more than the historical philosopher. The twenty-

李文没有译出"威廉·罗雪尔所表示的'一个伟大的国家呈现普遍的进步势在必然'。"而是写出了:"他如斯以指出一条无尽的搜寻的新径路,陈于二种科学之前。"威廉·罗雪尔(1817—1894)19世纪德国历史学派创始人,主张政治经济学是"一门论述一个国家的经济发展诸规律的科学",是"国民经济的解剖学和生理学"。

该书后面的两章,其主题是跟踪宗教的信仰对法律和政治的影响,尽管论说的不是很充分,却是非常明智,他承认和重视宗教信仰的必要性,并表现出明显的崇敬,基于对《波斯人信札》的反思与经验,孟德斯鸠确信早些时候自己的意见和感情上都缺乏公平和适度,开始以温暖和敬畏的语气,确认基督教的优点,特别是向社会提供服务的规模和数量。

李文在这里将"特别是向社会提供服务的规模和数量"译成了"特别是他的贡献于社会的多的大"河北教育出版社出版的《李大钊全集》将之改成了加上了"特别是他的贡献于社会的大的多"(第4卷第453页)。而人民出版社出版的《李大钊全集》在此处专门加上了(原文如此——编注)"。

也许在这两本书中的主要错误在于关于人口方面事项的事实。在气候温暖的情况下和在气候寒冷的情况下,男婴与女婴的出生比例并没有实质上的不同,寒冷气候与一夫多妻制并没有直接的关系,到目前为止,东方人对宗教的关心,除了宗教的变化,可能更多涉及政治的变化,众多的推理和假设,都属于枉然。

李文没有译出上面的这段话。

该书的第二十六、第二十九章的内容,关注法学家远远超过历史哲学家。

MONTESQUIEU. 279

seventh book, which is on the Roman laws of succession, is historical, but probably not very important.

The twenty-eighth book, which is on the origin and revolutions of the civil laws among the French, and the two books on the feudal system with which the work closes, are at once intrinsically valuable and not less interesting to the student of the philosophy of history than of law. Although numerous errors of fact and theory have been detected in them, they display a kind of learning which was very rare and difficult to acquire in the age of Montesquieu, and an originality and power of historical combination rare in any age. They have undoubtedly had great influence in evoking and directing later research into the origin, formation, and constitution of the feudal system and of French medieval society.

Montesquieu had no intention of founding the philosophy of history; and to pronounce him its founder, as Alison has done, is extravagant laudation. It appears to me to be even eulogy in excess of the truth to represent him, as Comte, Maine, and Leslie Stephen have done, as the founder of the historical method. But he did more than any one else to facilitate and ensure its foundation. He showed on a grand scale and in the most effective way, that laws, customs, and institutions can only be judged of intelligently when studied as what they really are, historical phenomena; and that, like all things properly historical, they must be estimated not according to an abstract or absolute standard, but as concrete realities related to given times and places, to their determining causes and condition, and to the whole social organism to which they belong, and the whole social medium in which they subsist. Plato and Aristotle, Machiavelli and Bodin, had already, indeed, inculcated this historical and political relativism; but it was Montesquieu who gained educated Europe over to the acceptance of it. His success was, no doubt, largely due to the ripeness of the time, but it was also in a measure due to his own genius and skill. And once historical relativism was acknowledged, the rise of the historical school, the development of the historical method, and the rapid advance of historical science, naturally followed.

该书第二十七章：古罗马继承法的起源与变革。是关于继承罗马法，是讲历史继承的，可能不是很重要。第二十八章：法兰西民法的起源和变革。是讲法国民法的历史的起源与革命。最后两章，第三十章：法兰克人的封建法律理论和君主国的建立。第三十一章：法兰克人的封建法律理论与他们的君主国变革的关系。论说了封建制度的法律理论和君主国的建立与变革。关于民法的起源与变革的论述很有内在价值，不是有益于历史哲学更有益于法律学者。尽管在书中许多错误的事实和理论已被检测到，它们显示着非常罕见的、难以获得的一种学问，在孟德斯鸠生活的时代，具有的独创性和历史结合罕见的组合成果，无疑为唤起和指导以后的研究，关于法国中世纪社会、封建制度形成与起源，产生了重要的影响。

孟德斯鸠没有意图要创建历史哲学。艾丽森宣布他为历史哲学创始人，实在是奢华的赞美；看来孔德、缅因、莱斯利、斯蒂芬等人也把孟德斯鸠描绘成历史学方法的创始者，也是超过真理的过度褒扬。但他确实比任何其他人促进并奠定了基础。他指出了一个宏大的规模和最有效途径，在研究法律、习俗和制度时，必须研究一切事物的全部历史，而不是根据断章取义或什么抽象的绝对标准，如此才能判断出事物真正的历史现象，所有的事物都是在全社会中与一定的时间和地点相关联的，必须根据其存在的实际情况给出正确的现实判断，这是研究历史现象的最有效的方法。决定他们在全社会中生存的原因和条件，是属于整个社会有机体对之接受和媒介评量的。柏拉图和亚里士多德、马基雅弗利、鲍丹，他们已经在实际上灌输着这个历史和政治的相对性，但只是到了孟德斯鸠时代，这种思想认识才获得了欧洲的普遍接受，孟德斯鸠这种教育的成功，无疑很大程度上是由于时间的成熟，但在促进成熟程度上也正是归之于他自己的天赋和技能。历史相对性一旦为人们所认识，落后的历史学派自然随之发展，历史研究方法和历史科学必然突飞猛进而崛起。

傅林特的原著关于孟德斯鸠这一节全文至此结束了。但是，李大钊的《孟德斯鸠的历史思想》一文，并没有结束。李大钊继续写下的文字是：（见《李大钊全集》第4卷第301—303页）

孟氏固未曾在进步论的使徒中点位置，进步论在他的心中未尝确立何把握，但他是在产生进步观念的智力的风土长起来的。他曾被养育于Bayle的溶解的辩证法，笛卡尔派自然法的陈述上的。他的著作所与的贡献，不是属于过去论的，乃是属于未来论的。

他企图着把笛卡尔派的理论伸张到社会的事实上去。他把政治的现象，同物理的现象一样，放在归属于普通法则的地位。他既经认知此观念，他的最显著最重要的观念；当他著《罗马兴亡论》（1734）的时候便即于其中实用此观念：

"我们从罗马史里，看出支配世界的不是幸运。有些普通的原因，动作于每个王朝中，兴起之，维持之，或颠覆之。凡所遭遇，都归属于此等原因。设若有一个特别的原因，各同一个战争的偶然的结果，曾经毁灭了一个国家；这里一定有一个使他灭亡的总原因，而从一个单独的战争结果了。简单一句话,本原的运动,牵引着特殊的事变随着他行。"

他既排斥了幸运,那么"天命""上帝的计划""最终的原因"等等亦当在屏弃之列了。而孟氏不能漠视的《罗马兴亡论》的效果之一,就是不信包绥的历史论。

他在《法律的精神》里,给我们以一个新原则,这就是普通原因的动作。但他只把道德的与物理的分清楚了,并没有把他们再细分类。我们实无保证他把道德的原因都枚举了没有;那些是本来的亦未由那些是取得的分清。孟氏给印象于读者的神智中最清楚的普通原因,是物理的环境—地理与气候的原因。

气候及于文明的影响,不是一个新观念。在现代我们所曾见的,如鲍丹,如丰田内列(Fontenelle)皆能知认之;如 Abbé de Saint-Pieire,曾用之以说明回教的起源;如 Abbé Du Bos,则于其《Reflextions on Poetry and Painting》中,主张气候辅助着决定艺术与科学的时期;如 Chardin,则在他的《Travels》(这是孟氏所曾研究过的一种书)中,亦曾觉得气候之重要。但孟氏引出一个对于气候的普通的注意。自他著此论后,地理的情形,为所有的研究者认为在人类社会发展中是一个最有势力的动因。他自己的关于此问题的讨论,未有什么有用的断案的结果。他没有决定物理的条件的动力的限度,读者不易知应视他们为根本的,抑为附属的;为决定文明的径路的,抑仅仅搅乱他的。他说:"有好几个事物支配人、气候、宗教、法律、政治条令、历史的例证、道德、风俗,以什么东西形成一个普通精神(espritgénéral)为他们的结果。"这把气候与社会生活的成果平列,是他的无组织的思想的特色。但孟氏所去作的标点,是在指出一民族的法律与其普通精神间的相互关系;这个注意,是很重要的。这个点出一切社会生活的成果是密切的相关的理论。

在孟氏的时代,人们都在立法有几乎无限的力量,以限制社会条件的迷想之下。此例曾见之于 Saint-Pierre,孟氏的普通法则的概念,当为此信念的解毒剂。然而其效力及于他的同时的人,不为我们希望其所可有的那样多;而他们复利用孟氏说过法律影响于风俗的话,以张其所志。有些像孔德所揭论的,他不能给他的概念以何等的强固与气力,正因他自己亦在不自觉的过信立法行为的效力影响之下。

孟氏论社会现象的根本的缺点,在他把社会现象悬离于他们的时间上的关系。企于说明法律与制度对于历史的境遇的相互关系,是他的功绩;但他不曾分别或联结文明的阶段,如 Sorel 之所曾观察者,他颇偏于混同一切时期与组织。不论进步的观念的价值若何,我们可以赞成孔德的话,若使孟德斯鸠捉握住进步的观念,他必能产生一种更显赫的事业。孟氏之未捉握住进步的观念,亦孟氏之不幸也。

在这些段落里,李大钊对孟德斯鸠的历史思想主旨和历史功绩,作出了总结。这一部分大约接近1500字。李大钊进一步论述了孟德斯鸠接受过的皮尔、笛卡尔的影响;以及对鲍丹、丰特奈尔、圣彼埃尔、阿贝·杜·博斯、夏尔丹等人对气候与文明关系论说的发展;特别指出,孟德斯鸠肯定地说:"有好几个事物支配人,气候、宗教、法律、政治条令、历史的见证、道德、风俗,以什么东西形成一个普通精神为他们的结果。"看到了社会物质生活条件的重要性,却在人类历史发展的动力研究上停住了脚步。正如孔德所说,假若孟德斯鸠能够准确把握进步的观念——明确人类历史前进的根本推动力——并沿着这条道路前进,必能成就更显赫的事业。因此,认定李大钊的这篇《孟德斯鸠的历史思想》一文,只是傅林特著作的译文,并不符合实际情况,还是说明这是一篇以傅林特著作的译文为主要内容而编写的 发给学生使用的讲义,更为准确。目前直接列入李大钊著作的方案,有待于进一步加以说明。

(十三) 关于《韦柯及其历史思想》

在李大钊的史学思想史讲义中,维柯(Giovanni Battista Vico,旧称韦柯,1668—1744)是在孟德斯鸠之后的,其实,维柯的生平要早于孟德斯鸠(1689—1755)。李大钊也说:"孟德斯鸠的学说,实承其绪余而期者。"维柯"具有哲学的说明历史学的伟大的学力。他不只是历史哲学的先驱者,简直是历史哲学的创造者";"韦著《新科学论》之所谓新科学,以现代的学名名之,可以看作与社会学的名目及其内容相等的东西。他的著作,是由社会学的见地,论究国民的

维柯(1668—1744)

起源、发达、衰颓、灭亡的东西。国民便是此新科学的对象。他把国民的起源、发达、衰颓、灭亡，从人间历史的经验的事实归纳，以图于此树立人类性之道德的原理、政治的原理、权利的原理、法律的原理。这样子得的原理，实为历史的真要素"。"他的研究方法，既为经验的归纳法，故其锐利的观察力，往往带唯物的倾向。此点与黑格尔（李大钊在著作中很少展开谈黑格尔）全然相反，颇有马克思派的倾向，以唯物史观的原理或仅由物质的方面解释欲望论的原理为主。""他的《新科学论》，放在孟德斯鸠的书库里，未曾用之，但在后来的法兰西，自然要发生兴趣了。"

因为李大钊在论说孟德斯鸠的文章中，要首先说道到博须埃（1627—1704），就只能把论说孟德斯鸠的文章，放在论说维柯的文章之前了。

维柯出生在意大利的一个小城邦拿卜勒斯，父亲是个小书商，他幼年受过天主教会学校的教育，后来进过罗马大学。他的专业先是语言学，后是法学，曾在拿卜勒斯大学当过修辞学和法学教授，生活较穷困，他的主要著作是《新科学》（*Scienza Nuova*）。这部书的第一版原名《普遍法律和单一目的》，后来大加修改，成了现在流行的《新科学》一书，该书内容庞杂，晦涩难懂，但却思想丰富，见解独特。在近代西方思想史上，对维柯往往缺乏深入的了解。然而《新科学》却实在是为后来许多思想家的理论创造奠定了基础。19 世纪至 20 世纪许多新的理论都可以从《新科学》中寻找到渊源，李大钊称赞维柯的学说"很容易适用于进步的观念"。系统地梳理维柯和《新科学》的思想，特别是维柯的历史学思想，对唯物史观发展进程的影响更有重要的意义。

弗林特（Robert Flint）在评价伊本赫勒敦时说："作为一位历史理论家，在他去世 300 多年以后，维科（Vico）出现以前，在任何时代和任何国家他都是无与伦比的，柏拉图、亚里士多德和奥古斯丁都无法望其项背。" 1884 年弗林特出版了《维科》（*Vico*）一书。

维柯在《新科学》中指出："本科学所描绘的是每个民族在出生、进展、成熟、衰微和灭亡过程中的历史，也就是在时间上经历过的一种理想的永恒的历史"。这部漫长的历史"既是人类思想史，人类习俗史，又是人类事迹史"，或者说"人类理念的历史"。

维柯在意大利偏僻的小镇那卜勒斯从事教学和研究，他非常了解和蔑视笛卡尔开创的理性主义，理由是：人类文化显然不从理性开始，而是从非理性开始。维柯在《新科学》中阐发了一个"真理—事实"原则："能够真正认识任何事物的条件、能够理解它而非仅仅知觉它的条件，乃是由认识者本人所应该做出来的。根据这一原则，大自然只对上帝才是可理解的，但数学则是人类可以理解的，因为数学思想的对象乃是数学家所构造出来的虚构或假说。""没有什么事物是能够被认识的，除非它已经被创造了出来，而且某一个已知的头脑是否能够认识它，还要取决于它是如何被创造的。"维柯把这个原则移用到历史学领域："历史格外是人类头脑所创造的东西，所以是特别适于作为人类知识的一种对象。"维柯把历史的过程看作是人类由以建立起语言、习俗、法律、政府等等体系的一个过程；也就是，把历史看作人类社会和他们的制度的发生和发展的历史。这样，维柯看待人类世界的历史并不是由虚无缥缈的神，而是由实实在在的人创造的。上帝创造了自然界，因此只有上帝才能了解自然界；人类创造了属于自己的历史，所以也只有人能够认识自己的历史。维柯是这样以人类的历史活动为基础来建构历史哲学体系的，在当时史学界具有划时代的意义，因为他把上帝从人类世界的历史研究中请出去了，使历史哲学"第一次达到了一个完全近代的观念"。正是在这一点上，李大钊称维柯"韦柯是社会学的先驱者，是历史哲学的建设者，是唯物史观的提倡者。"（《李大钊全集》第4卷第306页）并且说维柯所著"《新科学论》之所谓新科学，以现代的学名名之，可以看作与社会学的名目及其内容相等的东西。他的著作，是由社会学的见地，论究国民的起源、发达、衰颓、灭亡的东西。国民便是此新科学的对象。他把国民的起源、发达、衰颓、灭亡，从人间历史的经验的事实归纳，以图于此树立人类性之道德的原理、政治的原理、权利的原理、法律的原理。这样子得的原理，实为历史的真要素"（《李大钊全集》第4卷第306页）。维柯开拓了理解与自己时代相距遥远的历史与文化，古代历史、古代文化的新视野，强调对人的世界的历史，没有一种统一科学的普遍性无所不包地研究人的方法，因为不存在永恒不变的人性。文化的发展也不是以直线进化的方式呈现的。

弗林特著：《Vico》，1884 年

维柯著：《新科学》，朱光潜译

维柯说：根据埃及人所说的他们以前已经经历过的那三个时代，即神、英雄和人的先后衔接的时代。这三个时代有三种不同的自然本性，从这三种本性就产生出三种习俗；由于这三种习俗，他们就遵守三种部落自然法，作为这三种法的后果就创建出三种民事政权或政体。这三种法律流行于三阶段时间，这是诸民族在他们的生命过程中都遵守的。（维柯：《新科学》，朱光潜译，第459页，商务印书馆1989版）所谓神的时代，实际上是指人类的原始、野蛮的时代；英雄时代是指贵族统治的时代；人的时代，承认一切人都一律平等。"第一段是宗教时期，上述制度是在神的政府之下遵守的。"这个时代，人类愚昧落后，对自然充满了恐惧和茫然，随之产生了宗教信仰。"第二段是例如像阿喀琉斯那样拘泥细节的时期。在复归的野蛮时期，这第二段就是决斗者的时期。"维柯把这时期看作人类的青年。人类为了生存而相互斗争，强者恃强凌弱，弱者日益处于依附地位。最终建立了专门用于镇压弱者的国家。"第三段是文明的或温和的时期，即乌尔宾在他用'人道的部落自然法'这个词组里明白地称之为'人道的'时期。"人类从此进入了自己的成年。平民登上了政治舞台，建立了民主共和国或代议制君主制。神祇时代——英雄时代——凡人时代，从这个层次的划分我们不难看出，维柯不仅发现人类历史的发展具有客观规律性，而且这种发展态势是由低到高向上运动的。

维柯的历史分期法其实不是针对具体历史的，而是一种抽象的历史模式，史实在其中只是作为例证而已。尽管维柯掌握了大量的历史学的、民俗学的材料，但他的分期法基本上还是从西欧民族的历史中概括而来的，要应用于其他民族就会产生很多问题和困难。维柯这种以政治法律关系或制度形式作为历史分期标准的观点，至今还有些启发作用。

维柯"具有哲学的说明历史学的伟大的学力。他不只是历史哲学的先驱者，简直是历史哲学的创造者"（《李大钊全集》第4卷第304页）。"他的研究方法，既为经验的归纳法，故其锐利的观察力，往往带唯物的倾向。此点与黑格尔全然相反，颇有马克思派的倾向，以唯物史观的原理或仅由物质的方面解释欲望论的原理为主。"（《李大钊全集》第4卷第306页）

维柯的历史分期法其实不是针对具体历史的，而是一种抽象的历史模式，史实在其中只是作为例证而已。尽管维科掌握了大量的历史学的、民俗学的材料，但他的分期法基本上还是从西欧民族的历史中概括而来的，要应用于其他民族就会产生很多问题和困难。

马克思对人类社会形态的发展，也是有过三阶段的论说，则是从人与自然的关系及人的生产能力为衡量尺度的："人的依赖关系（起初完全是自然发生的），是最初的社会形态，在这种形态下，人的生产能力只是在狭窄的范围内和孤立的地点上发展着。以物的依赖性为基础的人的独立性，是第二大形态，在这种形态下，才形成普遍的社会物质交换，全面的关系，多方面的需求以及全面的能力的体系。建立在个人全面发展和他们共同的社会生产能力成为他们的社会财富这一基础上的自由个性，是第三个阶段。第二个阶段为第三个阶段创造条件。"（马克思：《政治经济学批判（1857—1858年草稿）》，《马克思恩格斯全集》第46卷第108页，人民出版社1979年版）虽然这是以人的生产能力的发展为尺度划分人类社会的三大社会形态，但却是以社会经济的性质及其表现形式为基本内涵的，它们可以相应地被看作是：社会的自然经济形态、商品经济形态、产品经济（计划经济）形态。

这样的三个形态的划分，是按照生产力的标准划分的，后来提出的五个形态的划分，则是按照生产关系的标准，即"从个人同社会共同体的关系出发"划分的。二者之间的对应关系是：原始社会、奴隶社会、封建社会对应"人的依赖关系"；资本主义社会对应"以物的依赖性为基础的人的独立性"；共产主义社会对应"建立在个人全面发展和他们共同的社会生产能力成为他们的社会财富这一基础上的自由个性"。两种划分都是按照唯物史观的观点来划分的，互为补充，做到了既见物也见人。

李大钊指出："韦柯是社会学的先驱者，是历史哲学的建设者，是唯物史观的提倡者。"维柯这种以政治法律关系或制度形式作为历史分期标准的观点，至今还有些启发作用。

李大钊也指出：维柯的著作中，有些说明"很迷惑，很混乱"，存在"把自然的环境及于个人及国民的影响，看的过大"的不足之处。会使得后人对其思想的认识和理解上出现不同。

我国著名美学家朱光潜教授曾在其著作《西方美学史》中对维柯列有专章，在晚年，不顾劳累，依据康奈尔大学出版社1968年英文译本翻译的《新科学》中文版，于1986年分上下两册，由人民文学出版社出版。

（十四）关于《孔道西的历史思想》

孔多塞（Marie-Jean-Antoine-Nicolas-Caritat, Marquis Condorcet，旧称孔道西，又译为马奎斯·康多塞，1743—1794），18世纪法国哲学家、数学家，启蒙运动的最杰出代表人物。他参加了1789年爆发的法国大革命，是法兰西第一共和国的重要奠基人，并起草了吉伦特宪法。更是法国革命中公开主张女性应该拥有与男子相同的财产权、投票权、工作权以及接受公共教育权的人之一，有法国大革命"擎炬人"之誉。对后来的思想家造成了深远的影响。恩格斯将其与孟德斯鸠、伏尔泰、卢梭并列，称为"在法国为行将到来的革命启发过人们头脑的那些伟大人物"。1782年当选法

马奎斯·孔多塞（1743—1794）

兰西科学院院士。雅各宾派当政后被杀害。

当李大钊论述到"唯物史观，也不是由马氏创的"，称赞孔多塞已经开了唯物史观的端绪。是唯物史观的开创者，孔多塞在1793年所著《人类精神进步史表纲要》中提出的"人类不断进步"的历史观念，"不仅以确认开明与社会幸福的无限进步的确定为满足；他进而想出其本质，预示其方向，决定其标的，而强要辽远将来的探索。"

李大钊很欣赏孔多塞的文明史分期论。他指出，孔多塞"的历史地图的排列，是以企图不依政治上的大变动而依智识上的重要步骤标其级段著称的。最初三级——原始社会的形成，继之而牧畜时代，又继之以耕稼时代——以希腊的拼音文字终结；第四期，是希腊思想史，远于亚里士多德时代科学上有限的分类；第五期，智识进步，在罗马统治之下，而遭逢蒙昧的厄难；第六期，是黑暗时代，一直继续到十字军兴；第七期的意味，是在人类精神上为一革命时代的准备；第八期，以因印刷发明而成就的革命开始，有些书的最良页，发展此种发明的伟大的结果，狄卡儿所影响的科学上的革命，又启发了一个新时代，此时代以法兰西共和国的成立终结。""智识进步的观念，造成社会进步的观念，而留下他的基础。所以孔氏将以智识上的前进，为人种前进的线索，是逻辑的而不可免的。文化的历史，就是启蒙的历史。"基于此种认识，孔多塞认为"假如社会现象的普通法则为人所知，预见事变，是可能的。"

孔多塞"冥想地球上一切人民间的平等——一种遍于全世界的统一的文化，并先进种族与未开种族间差别的消灭。他预言后进的民族，将爬上法、美的地位"。"孔氏认历史的解释为人类进展的键，此种精神在法兰西遂以支配次代关于进步的思辨了。"

弗林特著作中论说孔多塞的章节，占了该书的325页到339页的篇幅。而李大钊的这篇文章则简短得多，根本不存在以其为蓝本翻译的可能性。弗林特论说孔多塞的章节目录是：孔多塞：他写作《人类精神进步史表纲要》的机遇；他的基本思想；人类发展中九个伟大时代；这种划分的缺陷；夸张的和不一致的人类完美的观点；对人类的未来的那一章的原创性和重要性；他坚持要朝着进步的方向考虑这些趋势：国家之间的不平等的消灭；阶级之间的不平等的消灭；个人的改进；他的学说的不完善性的探讨；C. A. Walckenaer的《关于人类历史的论文》。

教 学 篇

弗林特说孔多塞的《人类精神进步史表纲要》人类发展中九个伟大时代是这样划分的：

"人类已经经历过了各个时期，或换句话说，历史上的伟大时代，可以被视为九个时期。其中，前三个时期，可以公认是描述人类能力的发展与野蛮人的生活的一般性类比。在第一时期，是男人联合而组成猎人和渔民为主体的部落，主张承认公共权威和家庭关系，并利用同一种语言相互表达意愿，'这些人的天才发明，使人类成为永恒的受益者，但是，他们的姓名和种族早已被遗忘而永远默默无闻'。在第二个时期的游牧状态，引入物业和私人财产，随着不平等的经济地位，出现奴隶制，但也在休闲中培养了智慧，创造一些简单的艺术，并能掌握一些更基本的科学的真理。在第三时期的农业国家，休闲和财富都有更大增加，劳动力得到更好的分布和应用，加之，交际方式的增加和扩展，进展更为快速，拼音文字的发明，推测艺术的历史将终结，更多或更少经过验证的部分开始。第四和第五时期被表示为相应于希腊和罗马。'五个大君主国'中博须埃遗漏了中国、印度，在东方世界的所有国家中，犹太人实际上也未被理解和欣赏，甚至被忽视，中世纪被划分为两个时期，前者终止于十字军东征，而后者则伴随着印刷术的发明。第八时期从印刷术的发明延伸到哲学思维完成笛卡尔的方法。第九个时期始于那伟大的知识分子和结束与1789年，伟大的政治和道德革命，通过发现的宇宙真实系统的杰出物理学家牛顿，哲学家洛克、孔狄亚克、杜尔干、普赖斯、卢梭论说的讲人性的社会。"

李大钊则是这样介绍孔多塞对人类发展伟大时代划分的：

"孔氏分文明的时代为十期，就中第十期，实潜存于将来。他不承认他的分类和他的新时代，在重要上不是同等的。而他的历史地图的排列，是以企图不依政治上的大变动而依智识上的重要步骤标其级段著称的。最初三期——原始社会的形成，继之以牧畜时代，又继之以耕稼时代——以希腊的拼音文字终结；第四期，是希腊思想史，迄于亚里士多德（Aristotle）时代科学上有限的分类；第五期，智识进步，在 之下，而遭逢蒙昧的厄难；第六期，是黑暗时代（dark age），一直继续到十字军兴；第七期的意味，是在人类精神上为一革命时代的准备；第八期，以因印刷发明而成就的革命开始，有些书的最良页，发展此种发明的伟大的结果，狄卡儿（Descartes）所影响的科学上的革命，又启发了一个新时代，此时代以法兰西共和国的成立终结。"

时期	李大钊的表述	弗林特的表述
第一时期	原始社会的形成	组成猎人和渔民为主体的部落
第二时期	牧畜时代	游牧状态
第三时期	耕稼时代	农业国家
第四时期	希腊思想史	希腊
第五时期	罗马统治	罗马
第六时期	黑暗时代	中世纪前期止于十字军东征
第七时期	革命时代的准备	中世纪后期印刷术的发明
第八时期	革命开始	哲学思维完成笛卡尔的方法
第九时期	科学上的革命	伟大的政治和道德革命

李大钊虽然提出了十个时期，但是他说："孔氏分文明的时代为十期，就中第十期，实潜存于将来。"实际上也只是讲了九个时期。这样不同的表述使我们在认真读完了弗林特的有关论说之后，经过与李大钊文章的比对，可以证明李大钊的文章几乎与弗林特的论说没有任何联系。这完全不同于《鲍丹的历史思想》《孟德斯鸠的历史思想》两篇文章，以弗林特的论述为蓝本的情况。特别是李大钊在这篇文章里还论述了卡巴尼斯（旧称加般尼）与孔多塞、洛克、康地拉的思想联系。

（十五）关于《桑西门的历史思想》

圣西门（旧称桑西门，Saint-Simon，1760—1825），法国哲学家、经济学家，空想社会主义者。1760年10月17日生于巴黎一贵族家庭。早年受启蒙运动影响，曾参加北美人民反对英国殖民统治的独立战争。1781年在约克镇任炮兵上尉。1803年发表《一个日内瓦居民给当代人的信》，主张应由科学家代替牧师的社会地位。圣西门拥护法国大革命，主动放弃伯爵爵位。为研究和宣传社会主义学说，倾注了毕生精力。圣西门承认历史的发展是有规律的，在发展的总过程中，每一次新旧社会制度更替，都是历史的进步。认为法国革命不仅是贵族和市民等级之间的斗争，而且是贵族、市民等级和无产者之间的斗争。他指出这次革命只产生了新的奴役形式，即"新封建制度"。他预言，旧的社会制度必将为理想的实业制度所代替。

圣西门设想的未来的理想制度是一种"实业制度"。在这个制度下,人人要劳动,人人有劳动权,没有失业现象,实行"按能力计报酬,按工效定能力"的原则。圣西门关于新社会的理论,后来成为科学社会主义的一个重要思想源泉。在实业制度下,由实业者和学者掌握社会政治、经济、文化各方面的权力;社会的唯一目的应当是尽善尽美地运用科学、艺术和手工业的知识来满足人们的需要,特别是满足人数最多的最贫穷阶级的物质生活和精神生活的需要;人人都要劳动,经济按计划发展,个人

圣西门(1760—1825)

收入应同他的才能和贡献成正比。不承认任何特权。在理想社会中,政治学将成为生产的科学,政治将为经济所包容,对人的统治将变成对物的管理和对生产过程的领导。由于历史的局限性,圣西门把从事产业活动的资产者看成是和工农一样的劳动者或"实业者"。并寄希望于统治阶级的理性和善心,幻想国王和资产者会帮助无产阶级建立实业制度。这就使得他的社会主义学说不能不流于空想。

正如生活中的他自己,由于缺乏实际经营才干,家庭破产。幸而靠他原来的仆人收留,才勉强度日。不久仆人去世,他更加潦倒。使他终于对社会失去信心,对自己举起了手枪。这次自杀他被高明的医术抢救过来,瞎了一只眼睛。晚年靠他的学生、犹太商人奥兰多·罗得利格的帮助,勉强摆脱了生活的困境,直到去世。圣西门的主要论著还有《寓言》(1819)、《新基督教》(1825)、《论实业制度》(1820—1821)、《实业家问答》(1823—1824)等。

李大钊的这篇《桑西门的历史思想》,在1923年8月发表在《社会科学季刊》第1卷第4号上面。与李大钊几乎同期讲授的:《社会主义与社会运动》(1923年9月至1924年4月)中的法国19世纪之社会主义家:圣西门(Saint-Simon)之学说、圣西门社会主义所处之地位、圣西门与孔道西(Condorcet)之比较、圣西门之历史法则。内容十分接近,只是讲课的记录者在整理记录稿时写成了圣西门。

李大钊《桑西门的历史思想》一文，则是通过（一）桑西门（Saint Simon）在社会主义思想史上的地位、（二）桑西门与孔道西（Condorcer）、（三）桑西门的历史法则、（四）知识的历史观与经济的历史观、（五）桑西门的"黄金时代"观及其世界的国家思想、（六）桑西门的宗教观及其门徒，全面介绍了圣西门的历史思想，充分肯定了空想社会主义的历史地位。

李大钊指出："'空想的'社会主义和科学的社会主义，不但在社会主义思想史上有一样重要的价值，而且科学的社会主义可以说是空想的社会主义的产儿。""空想的社会主义与科学的社会主义的不同的点，就在两派对于历史的认识的差异——就是历史观的差异。""立在这由空想的社会主义向科学的社会主义进化的程途而为开拓唯物史观的道路者，实为桑西门。""主张依人间理性的力量能以实现社会主义的社会"，"科学的社会主义，把他的主张置在唯物史观的上面，依人类历史上发展的过程的研究，于其中发见历史的必然的法则；于此法则之上，主张社会主义的社会必然的到来"。"桑西门认产业者阶级为社会的基本阶级，为历史的原动力。他以此阶级的发达及其社会的地位变动，说明法兰西的历史"。

李大钊指出，圣西门"认进步为解释历史的关键"及历史发展是有规律的，是"为一个一贯的法则所支配"的思想。他"把经济的要素看得更重"。"Thierry、Mignet 及 Guizot 辈继起，袭圣西门氏的见解，谓一时代的理想、教义、宪法等，毕竟不外当时经济情形的反映。关于所有权的法制，是尤为重要的。"

圣西门"确立一种历史的法则。认历史过程，惟有经由产业组织的变化，才能理解；将来的社会，亦惟依产业发达的倾向，才能测度；这就是他的经济的历史观。后来承此绪余而建立唯物史观的学说者，厥为马克思"。李大钊正是从圣西门的历史哲学出发，给历史哲学下了定义："把立于经济的基础上的政治、法律等社会构造，纵以观之，那就是历史；所以横以观之称为社会哲学，纵以观之亦可称为历史哲学。"

李大钊认为，圣西门发展了孔多塞的知识论，"依桑西门的见解，宇宙的一切的现象，形成一个有统一的全体。各种科学的任务，在各于其特有的范围内，发见其统一，即在探究现象间的因果关系"。"历史的现象，如以之为一个全体而观察之，则以个个独立象而表现的诸现象间，必有何等统一，必有何等因果关系。关于此类，历史现象与自然现象无何所择。恰如自然科学以发见现象间的因果关系为任务，历史学不能不脱于单纯事实记述的范域，而进到因果关系统一之点。换言之，即是不可不以历史为一科学。这样子历史现象间的因果关系弄得明白的时候，历史的法则便能建立。依此法则，凡历史的过程，均能明快以为说明。不宁惟是，被确立的历史法则，不但说明过去及现在，并且说明将来。""由历史抽绎出来的法则，为组织的时代与批评的时代的递嬗，亦可以说是建设的时代与革命的时代的递嬗。中世纪是一个组织的时代。继续此时期的，乃是一个批评的、革命的时代；这个时代，到了现在才渐次终结。继续这个时代的，必是另外一个组织的时代。"

　　李大钊指出："桑西门有两个历史观：一为知识的历史观，一为经济的历史观。他的知识的历史观，很强烈的表现于他的初期的著作；嗣后他的思想发生变化，经济的历史观，乃以取而代之。""历史的发展，是由孤立向联合进动，由战争向平和进动，由反抗向协合进动。将来的计划，是依科学的原理组织成的协合。""协合的原理，是将来社会发展的键。社会的主眼，在生产生活必要品；社会生活的终局目的，在地球的共同利用。""知识决定宗教，宗教决定历史。本此思想以解释历史，便是知识的历史观，后来承继他的知识的历史观而发扬光大之者厥为孔德。"

（十六）关于《马克思的历史哲学与理恺尔的历史哲学》

　　海因里希·李凯尔特（Heinrich Rickert，旧称理恺尔，1863—1936），德国哲学家，新康德主义弗赖堡学派主要代表。1888 年获斯特拉斯堡大学博士学位，1896 年升任弗赖堡大学教授，1916 年起接替 W. 文德尔班在海德堡大学的讲席。新康德学派主要有西南学派和马尔布尔西学派，西南学派创始于 W. 文德尔班（1848—1915），李凯尔特集大成，其后是拉斯克（旧称拉士克，1875—1915）继承。以价值哲学为中心理论，把价值学说于康的学说结合一起论说。主张自然科学在于求得法则历史科学在于求得形态。其后李凯尔特更提出文化科学与自然科学等同而对立的主张。

马克思（1818—1883）

李凯尔特（1863—1936）

李凯尔特试图把康德的先验哲学以价值学说运用于社会历史领域，他的代表作是《文化科学与自然科学》（1899）、《自然科学概念形成的界限》（1896）。李凯尔特的口号是"回到康德"，实际上是否认自在之物的客观存在，进一步发展了唯心主义认识论。

李凯尔特分析文化科学与自然科学的区别。他认为自然科学和历史科学的根本区别在于认识兴趣和方法的不同，强调价值凌驾于一切存在之上，认为文化科学与自然科学的主要区别就在于文化是永远具有价值的，自然则与价值毫不相干。自然科学要发现一般规律、普遍法则，因此，研究对象是致力于"抽象化"、"普遍化"，总是把个别事实归结为某种法则的作用和表现，把特殊规律提升为一般规律，抽象出越来越普遍的规律。用科学的眼光看人，人被抽象为无差等的"类"。而与此不同，文化科学在研究对象时，则是致力于"具体化""个别化"，强调和珍视个别化的、有个性特征的、独特的东西的价值，借此来开掘人的生存意义。文学、史学、哲学的研究都只有能表达一种独特价值时，才会受到人们的重视。

李大钊要把马克思的历史哲学与李凯尔特的历史哲学作对比进行论述，是因为，李大钊认为李凯尔特历史哲学，把广义文化为历史科学的对象，把研究范围扩展至产业、工艺、美术、学术、宗教、风俗、教育、交通等人类生活的各个方面，有可取之处。李大钊也肯定李凯尔特关于历史是对一次性的、个别的历史事件的叙述的看法，但是对李凯尔特认为个别化的方法无须承诺对历史过程一般规律的追寻,李大钊则予以否定,认为对历史事件过程的分析是可以探寻普遍的因果联系即追寻历史规律的;李大钊和李凯尔特都强调历史的重作,李大钊是认定历史研究是一个理论与经验相互依存、相互渗透的过程。历史科学的系统至少可以区分为"记述历史"和"历史理论"两大类型,并且从中可划分出更多的具体学科,如叙事史学、考古学、文献学等,各自处理的对象不同,彼此之间的认识也不同,而且会采用自然科学方为主要发展方式。李凯尔特则以"具体化"、"个别化"为原则和方法,否定历史事实向历史理论的过渡,使历史科学获得独立并对立于自然科学。

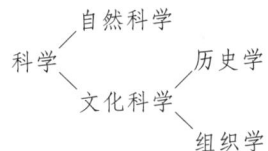

李凯尔特把学问分为四类:第一种是不涉及价值又讲通则的,即纯粹的科学,自然科学属之。第二种是不讲价值但讲个别性的,强调个别的特殊性,地质学、生物学属之。第三种是涉及人的价值又讲通则的,有发展规律人文活动,社会学、经济学属之。第四种是有价值问题且有个别性的,即是历史。

李凯尔特以文化科学取代了狄尔泰的精神科学,其后有冯特·威廉(旧称翁特,1832—1920)、兰普雷茨(旧称郎蒲锐西,1856—1915)亦主张历史学为精神科学而与自然科学相等地位者;李凯尔特也以反实证主义取代了实证主义、以其唯心主义历史观取代了唯物主义历史观。李凯尔特的文化科学论说对后来的文化学说进展产生了一定影响,也遭受到普列哈诺夫等人的尖锐批评。

李大钊的历史观则认定:"各种科学的任务,在各于其特有范围内,发见其统一,即在探究现象间的因果关系。""历史的现象,如以之为一个全体而观察之,则以个个独立象而表现的诸现象间,必有何等统一,必有何等因果关系。关于此点,历史现象与自然现象无何所择。恰如自然科学以发见现象间的因果关系为任务,历史学不能不脱于单纯事实记述的范域,而进到因果关系统一之点。换言之,即是不可不以历史为一种科学。这样子历史现象间的因果关系弄得明白的时候,历史的法则便能建立。"(《李大钊全集》第4卷第318页)"要把历史学作成一种科学,不可不尽力为历史法则的发见。"(《李大钊全集》第 4 卷第 429 页)"此原则的承认,是历史科学可能的一个根本的条件。驳拒此原则,是无异于宣告那样一种科学是诞妄无稽;是认此原则,便是表明用必要的尽力,历史科学将不难兴起;依此以行,用此以行,即是努力于历史科学的组织。"(《李大钊全集》第 4 卷第 298 页)"依此法则,凡历史的过程,均能明快以为说明。不宁惟是,被确立的历史法则,不但说明过去及现在,并且说明将来。即依此亦能预测将来的社会如何,将来的历史阶段如何。这样一来,历史的范围,实亘过去、现在及未来,而为一个一贯的法则所支配。"(《李大钊全集》第 4 卷第 318 页)"依据引力法则,可以解释一切自然界的现象,唯物论无神论的宇宙观、人生观,于是乎发端。到了康德的时代,他已经向往当有凯蒲儿及奈端其人者,诞生于史学界,迨经孔道西(Condorcet)、桑西门(Saint-Simon)、孔德(Comte)、韦柯(Vico)、马克思(Karl Marx)诸哲,先后努力的结果,已于历史发见一定的法则,遂把史学提到与自然科学同等的地位,历史学遂得在科学系统中占有相当的位置。"(《李大钊全集》第 4 卷第 428 页)马克思主义的"唯物史观,把历史提到与自然科学同等的地位,此等功绩,实为史学界开一新纪元。"

  李大钊认为,马克思的唯物史观真正说明了历史之成为科学。首先,"历史的真实有二义:一是说曾经遭遇过的事的纪录是正确的;一是说关于曾经遭遇过的事的解喻是正确的。"历史的连续性使历史的法则有确定的基础,使人对历史的认识和理解成为可能,唯物史观在历史演变中找出"普遍的理法",使历史作为科学。唯物史观是历史观,也是社会观,以生产力和生产关系的变革说明社会的演进,探求历史发展的规律,"以社会基址的经济关系为中心,研究其上层建筑的观念的形态而察其变迁,因为经济关系能如自然科学发见其法则"。其次,唯物史观解释历史,一是说明了历史的最高动因:"经济的构造是社会的基础构造,全社会的表面构造,都依着他迁移变化。但这经济构造本身,又按他每个进化的程级,为他那最高动因的连续体式所决定。……马克思则以'物质的生产力'为最高动因。"(《李大钊全集》第 4 卷第 341 页)"这种历史的解释方法不求其原因于心的势力,而求之于物的势力,因为心的变动常是为物的环境所支配"。二是说明了历史的最高动力"一切进步只能由联合以图进步的人民造成,他于是才自觉他自己的权威,他自己在社会上的位置,而取一种新态度。"

李大钊说:"学问云者,即是所构成的概念。此概念构成,从来人们认为只限于一般的东西,所以学问亦只有自然科学存在;然依理氏(李凯尔特)的见解,概念构成,没有那样狭的解释的必要,依何等方法改造对象以之取入于主观者即为概念,则与一般的东西依一般化的方法取入于主观者为概念构成相等,把特殊的东西,依个性化的方法取入于主观者,不能不说亦是概念构成。前者为自然科学,后者为历史学,或历史的科学。"因此,"即今日我们对他的学说亦不能全表赞同。他认为历史学作为一种事实学,于详明史学的特性上,亦未尝无相当的理由,然依此绝非能将马克思认历史学如同自然科学的一种法则学的理论完全推翻者"。

　　李大钊认为:"史学能陶炼吾人于科学的态度……凡学都所以求真,而历史为尤然。这种求真的态度,薰陶渐渍,深入于人的心性,则可造成种认真的习性,凡事都要脚踏实地去作,不驰于空想,不骛于虚声,而惟以求真的态度作一踏实的功夫。以此态度求学,则真理可明;以此态度作事,则功业可就。史学的影响于人生态度,其力有若此者。"(《李大钊全集》第4卷第443页)

　　巴勒克拉夫在《当代历史主要趋势》一书中谈到马克思主义与历史哲学。他写道:"首先,马克思主义既反映又促进了历史学研究方向的转变,从描述孤立的——主要是政治的——事件转向对社会和经济的复杂而长期的过程的研究。其次,马克思主义使历史学家认识到需要研究人们生活的物质条件,把工业体系当作整体的而不是孤立的现象。并且在这个背景下研究技术和经济的历史。第三,马克思促进了对人民群众历史作用的研究,尤其是他们在社会和政治动荡时期的作用。第四,马克思的社会阶级结构观念以及他对阶级斗争的研究不仅对历史研究产生了广泛影响,而且特别引起了对研究西方早期资产阶级社会各个阶级形成过程的注意,也引起了对研究其他社会制度——尤其是奴隶制社会、农奴制社会和封建制社会——中出现的类似过程的注意。最后,马克思主义的重要性在于它重新唤起了对历史研究的理论前提的兴趣以及对整个历史学理论的兴趣。"(杰弗里·巴勒克拉夫:《当代历史主要趋势》第27页)

　　巴勒克拉夫认为:"今天仍保留着生命力和内在潜力的唯一的'历史哲学',当然是马克思主义:我们已经看到,马克思主义不仅是共产主义国家中强大的思想力量。在整个亚洲也是十分强大的思想力量。马克思主义对非共产主义国家的影响也同样强大。当代著名历史学家,甚至包括对马克思主义的分析抱有不向见解的历史学家,无一例外地交口称誉马克思主义历史哲学对他们产生的巨大影响,启发了他们的创造力。""虽然非马克思主义者和反马克思主义者不愿意承认这一事实。但是,要否认马克思主义是有关人类社会进化的能够自圆其说的唯一理论,是很难办到的。也就是说.马克思主义是唯一的历史哲学,他对历史学家的思想产生了明显的影响。这并不是说马克思主义是教条,更不应当将马克思主义当作教条来使用:从某些方面看,马克思是最不教条、最灵活的作者。"(杰弗里·巴勒克拉夫:《当代历史主要趋势》第261—262页)

有学者认为李大钊的这篇讲义是我国对李凯尔特历史哲学最早的介绍。也有学者认为李大钊此文没有全面理解反实证主义的李凯尔特。李凯尔特认为科学与历史根本的区别,在于一般化与个体思想之间的区别,价值判断与非价值判断思路的区别。

(十七)关于《唯物史观在现代史学上的价值》

五四运动前后,传播唯物史观是新思潮的重要组成部分。1919年1月《国民》杂志创刊,上面登了用力译介的唯物史观。1919年5月5日《晨报》副刊登载了河上肇著、渊泉译的《马克思的唯物史观》。1919年6月,上海《民国日报》副刊《觉悟》刊载了考茨基的《伦理与唯物史观》中译文。1919年8月17日,戴季陶在《星期评论》第11号发表了一篇《随便谈》,对胡汉民将周秦诸子各种学说发生的原因,归之于"井田制的破坏","中国一切思想的变迁并不是什么精神生活的影响,都是经济生活的影响"。赞赏地说:"很希望这个'中国史之唯物主义的研究'能够得一般学问家的注意和协作,便是思想大解放了。"1919年9月1日,在《建设》第1卷第1号发表《从经济上观察中国的乱源》,戴季陶又说:"无论一个什么问题,没有不和'生活'有关系的","考茨基说十九世纪中叶的马克斯、因格尔斯所以能够发现那一种很深邃的'唯物史观',完全是得力于统计学的发达"。1919年10月1日,胡汉民在《建设》第1卷第3号发表的《中国哲学史之唯物的研究》,宣称"我这篇文章,是拿唯物史观应用到中国哲学史上"。举出以唯物史观辨析中国哲学史的六要义。被认为是以唯物史观分析中国哲学生成与发展的开篇之作。12月1日，胡汉民又在《建设》第1卷第5号发表《唯物史观批评之批评》，指出马克思、恩格斯"发现的唯物史观""是以经济为中心的历史观"。1920年1月13日，戴季陶在《致陈竞存论革命书》中声明："我是赞同唯物史观的。"

这一时期对唯物史观的认识，大抵正是如此，因此，1920年12月，李大钊在发表《唯物史观在现代史学上的价值》时，也是从经济史视角追寻历史动因，在此文中，李大钊列出唯物史观的四种名称：历史之唯物的概念、历史的唯物主义、历史之经济的解释、经济的决定论。李大钊也认为："还是称马克思说为'经济的历史观'妥当些。"在这篇文章中，他指出唯心史观蔑视人的作用："从前的历史，专记王公世爵纪功耀武的事"，"而解释此类事实，则全用神学的方法"，"所记载于历史的事变，……都要归之于天命，夸之以神武，使读者认定无论他所遭逢的境遇如何艰难，都是命运的关系。只有祈祷天帝，希望将来，是慰借目前痛苦的唯一方法"，使人"认定自己境遇的苦难，都是天命所确定，都是超出自己所能辖治的范围以外的势力所左右的，那么以自己的努力企图自救，便是至极愚妄的事，只有处于忍受的一途，对于现存的秩序，不发生疑问，设若发生疑问，不但丧失了他现在的平安，并且丧失了他将来的快乐。他不但要服从，还要祈祷，还要在杀他的人的手上接吻"。"唯物史观所取的方法，则全不同"，"生长与活动，只能在人民本身的性质中去寻，决不在他们以外的什么势力"。"斯时人才看出一切进步只能由联合以图进步的人民造成，他于是才自觉他自己的权威，他自己在社会上的位置，而取一种新态度。""从前他不过是一个被动的、否定的生物，他的生活只是一个忍耐的试验品，于什么人亦没有用处。现在他变成一个活泼而积极的分子了，他愿意知道关于生活的事实，什么是生活事实的意义，这些生活事实给进步以什么机会，他愿意把他的肩头放在生活轮前，推之挽之使之直前进动。""这样看来，旧历史的方法与新历史的方法绝对相反：一则寻社会情状的原因于社会本身以外，把人当作一只无帆、无楫、无罗盘针的叶舟，漂流于茫茫无涯的荒海中，一则于人类本身的性质内求达到较善的社会情状的推进力与指导力；一则给人以怯懦无能的人生观，一则给人以奋发有为的人生观。这全因为一则看社会上的一切活动与变迁全为天意所存，一则看社会上的一切活动和变迁为人力所造。"

李大钊指出："唯物史观是社会学上的一种法则，是马克思和恩格斯在1848年合著的《共产党宣言》里所发现的。""唯物史观,就是应这种新倾向而发生的。从前把历史看作只是过去的政治,把政治的内容亦只解作宪法的与外交的关系,这种的这种的历史观,只能看出一部分的真理而未能窥其全体。按照思想界的新倾向去观察,人类的历史,乃是人在社会上的历史,亦就是人类的社会生活史。人类的社会生活,是种种互有关系、互与影响的活动,故人类的历史,应该是包含一切社会生活现象,广大的活动。政治的历史,不过是这个广大的活动的一方面,是社会生活的一部分,不是社会生活的全体。""因为人类的生活,是人在社会的生活,故个人的生存总在社会的构造组织以内进动而受他的限制,维持生存的条件之个人,与生产和消费之于社会是同类的关系。在社会构造内限制社会阶级和社会生活各种表现的变化,最后的原因,实是经济的。"(《李大钊全集》第3卷第216—217页)李大钊认为,唯物史观是与以往的唯心史观完全不同的历史解释方法,因为唯物史观对"历史的解释方法不求其原因于心的势力,而求之于物的势力,因为心的变动常是为物的环境所支配"。(《李大钊全集》第3卷第218—219页)就是说,唯物史观为了得到全部的真实,而不是一种供权势阶级愚民的器具,而是一种社会进化的研究。

恩格斯说:"根据唯物史观,历史过程中的决定因素归根到底是现实生活的生产和再生产。无论马克思和我都从来没有肯定过比这更多的东西。如果有人在这里加以歪曲,说经济因素是唯一决定性因素,那么他就是把这个命题变成毫无内容的、抽象的、荒诞无稽的空话。"(《马克思恩格斯选集》第4卷第477页,1972年版)经济状况是基础,但不能忽视上层建筑的巨大的反作用,甚至在一定条件下的决定性作用。马克思说:"批判的武器当然不能代替武器的批判,物质力量只能用物质力量来摧毁;但是理论一经掌握群众,也会变成物质力量。"(同上,第1卷第9页)恩格斯说:"只需看看马克思的《雾月十八日》,那里谈的几乎都是政治斗争和政治事件所起的特殊作用,当然是在它们普遍依赖于经济条件的范围内。或者看看《资本论》,例如关于工作日的那一篇,那里表明,肯定是政治行动的立法起着多么重大的作用。或者看看关于资产阶级历史的那一篇(第二十四章)。如果政治权力在经济上是无能为力的,那么我们又为什么要为无产阶级的政治专政而斗争呢?暴力(即国家权力)也是一种经济力量。"(同上,第486页)不分时间、地点的把经济或者把政治看成是起绝对性作用的人,所缺少的东西就是辩证法。"整个伟大的发展过程是在相互作用的形式中进行的,这里没有任何绝对的东西,一切都是相对的。"(同上,第487页)

李大钊指出:"有些人误解了唯物史观,以为社会的进步只靠物质上自然的变动,勿须人类的活动,而坐待新境遇的到来。因而一般批评唯物史观的人,亦有以此为口实,便说这种定命(听命由天)的人生观,是唯物史观给留下的恶影响。这都是大错特错,唯物史观及于人生的影响乃适居其反"。"唯物史观在史学上的价值,既这样的重大,而于人生上所被的影响,又这样的紧要,我们不可不明白他的真意义,用以得一种新人生的了解。我们要晓得一切过去的历史,都是靠我们本身具有的人力创造出来的,不是那个伟人圣人给我们造的,亦不是上帝赐予我们,将来的历史亦还是如此,现在已是我们世界的平民的时代了,我们应该自觉我们的势力,赶快联合起来,应我们生活上的需要创造一种世界的平民的新历史"。唯物史观是人民历史观。人民是创造世界历史的真正动力。

李大钊指出,"有人说社会的进步,是基于人类的感情。此说乍看似与社会的进步是基于生产程序的说相冲突,其实不然。因为除了需要的意识和满足需要的愉快,再没有感情,而生产程序之所以立,那是为满足构成人类感情的需要。感情的意识与满足感情需要的方法施用,只是在同联环中的不同步数罢了"。唯物主义者有伟大的理想、顽强的战斗性,是战斗的唯物史观。

(十八) 关于《唯物史观在现代社会学上的价值》

马克思、恩格斯提出了生产力、生产关系(交往形式)、生产方式、经济基础(市民社会)及社会革命、人民群众等唯物史观的基本范畴,并运用这些范畴系统阐释了历史唯物主义基本原理:

第一,人类的物质生产是整个历史发展的出发点。人类社会是一个极其复杂的有机体,其历史发展的出发点在哪里呢?唯物史观和唯心史观的看法是绝然不同的。唯心史观把从头脑中产生出来的范畴、观念做为历史发展的出发点,唯物史观则把人类的物质生产做为历史发展出发点。如何确定历史发展的出发点,直接影响能否正确认识极其复杂的人类社会有机体,能否客观揭示人类社会发展的规律及推动社会发展的根本动力。我们说,唯心史观是一种对社会历史的错误想象,对人类社会及社会发展规律的认识是根本错误的，而唯物史观是科学的历史观，是社会有机体普遍本质的理论再现，其原因，就在于对历史发展的出发点的理解不同。由此，马、恩特别重视并在对唯物史观的表述中首先明确指出考察社会历史要"从直接生活的物质生产出发"。

第二，人们在生产中结成的物质关系是整个社会历史的基础，它决定了整个社会的基本结构和基本矛盾的形成。马克思主义的历史唯物主义基本理论告诉我们，社会现象是复杂的，人们在社会交往中所结成的关系是多种多样的，而人们在生产中所产生的交往形式，即生产关系，则是人类一切社会关系的基础，它决定了人与人之间的一切社会关系，决定了整个社会历史的发展，决定了历史发展的各个不同阶段的性质。只有以这样一种物质关系、经济关系作为整个历史的基础，作为一种历史观，才能再现社会有机体的普遍本质，才能揭示出生产力和生产关系、经济基础和上层建筑之间的矛盾运动，才能把握人类社会发展的客观规律。对这一内容，马、恩在上述表述中是阐述得非常清楚的。马、恩在指出整个历史的基础的同时，还把"与该生产方式相联系的，它所产生的交往形式"和"各个不同阶段上的市民社会"理解为同等意义的概念，这不仅说明了生产关系和经济基础这两个历史唯物主义基本范畴之间的联系，而且还揭示了唯物史观关于社会的基本结构和基本矛盾的原理。

第三，社会存在决定社会意识，物质实践是社会历史发展及社会意识诸形式产生、发展的动力。历史观的基本问题是社会存在和社会意识的关系问题。如何回答这个问题，是划分唯物史观和唯心史观的唯一标准。在上述表述中，马、恩以"从市民社会出发来阐明各种不同的理论产物和意识形式，如宗教、哲学、道德等等，并在这个基础上追溯它们产生的过程"回答了历史观的基本问题，即社会存在决定社会意识。马、恩还明确指出，只有坚持社会存在决定社会意识这一原理，才能够完整地描述其全部过程及这个过程的各个不同方面之间的相互作用。在具体说明社会存在决定社会意识的原理中，马、恩向我们指出了物质实践是社会历史发展及社会意识诸形式产生、发展的动力，不能从范畴、观念出发来解释实践，而是要始终站在现实历史的基础上，从实践出发来解释观念的东西。这也就是说，任何一种观念的东西，只要把它放在社会实践中加以考察，就能弄清楚它的来龙去脉和真实面目；错误的观念及一切唯心史观的谬论，都有其产生的社会基础，只有通过实践，才

教 学 篇

能推翻这一社会基础,以致消灭由之产生的错误的观念和唯心史观的谬论。这里,马、恩科学地解决了社会意识和社会存在的辩证关系,说明了社会意识对社会存在的依赖关系,社会存在对社会意识的决定性作用。

第四,物质资料的生产方式决定历史的每一阶段发展和特殊的性质。在上述表述中,马、恩明确指出,人类的物质生产是历史发展的出发点,生产关系是整个历史的基础,而这一切,都和物质资料的生产方式相联系。同时,马、恩还指出,生产方式规定了历史的每一阶段的生活条件,决定了其发展和特殊的性质。"人创造环境,同样环境也创造人。"这里的环境指"一定的物质结果,一定数量的生产力总和,人和自然以及人与人之间在历史上形成的关系",即生产方式。一定的历史阶段的生产方式都是由前一代传给后一代的,当然它也为新的一代所改变,但是,它"也预先规定新的一代的生活条件,使它得到一定的发展和具有特殊的性质"。生产方式是社会生存的基础和发展的源泉,决定并制约着人的全部活动以及全部社会生活的领域和过程。作为社会实践主体的人,只有在一定的生产方式中才能发挥作用,才有自身的发展。马、恩明确指出,生产方式作为"人的本质"的现实基础,决不因为遭到历史唯心主义者的反抗,而对人们的发展所起的作用和影响有丝毫削弱。

第五,一定的生产力和积极参与反抗旧社会活动的革命群众是社会革命的物质因素。作为唯物史观,在说明历史发展的规律中,必然要论及社会革命。在这里,马、恩从生产力和革命群众两方面阐明了社会革命发生的不可缺少的物质因素。一方面,生产力的发展,致使生产力和生产关系矛盾的激化,导致社会革命的爆发。因此,一定的生产力是社会革命的物质前提,生产力和生产关系的矛盾是社会革命的根源。另一方面,革命群众是推动历史发展的决定力量,作为社会革命的主体,革命群众起着任何其他因素所无法取代的作用。没有革命群众的积极参与,任何变革的思想都没有意义,因为革命群众"不仅反抗旧社会的某种个别方面,而且反抗旧的'生活生产'本身、反抗旧社会所依据的'总和活动'",是社会变革的决定力量。很显然,历史唯物主义的人民群众创造历史的基本原理在上述表述中是阐释得非常明确和清楚的。

恩格斯在《路德维希·费尔巴哈和德国古典哲学的终结》一书的"1888年单行本序言"中曾说,对唯物主义历史观的解释,"表明当时我们在经济史方面的知识还多么不够"。经过15年的研究，终于在《政治经济学批判·序言》中，又一次对唯物史观做了表述。（这一表述也就是理论界称为的"经典性表述"列宁曾指出："发现唯物主义历史观，或更确切地说，彻底发挥唯物主义，即把唯物主义运用于社会现象，就消除了以往的历史理论的两个主要缺点。第一，以往的历史理论，至多是考察了人们历史活动的思想动机，而没有考究产生这些动机的原因，没有摸到社会关系体系发展的客观规律性，没有看出物质生产发展程度是这种关系的根源；第二，过去的历史理论恰恰没有说明人民群众的活动，只有历史唯物主义才第一次使我们能以自然史的精确性去考察群众生活的社会条件以及这些条件的变更。"从前面本文对《形态》中的唯物史观表述所分析得出的五个方面的历史唯物主义基本原理，我们不难看出，以往历史理论的两个主要缺点，即：只停留在思想动机上而没能从物质生活方面去考察历史发展和没有说明人民群众的活动，在这里已完全被消除。马、恩从历史发展的出发点、历史的现实基础、社会生活的本质、社会生存和发展的决定因素、社会革命的物质因素等方面，彻底发挥了唯物主义，揭示出产生人们历史活动的思想动机的物质原因，指出了社会关系体系发展的客观规律性和物质根源，说明了人民群众的推动历史发展、进行社会革命的决定作用。这一切，足以标示唯物史观的形成。

（十九）李大钊对"唯物史观前史"的理解

唯物史观所唯的"物"，不是在人们实际生活过程之外的物质经济条件或任何先在条件，而是人们本身的"物质实践"。唯物史观本来是"关于现实的人及其历史发展的科学"，"不是从观念出发来解释实践，而是从物质实践出发来解释观念的形成。"；历史发展规律是现实的人们的社会历史始终，是他们的个体发展的历史；"存在"是人们的实际生活过程；生产力是"人们应用能力的结果"不是"人"和"物"的机械组合的结果；经济基础和上层建筑领域的各种关系、结构、体制和制度，是人们实践活动的产物，随着人们实践活动的发展而相应地发展，这些关系、结构、体制和制度不是"我推动你，你推动我"的矛盾运动推动而发展。历史归根到底不过是人们"本身力量发展的历史"。（《马克思恩格斯选集》第1卷第124页）

"唯物史观"这个名称,恩格斯在《卡尔·马克思〈政治经济学批判〉》中,第一次使用的并不是"唯物史观"而是"唯物主义历史观"。恩格斯到了晚年批判"经济唯物主义"时,使用的也不是"唯物史观"而是"历史唯物主义"。

1909年,拉法格发表了《卡尔·马克思的经济决定论》(中译书名为《思想起源沦》),该书中写道:"经济决定论或唯物史观、历史唯物主义、经济唯物主义都是意义相同的说法。"(《思想起源沦》第221页,生活·读书·新知三联书店1963年版)

李大钊对唯物史观这个词语也是进行了分析和辨证的。

在李大钊看来,唯物史观是历史观发展史的重大变革,要从人类思想发展史加以考察,分析在马克思和恩格斯以前,虽然没有出现唯物的历史观,但不能说以往的历史观都是谬误,一无是处,丝毫没有唯物的倾向和论说,这些都应当被认为是唯物史观产生的前史。某一历史时代的思想家,能够在一定程度审视历史实际,进行理性的分析和概括,因而在一定程度上认识到历史发展的客观规律性,提出了社会物质生活条件对人类历史发展的重要作用,进而提出了新的历史观,尽管还远没有达到唯物史观的高度。因此,对以往的历史观不能作简单的否定,而是要充分肯定唯物史观是在批判地继承以前的历史观的基础上产生和发展起来的。

社会存在与社会意识的关系问题是唯物史观的基本问题。社会存在是社会生活的物质方面,是社会实践和物质生活各种条件的总和,包括物质生活资料的生产、地理环境和人口因素。社会意识是社会生活的精神方面,是社会精神生活过程,是人们在社会实践中所形成的对社会存在的反映。作为唯物史观的基本问题理由在于:第一,它是一切历史观无法回避的基本问题,是哲学基本问题,存在与意识关系问题在社会历史领域的运用。第二,对社会存在与社会意识关系问题的不同回答,决定着对社会历史现象的不同解释和认识上的分歧。第三,它是划分唯物史观与唯心史观相互对立的根本标准。

现在看来,李大钊似乎没有读到过《马克思主义的三个来源和三个组成部分》这篇文章。列宁的这篇文章是1913年3月为纪念马克思逝世30周年而写的。在谈到马克思主义的哲学就是唯物主义时,认为其直接理论来源是德国古典哲学:以黑格尔和费尔巴哈为代表人物。在谈到历史唯物主义时,论说重点是强调坚持人民群众是历史的创造者,只有人民才是历史进步的唯一动力。历史唯物主义还包括社会物质生活条件、社会构成、社会发展规律等。列宁也没有使用"唯物史观"这个词语,而是严谨地使用了历史唯物主义。列宁论述马克思主义哲学的这一部分原文如下:

  马克思主义的哲学就是唯物主义。在欧洲全部近代史中,特别是18世纪末叶,在同一切中世纪废物,同农奴制和农奴制思想展开决战的法国,唯物主义成了唯一彻底的科学,它忠于一切自然科学学说,仇视迷信、伪善行为及其他,等等。因此,民主的敌人便竭尽全力来"驳倒"、败坏和诋毁唯物主义,维护那些不管怎样总是为宗教辩护或支持宗教的各种哲学唯心主义。

  马克思和恩格斯最坚决地捍卫了哲学唯物主义,并且多次说明,一切离开这个基础的倾向都是极端错误的。在恩格斯的著作《路德维希费尔巴哈》和《反杜林论》里最明确最详尽地阐述了他们的观点,这两部著作同《共产党宣言》一样,都是每个觉悟工人必读的书籍。但是,马克思并没有停止在18世纪的唯物主义上,而是把哲学向前推进了。他用德国古典哲学的成果,特别是用黑格尔体系(它又导致了费尔巴哈的唯物主义)的成果丰富了哲学。这些成果中主要的就是辩证法,即最完备最深刻最无片面性的关于发展的学说,这种学说认为反映永恒发展的物质的人类知识是相对的。不管那些"重新"回到陈腐的唯心主义那里去的资产阶级哲学家的学说怎样说,自然科学的最新发现,如镭、电子、元素转化,都出色地证实了马克思的辩证唯物主义。

  马克思加深和发展了哲学唯物主义,而且把它贯彻到底,把它对自然界的认识推广到对人类社会的认识。马克思的历史唯物主义是科学思想中的最大成果。过去在历史观和政治观方面占支配地位的那种混乱和随意性,被一种极其完整严密的科学理论所代替,这种科学理论说明,由于生产力的发展,如何从一种社会结构中发展出另一种更高级的结构,例如农奴制中生长出资本主义。

  正如人的认识反映不依赖于它而存在的自然界即发展着的物质那样,人的社会认识(即哲学、宗教、政治等等的不同观点和学说)反映社会的经济制度。政治设施是经济基础的上层建筑。我们看到,例如现代欧洲各国的各种政治形式,都是为巩固资产阶级对无产阶级的统治服务的。

　　马克思的哲学是完备的哲学唯物主义，它把伟大的认识工具给了人类，特别是给了工人阶级。

《列宁全集》第2版第23卷

　　可以看到，对历史唯物主义的前史并没有进行论说，当然，这也是在一篇纪念文章中所无法完成的事情。

　　可是，后来在论说历史唯物主义发展史的著作中，大多是受到列宁的《马克思主义的三个来源和三个组成部分》一文的影响，把重点放在了对德国古典哲学的分析和论述上面，对黑格尔、费尔巴哈讲述的很多。只有少数的学者在论述唯物史观的前史时，是划分为神学历史观阶段、人道主义历史观阶段、唯物史观的萌芽阶段来进行论述。

　　批判了神学历史观之后，在人道主义历史观阶段，简要地介绍法国的让·梅叶（Jean Meslier 或 Mellier，1664—1729）的《遗书》；狄德罗（Denis Diderot，1713—1784）的《达朗贝尔和狄德罗的谈话》等著作；爱尔维修（Claude Adrien Helvétius，1715—1771）的《论精神》；伏尔泰（François-Marie Arouet，1694—1778）的《哲学通信》《路易十四时代》；卢梭（Jean-Jacques Rousseau，1712—1778）的《论人类不平等的起源和基础》《社会契约论》；霍尔巴赫（Paul-Henri Holbach，1723—1789）的《揭穿了的基督教》《自然的体系》。德国的费尔巴哈（Ludwig Andreas Feuerbach，1804—1872）的《基督教的本质》《未来哲学原理》等。指出他们的共同特点在于：

　　一是这些思想家揭露和批判了神学历史观。从无神论立场出发批判宗教神学，否认上帝的存在和万能，上帝创造世界是无稽之谈，创世说等于承认能够"无中生有"。创造一个"上帝"，目的是要宣扬"君权神授"；统治阶级利用上帝的威权，来维护自己的统治权，为自己的罪恶行径辩护。

　　二是主题是人，以"人"为中心是历史观的出发点和归宿，与神学历史观相对抗。人不是神的创造物，自然产生人，赋予人共同的本性。人生而自由积平等，人权是自然赋予的，而不是神赋予的，以这种"天赋人权"同"君权神授"直接对立。

　　三是人的本性归之于人们周围的社会环境，人是环境的产物。环境包括社会教育、法律法规、政治制度，人性的恶劣是后天恶劣的环境所造成，恢复人的自然本性，就必须改造环境，取决于人的理性。建立一个"自由、平等、博爱"的"理性王国"。这些思想家促使法国革分具有完全不同的特点，"第一次完全抛开了宗教外衣，并在毫不掩饰的政治战线上作战；这也是第一次真正把斗争进行到底，直到交战的一方即贵族被消灭而另一方即资产阶级获得完全胜利。"（《马克思恩格斯选集》第1卷第603页）

人道主义作为资产阶级的历史观，从欧洲"文艺复兴"时代产生以后，经过18世纪法国启蒙思想家发展到费尔巴哈的人本主义，也就到达了极限。恩格斯指出：18世纪的"唯物主义不抨击基督教对人的轻视和侮辱，只是把自然当做一种绝对的东西来代替基督教的上帝而与人相对立；政治学没有想去检验国家的各个前提本身；经济学没有想去过问私有制的合理性的问题。因此，新的经济学只前进了半步；它不得不背弃和否认它自己的前提，不得不求助于诡辩和伪善，以便掩盖它所陷入的矛盾，以便得出那些不是由它自己的前提而是由这个世纪的人道精神得出的结论。"（《马克思恩格斯文集》第1卷第57—58页）

在唯物史观的萌芽阶段，学者们大多着重论说19世纪韧出现的法国复辟时代的历史学家基佐（François Pierre Guillaume Guizot，1787—1874）的《欧洲文明史》《法国文明史》等；梯叶里（Jacques Nicolas Augustin Thierry，1795—1856）的《诺曼人征服英国史》；米涅（François Mignet，1796—1884）的《法国革命史》；空想社会主义者圣西门（Claude-Henri de Rouvroy, Comte de Saint-Simon，1760—1825）的《新基督教》《论实业制度》；傅立叶（Charles Fourier，1772—1837）《关于四种运动和普遍命运的理论》《普遍统一论》《新的工业世界和协作的世界》等；德国哲学家黑格尔（Georg Wilhelm Friedrich Hegel，1770—1831）的《哲学全书》《法哲学原理》等。唯物史观的萌芽反映了法国大革命所产生的影响。

恩格斯在1894年1月25日致符·博尔吉乌斯的信中写道："如果说马克思发现了唯物史观，那么梯叶里、米涅、基佐，以及1850年以前英国所有的历史学家就证明，已经有人力求做到这一点，而摩尔根对同一观点的发现表明，做到这一点的时机已经成熟了，这一观点必将被发现。"（恩格斯：《致瓦·博尔吉乌斯（1894年1月25日）》，见《马克思恩格斯选集》第4卷第507页）

法国历史学家反对把历史看成是个别杰出人物所创造的，历史事变进程绝不是个别人物的自觉行为所决定的,在人们的行为的背后,必然有一种决定性的原因。他们意识到了这一原因同阶级斗争、同经济生活有联系。因此,要把研究社会制度、经济条件和阶级斗争当作历史科学的主要任务,认为政治制度、政治机构,是由"公民生活"决定的,而公民生活又和土地关系密切地联系着,人们与土地的关系是历史的基础。要理解政治制度及其变迁,就应该研究社会中的不同阶层及其相互关系;而为了理解这些不同的社会阶层,又必须了解与土地关系的性质。要从阶级和阶级斗争观点出发去解释历史,揭示阶级斗争的经济根源,指出财产关系、物质利益是阶级斗争的原因。阶级和敌对利益的斗争决定了社会历史的发展进程。从这样一些观点出发,把历史的发展说成为有规律的过程,成为群众为了保障自己的利益而从事斗争、革命的过程。

圣西门认为,人类历史的发展像一个人一样,必定经历童年、成年和老年三个时期,绝不是停滞不前的。可以把人类社会的历史划分为五种社会形态,即原始社会、奴隶制社会、神学封建制社会、资本主义社会和未来的"实业制度"(社会主义社会)。博立叶认为,人类社会由低级向高级阶段发展,是必然的历史趋势。每一种社会制度都必然经历童年、成长、衰落和凋谢四个阶段,而每一社会制度凋谢、消灭以后,就会让位给更高的社会阶段,这个更高的阶段又开始它的发展史。这样,人类社会就依次经历了蒙昧制度、宗法制度、野蛮制度和文明制度。恩格斯指出,圣西门、博立叶和欧文,"他们天才地预示了我们现在已经科学地证明了其正确性的无数真理"(《马克思恩格斯选集》第3卷第301页)。因此,被后来的学者认定圣西门、博立叶和欧文的历史观已经包含了唯物史观的萌芽,是马克思主义唯物史观直接的理论来源之一。

至于摩尔根(Lewis Henry Morgan,1818—1881)的《古代社会》,更是得到了马克思和恩格斯的高度评价。马克思与摩尔根是同年出生,他们互不认识,摩尔根没有读过马克思的著作。马克思对《古代社会》仔细阅读并做了详细的摘录,加上了评语,即《摩尔根〈古代社会〉一书摘要》。马克思想把这本书介绍给德国读者,因逝世未能如愿。恩格斯执行他的遗言,根据《摘要》及摩尔根书中的事实材料和自己对希腊、罗马、德意志等地古代历史的研究,写出《家庭、私有制和国家的起源》于1884年出版,副标题是"就路易斯·亨·摩尔根的研究成果而作"。把《古代社会》称作"今日划时代的少数著作之一"。

1845年2月出版的《神圣家族》，这部著作表明了马克思和恩格斯共同创立了唯物史观，在批判鲍威尔的错误观点时，马克思阐明了物质生产是历史的发源地理论；恩格斯论述了人民群众是历史的创造者原理。因此，不能把马克思和恩格斯分离和对立起来。写于1845—1846年的《德意志意识形态》，是在马克思"大致完成了发挥他的唯物主义历史理论的工作"，恩格斯得出了与马克思"一样的结果"之后共同写作的。但是这部书直到1924年才用俄文收入《马克思恩格斯文库》中。

1858年1月16日，马克思在致恩格斯的信中说，黑格尔的《逻辑学》"在材料加工的方法上帮了我很大的忙"，"黑格尔的方法以其现有的形式是完全不能用的"，"它实质上是唯心的，而这里要求发展一种比以前所有世界观都更加唯物的世界观。它是从纯粹思维出发的，而这里必须从最过硬的事实出发"。恩格斯总结说："新的事实迫使人们对以往的全部历史作一番新的研究，结果发现：以往的全部历史，都是阶级斗争的历史，这些互相斗争的社会阶级在任何时候都是生产关系和变换关系的产物，一句话，都是自己时代的经济关系的产物……这样一来，唯心主义从它的最后的避难所即历史观中被驱逐出去了，一种唯物主义的历史观被提出来了。"（《马克思恩格斯文集》第9卷第29页）

李大钊在完成《我的马克思主义观》之后，就一直要对唯物史观进行一番更深刻的理解，他认定唯物史观在马克思、恩格斯之前，有着一段认识发展史，从历史哲学的角度，他找寻到了布丹、勒·卢阿、维柯、孟德斯鸠、孔多塞、圣西门，完成了他对马克思主义唯物史观前史的论说。

布丹："研索唯物史观起源的时，尤不可遗忘了此人。"布丹的贡献是：提出自己的新的历史分期说，认定历史是不断进步的，"历史是全靠人的意思而成的，人的意思是永在变动的"；"一切知识、文学、艺术，都有他人的变迁。""将来的新发明、新发现，亦必不减于既往。""人是自由的，依他的为道德与教育所益固的自由，能抵制外界的作用力也。"

勒·卢阿：他"虽把盛衰代序的原动归之于天命，而能自逃于悲观以转于乐观。主张我们应尽人力之能事，把过去曾经成就的繁昌转运过来，而且超越之"。"他对于史学上的贡献，有三要点，全与鲍丹相同。

就是一、世界未曾退落;二、现代不劣于古典的古代;三、全世界的人种现在形成一个世界共和国。"

维柯:"韦著《新科学论》之所谓新科学,以现代的学名名之,可以看作与社会学的名目及其内容相等的东西。他的著作,是由社会学的见地,论究国民的起源、发达、衰颓、灭亡的东西。国民便是此新科学的对象。他把国民的起源、发达、衰颓、灭亡,从人间历史的经验的事实归纳,以图于此树立人类性之道德的原理、政治的原理、权利的原理、法律的原理。这样子得的原理,实为历史的真要素。"

孟德斯鸠:"把经济的元素引入历史科学","他的关系于经济学的伟大而特殊的功绩,乃在他首先把经济的与历史的科学牵到一块儿,强他们在社会现象的说明中合作。他如斯以指出一条无尽的搜寻的新径路,陈于二种科学之前"。"文明如何为外界的行动所限制,一个民族的法律和那个民族的社会的与道德的生活的成果,如何与温度、土壤及食物相关联,这于孟氏是根本问题,他尽其全力以解决此根本问题。""历史行程,全为普通原因所决定,全为广布而永存的倾向所决定,全为广而深的潜流所决定;而为单独的事变,有限的议论,特殊的制度,任何偶然的、孤立的各个事物,所影响者,实微乎其微,只是次副的附属的程级而已。这是一个开一新纪元的原则,此原则的承认,是历史科学可能的一个根本的条件,驳拒此原则,是无异于宣告那一种科学是诞妄无稽;是认此原则,便是表明用必要的尽力,历史科学将不难兴起;依此以行,用此以行,即是努力于历史科学的组织。孟氏以其透辟的观察,澈悟此原则;以其后来未或能越过的天才与诚实表明之,于历史科学,实为一崇高的贡献。"

孔多塞:他的"历史地图的排列,是以企图不依政治上的大变动而依智识上的重要步骤标其级段著称的。最初三级——原始社会的形成,继之而牧畜时代,又继之以耕稼时代——以希腊的拼音文字终结;第四期,是希腊思想史,远于亚里士多德时代科学上有限的分类;第五期,智识进步,在罗马统治之下,而遭逢蒙昧的厄难;第六期,是黑暗时代(dark age),一直继续到十字军兴;第七期的意味,是在人类精神上为一革命时代的准备;第八期,以因印刷发明而成就的革命开始,有些书的最良页,发展此种发明的伟大的结果,狄卡儿所影响的科学上的革命,又启发了一个新时代,此时代以法兰西共和国的成立终结。""智识进步的观念,造成社会进步的观念,而留下他的基础。所以孔氏将以智识上的前进，为人种前进的线索，是逻辑的而不可免的。文化的历史，就是启蒙的历史。"

圣西门："有两个历史观：一为知识的历史观，一为经济的历史观。他的知识的历史观，很强烈的表现于他的初期的著作；嗣后他的思想发生变化，经济的历史观，乃以取而代之。""知识决定宗教，宗教决定历史。本此思想以解释历史，便是知识的历史观，后来承继他的知识的历史观而发扬光大之者厥为孔德。""产业者阶级为社会的基本阶级，为历史的原动力。""历史的发展，是由孤立向联合进动，由战争向平和进动，由反抗向协合进动。将来的计划，是依科学的原理组织成的协合。""协合的原理，是将来社会发展的键。社会的主眼，在生产生活必要品；社会生活的终局目的，在地球的共同利用。""历史过程，惟有经由产业组织的变化，才能理解；将来的社会，亦惟依产业发达的倾向，才能测度；这就是他的经济的历史观。后来承此绪余而建立唯物史观的学说者，厥为马克思。"

李凯尔特："谓学问于自然科学外，当有称为历史的科学，或文化科学者，此理一察自然科学的性质自明。自然科学的对象，便是自然；自然之为物，同一者可使多次反复，换句话说，就是同一者可使从一般的法则反复回演。如斯者以之为学问的对象，不能加以否认，因而自然科学的成立，容易附以基础。然学问的对象，于可使几度反复回演者外，还有只起一回者，这不是一般的东西，乃是特殊的东西，不是从法则者，乃是持个性者，即是历史。""自然科学以依离于价值的方法发见一般的法则为其目的，而文化科学，即历史学，或历史的科学，则以价值关系的方法，决定只起一回的事实为其任务。"

值得注意的是李大钊并没有忽略唯心主义史学家思想中的合理因素，就是他在论说**博须埃**时，指出他"是一位笃诚的信者，信《圣经》，信教会，崇拜皇帝为偶像，为独裁主义的拥护者。凡《圣经》之所垂告，彼皆深信而不之疑；故其思想绝不能超越于其时代以上，而有涉及将来的预见"。"他的《普遍史论》，包含着三部分：第一部分，是创世以远迄于夏烈曼朝历史事变的编年的分期；第二部分，是真实宗教的程途的撮要；第三部分，是帝国兴衰的考察。他在他的著作第一部分里，把历史分为十二期"，"他又把这十二期缩约而为七代"，"把这些期（epoch）与代（age）又总括而为三大世（great-period）：摩西以前，为自然法期，是为第一世；由摩西至耶稣，为成文法期，是为第二世；

耶稣以降,则为天惠期(Period of grace),是为第三世。他的分期,纯按《圣经》之所示就以色列人的幸运为标准。他的《普遍史论》的名实不符甚远,观此可以了然。"这样"以《圣经》为宝典,而以天命为归,乌足语于历史哲学之价值"。

但是也还是指出了,从中可以看出,他是承认"历史中一定的秩序与统一"的,只不过这是从"基督教的天命论最终原因论所寻出"的。

李大钊在论说了17世纪的唯物史观的前史之后,概括地讲了由于科学的进展,18世纪的唯理主义者力求在历史中寻出秩序与统一的新原则,果然,18世纪中叶,新研究的成果导向社会学、文明史、历史哲学的进展。李大钊这样地研究唯物史观的前史是具有系统性的,研究范围从文艺复兴时期人文主义史观,代表人物有布丹、维柯、孔多塞、孟德斯鸠、圣西门、李凯尔特,直到马克思。正因为李大钊是以唯物史观的前史为选择,必然对西方近代历史哲学难以整体和系统地把握,对黑格尔、康德的历史哲学,因为他们的"历史精神观","于一般领会上究嫌过于暧昧,过于空虚",而不去进行论说。所以,从史学思想史的全面性考量,李大钊的这份讲义显得单一而不够全面,若从研究唯物史观的前史这个角度考量,实在是一种开创性的研究。

因为李大钊坚信有:"研索唯物史观起源"的必要,唯物史观,可以称作"历史之唯物的概念"、"历史的唯物主义"、"历史之经济的解释"、"经济的决定论"。李大钊认为:"比较起来,还是称马克思说为'经济的历史观'妥当些。""有些人误解了唯物史观,以为社会的进步只靠物质上自然的变动,勿须人类的活动,而坐待新境遇的到来。因而一般批评唯物史观的人,亦有以此为口实,便说这种定命(所命由天)的人生观,是唯物史观给下的恶影响。这都是大错特错,唯物史观乃于人生的影响乃适居其反。"这与唯物史观所唯的"物",不是在人们实际生活过程之外的物质经济条件或任何先在条件,而是人们本身的"物质实践"。唯物史观是"关于现实的人及其历史发展的科学"。以及恩格斯所说:"如果说马克思发现了唯物史观,那么梯叶里、米涅、基佐,以及1850年以前英国所有的历史学家就证明,已经有人力求做到这一点,而摩尔根对同一观点的发现表明,做到这一点的时机已经成熟了,这一观点必将被发现。"观点完全一致。

结论就是:李大钊在当时马克思著作传入中国不久,文献资料缺少的条件下，从西方历史哲学著作中花惜很大时间和精力，翻译、编写唯物史观前史讲义，科学地讲述马克思主义唯物史观诞生的理论前提，这篇《史学思想史讲义》是对马克思主义历史唯物主义在中国传播的开创性成果。

三、政治学系课程：现代政治

（一）李大钊讲授《现代普选运动》

1920年10月7日的《北京大学日刊》刊登了《政治教授会启事》，其中关于"现代政治"之讲题有：一、陶履恭讲：劳农政府；二、陈启修讲：中国劳工现状与现代各国劳工组织之比较观；三、李大钊讲：现代普选运动；四、张祖训讲：平和会议与平和条约；五、陈启修讲：现代各国之社会党。

政治系的现代政治课程是1920年添设的一个讲座。陈启修讲道因为现代的政治问题日趋复杂，如老农政府、巴黎和会、国际联盟等等亟待研究的很多。加以现在的社会，无论如何，总还脱离不开政治，所以实在不能不研究。这个讲座已定由陶孟和、李守常、张慰慈、陈启修四人担任，打算帮助大家一起研究。以后遇有必要时，可临时延聘对于现代政治问题有特别研究之本国人或外国人，在现代政治时间内为两小时至四小时之讲演。

后来李大钊讲授的《工人的国际运动》《印度问题》《人种问题》等，都是列入现代政治讲座之中的题目。

1919年2月23日李大钊署名明明在《每周评论》第10号上面发表《普通选举》短文："世界上未行普通选举的国，只有我们中国和日本、土耳其。日本现在普通选举的声音，几乎震动了三岛。上杉慎吉也不倡他那恺撒复辟论了，德富苏峰也不说他那贫国强兵论了，大石正已也暂且不提他那大陆膨胀主义了，却都来鼓吹普通选举。回头看看我们中国！他说武力统一，他说武力护法。那有人提到这个问题！那能够提到这个问题！可是我有一个疑问，到了今日，没有普通选举，还称得起是个共和国么？"（《李大钊全集》第2卷第310页）在这里所说的"普通选举"就是指的"普选"。

从这篇短文中可以知道,李大钊对当时的日本未行普选给予很大关注,列举出东京帝国大学法学教授上杉慎吉、强烈要求改变日本现状的德富苏峰、转而从事日本自由民权运动的大石正已。日本毕竟还是帝国,我们中国已经是共和国却也未行普通选举,共和国就是徒有虚名了。李大钊把普选作为现代社会民主政治的根本保证。

令人感到遗憾的是,李大钊的这篇讲演是在哪一天讲的还没有查证清除,这篇讲演稿至今也没有被发现。

(二)李大钊讲授《工人的国际运动》

《北京大学日刊》1921年12月21日,刊登《政治系教授会启事》:"本星期四上午九时至十二时之现代政治将题为《工人国际运动》,由李大钊先生担任,在第一院第三教室。特布。"此后,《北京大学日刊》1922年2月8日、《北京大学日刊》1922年2月15日、《北京大学日刊》1922年2月22日、《北京大学日刊》1922年3月1日连续刊登《政治系教授会启事》同样内容的通告。这说明李大钊讲授的《工人国际运动》是一门课程,而不是一次报告会。

现在收录在《李大钊全集》中的有一篇《工人国际运动略史》,署名"T. C. L."发表在1923年5月1日《晨报副刊》上,篇幅简短,不可能是在北大授课的讲稿。但是从全文共分为五个题目来看,内容是极为丰富的:一、工人的特色;二、工人国际运动的兴起;三、第一国际;四、第二国际;五、第三国际。

现在收录在《李大钊全集》中的还有一篇《马克思与第一国际》,署名守常,发表在1922年5月6日的《晨报·副刊》上面。

(三)李大钊著作:《马克思与第一国际》

(1922年5月6日)

在1836年的时顷,有一团德国的亡命客在巴黎组织一种秘密会,名为"正义者的联合"(The Federation of the Just)或云"正义者的同盟"(The League of the Just)。后来移到伦敦。1847年他们在伦敦开一次会议,改称"共产党同盟会"(The Communist League)。

教　学　篇

马克思和恩格思合作的《共产党宣言》，就是替这个同盟会作的。这个在名义上虽然亦是一个工人的国际联合，但事实上却是一部分亡命客，会员很少。马克思和恩格思合作的宣言，他虽接受，但不能了解，所以马克思和恩格思不久便脱离了这个团体，这不能算作第一国际的先驱。

第一国际的起源，实由于1862年的伦敦国际博览会中英、法工人的接洽，1864年9月下旬在比利斯（E. Beesly，1831—1915）教授主持之下开了一次国际工人会议，第一国际就在此时诞生。

有一位流寓伦敦的法国亡命客名叫勒吕（Le Lubez，1834—　）的，想出一个中央委员会的办法。这委员会常驻在伦敦，而在欧洲各首都遍立支部，他的计划既得大家认可，便推定委员给他们以总理一切的权力。驻总会的委员英人最多，意大利人马志尼的秘书埃卡留斯（Major L. Wolff，1818—1889）及马克思亦均在内。在第一国际的公示报告里，马克思的名字初见于被选的中央委员会的名单中，并且是在此名单的最下列。关于他加入第一国际的情形只有这个事实可以证明。但马克思自己曾有陈述如下：

"有位名叫M. Lubez的来问我愿否以德国工人的名义参与这次会议或推出一位德人为在会中的发言者等等，我令Ekkarius自己出席于讲坛上作一位替人，我知伦敦和法国的工人们主张实在的势力，以此理由决计变了我的惯行的主义，此次竟辞却了那样的招请。"

一位木工——克里默（V. R. Cremer，1838—1908）曾寄给马氏一书邀他到会的信，信文大略如下：

"马克思先生：

亲爱的先生！本会组织委员会敬请先生到会，携此通知来，便许入会场。"

即使不能说马克思是第一国际的创造者，至少亦可说他由第一次会即为临时总会指导的精神。

第一国际这个婴孩自诞生的时候至后来遭了灾难，都不是因为没有人照管，乃是因为义父太多的缘故。创造这第一国际的人们，几乎都同床异梦。英国的豪威尔（Howell，1833—1910）和奥哲尔（Odger，1820—1877）两君想用第一国际把英国的工联制推行到欧洲大陆。在英伦的法国亡命客想用此以导人去刺杀拿破仑三世。意大利的马志尼想借他以恢复他们的已经消灭的秘密的共和国民的组织。只有马克思是想用他作一个伟大的社会主义宣传者，同时亦教育工人，联结工人，结局是马克思占了胜利。

在是年 10 月 11 日，马志尼的秘书意大利人埃卡留斯（Major Wolff）提议第一国际的中央委员会可采用意大利工人会的规则，马克思对于这个提议极力反对，以为若是这样无异于把第一国际变成一个秘密结社。此提议乃延搁下去，不到一个月，马克思把他自己拟出的第一国际的宪法草案提出，埃卡留斯的阴谋遂从此停止了。马克思这篇演说是他的小品著作中的佳作之一，起首用一个低声调引格兰斯顿（Gladstone, 1809—1898）的最近的演说，在此演说里他比较过英国的财富与英国工人卑贱的贫乏，从此便用一种强迫的逻辑，把读者放在阶级斗争的全学说上，这恐怕是马克思的特长。

埃卡留斯因为提出的宪法草案未能施行，愤而退出，从此多年，意大利实际上和第一国际断绝关系，后来马志尼虽然屡次声明 Wolff 的行动与他没有关系，而且他并不仇视第一国际，不幸他的话竟不诚实，他从 1865 那一年便是第一国际的仇敌了。

11 月 8 日马克思的草案正式的被采用了，12 日在《蜂房报》（Beehive）付印，第一国际遂定名为国际工人会（The International Working's Association），正式的宣告成立了。

兹将第一国际会议年表列下，并略叙马克思与历次会议的关系：

会议次数	地点	年份	与马克思的关系
第一次	伦敦	一八六四	马克思起草宪法
第二次	伦敦	一八六五	马克思指定宗教的响为下届会议讨论的问题
第三次	日内瓦（Geneva）	一八六六	朗读伦敦总会的报告，这报告是马克思作的
第四次	劳山（Lausanne，今洛桑）	一八六七	马克思因家族的疾病与穷饿未能到会
第五次	不律率（Brussels，今布鲁塞尔）	一八六八	马克思与蒲鲁东派争论

续表

会议次数	地点	年份	与马克思的关系
第六次	贝塞儿（Basle，今巴塞尔）	一八六九	马克思与蒲鲁东派争论
第七次	伦敦	一八七一	两派的斗争愈烈
第八次	海牙	一八七二	马克思动议把总会迁往纽约，巴枯宁派与马克思派分裂

两派分裂后的会议年表：

马克思派	巴枯宁派
日内瓦（一八七三）	日内瓦（一八七三） 不律率（布鲁塞尔，一八七四）
费拉得尔菲亚（一八七六）	勃恩（Berne，今伯尔尼，一八七六） 卧儿威儿（Verviers，今韦尔维耶，一八七七）

马克思将总会迁往纽约的提议，就把第一国际宣告死刑了。马克思为什么这样做呢？这有两种说法：一说，马克思苦于巴枯宁派的纷扰，故把他远远的移到美洲去，以避巴枯宁派的势力。可是第一国际往美洲一移，就丧失了他指导欧洲劳工运动的势力与便利，这个道理难道马克思看不到吗？另一说，马克思此时已竟看出第一国际已竟是过时的东西了，他想不要他而又不愿令巴枯宁利用他，故把他远远的送到美洲去，好令他寿终正寝。两说以后说近是。到了最终的会议，就是费拉得尔菲亚的会议，只有由德国来的一位代表到会，其余的都是英国人。这就是马克思派的第一国际的末日了。巴枯宁派分裂后，亦开过四次会议，到会者亦寥寥，马上亦就消灭了。

（四）李大钊著作：《工人国际运动略史》

（1923年5月1日）

1. 工人的特色

工人的国际运动和一切别的国际运动不同。从前和现在，都有些增进国际上友谊或反对战争的国际团体，像那"平和与自由同盟"、"妇女同盟"、"仲裁协会"、"遏战同盟"、"基督教同盟"、"民族联合同盟"及其他这一类的团体,多少都曾为暂时的存在。他们的目的都是一类,都是消极的,他们要反对战争,要消除战争的特定的原因。不论何时,国际间发生危机,他们便忙迫起来,用祝福的话,调和的话,斡旋于其间。他们想增进"四海皆兄弟"的感情,扫除人种间的差别。他们看各民族间的争杀和一家兄弟自相残害的愚昧一样。他们企图用种种说法指出平和的福利和战争的祸厉。工人的国际团体是个全与他们的概念相异的观念。阶级的基础的采用,就是和中产阶级的平和主义最大而最终的分裂。旧时的标语"全人类都是兄弟"已经停止了,他的真实工人的国际党不说并且不信"全人类都是兄弟"。必欲讲这一类的话,只可说"全世界的工人都是兄弟"。工人的国际联合不是为平和,乃是为战争。他们有他们全体必须推倒的国际的公敌,就是中产阶级到了必要的时候都联合起来和工人们——就是无产阶级——宣战,像毕士麦助(Thiers,今译梯也尔,1797—1877。1871年3月18日,法国巴黎无产阶级起义,建立了第一个无产阶级专政的政权——巴黎公社。梯也尔政府为了借助俾斯麦的刺刀,扼杀巴黎公社,于5月10日和德国正式签订了《法兰克福和约》。为了镇压无产阶级的革命斗争,法德两国资产阶级联合起来了。普法战争终结时法国的政府当局)反对巴黎"康妙恩",德国和协约国联合起来,公同反对"苏维埃俄罗斯",都是明显的例证。工人们——就是无产阶级——为对付中产阶级的联合,必须组织一个工人的国际联合。这种联合,不但于日常发生的产业界的争议和防止国外破坏罢工同盟的人很有效用,就在革命的时候,资本主义的国家的工人,亦能阻止他们的执政者对于革命成功的地方加以打击。别的国际运动的目的在减少或终止战争,工人的国际运动的目的不在终止战争而在变更战争的范围,而在使战争不是国家的而是阶级的。他们以为战争不是恶癖性或国际间的误解的结果,乃是现代帝国主义的结果。这帝国主义在他的基础上是经济的,和资本主义有不可分的关系。战争必经由资本主义才遭打击。一切战争到资本家阶级停止存在的时候才能绝迹。所以工人的国际运动只能出现于现代资本主义者情境之下。一个小所有主的国际团体,不能有怎样的活动力。且在实际上,工人的国际运动的起源恰恰与现代无产者实力的表现相合。工人的国际运动可以分作三个时期:(一)第一国际、(二)第二国际、(三)第三国际。第一国际和第二国际在历史上都曾尽过他们所负的使命而依次归于消灭,只有第三国际是现在工人国际运动的正统而为其势力的中心。此外，第二个半国际及第四国际不过是些枝节罢了。

兹将此等国际的团体成立的年份列举如下：

第一国际：1864—1870年

第二国际：1889—1914年

第三国际：1919年3月在莫斯科成立

第二个半国际（国际社会主义青年联合会）：1921年2月在维也纳成立

第四国际（世界社会主义革命党）：1921年10月在柏林成立

2. 工人国际运动的起源

工人国际运动的起源，实肇始于1836年住在巴里的德国亡命客所组织的秘密结社，此结社的名称为"公正同盟"，奉共产主义的原理。因为参加1839年的巴里暴动，他们乃被追放移居伦敦，北欧诸国的劳动者多来集于此处。"公正同盟"乃因以成立而含有国际的性质。他们知道光是靠着零碎的秘密结社或是革命的暴动不能够达到他们的目的，要想达到他们的目的，非以国际的运动遍全世界行资本主义的经济社会的变革不可。他们很感觉着有宣传这个道理的必要。马克思实为此运动的指导者。1847年的伦敦会议，马克思和他的朋友恩格尔躬亲出席，为该同盟起草学理的实际的纲领。"公正同盟"改称"共产同盟"（今译正义者同盟、共产主义者同盟）就在那个时候。马、恩二氏合草的纲领实于1848年1月公布，距法兰西革命才几周耳。《共产党宣言》的末句就是那"万国无产阶级啊，团结起来啊！"的口号。这正是工人的国际团结的最初的宣言，在历史上有特殊的意义。但此宣言该同盟虽然接受了他，但是不能了解他，所以有人说把这篇宣言给了该同盟好像把一颗珍珠投在猪的面前一样。结果马、恩二氏不能不弃而之他。

1848年的二月革命，以法兰西为中心而波及全欧，结局至为反动政治所压，一般的无产运动顿形凋落。此种国际运动，亦不能不随着受一顿挫。

到了1862年伦敦开国际博览会，给了第一国际成立的一个好机会。此时法国劳动者代表得了拿破仑三世的许可，渡英参观博览会，因得与英国劳动者交欢握手，努力于国际的联合。至1864年9月28日，伦敦圣马丁馆（St. Martins Hall）开万国劳动者大会，马克思亦出席于此会，第一国际于是乎诞生。

3. 第一国际

1864年9月28日圣马丁馆的会议是第一国际的第一次会议,司会者为比利斯(Beesly,1831—1915)教授。马克思亦出席是会,以新协会规约的起草的事付临时委员会去办。此委员会由50名各国代表组织而成,多半数为英国人。起草此规约的任务初由意大利人马志尼当之,因他缺乏经济的知识,不能胜任,卒由马克思代之。

第一国际的事务所设于伦敦,各国派委员驻在该处。在该处的指导者和努力者,当然为马克思和恩格尔。

第一国际由成立日起至1872年的海牙会议马克思派与巴枯宁派分裂止,实为工人国际运动的中枢。兹将第一国际会议年表列下:

会次	地点	年份	纪要
第一次会议	伦敦	一八六四	开成立会
第二次会议	伦敦	一八六五	马克思提出宗教问题,预备下届讨论
(原定在布鲁塞尔,比利时首都开会,因比国政府干涉,不果,乃在伦敦开一非正式会议)			
第三次会议	日内瓦,瑞士城市	一八六六	采用马克思起草的规约,一致赞成劳动时间渐次减至八小时
第四次会议	洛桑,瑞士城市	一八六七	议决主张交通运输机关概归国有,排斥大公司的独占,奖励产业组合
第五次会议	布鲁塞尔	一八六八	议决矿山、森林、土地当与交通运输机关同为社会全体即民主的国家的共同所有。惟共同团体为一般福利,得使用生产机关。全世界的劳动阶级,反对帝国主义的战争
第六次会议	巴塞尔,瑞士城市	一八六九	讨论土地所有权问题,提议废止遗产权,但未得多数赞成
第七次会议	伦敦	一八七一	1870年预备在巴黎开会,因为普法战争的影响,遂尔中止
是年巴黎康妙恩运动起,法国会员有参加此运动者			
第八次会议	海牙	一八七二	马克思派与巴枯宁派分裂
自海牙会议后,第一国际遂分裂为二派,一为马克思派,一为巴枯宁派,两派残存数年,遂都消灭了			

会次	地点	年份
马克思派		
分裂后的第一次会议	日内瓦	一八七三
分裂后的第二次会议	费城，美国城市	一八七六
巴枯宁派		
分裂后的第一次会议	日内瓦	一八七三
分裂后的第二次会议	布鲁塞尔	一八七四
分裂后的第三次会议	伯尔尼，瑞士首都	一八七六
分裂后的第四次会议	韦尔维耶，比利时城市	一八七七

4．第二国际

第二国际始于1889年的巴里会议，到1914年大战勃发的时候，实质上归于消灭。兹将其会议次数及年代列表如下：

会次	地点	年份
第一次会议	巴里	一八八九
第二次会议	布鲁塞尔	一八九一
第三次会议	苏黎世，瑞士城市	一八九三
第四次会议	伦敦	一八九六
第五次会议	巴里	一九〇〇
第六次会议	阿姆斯特丹，荷兰城市	一九〇四
第七次会议	斯图加特，德国城市	一九〇七
第八次会议	哥本哈根，丹麦首都	一九一〇
第九次会议	巴塞尔	一九一二
第十次会议	维因纳维也纳（因大战勃发未果）	一九一四

5．第三国际

第二国际既与大战勃发同时归于消灭，第三国际乃与苏俄的革命同时崛起，执世界工人运动的牛耳。兹将其会议的次数及年代列表如下：

会次	地点	年份
第一次会议	齐美尔瓦尔德，瑞士城市	一九一五
第二次会议	昆塔尔，瑞士城市	一九一六
第三次会议	斯德哥尔摩，瑞典首都	一九一七
第四次会议（第一次正式会议）	莫斯科	一九一九
第五次会议（第二次正式会议）	莫斯科	一九二〇
第六次会议（第三次正式会议）	莫斯科	一九二一

第二国际的残余，尚图再建，而第二个半国际及第四国际亦各拥一小部分会员别树一帜。去年第三国际欲与第二国际及二半国际、第四国际等组织联合战线，虽未能成功，然支流殊派终当汇流宗海。吾信工人的国际运动的联合战线，终有成功的一日。故当本年的劳动节，为介绍工人的国际运动略史如此。

（五）关于"万国无产阶级啊，团结起来啊！"

"全世界无产者，联合起来！"这句口号的不同中译，反映着马克思主义在我国传播的持久性和广泛性。李大钊在自己的文章中就使用了不同的中文翻译。

1919年5月、11月《新青年》第6卷第5、6号载李大钊的《我的马克思主义观》是将"全世界无产者，联合起来！"翻译成："举世的劳动阶级，促他们联合起来。"

1922年2月23日北京《晨报》载李大钊的《马克思的经济学说》一文，则将"全世界无产者，联合起来！"翻译成："全世界的无产阶级啊！联合起来吧！"

1923年5月1日李大钊在《工人国际运动略史》文中，则是将"全世界无产者，联合起来！"翻译成："万国无产阶级啊，团结起来啊！"

在李大钊的文章中,这个口号就有着三种不同的翻译方法。"全世界无产者,联合起来!"德文:"Proletarier aller Länder, vereinigt euch!"英文:"Workers of the world, unite!"法文:"Proletaires de tous les pays, unissey vous!"

这句口号最初由法国社会主义作家和活动家弗洛拉·特里斯坦(Flora Tristan, 1803—1844)提出,在1847年6月共产主义者同盟第一次代表大会上,由弗里德里希·恩格斯和威廉·沃尔弗参加拟定的《共产主义者同盟章程》首次写上了这一口号,用以代替原来的正义者同盟的界限模糊的"四海之内,人人皆兄弟"的旧口号。1847年11月29日至12月8日,共产主义者同盟召开第二次代表大会期间,卡尔·马克思、恩格斯受大会委托起草同盟新的纲领时,把这个口号正式写进了无产阶级政党第一部纲领性文献——《共产党宣言》之中:"共产党人不屑于隐瞒自己的观点和意图。他们公开宣布:他们的目的只有用暴力推翻全部现存的社会制度才能达到。让统治阶级在共产主义革命面前发抖吧。无产者在这个革命中失去的只是锁链。他们获得的将是整个世界。全世界无产者,联合起来!"(《共产党宣言》"共产党人对各种反对党派的态度")在马克思的墓碑上的两句话之一,所用的英文为:"Workers of all lands, Unite!"

1899年2月下旬的第122号《万国公报》(由沪广交学会出版)刊登的《大同学》一文,是马克思主义正式传入中国最早的确凿依据。这篇由李提摩太摘译、我国教士蔡尔康(1851—1921)纂述的《大同学第一章·今世景象》中用一百余字介绍了马克思及其关于资本的学说。该文误称马克思为英国人。

1903年1、2月,上海广智书局出版日本福井准造著、赵必振译《近世社会主义》。赵必振于书中在评介《共产党宣言》时,曾把"全世界无产者,联合起来!"翻译为:"结合全世界之劳动者而成一新社会耳。"(1903年线装竖排本,上册,第二编第13页)

1903年10中国达识社译日本幸德秋水著《社会主义神髓》,由《浙江潮》编辑所在东京出版。"全世界无产者,联合起来!"该句话翻译为:"万国劳动者同盟。"(见该书第45页)

1906年3月15日日本的《社会主义研究》刊登了《共产党宣言》。朱执信当年以笔名"蛰伸"译为中文,刊登在《民报》1906年第2期上面。"全世界无产者,联合起来!"翻译为:"嗟,来,各地之平民,其安可以不奋也！"

1906年，宋教仁署名"勇斋"在《民报》第5号上发表《万国社会党大会略史》一文，介绍了《共产党宣言》。渊实（廖仲恺）译Bliss著《社会主义史纲》，将"全世界无产者，联合起来！"翻译为："万国之劳动者团结！"（载《民报》第7号第103页，1906年9月东京出版）。

1908年，署名"民鸣"者译《共产党宣言》为中文，连载在《天义报》的第15期和第19期上面。"全世界无产者，联合起来！"被翻译为："万国劳动者之同盟。"是随从日文的翻译。《共产党宣言》在当时我国留学日本的学生中产生了重要影响。

1912年9月1日出版的《东方杂志》第9卷第2号刊载了日本幸德秋水著、高劳译《社会主义神髓》（商务印书馆1923年单行本第53页），"全世界无产者，联合起来！"当时也被翻译为："万国劳动者之同盟。"

1919年4月6日出版于北京的《每周评论》第16号，登载《共产党宣言》第二章结尾译文，译者署名"舍"（成舍我）。按语"这个宣言是马克思和恩格斯最先最大的意见……要求各地劳动的联合，则表示新时代的文书。""全世界无产者，联合起来！"被翻译为："各地劳工的联合。"

1919年5月5日至8日，李大钊主编的北京《晨报》副刊连载日本河上肇著、渊泉译《马克思的唯物史观》（《新青年》第六卷第五号转载）。文章摘译了《共产党宣言》第1章。"全世界无产者，联合起来！"被翻译为："愿我万国劳动者团结毋懈。"

1919年5月5日北京《晨报》上，"全世界无产者，联合起来！"还有另一种翻译是："各处的平民啊！我们联合拢来。""我们各国的平民从速联合起来！"

1919年8月7—11日北京《晨报》上登载的毅译《新共产党宣言》一文中，"全世界无产者，联合起来！"还被译为："我们各国的平民从速联合起来！"

1919年5月、11月李大钊《我的马克思主义观》，载《新青年》第6卷第5、6号，"全世界无产者，联合起来！"被译为："举世的劳动阶级，促他们联合起来。"1922年2月23日北京《晨报》载李大钊的《马克思的经济学说》一文，则被翻译成："全世界的无产阶级呵！

联合起来吧！"1923年5月1日《晨报副刊》上《工人国际运动略史》，署名"T.C.L."，李大钊则是译成："万国无产阶级啊，团结起来啊！"

1920年3月，李大钊组建的"北京大学马克思学研究会"合译了德文版《共产党宣言》全文，印发少量油印本供当时进步分子传读。陈望道是第一个全译本《共产党宣言》（1920年8月）的译者。"全世界无产者，联合起来！"被陈望道译为："万国劳动者团结起来呵！"（陈望道译《共产党宣言》1920年版第55页）

1930年，华岗将1888年恩格斯亲校的英文版《共产党宣言》重译，参照陈望道译本，还译了"1872年序言"、"1883年序言"、"1890年序言"3篇德文版序言，第一次正文以中英双语对照，由上海华兴书局出版。这是中国共产党成立后《共产党宣言》第一个全译本。"全世界无产者，联合起来！"被翻译为："全世界无产阶级联合起来！"

1938年8月延安解放社出版成仿吾、徐冰合作译自德文的《共产党宣言》。"全世界无产者，联合起来！"被翻译为："一切国家的无产者，联合起来呵！"（成仿吾、徐冰译《共产党宣言》，解放社1938年8月延安出版，第60页）

1943年8月，博古据俄文版《共产党宣言》对成仿吾、徐冰合译本校译，增译了1882年俄文版序言，由延安解放社出版。"全世界无产者，联合起来！"被翻译为："一切国度的无产者，联合起来呵！"（博古校译本《共产党宣言》，1943年解放社延安版，第84页）

1948年，为纪念《共产党宣言》发表100年，中国出版社在香港正式出版发行乔冠华对成仿吾、徐冰《共产党宣言》译本的校译本。

1949年，莫斯科苏联外文书籍出版局正式出版《共产党宣言》发表100年纪念中文版。由在苏联外文书籍出版局的中国同志以1848年的德文原版为蓝本进行翻译。"全世界无产者，联合起来！"被翻译为："全世界无产者联合起来！"

1953年成仿吾译《共产党宣言》，中国人民大学重校本"全世界无产者，联合起来！"翻译为："一切国家的无产者，联合起来呵！"里封却是："全世界的无产者，联合起来！"

据高放的《"全世界无产者，联合起来！"74种中译文考证评析》一文（《文史哲》2008年第3期）统计，"全世界无产者联合起来！"如果加上在一些文章中对这一口号所作出的翻译，竟达74种之多，还可能有所遗漏。何以如此难以翻译的准确，在于主语、谓语、定语的翻译相对于中文都存在多义性。著名历史学家范文澜1959年在中国近代史研究所纪念五四运动40周年学术性纪念会上曾说："马克思主义的内容有时是无法用文言表达的，譬如'全世界无产者，联合起来！'这句话用文言就表达不了，非用白话不可。"（小悦辑《真诚坦率的发言》，载《北京晚报》1984年8月13日）"全世界无产者，联合起来！"或许在不远的未来会改成"全世界劳动者，联合起来！"这符合马克思主义原著的思想，也切合当今世界和时代实际。

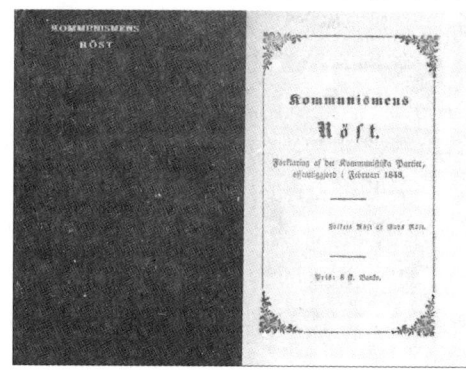

1848年原版《共产党宣言》

1920年陈望道译《共产党宣言》

（六）李大钊讲授《印度问题》

《北京大学日刊》1923年1月9日刊登《政治系教授会启事》："本周四（11）之现代政治，请李守常先生担任，讲题为《印度问题》，时间由上午九点半起，至十一点半止，地点在第一院第四教室。"遗憾的是，至今尚未能发现李大钊有关这一讲题的记录和会议资料。

早在1915年，李大钊留学日本时，李大钊就十分关注帝国主义对印度等弱小国家的侵略。在《警告全国父老书》中写道："列强在华，拔帜竖帜，均势之局，乃具规模，以中国泱泱万里，天府之区，广土丰物，迈绝寰宇，任何一国，欲举而印度之、势所弗许。""印度之灭也，英人役之以充兵，驱之以赴敌，出印人之血肉，为英族之牺牲，吁天无路，牛马长沦。"

1916年8月15日，李大钊在《晨钟报》创刊号发表《〈晨钟〉之使命》,指出:"印度民族久已僵死,而其民间革命之烽烟,直迷漫于西马拉亚山之巅者,则印度青年革命家努力之效也。"

1917年4月,李大钊在《战争与人口(上)》中论述:"原群之际,人无伦序,惟从生殖之性,狎相媾遇。子之于亲,知有母而不知有父。但由图腾(Totem)者,美洲印度人亚布吉亚族语符号之意,有以动物为符号者,有以植物为符号者。孟干(Morgan)氏著《古代社会》,称美洲印度人分为众氏族,各以动物为图腾,或用狼,或用龟蛇,此图腾为其氏族全体之护神,族人咸敬畏之。""印度及福罗利达人,拜信太阳,尊为军神。"

1920年1月,李大钊在《由经济上解释中国近代思想变动的原因》一文中,更是详细地论说了印度所处的地域环境和文化发展。欧亚两大陆"因为有东西横亘的山脉,南北交通遂以阻隔,人类祖先的分布移动,遂分为南道和北道两条进路,人类的文明遂分为南道文明—东洋文明和北道文明—西洋文明两大系统。中国本部、日本、印度支那、马来半岛诸国、俾露麻、印度、阿富汗尼士坦、俾而齐士坦、波斯、土尔其、埃及等,是南道文明的要路;蒙古、满洲、西伯利亚、俄罗斯、德意志、荷兰、比利时、丹麦、士坎迭拿威亚、英吉利、法兰西、瑞士、西班牙、葡萄牙、意大利、奥士地利亚、巴尔干半岛等,是北道文明的要路。南道的民族,因为太阳的恩惠厚,自然的供给丰,故以农业为本位,而为定住的;北道的民族,因为太阳的恩惠薄,自然的供给啬,故以工商为本位,而为移住的。农业本位的民族,因为常定住于一处,所以家族繁衍,而成大家族制度——家族主义;工商本位的民族,因为常转徙于各地,所以家族简单,而成小家族制度——个人主义。前者因聚族而居,易有妇女过庶的倾向,所以成重男轻女一夫多妻的风俗;后者因转徙无定,恒有妇女缺乏的忧虑,所以成尊重妇女一夫一妻的习惯。前者因为富于自然,所以与自然调和,与同类调和;后者因为乏于自然,所以与自然竞争,与同类竞争。简单一句话,东洋文明是静的文明,西洋文明是动的文明。"

1923年1月,李大钊在《平民主义》中论说:"现代政治或社会里边所起的运动,都是解放的运动。"如"印度对英的自治运动"。就在《平民主义》发表之后,1923年1月9日,李大钊在北大政治系讲述了《印度问题》。可见,李大钊对印度的历史和现状、文化传承是有较为细致的认识的,十分关切印度人民的解放斗争。

1925年9月，李大钊在《从印度航路发见以至辛丑条约帝国主义侵入东方大势年表》中写道："帝国主义是什么？就是资本主义发展之结果。因为它要向海外找殖民地作他自己的贸易场和原料地，因为又要保护，便要武装起来，所以武装之资本主义就是帝国主义。""英帝国主义为寻找原料市场和商品市场必然要对外进行武装掠夺，它最先到东方时侵略印度，在得到印度以后，当然要谋及中国。""中英鸦片战争之近因，为林则徐之焚烧鸦片，其远因盖在英国必欲在中国打开一门户，然后借条约限制，以保护彼之商人，得行其经济侵略政策。"

（七）李大钊讲授《人种问题》

1924年5月14日《北京大学日刊》刊登：《政治学系教授会布告》："星期三日午后一时至三时，请李大钊教授讲授'现代政治'。讲题：人种问题。教室：第三院第一教室。"

李大钊在1924年5月13日在北大政治学会的讲演《人种问题》，后来发表在1924年6月20日的《新民国杂志》第1卷第6期上面。是由刘伯青笔记的。

刘伯青：四川人。北京大学学生，马克思学说研究会成员。1920年为"五一"节宣传册设计封面，在"五一"节期间，参加翻译话剧本并在各处演出。中国劳动组合书记部干事，中共北方区委宣传部工作，曾与罗章龙一起于1923年2月7日清晨到长辛店参加大罢工。1924年4月间，征得李大钊同意，组建由刘仁静任主编、左恭负责校对出版、刘伯青负责印刷发行的班子，于"五一"节前夕出版了《政治生活》第一期。此后，刘伯青去东方大学学习，为青年团旅莫斯科支部成员。

（八）李大钊讲授《人种问题》的主旨

李大钊的这次讲演，主要讲了以下的问题：人种、民族与国民；人种与民族之关系；民族主义；欧洲人的世界观；孙中山三民主义中的民族主义；为我中华民族复兴而努力。重点是讲明民族问题、种族问题，归根结底是阶级斗争问题，明确指出："低下阶级的有色人种与高上阶级的白色人种之'阶级斗争'已粗具雏形，其进展则方兴未艾。"对西方的文化人种论谬说进行了剖析和批评,对孙中山三民主义中的民族主义进行了阐述。

人种学研究的主要内容是:探讨不同人种的种族及其形成过程、演变及发展;研究人种、种族、民族、国家的关系;研究人种的体质特征、类型及其自然习性的演变;研究世界人种的分类方法、人种分布及相互影响等等。

地理人种学源于17世纪法国哲学家伯尔埃(1620—1688)。1684年提出以原住民的"身体外观,主要是脸型"为标准来区分世界上不同地域。基于此标准,将地球上的人分为5个人种:第一类人种包括欧洲人、阿拉伯人、"蒙古帝国"人;第二类人种包括非洲人,主要特征是黑肤、卷发;第三种包括菲律宾、日本、中国,以及中国境内的鞑靼人,以肤白、宽肩、小鼻等为标志;第四种为欧洲最北部的拉普兰人;第五种为美洲人。

1735年,瑞典生物学家林耐在其《自然的体系》一书中,首次把人类纳入到灵长目动物,并将其一分为四个地理亚种,即美洲人、欧洲人、亚洲人和非洲人。林耐对四个人种的基本特征进行描述:欧洲人"肤白、乐观、体态健壮。发长而密,蓝眼。灵活,聪慧,有创造力。着装紧束。以法治理";亚洲人"肤黄、忧郁、体态僵硬。黑发、棕眼。严肃、讲排场、贪财。着装宽松、凭庸见治理"等等。

地理人种学观念传入德国后,1781年,生理学家弗雷德里奇·布鲁门巴赫(1752—1840)提出"人种"生物概念。

1785年康德的《什么是人种》出版。康德也将人类划分为四个种族,即白人、黑人、匈奴人(蒙古人和卡尔梅克人),以及印度和印度斯坦人。

法国人戈宾诺(Gobinean,1816—1882)则对,白、黄、黑三个人种赋予了等级结构,"黑人是最低贱的,它们仆倒在阶梯的最底层","黄人构成了它们(黑人)的反面",白人则占据着这个等级制的最高端。白人拥有"旺盛的智力","长于反思",其感性生活比黄人更"宏大、高尚、勇敢、理想化",热爱自由和秩序。戈宾诺因此被视为纳粹种族理论的先驱。

1868年,德国生物学家恩斯特·海克尔(1834—1919)制作"10个人种及其亚种一览"的人种分类图,1868年作题为《论人类种系树》的讲演,为地理人种学分类提供了理论基础。1904年,海克尔在《生命奇迹》中又从文化角度对世界上的所有种族重新做了划分,使"地理人种学"转变成"文化地理种族志"。

"二战"时希特勒要对犹太人进行种族灭绝。希特勒接受英国反犹狂人豪·斯·张伯伦1899年在《十九世纪的基础》中提出的雅利安——日耳曼人是最优秀种族的思想,认为必须保持雅利安人纯粹的血统,世界才有希望。希特勒在《我的奋斗》中写道:"民族主义,确信种族的价值,十分明了人格的重要,并且使这二者成为国家的柱石。这即是民族主义世界观的基本要素。"

人种的形成和分布要比其他动物同一物种内不同亚种的区分更为复杂,以纯形态学为标准,以肤色为标准的人种划分,都不能全面反映真实情况。1961年,美国的加恩在科学研究、外表形态特征基础上,参考血型、遗传病的差异,地理阻障等因素,把世界人种划分为9个地理人种,32个地域性人种。9个地理人种是:黄色人种、印度人种、高加索人种、印第安人种、尼格罗人种、澳大利亚人种、密克罗尼西亚人种、波利尼西亚人种、美拉尼西亚—巴布亚人种。

现在通行的人种划分是蒙古人种、赤道人种和欧罗巴人种三大人种。蒙古人种主要分布在东亚、东南亚、西伯利亚、美洲,分为:东亚支系、南岛及马来支系、南亚支系、北极—西伯利亚支系、美洲支系;约占世界人口的41%。赤道人种主要分布在北回归线以南的非洲、大洋洲、南亚和东南亚,美洲也有分布,分为:尼格罗支系、澳大利亚支系;约占世界人口的16%。欧罗巴人种广泛分布在欧洲、北非、西亚和南亚,美洲、大洋洲和南部非洲也有分布,分为:北欧支系、中欧支系、东欧支系、南欧支系,约占世界人口的43%。

中国的人种问题研究起步较晚。1922年4月,在《北京大学社会科学季刊》第2期上面发表了朱逖先的《文字学上之中国人种观察》一文,明确提出"中国人种,发生于本郡"。对中国人种西来说进行了批驳。其后,考古发现,特别是1921年至1927年,先后三次在北京市西南房山区周口店镇龙骨山北部"北京人"洞穴遗址外发现三枚人类牙齿化石,1929年,又发现了北京人头盖骨化石,以及人工制作的工具和用火遗迹,随后成为震惊世界的重大考古发现。"中国人种,发生于本郡"得到了科学发现的证实。但是,李大钊在1924年6月讲课时还不知道此事。

李大钊在讲到台湾时说:"不问政治、法律之统一与否,而只在相同的历史和文化之下生存的人民或国民,都可归之为一民族。例如台湾的人民虽现隶属于日本政府,然其历史、文化都与我国相同,故不失为中华民族。"可见,他对日本侵略者所编造的中国和日本是"同文同种"的谬论,是持坚决否认态度的。

李大钊阐述了孙中山的民族主义思想演变过程:"其在未革命时(辛亥以前),所谓民族主义,不过是对汉满民族而言的意义;其在既革命(辛亥)以后,所谓民族主义是指合中国汉、满、蒙、回、藏五族为一家,只不过稍有汉族为中心的意义。至去年中国国民党全国代表大会于广州开会,关于民族主义又有新的解释。"

孙中山将同盟会纲领中以"驱除鞑虏,恢复中华"概括为他的民族主义思想:"驱除鞑虏"——"今之满洲,本塞外东胡。昔在明朝,屡为边患。后乘中国多事,长驱入关,灭我中国,据我政府,迫我汉人为其奴隶,有不从者,杀戮亿万。我汉人为亡国之民者二百六十年于斯。满政府穷凶极恶,今已贯盈。义师所指,覆彼政府,还我主权。""恢复中华"——"中国者,中国人之中国;中国之政治,中国人任之。驱除鞑虏之后,光复我民族的国家。敢有为石敬瑭、吴三桂之所为者,天下共击之。""我们汉人,就是小孩子,见着满人也是认得,总不会把其当作汉人。这就是民族主义的根本。"

1911年,辛亥革命后,孙中山把驱满排满提升为"五族共和"。辛亥革命"是种族革命,亦是政治革命。何则?汉、满、蒙、回、藏五大族中,满族独占优胜之地位,握无上之权力,以压制其他四族。满洲为主人,而他四族皆奴隶,其种族不平等,达于极点。种族不平等,自然政治亦不能平等,是以有革命"。"要之,异族因政治不平等,其结果惟革命,同族间政治不平等,其结果亦惟革命。革命之功用,在使不平等归于平等。"

1912年1月1日,孙中山就任临时大总统,在《临时大总统宣言书》中提出了"民族统一":"国家之本,在于人民。合汉、满、蒙、回、藏诸地为一国,即合汉、满、蒙、回、藏诸族为一人。是曰民族之统一。""今我共和成立,凡属蒙、藏、青海、回疆同胞,在昔之受压制于一部者,今皆得为国家主体,皆得为共和国之主人翁,即皆能取得国家参政权。""了解共和之真理,与吾内地同胞一致进行,以共享共和之幸福。"

1924年,在中国国民党第一次全国代表大会上,孙中山宣称:"民族方面，由一民族之专横宰制过渡于诸民族之平等结合。""国民党之民族主义，有两方面之意义：一则中国民族自求解放；二则中国境内各民族一律平等。""国民党敢郑重宣言，承认中国以内各民族之自决权，于反对帝国主义及军阀之革命获得胜利以后，当组织自由统一的（各民族自由联合的）中华民国。"

在民族问题上，孙中山思想深处确实带有大汉族主义的痕迹。1924年在《三民主义》的演说中，就认为汉民族"比较别种民族独厚，代代相传，到了今天，还是世界最优秀的民族"。"那些少数民族总被我们多数民族所同化。"

在这里顺便指出：《李大钊全集》第4卷第447页刊登《人种问题》一文时，下署1924年5月13日，经查证为1924年5月13日，为农历四月初十，星期二。《北京大学日刊》1924年5月14日刊登《政治学系教授会布告》："星期三日午后一时至三时，请李大钊教授讲授'现代政治'。讲题：人种问题。教室：第三院第一教室。"星期三，应是1924年5月14日，农历四月十一。又：第450页上的"合计566000000"，这个数字应当是"596000000"。

（九）李大钊著作：《人种问题》

（1924年6月20日）

人种、民族与国民。讲到人种问题，必先分辨"人种"、"民族"与"国民"这三个名词的意义。何谓国民？国民的意义是从政治、法律的概念中发生出来的，故不问人种与民族之同异，只需在一种政治之下所形成共同生活的人们便叫做国民。何谓民族？民族的区别由其历史与文化之殊异，故不问政治、法律之统一与否，而只在相同的历史和文化之下生存的人民或国民，都可归之为一民族。例如台湾的人民虽现隶属于日本政府，然其历史、文化都与我国相同，故不失为中华民族。至于何谓人种？则更不问政治、法律之统一，历史、文化之同异，只就人类学的范围，从生理上考察其特征而发生的概念，便是人种。

人种与民族之关系。在不同的各种族之间，自然要发生一种"异视"的感觉。这是种族的本能。英国白徕士（Bryce，1839—1922）男爵于1915年2月在伦敦大学的讲演中，指明这种本能有下列各重要之点：

（一）这种"异视"的本能，在原始时代糅杂的种族之间，往往存在，一到相同的种族间，就似乎立即消灭，看不出来。

（二）在文化进步的时期内，政治上的竞争和宗教上的冲突，各本其所有的"确执"，往往把人种的"异视"的冲突压倒了。

（三）人种中"异视"的冲突，有如海中的暗礁一般，时时存在海底，却不表现于海面。然在异种的政治或宗教的冲突激烈时，这种"异视"的作用，能使此冲突扩大而强烈。

不过，近世民族感情之发达，并不根源于这种"异视"的作用，而是依据于言语、文学及历史传说之共同而后成立的。在18世纪的末期已有人承认此说了，至于19世纪，更因民族感情的迅速增长而光明显著。可见人种的差异，确是民族冲突之附要的原因。

到了现在，我们可以看出民族冲突中带有人种差异的色彩，由此就可以看出民族与人种的关系。从前人种竞争以至于人种斗争的种种学说并不盛行，例如德国，在1880年有人讲到这类问题，一般人都以为无关紧要，不加重视。但在现在，凡谈世界大势的学说或问题，无不言及人种，无不与人种有关系，就可见其重要了。

我们于同种之中也能寻出争斗的事实，更可证明人种差异的"异视"实在是一切斗争的附因。白徕士更以为民族观念发生显著的原因，又由于法国革命的影响。因为自法国革命成功以后，欧洲各国人民发生政治生活的感觉，对于国内国外的政治压迫，群思抗拒，因此遂发生国民统一的要求。这种要求不免又牵动了人种的枢纽，于是就发生人种的关系，又因此而发生民族同异是以人种为中心的观念。所以民族独立，无论在欧亚各洲的各民族主义运动，均是特别激昂。

在德国1846年的人民自治运动，不过为要求在民族国家之下的政治统一。至于现在科学发达，商业进步，愈使民族观念日益强烈。又兼有各民族的文学家、诗歌家以及美术家的作品，往往激动起各民族自尊自雄的精神。从此民族间就因之发生竞争，甚至于战斗。俄国革命运动就含有这种民族主义的意义。

民族主义。民族之成立由于什么？有以为由于统一的语言的；有以为单凭统一的语言不足为成立之原因，而要更兼有主观的事实，要在相互的意识之承认及精神上认为同族之后而民族才能成立。此外有以为民族之成立纯由地理（Nation）的事实使然，其以言语、文字、政治和宗教之统一系统，不足以为民族成立之原因。法国 Odysse-Barot（奥德赛·波拉特，新闻家）、Elise Reclus（雷克吕斯，地理家）、Justin & romner（查士丁和罗姆那，新闻家）三人都拥护这派（地理的）学说。有以为法国民族是单纯的民族者，Barot 驳之，而指明法国之民族由于法国的地理使然。欧洲除葡萄牙、瑞典等国外，都有单纯的民族所组织的国家。就如英国虽小，也由于威尔士（Wales）、爱尔兰（Ireland）、苏格兰（Scotland）、英格兰（England）的民族组合而成。至于法国，则为罗曼底、普路奇、圭耶尼、哥儿可尼、洛林、布列塔尼（Romandy、Proochce、Giuenne、Garcony、Larraine、Brittany）等小民族所组成。各民族的特性质，都各自保存，不稍渝灭。Barot（即奥德赛·波拉特）以为现在欧洲的民族，其以言语、文字……的统一为成立的原因者，不过是暂时间人为的民族，将来必至崩裂瓦解。所以他主张自然的国家，是以小民族的国家代替欧洲大民族的人为的国家。他的意思，只有依地理上山川形势的天然分划，才可为民族成立的根据。但是，果真依照他的学说做去，英国就不仅分为四国了！于此也可见他的"地理的"民族学说，不能自圆。

欧洲人的世界观。欧洲人以为他们的文明，除了基督教之外，再没有别的可说。他们对于世界的观念，以为只有白人的世界。法人西奥多·周弗罗伊（Theodor Jouffroy）以为野蛮人将来能进化到文明的地步，其系统可分为三：（一）基督教；（二）回教；（三）婆罗门教。只有基督教是进步的，能适应世界潮流的。其余二者与基督教相比，是懒性的，迟滞不进的。因此构成基督教的国家，只有日渐进化，日益文明。其余的国家，只有退步，只有堕落。倘若基督教长此不发生其他特别原因，则世界将变为基督民族的世界！现在德、法、英三国各以其科学的、哲学的和实用的民族特性引导文化的进步，实在可算是构成欧洲文化的先驱，一切欧洲的战争，将来也一定可以停止的。这是依据历史的事实所得的断定。不过，西奥多·周弗罗伊（Jouffroy）的结论，总以为世界完全是白人的，未免言过其实了。

白人在世界居于引导文化的先驱，视异色人种为低下阶级而自居于高上的地位，因此人种在世界上也成为阶级的问题，于是世界上就形成了相对的阶级。人种的斗争于将来必定发生，这是可预为断定的。而且这斗争或许为白色人种与有色人种的战争而与"阶级斗争"并行。我们于俄国革命的事实可引为例证。俄国革命虽然有白色人种，然而参加有被压迫阶级的有色人种，其目标则同是反抗压迫阶级的白色人。可见低下阶级的有色人种与高上阶级的白色人种之"阶级斗争"已粗具雏形，其进展则方兴未艾。

1910年英人辛博森（Putnan Weale，即 Simpson，1877—1930）著《毛色之争》（*Contest of colours*）一书，他以为凡物皆有此性，人为万物之一，故人亦有此性——因毛色的不同而发生的冲突。但有因嗜好的缘故，能相调和的，如中国人虽为黄色，然性喜白色，或即此例，也未可知。据 Weale 调查各色人种的数目，有如下表：

地域	人数
白色人种	
欧洲	453500000
北美洲	85000000
澳洲	6000000
南美洲	20000000
非洲	1500000
附杂白色人种	40000000
合计	596000000
黄褐及黑色人种	
亚洲	947000000
非洲	140000000
太平洋诸国	2000000
北美洲	10000000
合计	1099000000

白色人种的总数与黄褐及黑色人种的总数比较起来，后者多于前者。据上段的推述，人种斗争将来必与阶级斗争同时表现出来，其胜利者亦可依此比较而预断为有色人种。法人 Gobinean（戈宾诺，1816—1882）著《人种不平等论》（1850年出版）略谓人种既然不同，优劣亦自不免。据他的判断，以为亚利安人种为最优，而代表亚利安人种的尤以日耳曼族为最。但是他持一种悲观论，以为优的总要坠落，而将来多数劣级人种相联合来与少数优级人种相斗争，后者必败，前者必胜，亦是理所当然。此外，尚有许多历史学者也承认其说为的当。

至于法人 Victor Cousin（维克多·库泽，1792—1867 哲学家，其思想很受黑格尔的影响），他的论点，完全立足于地位（Place）。他以为这种优胜劣败的事实与地位有重大的关系，如人与自然，都是在同一地位之下才发生的，如一民族所在地之山川形势，于历史上即为各时代的民族舞台。他分历史进化为三时期：在第一期的，以无限制的力量观念的为生活，完全信赖上帝；在第二期为有限的；在第三期为前二者混合起来的。故第一期的舞台常在广大辽阔的平原，有汪洋溟渺的海水为疆界——这在亚洲，即东方文明。第二期的舞台很窄小，在希腊、罗马等处。第三期的舞台是在有内海的大陆，如现在的欧洲便是。由此可以寻出不同的民族各有其不同的文化；这不同的文化之发生又各由其不同的地位了。然而一民族的特性必代表其一时代的理想，但须于这时代的总精神之下乃能了解。因为同一时代，各民族所代表之理想其相同的比相异的还多。不过各民族之相异的特殊理想都可认为真识，而不是完全的真理。若用哲学的眼光，把他们这些真识合而为一，乃为完全的真理。

不同的民族所代表之理想至于冲突、爆裂，于是发生战争。故战争不过是民族理想不相调协的象征。因此于胜败的结果必有强弱的理想可以表示出来：昨日的真理，到今日可为错误了。战争显得是真理与错误之决斗；胜利也就是真理战败错误的凯旋。故胜败不是听天，而是必然之理——即真理必胜。因此又于战争的胜败可以测定民族精神和其特性的价值的高低。——这是 Oictor Cousin（应是 Victor Cousin，即维克多·库泽）附带的战争论，也可引为谈人种问题的考证。

我们革命的先锋孙中山先生自从提倡三民主义（民生主义其目的；民族主义是达到这目的的手段，是三民主义的主干；至于民权主义，乃运用民生主义的方法）以来，关于民族主义，在中国国民革命运动中的解释略有更变。其在未革命时（辛亥以前），所谓民族主义，不过是对汉满民族而言的意义；其在既革命（辛亥）以后，所谓民族主义是指合中国汉、满、蒙、回、藏五族为一家，只不过稍有汉族为中心的意义。至去年中国国民党全国代表大会于广州开会，关于民族主义又有新的解释。这解释系分对外、对内两方面：在现世中国的民族，为要独立而反抗其他任何民族的侵略与压迫，这是对外；同时在国内经济生活不同的民族要使其解放，自决而独立，这是对内。国民党的民族主义经了这番新解释，其意义也更新而切当了。

这种民族主义的新意义与人种问题很有关系，诸君可于上述的理论中看出来。同时,又是我们中华民族应对世界民族加入阶级战争的准备,这也是我们要特别注重的。我们中华民族在世界上贡献,大都以为是老大而衰弱。今天我要问一句,究竟他果是长此老大衰弱而不能重振复兴吗?不的!从五四运动以后,我们已经感觉得这民族复活的动机了。但我又要问一句,这民族究竟真能复活吗?时机倒也到了,只看我们是怎么的奋斗和如何的努力!我们如能使新的文化、新的血液日日灌输注入于我们的民族,那就是真正新机复活的时候。但是,回过头来看一看我们现在所有的现象:无论什么团体,时间不过许久,其中就发生一些无谓的争执与乎卑鄙的猜忌……种种鬼鬼祟祟的怪现象,这是很可悲观的啊!但是我们无论如何,都要猛力勇进,要在未来民族舞台施展我们的民族特性,要再在我们的民族史以及世界史上表扬显著我们的民族精神!这就是我今天提出这个人种问题来与诸君谈谈的意思。望大家从此努力!

四、政治学系课程:"社会问题"演习课

北京大学政治学习在 1920 年添设"演习"一门课程,目的在于关于政治学理,为教员和学生提供一个可以常常有共同研究的机会。陈启修讲:"我国青年近年来虽然对于政治上已有责任上的觉悟,对于实际政治也总算多少发生一点影响,但是总说不到真正地解决,就因为没有学理的研究。要谋真正解决,非先共同研究不可。但是要全国学界共同研究是做不到的,只好希望北大同学共同研究。别的学系的同学,很有些热心研究政治的,很希望加入我们的研究。"(《北京大学日刊》1920 年 9 月 17 日陈启修先生演说词)

关于演习课,政治学系是这样规定的:

1. 演习分调查及译书两种,由演习人自由认定一种或两种。

2. 调查之办法,系由学生各人就理论历史及在事实各方面,任意选择一题,与担任教员商定后,请教员指示参考资料及研究方法,自行调查研究之,于一定期间中,编为报告,轮流在规定之演习时间内,上堂解说,解说之后由教员及其他学生自由质问,或批评之,并由教员评定分数。

3. 译书之办法,系由学生一人或二人就属于演习科目之外国书中,选择一种,与教员商定后,请教员指示翻译方法及参考资料,自行翻译之,于每两个月后,轮次将所译得之成绩,缮成小册,上堂报告期内容之大略,批评其书之短长,并述翻译时至疑难,报告之后,由教员及其他同学自由质问或批评之,并由教员评定分数。

4. 各学生在规定之演习时间中,无论自己轮班解说或报告与否,皆有出席之义务,与普通授课时间相同。

5. 关于调查,每人每天至少报告一次。关于译书每人至少每二月一次。

6. 教员或轮班致学生,于规定之演习时间中,若因故告假,其演

习虽可暂时延期,仍须于相当时间中补行演习。

7. 调查或译书之成绩须交存本系教授会,备演习员或本校同人之参考。(《北京大学日刊》1920年10月7日政治教授会启事)

1920年度政治学系演习细则之规定如下:

1. 本年度演习限于调查一种。

2. 演习分设四类:

　　一、政治史及政治制度;

　　二、政治理论;

　　三、国际政治;

　　四、社会问题。

3. 凡选修演习之学生,须按各人所选择题目性质,就下列之担任教员中,择定一人,请其指导:

　　陈　源　王世杰　(政治史及政治制度)

　　周　觅　燕树棠　(国际政治)

　　高一涵　　　　　(政治理论)

　　李大钊　陶孟和　(社会问题)

4. 演习题目须于本年10月以内选定,向担任教员接洽,得其认可。演习报告至迟须于下学期开学后一星期内提交担任教员审阅,由教员指定日期上堂解说。(《北京大学日刊》1920年10月9日政治教授会布告)

1925年,鲁迅为北大校庆二十七周年写了《我观北大》。将北大的"校格"总结:"第一,北大是常为新的,改进的运动的先锋,要使中国向着好的,往上的道路走。虽然很中了许多暗箭,背了许多谣言;教授和学生也都逐年地有些改换了,而那向上的精神还是始终一贯,不见得弛懈。""第二,北大是常与黑暗势力抗战的,即使只有自己。""北大究竟还是活的,而且还在生长的。凡活的而且在生长者,总有着希望的前途。"

演习,这是当年政治学系课程设置上的一个创新。只是,当年北大政治学系那些学生的演习,选择了"社会问题"及请李大钊指导,已经难以查找到更多的有关资料,在《李大钊史事综录》中收入了北京大学档案中保存下来的1923年政治系学生贺廷珊的一份演习报告,导师是李大钊,给予该报告的成绩是95分。

兹将该报告的全文录下：

试述马克思唯物史观的要义并其及于现代史学的影响
贺廷珊

马克思在他的经济学批判的序文里，正式发表唯物史观的根本原理，马氏的意思，似欲把历史和社会对照着想。按他的大意，社会的变革，便是历史，推言之，把人类横着看，就是社会，纵着看，就是历史。又说人类社会一切精神的构造，都是表层结构，只有物质的经济的结构，是这些表层构造的基础构造。在物理上，物质的分量和性质，虽无增减变更，而在经济上物质的结合和位置则常常变动，物质既常有变动，精神的构造也就随之变动，所以思想、主义、哲学、宗教、道德、法制等等，不能限制经济变化和物质变化，而物质和经济可以决定思想、主义、哲学、宗教、道德、法制等等。马氏又喻之建筑、社会亦有基址与上层，基址是经济的构造，即经济关系，他称之为物质的或人类的社会存在，上层是法制、政治、宗教、艺术等，他称之为观念态度或人类的意识。从来的历史家，欲单从上层说明社会的变革，上层的变革，全靠经济基础的变动，故历史非从经济关系上说鸣不可。这便是马氏唯物史观的大意。今日持政治的历史观的历史家，受妈似的经济历史观的影响很大。亦渐知从历史学的学问的性质，加以研究，依他们的主张，历史学亦与自然科学相等，以发见因果法则为其目的，于此一点，与马氏的历史观实无异义。总之，马克思和今日的一派历史家，均以社会变迁为历史学的对面问题，以于其间发见因果法则，为此学的目的，二者同以历史学为法则学。

此由学问的性质上讲，是说历史学与自然科学无所差异，此种见解，结局是以自然科学为唯一的科学。自有马氏唯物史观，才把历史学提到与自然科学同等的地位，此等功绩，实为历史界开一新纪元，也是影响于史学上最大之点。十八世纪和十九世纪前半期的历史者，研究历史原因的人很少，他们多以为历史家的职分，不外叙述些政治上、外交上的史实，那以伟人说或天才说解史实的还算深一点的，其余的不是受神学观念的支配，便是主张宗教是进化关键的人，还有些迷信君主万能的历史家，把君主的动作言语，看成历史。自马克思唯物史观出世后，这些唯心解释的企图，都一一失败了，不得不进取唯物的解释，史学的价值，才日日提高，日日昌明，全都是受马氏的影响，所以有历史眼光的人，都说马克思是辟新路的持刀者，是历史上最大的新纪元。由他影响观之，马氏真不愧为纪元人。

五、政治、经济两系课程：
社会主义与社会运动

韩一德、李帆著文《从空想到科学的转变——略论李大钊早期社会主义思想》(《中共党史研究》1992 年第 3 期)，认为李大钊的社会主义思想是其整个马克思主义观的重要组成部分，也是促使他接受马克思主义、成为马克思主义者的重要途径。李大钊的社会主义思想贯穿了他革命活动的始终，并经历了曲折的发展过程。他曾经与五四时期许多先进知识分子一样，信仰过空想社会主义曾经把人的理性和博爱、自由、平等看作创造新生活的基础，认为协和与友谊是人类社会生活的普遍法则，是社会主义者共同认定的基础；他号召青年们投入村落中，对农民进行精神改造，建设新村落，并以村落为基础，建立小组织，以世界为家庭扩充大联合，新村落的大联合，就是我们的少年中国，并且真诚地为之进行种种试验，希望依此建立理想的新社会。所不同的是，李大钊最早觉悟，认识到空想社会主义道路在中国走不通，毅然选择了马克思主义和十月革命的道路。随后他以马克思主义的唯物史观为武器，对各种空想社会主义进行批判，成为一个彻底的科学社会主义者，并为它在中国的实现奋斗终生。

据统计从 1918 年到 1921 年，在各种刊物上刊登的马克思主义著作和介绍马克思主义的文章达 300 余篇。出版马克思恩格斯著作的全译本和节译本有：《共产党宣言》《社会主义从空想到科学的发展》《雇佣劳动与资本》《〈政治经济学批判〉序言》《〈资本论〉第一版序言》《家庭、私有制和国家的起源》和《科学的社会主义与唯物史观》(《反杜林论》第三编的一部分) 等；列宁著作有《无产阶级专政时代的经济和政治》《苏维埃政权当前的任务》《国家与革命》《伟大的创举》等；同时出版了 K. 考茨基的《阶级斗争》《马克思资本论解说》，Н. И. 马尔西的《马克思资本论入门》，刻卡朴的《社会主义史》，Н. И. 布哈林

教 学 篇

的《共产主义 ABC》等介绍马克思主义的著作。

1926年6月6日《民国日报》副刊《觉悟》上发表汉俊《研究马克思学说的必要及其我们现在入手的方法》，提到解说马克思学说的书现在很少，所列出的为：《近世经济思想史论》（河上肇著，李培天译）、《唯物史观解说》（郭泰著，李达译，中华书局发行）、《经济史观》（塞利格曼著、陈石孚译）、《社会主义与进化论》（高畠素之著，夏丏尊、李继桢合译，新时代丛书社）、《达尔文主义与马克思主义》（新时代丛书社）、《阶级斗争》（柯祖基著，恽代英译，新青年社发行）、《马克思资本论》（马尔西著，李汉俊译，上海新文化社1920年出版）、《马克思经济学说》（柯祖基著，陈溥贤译，上海商务印书馆1922年出版）《社会问题总览》（高畠素之著，李达译）、《社会问题概观》（生田长江、本间久雄合著，周佛海译）、高畠素之施著、施复亮译《马克思学说概要》（1922）、《马克思主义与唯物史观》（范寿康等译）著收有：河上肇的《马克思的理想及其实现的过程》、栉田民藏的《唯物史观在马克思学上的位置》两文（上海商务印书馆1923年出版）、《资本制度浅说》（山川均著，1926年）。

1923年9月至1924年4月，李大钊在北大讲授《社会主义与社会运动》课程，正是基于马克思主义理论急需在中国广为传播，通过对国外众多社会主义流派的比较研究，充分肯定社会主义的基本特征，详细阐明社会主义与社会运动的进展，使更多的青年学生认识社会主义。

有关《社会主义史》的课程，是在1922年就确定下来了，只是课程的名称还没有最后确定下来。因为《北京大学日刊》在1922年10月31日曾刊登注册部《通告》："李大钊先生所授政治、史学两系《唯物史观》本日上课，其《社会主义史》、《社会立法》两课，均稍缓再行授课。"

《北京大学日刊》1924年1月5日的《布告》："李大钊先生因事出京，其所授政治、经济两系之《社会主义与社会运动》暂时请假，回校后再行补讲。"可知，李大钊是在赴广州出席中国国民党第一次代表大会后继续讲完这一课程的。授课时间应是在1923年9月至1924年4月。以前认为这是李大钊在1920年所作讲演的说法不准确。2003年11月，朱文通著有长篇文章《李大钊研究中亟须澄清的几个问题——李大钊几篇重要文稿的写作、发表时间纠谬》，发表在《河北学刊》第23卷第6期上。

241

这篇讲课笔记的主人邵纯熙（1896—1973），1923年是经济学三年级的学生。邵纯熙曾经在北大《歌谣》周刊（第13号，1923年4月8日）发表《我对于研究歌谣发表一点意见》、在《北大经济学会半月刊》发表《马克思主义之重要学说》（1924年5月5日）一文。1925年秋留学美国，在美国芝加哥大学、哥伦比亚大学研究院学习，1929年2月毕业回国后。先后在江苏、重庆、乐山等地工作，1950年回到故乡余姚。《社会主义与社会运动》现存的原稿是邵纯熙根据课堂笔记，全文四万三千多字，用毛笔精心写成，实是心血结晶。对出版方想收购原稿，邵纯熙自是难以割舍，他善解人意，更认识此文的历史价值，于是抄录了一份寄至上海，后经方行、顾廷龙校订，于是有了《李大钊文集》中的这篇重要文章。

　　《社会主义与社会运动》，在邵纯熙根据课堂笔记中，分为十六个题目：社会主义的定义；关于社会主义的种种误解；社会主义和平民主义的区别；社会主义和学艺的关系；法国十九世纪社会主义家；圣西门社会主义所处的地位；圣西门与孔道西的比较；圣西门的历史法则；傅立叶的学说；路易勃朗的历史；蒲鲁东的历史；英国初期的社会主义者；基督教社会主义者；约翰鲁斯更是艺术的社会主义者；弗边社的意义；行会社会主义。

　　现在的《李大钊全集》中，是把这十六个题目归纳成了九个题目：（一）社会主义的定义；（二）关于社会主义的种种误；（三）社会主义与平民主义的区别；（四）社会主义与学艺之关系；（五）法国十九世纪之社会主义家；（原来的"六、圣西门社会主义所处的地位；七、圣西门与孔道西的比较；八、圣西门的历史法则；九、傅立叶的学说；十、路易勃朗的历史；十一、蒲鲁东的历史；"都放在了这个题目之中）（六）英国初期之社会主义者；（七）基督教社会主义者（原来的"十四、约翰·鲁斯更是艺术的社会主义者"放在了这个题目之中）；（八）费边社；（九）行会社会主义。这样的整理是否必要，可以不去讨论。这种改动需要在注释中有所说明。况且对于约翰·鲁斯更，即罗斯金，应否定性为基督教社会主义者，是需要慎重考虑的，至少李大钊不是这样认识的，否则他就不会把"罗斯金是艺术的社会主义者"单列为一个题目了。李大钊说："基督教社会主义中之最著名者三人：金斯黎、摩利士、卢得郎。"并没有把罗斯金列入其中。整理者的这种安排是否符合李大钊的原意？

（一）李大钊著作:《社会主义与社会运动》

（1923年9月至1924年4月）

1. 社会主义的定义

社会主义是由英语"梭雪立什姆"（Socialism）翻译而来的名词，本自拉丁语Socius（同僚）的形容词Socialis（同辈）而来。这名词的思想固极陈旧，然到十九世纪前半期，始以语言表示之。所以这个名词就沿革上讲起来，在英国是应用于涡文（Owen，欧文）的社会改造论，在法国是应用于圣西门（Saint-Simon）、傅立叶（Fourier）的学说中，德国学者寿亚罗亦是先创用Sozialismus的文字。然社会主义的意义，不仅在平常言谈中及政客所引用的意义各不相同，即经济学家及著名的社会主义批评家所定的意义也不相同。

1833年有保贫党（Poor men's guardism）用这个名词。Socialism对于G. J. Holyoake（George Jacob Holyoake，乔治·雅各·哈雷欧，1817—1906）所著《合作史》（*the history of co-operation*）中，谓此字的应用始于1835年《大英百科全书》，并谓凡用政治权力，以变私有土地及资本为公有者，是为社会主义。以个人主义与社会主义相对说，非此处所讲的社会主义。彼所云者为用社会全体为本位，以遏止个人的自由。此处所云者，为社会主义的制度，是理想的，非已成熟可观的，而欲以之实现于现在及将来。然欲求社会主义的正确定义，不可不研究它的经过。此主义的初期，非政治运动，实为人道运动。盖见社会上许多可悲惨的事，吾人若以正当手段，而阻止悲惨的运动，则人类的幸福到了。诚相信社会中，有此真理。今则竟成为有力的政治运动，故不能仅专注意他的过程。

今人每将共产主义（Communism）及社会主义（Socialism）混谈，其实此二字大有区别，Edon and Ceder Paul 所作之《*Creative Evolution*》（艾登和西达·保罗:《创新进化论》）中谓此二字的区别曰：与其谓此二字为根本原理上的区别，毋宁谓为程度上的区别。在1888年《〈共产党宣言〉英文版序言》中，Engles 曾申明其非社会党之宣言。因其时讲社会主义者非仅包括劳动阶级一部，其中尚有中产阶级之故。此共产主义非只主张政治的改革，其中尚含有经济的革命。社会革命为整个的革命，非部分的革命。

当 1847 至 1871 年时，一般人对此二名词的态度，以社会主义为温和的，共产主义为过激的。照 Engles 等之解释，以为社会革命当纯由劳动阶级而作，故将此二名分别之。Engles 作《〈共产党宣言〉（英文的）序》，发表后近 30 年俄罗斯发生社会革命，缘俄人自称共产党。1918 年中，德国人的革命自称社会党。1919 年第三国际在莫斯科开会后，此二主义更明，而名共产党称曰左翼，社会党称曰右翼（第二国际）。前者今已布全世界，后者则稍形散漫。以颜色代之，前者为赤色，后者为淡红色。前者代表劳动阶级，后者代表资产阶级或半资产阶级。社会党主张 creative evolution（创新进化），而共产党则主张 creative revolution（革命创新）。虽然如此，不能寻出具体的定义。从过程中以求之，亦未尝不得其一二。由智的方面观之，Socialism 此为现在存在之资本制度之批评指南。由情的方面言之，则为以新的、好的秩序，代替旧的、坏的制度。由意的方面言之，则使人发生努力，以平静寻秩序，代替旧秩序。就以上所言三项，故可知社会主义从吾人精神方面言之，可分为智、情、意三项。然其所作运动，则以科学社会主义为根据，此根据必须是实在的，故从社会方面观察，可分为政治、法律、经济三项言之。照政治方面言，必须无产阶级专政，方合其目的。所以社会主义，包含国家社会主义与无政府主义两种。照法律方面言，必须将旧的经济生活与秩序，废止之，扫除之，如私有权及遗产制，另规定一种新的经济生活与秩序，将资本财产法、私有者改为公有者之一种制度。从经济方面言，必须使劳动的人，满足欲望，得全收利益。所以此种亦可分共产主义及集产主义两派。由上两方面观察的结果，既如是。乃再解释各方对此的误解。

2. 关于社会主义的种种误解

（1）有人误解社会主义为社会学，不知社会主义是改造社会的一种法则，促进社会改良的制度。社会学是一种科学，研究社会上各种现象及其原则与一切社会制度的学问，且用科学方法，考究社会是何物，发明一种法则，以支配人间的行动。所以社会主义是社会学中应当研究的一部分，并非社会主义即社会学。此为第一误解。

（2）有人误解社会主义与无政府主义为一物，实则社会主义者是要求政府有一种权力，使之伸张，以保障每人享受极大量的平等、自由。资产阶级是要求政府个人自由，是一部自由，限制政府干涉个人自由愈少，而彼阶级之享福愈大。无政府主义是主张无政府者，与社会主义绝对相反。资本主义适在两者之间。然世之研究社会学者，因为社会主义本身的学说，及运动派别过于繁多，所以彼等尚是意见纷纷，莫衷一是。有以社会主义与无政府主义对立，不承认无政府主义为社会主义的一派；亦有视为同物者。有以社会主义的本质，专在革命方面；亦有视为民主主义一派者。所以第二误解，是照主张者之本意记之。

（3）又有人误会社会主义与共产主义为一义，其实两者确有不同，即社会主义与共产主义，所用的手段与范围等均不同。又共产主义有无政府共产主义及宗教（有政府）共产主义。因此之故，所以现在俄国的社会主义与克鲁泡特金的共产主义分开。

（4）现在社会主义已到实行之地步，人咸以为实行社会主义之后，决不发生竞争。盖社会由竞争而进步，良好的竞争，是愉快而有味，无不可以行之。至于资本主义的竞争，使人类入于悲惨之境，此种竞争，自不可以。今社会主义毫无竞争，岂不令人枯死么？不知社会主义亦有相当的竞争，不过禁绝使社会上起极大之竞争，如现今的竞争使人犯罪等，故认社会主义为无竞争者误矣。

（5）再社会主义是无家庭者亦误。其实社会主义并非破坏家庭，实欲立国家内的家庭，比现在之家庭更趋完美，因有余暇，经营家庭种种设备而得娱乐。又社会主义不是使人尽富或皆贫，是使生产、消费、分配适合的发展，人人均能享受平均的供给，得最大的幸福。所以列宁想工界电气化，使劳力小，享受利益多，即为此意。

（6）有人疑虑社会主义实行后，国家与社会权利逐渐增加，个人自由易受其干涉，遂致束缚。此亦误解。然过渡时代的社会主义，确是束缚个人主义的自由，因少数资本主义者之自由当然受束缚，不过对于大多数人的自由确是增加。故社会主义是保护自由、增加自由者，使农工等人均多得自由。

（7）有人言社会主义是破坏生产者，亦是误解。彼等所主张者以为在现在制度，可以生出许多财商，如社会主义实行，则生产制度破坏，绝不能如现在社会生产之易。然照其真正意义解释之，社会主义是由个人生产变为社会的生产，由手工的生产变为机器的生产，其进步是一线的，故社会主义不是破坏生产，是求进步的、适合的生产，即整理生产，使归统一，免呈纷乱之象。分配平均，使生产不致过度，社会上遂现一种新的秩序。此实是整理，非为破坏。

（8）又有人言社会主义是不道德者。因为此种主义是建设于愤懑、仇怨上面者，因此社会主义有此种势力，似乎不甚善良。但就实事考察之，压制资产阶级为怨仇，若就彼自己方面而言，是互助、相爱，不是谋怨仇，并为大多数人谋幸福。

3. 社会主义与平民主义的区别

社会主义与平民主义在学理上当解释明白。社会主义不一定要平民主义政府 Democracy（民主）之下实行的，无论何种政体，如专制政体等，均可实行。但就两者精神方面言之，平民主义是种精神，社会主义亦是一种精神，两者是相接近而一致，均由平民而起者。

社会主义在资本制度中，必起种种之误解，因为二者是立于反对的地位，并且是一种新的制度，亦必使人起疑心及恐怖。社会主义又是须将现今制度，完全改革。其实质方面又须寻出一种新方法，代替旧式之私竞的经济秩序及组织，使社会上发见新的经济组织及秩序是正规而优良者，即主张协作的生产，并得真正平均的分配，此为其目的。至若实行其手段，各不相同。有谓必须革命者；有主张不必剧烈革命者；有谓渐渐进行改革达到目的，用平和手段者。

以上仅就社会主义和平民主义的区别，略为谈及。以下再谈谈社会主义的理想。因各地、各时之情形不同，务求其适合者行之，遂发生共性与特性结合的一种新制度（共性是普遍者，特性是随时随地不同者），故中国将来发生之时，必与英、德、俄……有异。因中国受国际压迫（帝国主义与资本主义），各阶级是相同的，所以实行时应当与资本中等……阶级联成一气，使中国成一独立者，不受国际压迫者之国际压迫者之国家。唯最后应注意尚有国际资本阶级……亦应打破。社会主义的运动，当然以国际为范围，因为经济情形是国际关系之故。

4. 社会主义与学艺之关系

学问、艺术均须由个性而发展，若社会主义实行之后，则个人的天才能力，必渐趋于平淡，黯然无色者，不能有所发达。故有许多人误谓社会主义是专为物质进步而设，至于美术、哲学，似不甚注意者。

马克思的唯物史观是以社会为整个的，不能分裂的，因以前道德、哲学、伦理等，与将来经济状况不合，所以再造出一种更好之道德等，绝不是将道德废去。社会主义亦有许多美术家、文学家赞成及研究，彼等眼光既由社会主义涵养而出，故彼等希望艺术有真正的发展。如 Thomas More（托马斯·莫尔，1447—1896）著《Utopia 乌托邦》一书，其内容托言 Raphael Hythloday（拉斐尔·海斯劳第，《乌托邦》书中的人物)与有学问人的谈话,以发表其见解。全书用自问式。于1516年英国社会反应一种悖谬情形,其批评现今社会一段谓:有一人请其赴宴,问其盗贼如何消灭?Hythloday 谓未寻见犯罪之根本原因,然盗贼均因贫困而来,社会之所以发生贫困,实因私有制度中的富贵之家,多养游民不劳而食,且贵族的园地、牧场极大,耕地减少,而贫困因之发现。然贫困不去,盗贼不能免,故欲免去盗贼,必须免除私有制度,使人人劳动。当时有人问如私有制度废去,人人不劳动将如何?答谓尔全不了解乌托邦之观念。Hythloday 周游全世界,当时在南半球,遇见一岛,全岛之大,只一日路程可达。其都市社会组织,由农人举四个老成议会。三十家一首领,三百家有一检查官,其他尚有各种官职,务均由乌托邦者(即居此岛之人民)选举之。一切行政管理,务求合于卫生,引导入于道德。村市房舍,每家四十人,男女各半,两年村市互易其居。每家一公园,每家两门,一通于街,一通于公园,凡一切房舍、公园悉为公有。乌托邦制度,即社会上事务,是义务劳动,家庭上事务,是奋□劳动,每家可养二奴隶,做最不清洁而烦劳的工作。每日六小时工作,八小时睡眠,其余十小时任意嬉乐。婚姻是有相当之限制,即取一夫一妻制。生育是不受限制,然分配多的地方于少的都市。都市人口,亦有一定限度,超其限度,即须迁移,若超过全地的限度,则须开拓新殖民地。以为社会非此组织,不能完全。William Morris(威廉·莫里斯,1834—1896)著《无何有之乡》(*News from Nowhere*),因其欢喜读《乌托邦》之故。书中所言,不知钱是何物?无所谓困贫,婚姻是自由恋爱者,男女老幼均极活泼。与乌托邦相异之处颇多,即劳动亦不同乌托邦须受强迫者,因为此中人,觉得劳动是愉快者,亦无所谓奴隶制度,此二者之不同根本。此外,如 John Ruskin、Oscar Wilde(约翰·罗斯金,1819—1900、奥斯卡尔·王尔德,1854—1900)等均为艺术家。

　　社会主义与学艺,有许多人皆谓社会主义所建设之社会,是阻碍艺术,不能有所发展。然吾等考查社会主义之一种,不但不妨碍学艺,而且使之发展;至于资本主义反阻碍学艺,使之不能发展。William Morris 以为资本主义使人生活上,渐趋于干燥无味之境,学艺亦日见退化,于是发生反抗,得到美学的社会主义运动,即从根本上着想,人的本来之观念或性质而趋于此种社会主义者。其中代表为 John Ruskin,尚有俄国经济学者 Tugan-Baranovski(杜刚·巴拉诺夫斯基,1865—1919),

Morris，皆主张学艺在社会中可以表现人的感情，且以尊重人格根本观念出发，达到社会主义之目的。此冷酷资本主义，能使人生生活非常枯槁。Galton（高尔顿，1822—1911）主张资本主义能使人的精神能力退化。故现今欧洲人精神能力比古代希腊人精神能力为劣，犹黑人之与欧人相比也。因为现今发掘古代美术品极佳，文化殊为发达，至今反见退化，以此故也。固然资本主义在社会中有许多文化，如用机器生产，制造战品，似乎社会进步。然人类进步决不在此，宜在美的感受能力之增加，发见古物，不过古人创作沧海之一粟，足使后人创造许多美术品，此可证明也。伟大艺术品，在过度劳动之下，断无创生之机会。此一般人之主张资本主义，不但在人类生活经济上受其苦窘，即学艺上亦大受其压迫矣。

John Ruskin 之美术的经济观，有三要点：

（1）劳动宜最合理者之利用；

（2）劳动之结果的生产物品，宜保重之；

（3）分配物品宜合理而公平者。

彼之意思乃以美术练习人之性情，且认美术品为至要的，因此美术家之创作，是正当合理之劳动，以美的方法整理经济的组织。Morris 认工作是喜悦者（Joy of work），彼谓资本主义将人之制作物品之喜悦，损毁甚多。一切制作物品，均充满营利之目的，此不仅使生产者工作者毫无喜悦，即使应用者，亦毫无喜悦也。彼极赞扬 14 世纪时，牛津（Oxford）地方之美术街市及作品，均为喜悦之美术家亲手制造者。故 14 世纪美术品，极为精美，使人发现一种美感。在此种状况之下，欲使工作者喜悦，不能不推翻资本主义。一方面欲使工人快乐，当实行社会主义。Morris 因为自己行为冲动，以为无论何物，凡自己亲手制成者较为有味，即种种小事，设亲身为之，亦甚有味。盖自己工作时，使制造物易得满充喜悦之机会。此在吾彼自己栽花植木种蔬时，常得美满之趣味也。故彼主张人人均须以行为冲动，亲身自作，得到喜悦之幸福。彼对于民家困穷，极为悲观，彼并非因民家贫困而悲，实因为贫困结果，不能感觉工作上之喜悦，极为可悲。B. Russell（罗素，1872—1970）受 Morris 之影响，彼谓人有各种冲动，可分为个有的冲动及创造的冲动。彼主张人应尽量发展创造冲动而限除个有的冲动。设大多数人无衣食，资本主义者，不过有衣可衣，有食可食而已，毫无美感之可言。有一人名 Naquet（纳凯，1834—1916）谓共同团体的生存，一定有一种真正使命,此种使命,不在饮食而在学、知、发现。

盖衣食住为人生附属品,若仅为衣食住着想,则与动物何异。Russell 主张定有三点:

(1) 技术练习——教育;
(2) 发挥创造冲动之自由;
(3) 公众的认识。

照(1)项言,主张教育自由,然按现在教育情形言之,凡家有资本可以远出求学,成为一学者。反之,贫困之人往往无机会读书,其中英雄豪杰,不知埋没多少。中国前清时代之书院,贫穷之人,亦有机会读书,人才亦有产出,今则改为学校,似乎反受了欧洲化资本主义之影响也。又给学者以奖励资金,使学生感觉到一种讨厌之观念,亦非所宜。故罗氏主张凡男女二十以下可以自由读书,不收费用,此种小损失,实可不必计较也。

照(2)项主张发挥自由创造,然有许多人因生活要紧之故,不能自由发挥创作,此实为环境所迫之故。如日本博士会制度,颇有阻碍创作之冲动的倾向。会中老博士恐后进者(大学毕业生)程度高,入会之后,恐推翻自己地位,或超出自己地位,故欲入博士会甚难,甚至先连通老博士,始得其门而入。此种妨碍创作冲动,罗氏甚反对之。

又社会中人给以最低限度的需要品。无论何人,均可得到奢侈品,然必须作有益于大家之工作。欲施行此种制度,使艺术家有挥发之冲动,虽一箪食、一瓢饮,亦不以为苦。惟此处亦有一疑问,设人人尽作美术事业,不愿做工,将如之何。不过此种制度,工作不甚苦,亦无妨碍。

又关于著述出版事宜,亦当论及者。设有一种书籍,其言论是反对社中制度者,其出版自由权,不免失去,此显见之事也。其实不然,凡是行 Gide(即 Guild,行会)之制度者,如有反对该制度之言论出版,此时著作者担任出版费,均可自由印刷出版,斯实发挥创造冲动之自由之精神也。

照(3)项言,使公众对于美的作品,认识鉴赏,尊重著作之人。诚以美术作品,为人认识,引起大家发挥创造也。在现今资本制度之下,固然有许多人,亦有尊重美术品之能力,然自大体言之,终含有金钱主义之气味。出版物如为美术作品,均可得到稍高之价值。如此亦足阻碍真正的学术。在社会主义制度以下,使公众有认识鉴赏能力,消除一切观念。

劳动是苦抑是愉快？亦可申言之。若社会组织完善，劳动确为愉快之事，不然劳动固甚苦也。Ruskin 谓过度的劳动是苦痛，又谓人之精力宜发挥，不然亦是苦痛。少数人工作是苦痛，大多数人工作不是苦痛。彼主张四小时之劳动。傅立叶（Fourier，1772—1837）亦谓过度劳动是苦痛，羡慕动物的社会，因为动物是愉快者。彼以为在乎变换，工作地方宜美，使人劳动时感觉一种美的情感。同伴亦可择良友分工为之，按各人性情分班工作，如是能使苦痛工作化为愉快者。

（1）工作时间问题

威廉·哥德温（William Godwin，1756—1837）主张一半点钟工作。Owen 主张每日半日工作。Rooptkin 主张一日四小时之工作。Morris 主张每日六小时。Cabet Icarie（Etienne Cabet，艾蒂安·卡贝，1788—1856，Icarie，伊加利亚）旅行记内主张夏日七时工作，冬日六时工作。现今劳动工作主张八时，亦有主张六时工作者。又因为机器日夜不停，工人可分四班工作，以资休息。因为人之精神富足，工作之结果必优美。以上种种工作时间之主张，各有不同，当依社会经济情形之若何，而后定之。

（2）社会主义与宗教之关系

此问题有许多人反对，以为社会主义与无神论极有关联。实际在学理上言，此二者是两件事。社会主义派别中，亦有主张宗教者，不主张宗教者，不尽皆非宗教者，如耶稣教社会主义者，圣西门（Saint-Simon,）著有《新基督教》（后面提到此书时又译成了《新耶稣教》）一书，亦赞成宗教，以此书嘱其弟子出版。

科学社会主义与宗教之关系。彼等从唯物史观应用观察社会，以为人非神造者，神是人造者。精神界现象，完全是人间社会物质经济情形之反映。认社会生活是整个者，有经济生活而表现宗教种种生活。如生理的生活、哲学的生活……由是言之，宗教生活亦是。宗教生活一部分亦由经济生活发生者也。社会主义者反对立在旧的经济组织所建之宗教。将来新的经济组织亦许发生新宗教。但此宗教是适用于新的经济组织。Saint-Simon 谓宗教在十七世纪时发生大事情，不过科学能替代宗教。所以彼主张新的宗教，近于科学方面。实行社会主义之俄国亦极重美学，戏剧是发达者。总之社会主义与宗教是两件事情。

5. 法国19世纪之社会主义家

法国大革命运动之后，劳动阶级之不自由，不平等，依然如故，困苦颠连，莫可名状。至19世纪初期，法国发现两种空想之社会主义，对于生产及分配问题，有所主张。

（1）派以圣西门（Saint-Simon）为代表；

（2）派以傅立叶（Fourier）为代表。

圣西门（Saint-Simon）之学说

圣西门之史略　圣氏为法国社会主义之首创者。生于1760年，为巴黎人。属于有名之圣西门公爵之支族，其祖宗霞列曼尼（Charlemagne 今译查理曼）是贵族，祖父名 Louis Francois de Saint-Simon（路易·弗朗西斯·圣西门）。其贵族称呼有二：法兰西之贵族、西班牙之贵族。据其所言，曾受业于他浪柏（d'alembort）及省第奥塞（Cendovcet）。19岁时，前往美国，投入革命军当志愿兵，共同抵抗英人，后任为联队大佐。此为美国独立战争时期。然圣氏之注意点，不在战争而在对于战争之目的，以为战争无甚趣味，故彼极喜研究政治。后回英国，英政府以其运动美国独立，逮捕之。后回本国，又至墨西哥，在 Nedriel（Madrid，马德里）开辟运河事业。当圣氏在青年时，心中即抱极大之志愿。每日早晨嘱仆人告伊以警语曰："先生，尔其记之，尔尚有许多伟大事业当为之。"一日梦见其祖宗 Charlemagne 预告之，谓伊必大得志于后日，故彼早年计划中，有一种是将大西、太平两洋，开一运河，以联结之。一种是开 Madrid 运河，达于大海。法兰西革命起时，因参加乱事，被捕入狱，故无显著之成绩。当1789年时，市中人民因其声明取消伯爵（伊以为贵族制度是极卑污者），欢喜其有平等思想，故举之为市长。但圣氏经营土地投机事业，积得144000法郎，伊谓此不是为彼自己享用计，不过作为实行将来计划之资。所以不久财产荡尽，穷苦万状，每日只得水与面包而已。厥后每年得到40镑之资金，借以维持生活，同时又写其著作，精神因之不乐，幸蒙其老仆之扶助，时时救济之以资财。不料至1810年，仆死，济给毫无，受饥寒之压迫，达于极点矣。当时著毕两种书：

（1）《Sur la science de l'homme》（《人类科学》）

（2）《Sur la gravitation universelle》（《宇宙重力》）然无钱可以付印，乃至书于友人，说明苦况请求援助，略谓目下境遇，衣食毫无；然察出欧洲必有大危机，不得不实行彼所计划之制度，此时竟无一人相助，未遂其愿。当圣氏壮年时，因为欲扩充自己对于事物观察力，使之愈加精当，年未四十，即学竟各种科学，尽七年之力研究生物学与法律学，并且实验许多事实。然有一事为伊生平最不得意者，即与其妻结婚仅一年，两人性情不合，得其妻之同意，遂宣告离婚。至六十岁时，因各种事业失败，颇觉绝望，而家庭又不好，常想自杀。到晚年，方收几个热忱弟子。其平生著作如下：

（1）《*Lettres d'un habitant de Genève*》（《车列夫居民之书信》），一八〇三年出版。其早年著作多半属于科学及政治方面。

（2）《*L'industrie*》（《工业》），1817年出版。发表社会主义之意见。

（3）《*L'organisateur*》（《组织者》），1819年出版。

（4）《*Lesystème industrie*》（《工业制度》），1821年出版。

（5）《*Catéchisme des industriels*》（《工业问答》），1823年出版。

以上后三种书，将社会主义之意见，加以阐明。

（6）《*Nouvean christianisme*》（《新耶稣教》），1825年出版。此书为其生平最后而又最重要之著作，彼本无神学之观念，著此书时，觉亦有神。

是年（1825）圣氏殁。其最得意之生徒是孔德（Comte），后因与彼宗教意见不合，遂分离。临终时，彼召弟子名Rodrigues（罗德里格斯）者（亦颇优秀），以尊重之言辞，告其生徒，嘱其将《*La production*》（《生产者》）杂志继续出版。此时彼精神不佳，经一小时，再言，设我辈发印第二期杂志后，一定使劳动阶级，于18小时内，组成工党云云。

圣氏殁后，其徒分为两派：（1）Bazard（巴扎尔）、（2）Enfantin（昂方坦）（此两派之大意，后当详言之）。

圣西门社会主义所处之地位

圣氏历史观，前既言之，今研究其思想与社会主义之关系。社会主义分两种，即空想的社会主义及科学的社会主义，彼之社会主义是属于空想者。但一般人均鄙弃空想社会主义，因为不能实行之故。至于科学社会主义可以实行，遂为人所重视。其实不能如是，因空想社会主义是母，科学社会主义是子，故其关系颇切，此两种主义不同之点，即在历史观各有不同。如空想社会主义，以为社会之进步，由于理想。科学社会主义以为由于经济之条件，若无经济条件，无论有何种思想，决不能使社会进步。然研究思想史，不能因新的与旧的相反，有所分别。尤不能信仰科学社会主义，遂将空想社会主义放弃不顾，要知空想者在科学上面亦有功绩。圣西门是生于由空想社会主义变到科学社会主义两者联结之时期，实为二者中间人物。故彼历史观，先系主张智识之历史观，后主张经济之历史观。承受彼智识历史观者是孔德，承受彼之经济历史观者是马克思。可知立于由空想的向科学的进化之程度而为开拓唯物史观之道路者，实为圣西门。彼是浸染于福禄特尔时代之理想，而同情于革命精神之自由人道主义者。此三人观念，以为社会是如何能进步，空想社会主义者之见解，以发见真理为实现理想社会必须之条件，故主张依人间理性的力量，能实现社会主义，此为该派的理想历史观。科学社会主义派，以其根据置在唯物史观之上，依人类历史上发展过程之研究，于其中发见历史必然法则，于此法则之上，主张造成将来之社会（包括经济的历史观，如经济问题不解决，则无希望）。然社会主义以理想为根据，极不稳固。以社会的经济条件为根据，较为稳固。社会改造及历史变迁，不能从人任意为之。十八世纪启蒙派之社会哲学为空想社会主义，到马克思依科学法则组成系统，认社会主义是历史造成必然之结果，其主张乃有强固根据。若仅以人的理性为根据，力量极为薄弱，如砂上建楼阁也。自科学社会主义发生以后，于是立在人类历史之必然行程上，有具有绝大势力的历史为其支撑者，则社会主义之来临，乃如夜之继日，地球绕日之一样确实。而圣西门不仅是唯物史观开拓者，且为社会学之航梯，又为历史学之先趋。

圣西门与孔道西（Condorcet）之比较

圣西门之主要师友为孔道西与几个生理学者。圣氏因之得到两种主要观念：伦理与政治全以物理学为根据；历史是进步者。其历史观即主张进步。孔道西以智识进步之运动解释历史，主张亦同。但其以为孔道西用此原理，似嫌狭隘。于是犯两种错误：不了解宗教的社会意义；谓中世纪是前进运动中无用之中歇。圣西门看出宗教有一自然而合理之社会任务，不能被认为单纯之害恶。孔道西之观察人类在社会上，关于一切现象均有互相联络之理，谓宗教是由科学而决定，政治又由宗教而决定。故宗教之系统，适合于科学，宗教之组织，基于当世科学发展之态度；因之一代政治组织，适应于此宗教组织。孔道西又提议以为人生与历史，有何种关系，其价值乃给人以材料，知将来之情形如何。圣西门崇奉此提议为教义。但在孔道西之非科学方法上，预见将于不可能。为此预告，此运动法则必被发见。而孔氏不仅不立下法则，抑且未曾寻求此法则，故不指明如何供给吾人一种材料之方法，只遗留以为后学者之探索。是以在十八世纪之思想家，将"进步"作为立在极不充分之推论上之单纯假使，遗留于后世。彼辈之承继者乃欲像物理法则相同之社会法则，以求其科学假设之列，此是圣西门之目的，亦是孔道西之目的。故我等可称圣西门是孔道西之继承者，而孔德是圣西门之继承者。

圣西门之历史法则

圣西门之见解，以为宇宙一切现象形成一个有统一之全体。各种科学之任务，在于其特有范围内，发见其统一，即在探究现象间之因果关系。今人类事实是零碎驳杂，无系统者，普通历史家，将此种零碎事实记录出来，以特种记载说明君主、战争等所谓显著之政治现象，遂以为能事。此种态度，非改正不可。历史是活泼、整个者，虽无此种零碎之记载，而人类之种种生活仍是存在。故历史现象，如以之为一个全体而观察之，则必有何等统一，何等因果关系。关于此点，历史现象与自然现象无何所择，不可不以历史为一科学，探明白历史现象间因果关系之后，则其法则即能建立。因之历史过程，均能说明过去及现在，而且可说及将来，即依此亦能预测将来之社会如何，将来历史之阶段如何。如是，则历史之范围，实联系过去、现在及将来，而为一个一贯之法则所支配。

圣西门由历史抽绎出来之法则，为组织时代与批评时代，互相递嬗，亦可说建设时代与革命时代之递嬗。但历史不退化，不循环，是进步者。圣西门看出人类是一集合之生物，虽个人有死亡，而人类是永远存在，即人类永远向进化方面发展。彼以此法则为人类之物理学法则。

以上所云为其智识历史观。以后经济历史观之发生，即因法国大革命所造成者，彼看出社会上无论政治、宗教、智识如何变动与社会生活的本质上，无甚关系。社会生活之进化，必由产业组织之变动。故历史是依社会上经济之条件而变动者。

圣西门之社会观，在其所作一篇小论文《寓言》（Parable）中，以巧妙之笔表示之。大意谓假定法兰西突然丧失第一流学者、艺术家、劳动者，其损失实在不小。因为若辈在法兰西最活动一派人，是管重要之生产供给，有益于劳动，于科学及于艺术方面，使法兰西愈形丰厚者。且若辈是社会之精华，于是邦也，贡献独多，赍伟大之声誉，促进其文化之发达，而致其繁荣。今骤失之，则法兰西直成为"无魂之体

(Corps sans me)"，将不能与其他国民竞争，而沉沦于卑劣之状态。法兰西在此等损失恢复、新人物产生以前，不能不屈忍于此种状态之下。由如此之不幸而谋元气之恢复，至少亦须一时代之长时间，而且真能供应有用之劳动者，实在是例外人，自然不是滥行多多产出例外。尤其是例外者，是设此等科学、艺术、工业方面之天才人物全部无恙，而于一日丧失皇室宫廷、王公世爵、达官显位、国务大臣、国会议员、元帅、大僧正、大地主等等，荣华世界之中，突遭意外之厄，仁慈之法人固必有所不忍而顿兴悲悯，然由法兰西国民之生活上言之，此等享有高爵厚禄者，纵一时耗丧至三万人之多，亦只能与国民以感伤之悲痛而已，国民丝毫不因是而陷于不幸。此何故？其理极明。候补者殊易得，能继承而愿继承者不知凡几也。综观其说，可以知其如何崇拜科学、艺术、产业，如何轻视政治家及贵族、僧侣。然在此时，其社会观，尚不能说是经济者，此处尚认科学家、艺术家与产业有同等价值。而《产业者问答》，其思想趋于经济方面，社会上之基本阶级则以产业为最，学者及技术家则居其次，而产业阶级中之人物，则为劳动之农民、手工艺者及立在生产与消费者中间之商人三种人物也。凡社会大多数之幸福增加则社会进步，否则无进步。劳动阶级乃是一切财富的最大原动力，在社会上颇占重要位置。故欲改造社会，不得不谋劳动阶级精神与物质的幸福，方可增进全人类之福利。

法兰西之中产阶级利用无产阶级（劳动阶级）虽推倒封建贵族，增进自己之位置，然仍无好结果，劳动者仍未得到利益，故使劳动者执政，即可改造社会，使社会进步。

从上面历史观及社会观等观之，可知彼为社会主义者。

圣氏犹有黄金时代观，与其秘书 Augustin Thierry（奥古斯特·梯叶里）合著一书，谓："诗人曾有详述黄金时代。以过去言，此为铁之时代。彼谓黄金时代不是在我辈之后，是在我辈之前。故先人未见过，而子孙则或可见到，吾人乃其开拓者。"圣氏欲以全欧合成一国，则世界亦可联成一国，设英、法二国联成一气，则造成一种联合之国会。圣氏对历史以为有孤立方有联合，有反抗始有协和，有战争方有和平，欧洲中世极有效力，今应有一种标准，须立于科学之上。欲废止自由主义之经济组织，必依各人能力，从事劳动，按其成绩分配，此为合理之点。此与傅立时之学说不同，因其信国家之权力来统治，以为国家有最高理想因势利导。然彼则以此种改革，不在乎急进，在乎渐进者，因以历史上观察，则进步在乎联合与协和。彼有两种历史观：（1）破坏时代；（2）建设时代。

原始时代则为食人时代，渐变为奴隶制，旋变为农奴制，以后则发生资本家、雇佣劳动者。求此最后之方法，则为财产转移交国家，则将来一定发生社会主义国家。

圣氏以旧基督教教则是二元论，而吾人当创造一元论之新教义。彼则主张科学、宗教、产业之三位一体论。厥后其门徒则分为两派，到1832年一派消灭，然在当时势力甚大。

傅立叶（Francois Marie Charles Fourier）之学说

傅立叶之史略。圣西门、傅立叶、涡文，此三人均为空想之社会主义家，而以傅氏为最著名。圣氏与傅氏皆为法人，傅氏是一才具优长之人，于1772年4月7日生于贝撒康（Besancon，今译贝桑松），卒于1837年10月。彼是一大布匹商人之子，在本城学校读书，得了一种完善教育，傅氏对于学校功课均完全领悟。然因从事于商业，不得已舍去学业，在商店中度了青年光阴。其父死后，继承其父之遗产凡3000镑，以此资本在里昂（Lyons）经营商业。然当法国恐怖时代，里昂为Jacobins（Jacobin，雅各宾）党人所袭，资产尽失，且被监禁，几伤生命。出狱后即投身陆军界中。越二年，又恢复旧生活，经营商业。后为人作买办，所得甚微。彼在辛苦生活中，而其改造社会之热诚是极高。读其著作，即可了解其人格，其为思想锐利之批评家，但其思想有神化之气味。彼谓将来人类之寿命，平均可以活到144岁。狮子可以耕田，鲸鱼可以使之拉船，河马、狼可以替人作奴隶，且甚忠实。海水是咸，将来可以变为极香之柠檬液体，南北极可以变为极温和者。此种主张似有神化之讥，然其中确有表现梦想之特性。其改造社会之热忱，亦因之而表现。其中有些思想是极其精彩，吾等取其精者，弃其糟糠可矣。

傅氏在幼年时代，觉得当时商业制度之种种缺点。当其五岁时，有顾客至其父亲商店中购物，谓客曰：此物坏矣，望客不必买。其父亲责之曰：为商者应说坏者是好者来欺顾客。因此甚为怀疑。盖彼在小学时受诚实之教育，故主张诚实。彼至27岁时，住在马塞伊，当时法国粮食恐慌，适米商有大宗粮食，因遭饥荒，居奇不售，使社会上缺乏之后，即可重价而沽，然饥民饿死者多，而麦又腐败不堪，彼以为非烧毁之不可。盖其心中以为商业制度，含有许多罪恶及不道德之事情。彼受此二事之刺激，所以主张施行社会主义，设法补救各种恶制度。

教学篇

傅立叶之社会思想　傅氏关于社会制度之思想，以为社会上有一种人生产财货，有一种人不生产财货——消费者。消费者可谓之是社会上寄生虫，其中可包括小孩子、妇女、婢仆、海陆军、管赋税之官吏、商人、赌博者、囚犯种种人，而以商人为寄生虫中之最利害者。商人于生产者及消费者之中间，管理流通商品之事情。人身流通是由于血液，商人亦以此自夸，其实彼等借此种口实，吸收社会之血。商人由生产方面言，可说是一种海寇，绑票诈财。由消费者言，可说是蛛丝网，专待不注意之飞虫，陷入其罗网。故彼以为商人始则用暴力之强夺作手段，现在则用欺诈来作手段。常人以欺诈为不名誉，但在商业上几以欺瞒为商业之道德。如商人中有经纪人、堆栈者及小买卖等，每样商品须经种种剥夺，则消费者负担甚重。彼对于商人如此严酷之批评，可以知其对商人恶感殊深。

各商人自私自利，故若辈实在无秩序、无组织、无政府状态之下，一面由大资本家独占，一面则小资本家被压迫而零落不堪，劳动者愈陷于悲惨之生活，故生产虽丰，而民生日以凋敝。

彼对于政治之主张，当法国大革命前，"民权"是极普通之口头禅，彼以为国家之最高主权在民，而民为真正之主权者，实"民约论"之影响也。此"民约论"在法国革命时极盛行，人民均说此语，当是人得此主权之最高者，无论好否，均须绝对服从，现在均不然矣。此种人民之主权论，究有相当之价值否？在社会阶级如此悬殊之时，人民主权论恐无相当之价值。

傅氏以为未来之社会论，建筑在宇宙调和之上。彼谓：社会是应该调和，而现今之社会是在极昏乱之状态。彼以为人民不知分配社会之法则，所以始见混乱，若将法则明白，可使社会极调和。彼谓：人类极多欲望，此是人给人者，许多欲须任其自由发展，社会方见调和；人欲任其自由发展，此为宇宙极大之法则；人人均承认人欲是恶者，故作许多社会组织，而社会反发生混乱。

傅立叶之劳动理论。彼对于劳动者有极重要之理论，劳动者在工厂中如囚犯，而作工极为单调。若辈之精神身体，日坏一日。劳动者失业，实为分业之结果，因现今分业是大规模者，而失业者愈多。如美国人是极需要装饰品者，设其需要程度减少，在法国即有许多工人失业，陷于贫困状况矣。尚有一种是企业家，利用劳动者之失业，使劳动者之工资愈减低，失业情形，不但使失业者受苦，即不失业之工人，因此而工资减低矣。国家法律不能保护工人，不过使有钱者度享福之生活而已。

傅立叶之四种运动说。傅氏受牛顿（Newton）之影响，以为牛顿发见引力之定律支配世界一种运动，彼亦想以引力法使道德界有齐一之法则。著《四种运动说》（*Théorie des quatre mouvements*），于1808年出版。彼以为引力之定律是普遍者，足以支配世上各种运动，此种运动凡有四类：（1）物质、（2）机械（有机）、（3）心灵（动物）、（4）社会。此种命名，在道德界发明一种法则，与牛顿之引力法则相同，名曰感情之引力法则，或谓情欲之引力法则（Law of passional attraction）。彼以为情欲是本身的自然，然在社会中极受苦痛，故情欲为人生苦痛之渊源，故应造成自然法则，情欲自然活动，不宜阻碍之，庶得快乐之渊源，即可得情欲之调和。此种主张，起初不能引起大家注意，因此毫无势力，直到涡文及圣西门所倡之社会主义运动逐渐衰歇，其学说渐次得势。此外尚有重要著作：《家庭农业组合论》、《产业的引力论》，1822年出版。此外，天地开辟（宇宙原理，Cosmogony）是一种奇异制度中最奇异者。即彼相信世界只有八万年之存在，可分为四时期，前二期为向上者，后二期为向下者，最初一期为五千年，可说是幼年，最后一期亦为五千年，谓之老耄时期，其余七万年为黄金时代，方有幸福享。于是我辈推知傅氏之历史观是神化之历史观。同时可以察知八万年后，亦有循环之历史，彼以为人类须实行合作调和，渐入黄金时代。且谓人不必悲观，以为人是要轮回者（metempsychosis）。此说有人诽笑之。又谓此地球之生命终结，人类仍可移至别地球去。

傅立叶之华兰集团。彼之理想之社会主张，以社会单位之家族Phalange（法郎吉，即华兰集团）自1500到2000人之多，则自行生产，自行消费，组成Phalanstery，内部除自住外，则有种种公共之建筑物，以之公共享乐一切，而内部分组，以人类有12种感情，照每人愿意入某组则任其意。由组而成部，由部而成Phalange。其生产方面则自行种果树，内有工厂生产种种，供给自己，不仰给于别的Phalange，盖自成单位者也。凡团员生活上必需品之供给，均有确实之保障，计由全体产物之中，提出各团员应行分配之必需品若干，其剩余则分配于资本、劳动、技能三方面。分配之比例，对于劳动是十二分之五，对于资本十二分之四，对于技术十二分之三。关于此点，必须注意者，傅氏承认私有财产权，然在严格社会主义之下，不承认有私有财产权，与圣西门相同。

傅氏之劳动观，谓人人所苦痛者为劳动而苦痛，工人终岁劳动作此同样工作，实觉得干燥无味，将来之理想社会，必须将此苦痛除去。现今劳动者，不论其有无兴味，终须至之，必须使工作有愉快方法。彼想出一种方法，不宜给工人以工钱，宜给工人以生产品，因为工人对于某种工作有兴趣，即给其以某工作所出之生产品，此一法也。使工人愿作者作之，此二法也。不使作单调之生活，每人可作三十种之工作。因凡人作工经一小时、二小时之久，即觉兴趣渐减，务须调换，每日可作八种工作。

傅立叶之历史观　傅氏学说在美国影响如何，俟讲社会运动时再讨论之。对于傅氏之历史观再讲一点。其言曰：人类历史仅八万年，可分为四大时期，其中又可分为三十二小时期。第一期又包括七小时期：1. 乐园时代，《圣经》上亚当、夏娃等人之生活，可作代表，生活极简朴，而女权发达；2. 蛮塞时代，比较进步一点，人口亦渐增加，人类幸福，比乐园时代减少，因全赖人为而不顺自然之故（此时又名母权时代）；3. 父权时代，以男性为中心，女性为附庸，较之蛮塞时代之自由，更为缩小；4. 半开化时代，较之父权时代更为复杂，社会上形形色色，无所不有；5. 文明时代，又包含三时代：君权有限时代，此时代贵族起来夺取政权，以法律限制人民，夫妻制之形亦成立，此时代亦可谓之骑士式之道德时代，如日本武士道以强侮弱为主旨；产业的封建制度时代，为中产阶级联合起来，反抗贵族，渐占优胜；资本主义时代，经济力量渐大，可以左右社会。以上四时期加文明时代所包含之三时期，合成为七时期。历史学家亦常参考其说。

路易·勃朗（Louis Blanc）

法国社会主义者，除圣、傅二氏外，尚有二人，可言及之。其一为Louis Blanc（路易·勃朗），其二为Proudhon（蒲鲁东）。先讲路氏。吾等知圣氏与傅氏，是法国最重要之社会主义者，为社会主义之创始者，彼二人所注意是宗教之热心与"四海皆兄弟"之感情。自路氏出后，社会主义运动，即与法国国民接触实行之地步，当时圣、傅二氏之空想社会主义渐渐衰歇，而新的社会主义思想未曾发达，使之不中断者，全赖路氏一人之力。路氏以为政治生活与社会生活非常有关系，欲用政治之力量，实行社会主义方妙。路氏亦可称之为社会主义者，在此过渡时代，彼极为紧要之一人。

路氏于 1811 年 11 月 28 日诞生于马得里地（Madrid，马德里）。当时正值西班牙皇位不定之际，其父在西班 Joseph Banapart（Joseph Banaparte，约瑟夫·波拿巴，1768—1844）之下为财政总长（或说是做会计），日后 Joseph 失势下野，其父亲回国，携路氏归，因之路氏在乡村过少年生活。1830 年路氏至巴黎专门学校读书，法国大革命时，其父亲卒，陷于贫困之地位，1834 年至《正确的透镜》（Le Bon Lens）杂志为编辑。此时法国大起铁路争执风潮，乃杂志主人主张铁路私有，而路氏主张铁路公有。两人意见不合，遂离去。彼年轻时在巴黎作新闻记者，极负盛名；至 1839 年创办一种进步杂志《进步评论》（Revue des progrès），此是民主党之机关报。路氏之最有名著作是《劳动组织论》，其内容渐渐在《Le Bon Lens》杂志上发表之，至 1852 年此书发行至第九版。又著《十年史，1830—1840》一书，首卷是 1841 年出版，至 1844 年出至十六卷即完成矣。至 1874 年此书在巴黎发行至第十六版。当时法国国家发生大变动，彼亦参与其事，故观察事情极透彻。彼著《十年史》以后，又有更大的著作发表，即为《法国革命史》，共有十二卷，彼以 19 世纪之眼光评论法国革命之价值。1848 年 2 月，与同事之工人 Albert（阿贝尔，1815—1895）及与同事过之议员 Ledra Rollin（Ledru Rollin，兰德·洛兰，1807—1874）作社会主义之法律工作，甚受法国当局之反对。当时彼供职法政府，彼想设劳动部，大家均反对之，彼即辞职，同僚挽留之，请其为卢森堡劳动会议议长。悬此虚名，无裨实际，彼虽热心做事，只是虚度光阴。此实法国当局想法不使彼离开，多出一反对党，故名之为会长，一面又要丧失其信用，谓其徒托空言，无裨于实用，以人民为试验，每每失败，使之无法施行其主张。路氏要求民主主义之国家，须设立许多工业联合会。彼谓此会为社会之工厂（国立工厂），可渐次代替私人之工厂。彼又以为人人均有劳动之权利（生存之权利），欲求生存必须劳动。此种学说在劳动组织之中发表者。政府方面之人顺其意设立国立工厂，实含有恶意，命其敌党 Cmile Thoma（西米勒·托马斯）为厂长。乃工厂不久即闭业。Cmile 捏造许多黑幕宣布之，使路氏对于公众信用丧失殆尽，彼对此事殊为愤慨，有几个明白之工人，亦非常抱不平，但彼得势不久，即丧失权力。彼虽表同情于劳动，但对于劳动界之暴动是不赞成，因之颇有一部分工人不满意。

彼既见恶于法国政府，不能安身，又到英国。到 1870 年拿破仑败

教学篇

之之后,彼尚在英国,英人甚优待之。在英著《一八四八年之评论》,评论乃年之革命价值。1870年9月8日由英回法,投身于政界,1871年2月8日被选为国会议员。彼因反对劳动革命,名望渐低,遂于1882年6月去世。社会大众表示哀悼,国会为之营行国葬。

其品格极纯粹,人与之接触,均羡慕之。彼以为人生目的是幸福与进步,欲觅人生之目的,宜由此出发,应当自此两方面之目的来组织社会。现今社会,根本上只是在个人之竞争,世人只知互相竞争,其实世界人类均为弟兄,以掌击人,似不合理。社会上免除个人之竞争,然后方能改革,社会之良者是以感情为基础的。

路氏学说中有几要点:(1)主张人人均有劳动权(生存权)。在社会上设立公共工厂,同时使个人私有工厂之组织,渐渐稀少。因国家设立社会工厂,比较总有利益。私有工厂倒闭,人人均投身社会工厂之间,则私有者均变为国有工厂;(2)国家须设劳动银行,以低利借给平民作资本;(3)各人工作均应各尽其能,因人之能力非人所私有者。圣西门以为能力大则报酬大,能力小则报酬小;路氏以为不然,各人各取所需为佳。其实能力与报酬问题,学说不一,迄今尚未解决。

蒲鲁东(Pierre Joseph Proudhon)

蒲鲁东(Pierre Joseph Proudhon)于1809年生于法之柏桑爽(Besancon),此处即为社会主义家傅立叶之产地。自法国经1848年二月革命后,平民阶级(被压迫者)立于支配者之地位。人类历史上可以为所欲为,即是时有许多社会思想,如春日之花,均已怒发,美丽之颜色,骇人耳目。有主张社会主义者,有主张共产主义者,有主张无政府主义者,圣氏、傅氏与路氏等之思想,在此时极流行。

当时Cabet(艾蒂安·卡贝)著书曰《伊加利亚旅行记》(*Voyage to Icaria*),其思想亦有一部分信仰之。彼为共产主义者,因主张革命,不安于法国,出奔英,受英国乌托邦之影响,故归法后,乃著一书。此书流行于美国,大受影响,当时美国新村运动勃兴,均互相有关系者。蒲氏是当时之一人,其父亲有谓是卖糟酒之小商人,有谓是箍桶匠,总而言之,其父亲之工作是极微贱,然为人是极正直者。有一次蒲氏告其友曰:"余父是极诚实者,其为糟酒业,所定买卖之分量是极公平,不取过分之利。"如此结果,必入贫乏之途,其父亲终在贫乏中死去。故蒲氏幼时只过贫乏之生活,别人互助之,就本地学校读书。虽因家贫不能致书,然其却向同学借书,将所欲教之功课抄录之,以备应用。彼此

261

时极有趣味之事,即其一日得校中多种奖品,回到家中,却无一点食物可以充饥。至 19 岁即在一印刷局当排字匠,到 27 岁,其与朋友经营印刷工厂,越二年,其朋友即死去。当时彼无功夫研究学问,不过还时常至街上图书馆去读书。

至 1837 年,得到一种津贴,每年计 1500 法郎,以三年为期。此为柏桑爽(Besancon)学校用以奖励一般有望之青年。于是蒲氏得此奖励金,即至巴黎读书,当时著一书,名《何谓财产》,至 1840 年彼将第一著作《财产是何物?》(Qu'est ceque la propriété?)付印。彼对此问题之有名答案是:"财产是赃物"(La propriété c'est le vol)。此书出版以后,蒲氏声望大超,舆论界亦注重之。柏桑爽学校对此种著作,自然是不甚赞成,并且有一种谣言,谓将其津贴取消,然此事未见诸实行,仍照常得到津贴。法国教育总长亦以为彼为危险人物,在此时蒲氏即宣言彼为无政府主义者。1843 年彼至里昂做运输事业。

至 1846 年,其最著名之杰作《矛盾之经济制度,或是贫困之哲学》(Système des contradictions économiques, ouphilosophie de lamisère)出世,此书之意为 Marx(马克思)所反对,Marx 著《哲学是贫困》反驳之。至 1847 年,蒲氏弃去商店经理人之职务,寄居巴黎,居然为一革新运动之首领。不久二月革命即起。当时著一本杂志,名《人民之代表》,厥后又著×××杂志。1848 年 6 月,由巴黎市民选举伊为议员,即建议于政府,主张设立交换银行,此银行可以发行一种证券,无论何人持此证券,可以换银行所有存储之物(面包、用具等物)。同时银行负着一种责任,无资本者借给之,以资本营生意(不须保证)。但是此事完全失败,彼本欲要求五百万法郎,毕竟只得 17000 法郎。因其言词过于激烈,招忌于当局,遂在巴黎监禁三年。至 1852 年已过三年之刑期,即住在巴黎。1860 年又被罚三年监禁之罪,此次即奔到比利时 Brussels(布鲁塞尔)避难去矣。后又返至法国,虽继续著书,然其康健已经坏矣。于 1863 年养病,至 1865 年即去世。

蒲氏之思想如何?彼是革命之思想家,认私有财产制度是不正当的,不公平的,实为万恶之渊源。彼对此制度,思想何种方法代替之。

彼对于空想之社会主义者,加以冷酷之批评。彼谓财产是贼赃,是根据此种断言。彼以为财产是夺取别人勤劳之结果,以自己处分之。劳动者对于财产方有自由处分权及享受权,不劳动者即无此权。细查夺取别人劳动的结果者,是土地所有者,资本所有者,此中人或是以土地取得地租，或是以资本取得利息，皆为分利者，只有劳动者方能生产。

彼谓现在时代第三阶级久已认为有道德者，其实是甚陋劣。此一点亦不必惊讶。将事实列举之，即可明白盗夺之情形。盗夺之形式约有十五种：（1）在街上杀人越货者；（2）杀人之主谋或共谋；（3）破坏人之账簿；（4）窃取人家货财之行为；（5）欺诈取财；（6）官吏文书之伪造；（7）造假纸币；（8）纯粹诈；（9）用骗术骗人；（10）滥用信用；（11）抽签之彩票；（12）高利取息；（13）以地租或房租生活；（14）靠商业不正当取得钱财（因超过合法之报酬，亦是一种盗夺）；（15）以生产利息之过分者。以上所述均为不佳。至辩护私有财产制度者，约有三点：占有；民法；劳动。蒲氏对此三点均调查过，一一反驳之。

（1）主张私有财产制度之人，对于"占有"一层，以为无论何人，不能任意使用所有者之权利，因土地、财产有占有一部分之权利。蒲氏以为不然，其地方应将生出多少人，与死亡多少人记载之，随占有者之数目，将其来变换，因数量是常常要变换，而人类在土地上占有之数目，亦常常变换。故占有之理甚不充分。

（2）其次所谓民法，据蒲氏说：民法并不是为保护财产而设，是为人类之财产平等起见而设。此种情形是民法所宜有，并不是当然之道理，因为民法根本之精神是在乎平等财产。

（3）尚有一点是劳动，有大多数人主张：无论何人赖劳动所成功之物，是彼所有之物。然蒲氏以为个人决不能生产何种物件，不必赖旁人援助之语，无论何人不能如此主张，如农夫似乎可赖一人生产，但细心研究之，决非一人所能办到，所住之屋有赖于木匠、泥水匠之力，衣服须赖于裁缝……犁耙等须赖铁匠。故每种生产物是社会集合劳动之结果。

蒲氏之经济思想，极受 Pellegrino Rossi（佩雷里诺·罗西，1787—1848，蒲氏之师）之影响。彼对于社会主义及共产主义，均厌恶之，因此二者皆压迫自由者。而其学说之精华是自由，以为商业自由，教育自由，皆永远自由者。以为社会主义、共产主义课人民以劳动义务（强迫劳动）是侵害人之自由，并将人类个性，创造意志、爱情之趣味，均否定。由此一点，断定共产制度与私有财产制度，虽不同，而不平等之精神则一。在共产制度之下，无论智愚、贤不肖，均须同样做工。故彼以为在私有财产制度之下，是强有力者压取弱者，在共产制度之下，使弱者压取强者而已。聪明才智之士均被压迫。故彼认共产制度,亦是奴隶制度。人类应当自由,而共产制度则压迫人之自由。人类应自由为别人服务,不愿受旁人之命令工作。此是蒲氏对于社会主义、共产主义之观察。彼由消极方面,批评此两种制度,概括言之,彼以为人人均有平等占有权。然伊并不想永远作一批评家,故于1848年革命后,即建议于政府,设立交换银行。彼以社会问题,不能起于财富之生产,而起于财富之流通,换言之,即在分配。社会上经济组织,被立在奴隶状态之地位,是因为有两种物件,一种是货币,一种是利息。货币为物是交换之工具。有鱼者想得米,有米者想得鱼,货币在其中作交换之媒介,货币之作用是由此起。又利息之起,则由于资本家之剥夺,资本家取重利,即是给社会生产阶级一种极难堪之重负。资本家以放款取利息,极有害处,而平民阶级不能不需资本,因无资本,不能经营小买卖。资本家欲重利息,将已成就之生产事业,夺去极多。设社会上有一种制度,代替必需之资本,则劳动阶级即可逃出资本家铁锁之下,而解放出来。彼欲设立交换银行,将货币、利息二者之弊害均免除之。(1)货币作用可以消灭;(2)以低利息借资本于生产阶级。至交换银行证券之办法,即凡制造者,将所造之物,可到该银行换证券,以此证券可以换得价值相当之物件。证券之价格则是实在者,而无某种余利,但定价格则由行内价格委员会规定之。

彼于革命临时政府时提议案,因有人以为扰乱财产之秩序。否决而后,彼自己以股份设立国民银行,后因被捕,事遂寝。

彼之政治思想,则为无政府主义,其观念立于自由及正义之上。故彼以为法律是束缚自由之物,并为保护权利所有者之利益而设。因之赖法律束缚人类,以死物束缚生物,实有害处。法律、国家乃违反正义及自由之物。所谓法律、国家,不过有产阶级之维持其地位者。彼以为无政府主义是为有秩序之状态,凡有违反自由与正义之物尽行废除,唯有契约则须遵守,但结契约与否须由人人自由之意志为归宿,然结契约后,则须遵守,盖尊重自己之人格及别人之人格也。所以彼主张联邦制度,许多团体可以由契约而联合。彼不主张主权集中制度,盖中央集权,必发生压制之事。无政府主义并不是否认一切之国家,不过须以自由之意志为结合而已。如许多小团体,互相结合而成一公共之国家,而关于外国或国内之特别制度,如关税、外交等等,则由公共管理之。

总而言之,彼有四种观念极为要紧:(1)自由;(2)协同;(3)

平等;(4)正义。其经济思想,皆基于以上四种观念。

蒲氏之历史思想与孔德有相同者,孔氏分人类史为三期:(1)神学;(2)玄学;(3)科学。蒲氏亦分人类史为三期:(1)宗教;(2)哲学;(3)科学(其实每种学问均须经此三期)。在宗教时期人人讲信仰;在哲学时期人人喜讲诡辩;在科学时期人人极讲方法。其实每种学问对于当时,均有相当之必要。在第一期,设无宗教,人类即不能生活。在第二期无哲学,人类可以永远留在幼稚时代。至今则科学因环境之需要是一定要发生者,而宗教、哲学不能存在矣。所异者,则在孔氏对于政治是主张集权,而蒲氏是主张分权者。

6. 英国初期之社会主义者

英国初期之社会主义者为涡文(Robert Owen,今译欧文)。彼是一博爱家,亦为英国社会主义开创者,与法之圣西门、傅利叶同为空想之社会主义者,有并论之价值。彼于1771年生于北威尔士(North Wales)蒙果墨列协(Montgomeryshire)之新市(New Town)村中,时五月十四日也。其父有七子(彼为最幼者)。原籍Welshpoop(Welshpool,威尔士浦),后移住新市,是马鞍匠,兼事铁商。其母是新市农民之女儿。涡文幼时颇聪明,好读书之名,闻于乡里。10岁即赴伦敦,在某商店得点做事之经验。18岁时移住满切司特(Manchester)经营纺织事业,此时方露出其做事之才能。本可得3000元之报酬。厥后又趋New-Lanark(新拉纳克),该地有一纺织工厂,彼与厂主得尔(Dale)之女儿极有感情,自后即与之订婚。遂劝诱其各股东、前所认识者,购买New-Lanark工厂之股票。自与得尔之女结婚后,即住在New-Lanark,至1800年,作New-Lanark工厂之经理与股东。一生经营工业之成绩卓然可睹。彼所管辖之工厂中工人是极贫苦,目睹悲惨之情形,甚想救济之先教育工人及其子弟入手,颇有成效。英国王家闻New-Lanark厂之名,前来参观。于是彼之学说,有许多门徒信仰之,自己往美国经营"新村"(Owen,派新村),因人类复杂,遂至失败。其一生之略史如此。

涡文之社会思想,可分为三期:(1)主张温情主义(劳资调和主义)。彼在New-Lanark工厂纺织业时,对于劳动之教育,极为注意,并想改革若辈物质上之生活,彼向政府请求规定工厂法,想借此救济一般工人之困苦生活,自1771年至1817年之间彼均如此主张。(2)1817年以后之涡文,即变成为社会主义者。其原因与动机,是因当时彼目击工人失业之惨状,极力想法解决之之故。彼平常所主张之温情主义,还是不能解决此问题。New-Lanark 工厂之经营者，幸遇见涡文，方能如此待遇工人，其余各工厂之经营者，均为私利，工人之困苦，是不堪设想矣。况当时工厂以外，尚有千万之失业工人，更觉得难以救济，于是有共产村计划之发生。在共产村中，人人必须劳动，给以劳动证券，以此证券可向国民平衡劳动交换所，领得各种相当价值之需要品，彼并想实现其计划，竭力为之。彼之门徒曾在英国实行共产村之制度，未成，彼自己又往美国组织新之共产村，亦归于失败。至1832年，第二期之思想即停止矣。（3）第三期从事于著述《道德》，以了其余生，1858年卒，寿87岁。

涡文在第二期空想社会主义之思想，更详述之。涡文以为社会上种种事业，非为少数人计，应为大多数人之幸福计。据其观察，人生须有圆满之发展，方有幸福之可言。人初生时，性情可善可恶，如一白纸可染红色又可染黑色，故人性是无善无恶，而教育可以改变人性。彼以为环境是极要紧，一人生活地之风土、气候及生活之资料，皆为一种环境。又财产之多寡影响人之善恶极大，无论何人，遇富厚之生活，受良好之教育，则其性情必佳。然仅命之度富厚之生活，尚不见功，因富家子弟常行恶事，可以想见，故非有良好教育不可。

涡文著有《人口论》，但其论调与马氏不同，马氏以为食物是照算学级数增加，人口是照几何级数增加，故人口增加甚速，而维持生活之食品不足用，因此人类可发生种种悲惨情形，如大战争，大瘟疫等。但涡文之人口论，以为人类可任其自然增加，决无人口不能维持生活之一日，故彼以为马氏是杞人忧天。实则马氏与涡文所处环境不同，始发生相异之论调。涡文主张组织新村，如新村人口增加，可分开再组织之。

涡文社会观之总结。人之性格是不善不恶，一面须改革其生活，使度富裕之生活；一面改革其环境，使受良好之教育，则乃人之性格必佳。从前旧观念，以为人类可创造环境，彼以环境可创造人类。当时英国社会发生失业之风潮，使平民均陷于贫困之境。然此事并不使之悲观，彼以人类有种机械之发明，产业界一定起大革命。彼谓：人类黄金时代，并不在久远之将来，是在吾辈之眼前。大规模之生产方法，可增加人类生产力，人人富裕矣，再加以相当之教育，人类即可达圆满地步。人人均将理性表现之，人类黄金时代，即可达到矣。又主张设学校教育工人，并设图书馆，使劳动界之智识，日增一日。彼努力于此种运动，使工厂法发表出来，其内容虽使之失望，不过工厂法竟于此时开始。

1815年左右,英国经济界大起恐慌,产业界尤甚,此种恐慌是产业革命后第一次之恐慌。当时英国生产品增加极速。但是生产品虽然增加,如果不能出售,则不能换成金钱。英国生产品之销场均在欧洲大陆,如法国亦仰给之,英国方面商品出产益发达,而欧洲大陆之需要亦随之增加,于是英国劳动工人之数目,亦日增一日,在乡做工者,均赴大都市,叩工厂之门,想得稍多之工钱。厥后欧洲起大战争,英国工业界,尚是极活泼生产货物,但欧洲各国买商品之能力,渐渐丧失,于是英国大受影响。生产品堆积成山成林,无法销售,资本小者闭工厂之门,大者亦渐渐缩小而达闭门之地步。英国街市上均为成群结队之失业工人,漂流于都市,不能返乡。若辈只能流为盗贼、乞丐,或者饥饿以死,除此以外即无别种方法,英国政治家睹此情形,是甚为惊讶。大家呼号奔走之结果,亦不能救济于万一。涡文目睹此情形,故不得不将温情主义放弃,主张共产主义。又因彼只能知注意劳动界之生活,故成为空想之社会主义者,而不能成为实际之社会主义者。

从前涡文曾试验过之方法,不过适宜于工厂之内,但在乃种特别经济状况之下,则其思想不得不发生变化。当时英政府亦下购赎意见,其发表意见,大抵以为,机器发明之结果,则出产品无限增加,但货物堆积起来,不能以此遂谓人人之生活均享幸福。故欲人人均得幸福,则对于分配一层须注意,不然货物与人类之幸福无关。当时一般人消费力不能增多,即生产与消费不能保持调和之地步。生产货物是劳动者,而消费者大多数亦是劳动者。劳动者依工资为生活,如其工资多则生活程度可以提高,而其消费力亦随之增加。然现在情形则不然,机器发明之后,其结果使劳动者失业甚多,又加以妇女、小孩亦可做工,于是企业家利用其地位,争雇小孩、妇女,于是劳动者之工资,不能增加,则消费力当然不能增加,故生产虽多,而消费力不足,货物堆积如山,而大多数之劳动者则颠连无告,当时之恐慌原因即在此。然则如何解决乎?即是增加劳动者之消费力,以消费生产过多之货物,使生产与消费保持调和步骤,最好能有共同生产及共同消费之组织而已。

彼理想中之共产组织如何?即协和合力共产村是。彼设平行四边形之村,村之最小者为1000英亩,大者为1500英亩,其人口则自1000至1500百人,内有建筑物加工厂、农圃、牧场等。村之中间则有公园之建筑,而右为教堂、幼稚园,左为学校、图书馆,又有新结婚之寝室。以四间房子成一家，每间房可容纳夫妇及子女各二人，小孩在三岁以下者随其母，越三岁则公育之，故有三岁以上孩儿之公育地。又有寄宿舍，专为超过生两个以上之儿童居住。又有养病室，尚有隙房，预备亲友旅行至此者所用。又有牧师住所及公共储藏室。村之四周，以竹篱围之。在此村内则生产之物适足供消费为原则，然不足时，可向外购之。村中居民，除非老年者、小孩、残废人可不做工，其余均须劳动。劳力所得之生产品，则收纳公共仓库内。此村中各个人之财产，不为必要，而注意分配之平均，则其生产与消费可以调和，而恐慌之忧虑可免矣。

能收容 1200 人之村，大抵须费 9600 镑，每人合中币 800 元，如此则失业问题可以解决。此为便宜之事。但政府对此议案是不能实行者。厥后彼在演说会中传布，然无人能完成之。彼以为共产村不仅救失业者而已足，用此法可以改造全世界，将全世界分为许多共产村，以事改造。彼有此决心，不惜以其资本组织共产村之事业（因其是资本家财产甚富）。后来又至美国组织是村，因环境之故，归于失败。

涡文于 1824 年到美国 Indiana 州（印第安纳州），得面积 30000 英亩之地。此为 Rappist 教派所辟用，彼以 15 万美金购之。集合 900 余人，组织一新村，名为 "New Harmony"（新和谐）。在此地完全按照其计划实行，然结果又失败。其原因则在所招集之 900 余人中，国籍复杂。有了解其主义者，有仅为生活而来，不了解其主义者。涡文到美三次，每次均传布其主义。1845 年至纽约召集国际党之会议。1846 年又在纽约宪法会议中发表其学说。涡文派之新村，在英格兰、苏格兰、爱尔兰均有组织，结果皆完全失败。但此失败之经验，不能使其灰心，仍然勇猛前进，而且热心运动。二年间将其经营纺织业所赚来之财产，完全用罄。厥后又设立劳动交换平衡银行。此种运动，彼以为现在社会组织，商人居间（在生产者与消费者之间）取得利益，彼遂发现此法，按经济上以人力所出之货物为经济财，即商品是。此种经济财有一定之价值，还当以货币计之。但此商品以何理由有此价值乎？彼谓：唯一之理由，即人加上劳动，故有价值。如一双鞋之价值为十元，即因为作鞋时，加上如此多之劳动力。与 Marx 之劳动价值说无异。由此观之，经济财之渊源为劳动。但现今社会对于经济财，均用货币之数目来计算，最好以劳动之分量，表示货物之价值。劳动是如何表现乎？即以作出此货物之劳动时间表示之。现在社会表明一切货物之价值，均用金钱，此即社会上发生弊病之渊源。作鞋一双用十点钟劳动，又假设做一件衣服亦需十点钟劳动，如是则以一双鞋可换一件衣服。但现在社会上衣鞋不能直接交换，非做鞋者，将鞋卖出，然后用钱买衣。占此中间者，即为商人，从中取得一种利益，结果货物不能按照本来价值交换。如一商人从张某手中买十元鞋一双，又从李某手中买十元衣一件，彼卖衣与张，卖鞋与李，价值须十二元，被商人剥夺利益甚多。Owen 睹此情形，故主张设立劳动交换平衡银（Equitable Labour Exchange Bank），在此银行中设一陈列所（bugaur），各人于十点钟所作成之货，存入其中，即给以十时之劳动交换券，即以此券可取十时作成之衣服。由此可将在中间剥夺利益之商人铲除。故此种银行可救当时一切之弊害。厥后彼按照此计划实行之，以为此种办法，无论何地均可仿行。其于最初在伦敦设立此种银行。然其缺点即在此银行内所作主要事务为物品交换事情，结果无论何物，凡来交换所即须收受，结果陈列所内有用之物用尽，而剩余无用物。不一年此种银行即解散矣。

劳动交换平衡银行所发行之交换券上用"钟点数"代替一元、二元之数（Owen，为银行之总裁）。管理人、书记为谁，于劳动交换券上记之。该银行总裁仅一人，管理人、书记则各地不同。其纸币中间书"真理"（truth），两旁书勤勉、诚实等字样。彼想用此法造成真理、勤勉、诚实。此时涡文已逾六十岁，仍为劳动阶级奋斗。厥后又组织"各国民各阶级协会"（Association of all classes&nation），在此团体中彼主张社会主义。1839 年后此团体中人自己称为社会党人。当时英国政治上极受影响（英国工业联合会议，涡文亦出席）。彼于 1858 年 11 月 17 日卒，享年 87 岁。

涡文承认凡人受良好之教育，则人性善。又以为环境是最要紧。彼注重幼年教育，故其于教育学史上亦占重要位置。Bentham（边沁，1748—1832）之功利主义，涡文极受其影响。其人生观以为人之生活在幸福，且必须在社会上大多数人得到幸福。其改造社会之思想，主张强迫劳动，劳动价值于现在社会主义上有极大之影响。其失败之原因，在资本主义时代之环境，各人之个人资本主义之观念太深，故其实行不易成功，而归于失败。

7. 基督教社会主义者

基督教社会主义中之最著名者三人：（1）金斯黎（Charles Kingsley，1819—1875），（2）摩利士（J. F. D. Maurice，1805—1872），（3）

卢得郎（Loudlon，1821—1911）。

金斯黎（Kingsley）生于1819年，幼年时在私立学校，厥后到伦敦King's College（国王学院），又转入Cambridge（剑桥大学），1842年为副牧师，1848年其最初著作为《圣者之悲剧》，又出《二十村落之二十五演讲》。1849年始投身于社会运动，并作民权党种种运动。看出当时工人贫民沉落于黑暗之环境，生活殊为辛苦，此时基督教社会主义者，均表同情于工人。故金氏亦拟以基督教主义、主张应用作社会主义，以改良社会。当时有二种报：一名《人民政治》；一名《基督教》。彼投稿于此二报，署名用Parson Lot（牧师洛特），其著作对于民权党有所忠告。且著小说甚多，有名者为《粗服与褛褴》，将无产阶级（工人贫民）之困苦，以沉痛之笔描写之，作为社会上之贡献物。至晚年思想不免变更，深悔青年时参加剧烈之运动，乃改入宗教运动及卫生运动。1860年为Cambridge大学校长，1869年辞职至美国游行讲演，1875年卒。金氏为牧师又为文学家。此其略史也。

Maurice为宗教家亦为文学家。与Morris并非一人。1805年生，为牧师之子，少年时亦卒业于Cambridge大学校，得学士衔。1831年为牧师。1846年至1859年之间参加于基督教社会主义之中，热心创设劳动大学及妇女大学。1840年受King's College之聘，为历史学之教授，1846年为神学之教授。1853年对于宗教社会意见，不为大家所满意，遂免其职。1860年至1869年仍为牧师生活，1866年亦研道德哲学教育，1872年死于伦敦。此摩氏之略史也。

卢得郎（Loudlon）受Maurice之互助，同为基督教社会主义运动。曾有合作店之组织，关于生产合作多失败，关于消费合作多成功。此皆实际之运动，非空言者可比。彼相信伦理上、精神上之努力，可以改造社会。由马克思派之眼光言之，是不认许，唯物史观与宗教是矛盾者。然英国于此种运动，对社会上颇有影响，不能一概抹杀。

John Ruskin（1819—1900）与Maurice（1805—1872）为同时英国之艺术的社会主义者，人皆注意之。J. Ruskin诞生时，英国思想界情形，竟有人称其为静的英雄。19世纪英国经济情形，或谓德国、意国是产生音乐家，英国是产生经济家者。1845年Marx亡命于英，见英国当日情形，方有《资本论》之著作。英国经济学家之鼻祖为Adam Smith（亚当·斯密，1723—1790），是资本主义之经济学者，此亦由环境所造成。其发表经济学，英国当时情形，正在自由主义流行之时，政治上主张人人平等，经济上主张自由竞争。其《原富论》于1776年出版，此时中古之干涉政策，尚未完全消灭，故斯氏于自由竞争资本主义之学说，是超时代者。其《原富论》有二要点：（1）即以全世界为单位；（2）主张自由放任主义。其缺点：（1）在计谋财富之增加，乃经济之使命；（2）计量富之价值为人生价值之标准。此缺点为人道主义与社会主义经济家所指出。财富之增加，不见得社会上的较多之幸福，或因财富之增加，反引起恐慌，故分配问题实为重要。Bentham（边沁）以为社会上财富之分配，愈不近平等，则社会全体所享受之幸福愈少。对于第二点，彼以为富之价值，为人生之标准。Ruskin 谓 "There is no wealth, but life"（在生命之外没有价值可言）。此可补救其第二缺点。然其学说为当时环境所演出耳。Malthus（马尔萨斯）之《人口论》。马氏生在1766年至1834年之中。此时英国思想界在混乱时期，Comte、Bacon、James Mill、J. S. Mill、Rauson（应是 Hobson，霍布森，1858—1940）（孔德、培根、穆勒、小穆勒、霍布森）等均出于此时（而 Malthus 死前十五年 John Ruskin 始生），在此时发生亦无足异。其发生之原因，是当时有一行卢梭之学说者 Godwin（戈德温）著《政治道义之研究》一书，其中所言以为凡社会人生之困苦，均本政府制度不良。马氏反对之，以为人间所受之痛苦，不关于制度之良否，均为自然法则为之。人口总增加，食物增加不及人口，此乃自然之法则，结果一定要发生痛苦。二人因此发生争论。在其第一版中，以为灾害与战争可压止人口之发生；第二版中彼又以为可用道德之制裁，人为方法限制之。Godwin 反驳之，以为承认道德制裁即承认可用政府人为制度裁改社会。Ricardo（李嘉图）之《地租论》注意于分配问题。李氏于1772年生于伦敦。Bentham（边沁）曰："予可说是 J. Mill 精神上之父亲，J. Mill 是 Ricardo 之父亲，由是可说余是 Ricardo 之精神上的祖父。" J. S. Mill 生于1806年，其思想将 Carlyle 之唯心论与 Comte 唯物论相会合而成。1821年 J. S. Mill 由法返英，受其父亲之影响，同时受 Bentham 之影响后，与其朋友组织功利学派学会，1829年此会解散，当时影响甚大，其发明机关杂志。J. S. Mill 虽属于正统学派之一人，但亦为打破个人主义之信用最有力之学者三人中之一。三人即 J. S. Mill、Carlyle、Ruskin。Carlyle（卡莱尔）生于1795年，正值欧洲拿破仑战争之后，经济非常窘涸，彼于24岁，即努力于劳动问题，以改良劳动界之生活及其经济上之境况。其著作《英雄崇拜论》《过去与现在》《法国革命史》《民权主义》《末年的小册子》，在英国文学界上，占重要之地位。彼富于冷静高尚之思索力，同时对于现在之希望，图改良社会，非常热烈。对于英之进步党（Whig Party，辉格党）与保守党（Tory Party，托利党），不承认社会上之人为若辈所受累，因此二党完全是享乐主义之团体。Carlyle 对此，不甚满意。1837 年法国革命起，英国颇受其影响（Ruskin 适于此时产生），正是悲惨之时期，C 氏过其青年之生活。当时朝野所注意者即解决社会上问题，其办法有二：救贫法、参政权。关于参政权问题，一般改革家，以为劳动者在议院中占重要位置，不能解决。有几个学者以为解决参政问题，即可解决面包问题，C 氏亦赞成此说。C 氏与 Mill 于 1831 年至伦敦时相识，遂成密友。C 氏是一极冷酷之批评家，以其热烈之情感，对于当时之改革思想，加以严厉之批评。当时 Ruskin、Kingsley、Froude（罗斯金、金斯黎、弗劳德）均以先生事之。

Ruskin 之略传。Mill 有自叙传，Ruskin 亦有此种传记，名之曰《Praeterita 我的历史》，然与 Mill 所作者不同。Mill 之自叙传，是极有系统之记载，Ruskin 之自叙传，以极散漫之文学，出之以所能想象之逸话。关于别人为其作传者，则有 E. T. Cook（库克）之《罗斯金生平》(*The Life of Ruskin*) 一书，叙述较详。其先世关于军事上、文艺上，有许多名家。其祖父在爱丁堡作酒商，至晚年酒业失败，负债累累，未能清偿，即行去世。其父 John James Ruskin（1785—1884），其祖父命其父至伦敦研究经营葡萄事业。1809 年与其朋友二人，经营此业，其具有苏格兰人之特质（勤劳），有管理事业之才。厥后事业日盛，所得资财甚多，不但将其父亲之宿债如数还清，而且积有财产，于伦敦郊外，建一美丽之邸宅，且其父富有艺术，以度其一生。1818 年与 Ruskin 之母结婚，时其父年 33，其母年 31，至 1819 年 2 月 8 日即生 Ruskin 于伦敦。其父慈而母甚严，但为善意者。R 氏幼时，母常命其朗诵《圣经》，且须背诵之，训练其有忍耐之性格，此种性格在文学上生有一种趣味之一部。当其四岁时，家住在伦敦郊外，该地风景殊佳，其受一种自然美之熏陶。四岁时即能作往来书信，7 岁时能诗，20 岁时即有许多文学上之作品。自己批评其作品，并不甚佳，不能称为诗，觉甚惭愧。R 氏幼年时有三种品性：平和（受其父之熏陶而来）；服从，信仰，此为其母教所造成。因其家庭教育甚严，有一种专注之精神。11 岁时开始学希腊、拉丁语、图画。17 岁时从事于恋爱生活，中经一种悲惨离婚之事，颇受激刺，然彼于其女性并不咒咀，且以自慰方法，自慰其性灵。后作 Oxford（牛津大学）之学生，于 1837 年起，1840 年因病休学，1842 年卒业。其父亲费巨资为其子求学亦所不惜。当其读书时，其母因爱子之故，至牛津大学附近居住。其父亲因事业之关系，只能于星期日至牛津看其母子。其父母常游览欧洲大陆之名胜地，Ruskin 随之游，鉴赏自然之美，受此感化甚深。1833 年游阿尔卑斯山及意大利。1840 年正在牛津大学因恋爱关系生病，为失意之时。其最初著作，而且最著名者则为《近代画家》（The Modern Painters）。此著作为其艺术家生活之初步，著于 1842 年秋冬之交，每作成一部分，即对其双亲与堂妹诵读一次，其双亲甚为快乐。其著作之大意，以无忌惮之文，将以前所有之论断推翻，而阐明美之观念与 Bacon、Rousseau（培根、卢梭）等同。此三人在思想界上打破背谬间真理之路。B 与 R（培根与卢梭）主张自然，Ruskin 亦处同等之地位。1843 年 5 月出版。以为古人之艺术不及今人。其父亲以为不必署真名，只署一假名"牛津大学一卒业生著"。论美一段云："以为美之观念，表现人心最高尚观念之一。美常在一定之程度，常使人心高尚、清洁，渐渐增加，不断的受美之感化。其原因即由于天意人意，宇宙之间无一物不是传出一种美之观念。由正当知觉之心，观察一切事物，其美的部分较丑之部分为多。在自然中无丑之物，只有美者。在自然中所含之美不有多少之相差而已。丑是助美者，使周围之财物，宇宙之事物，愈显明，显尽宇宙间之美。"彼又谓："青年之画家应以纯一之心情往于自然，如此，则尔宜想一想，方可描写出自然的真真之美意。宜以忠实的纯一的心情，与自然物之步骤相合，不宜以等闲视之，意不从事于自然，来放弃自然。"此自然之论调，在美术界及文艺界，有批评者，而赞扬者亦多。后由伦敦移住于 Denmark Hill（丹麦山），1841 年（？）其母死时仍住此地。1844 年 5 月其父生辰，其为父祝寿毕，携全家同至瑞士旅行，为第六次。其在旅行中，见意大利古时美术品甚佳，遂起重视之心，以前对于古人美术品常轻视之。1845 年 4 月到各处旅行。由 1845 年至 1846 年间著《近代画家》第二卷，于 1846 年夏发刊。一面将原稿交于印刷局，一面全家到丹麦山（Denmark Hill）游历。厥后一齐出至第五卷，完成其著作。尚有一种著作为《建筑之七灯》（The Seven Lamps of Structure）1849 年著成。书中大意谓：建筑术是国民生活、历史、宗教，种种特质之反映出来，到建筑之民艺上。所以研究一民族之建筑术，即可知其历史、生活、宗教。其所谓七灯之光明，即是：真、美、力、牺牲、服从、劳动、记忆，七种。在此书中，其谓美术是表现道德上、智力上、民族上、社会上之理想的方器。此种理论均在七灯上发表之。于此著作外，尚有《文尼斯之石》《威尼斯之石》（*Stone of Venice*），1851年夏第一卷出版），说明信仰、思想、习惯，种种民族之表现。即说明全民族之艺术。家庭或官室建筑反动之现象说明出来。彼谓一国国民之历史与其说记于书中，毋宁说记载在片石上，其对于碑、石、雕刻非常注意。彼以为伟大建筑物，即说明一国民道德之如何高，劣等建筑物即粗暴之民之不道德。此书即发明其艺术哲学与其社会改造结合之要领。当其书发刊时，英伦敦均开博览会，各国名士均来伦敦，大家对于其书加以赞赏。即 Carlyle 之冷酷之批评，亦称为奇绝秀绝，史之说教，谓其书是建筑学最良之书。如此之批评研究之目的与精神，方能说是现代之特征。并谓此书如新之文艺复兴，可知其价值之高矣。1852年 Ruskin 至 Venice，1853年春此书全部完成。此书之要点即指责出来，近来劳动者为机器之奴隶，将人之趣味，销毁于机器之中。机器工业于道德上、精神上均有缺点，彼将此缺点，一一指出。彼富有一种极富裕同情心，可说是美术之批评，社会改良家，同时尚说彼是多感情之教育家。其前半生是艺术家，1851年至1860年彼依然是美术批评家，然其改良社会之新色彩，显露于其著作之字里行间矣。1851年后 Ruskin 往来于伦敦，作社交之生活，常同贵族往来，然归家后觉社交甚无味。1851年同时又有著作名《羊舍构造论》，书中论英国耶稣教会分立之弊端，想出许多方法以联合之。又有《拉飞尔前派论》（*Pre-Raphaelism*）。1853年开始作演讲生活，在爱丁堡演讲，可称之为处女作讲演。1854年与其父母同行至欧洲大陆旅行，又到瑞士，努力作《近代画家》之完成，将瑞士之近世画家均论及之。1857年著有《图画之真髓》（*Elements of Drawing*），此书出后，大受社会之欢迎。1856年又出《英国之港湾》。1855年起刊行一种《绘画学年鉴》，均甚有用，颇受大家欢迎。从此常与名士交游，又常从事讲演。关于美术及改良社会问题居多数，而美术又为其特长。1857年在 Manchester（曼彻斯特）时讲艺术之政治经济，1880年将此稿整理之，改名曰《永久之欢》（*A Joy for Ever*）出版（是书日本已有译本）。1858年至1859年间，为其生活演讲最多之时期。在此时，有时到牛津或剑桥，以大学为中心，作平民之运动，极力游说。又到 Manchester 演讲，安慰劳动者或互助之，以传其学说。彼有一种信仰，以为艺术为健全个人或社会生活之表现。此观念从前即有，但经数年讲演后，自信益确。1860年《近代画家》完成。关于改良社会方面之书，可看 J. A. Hobson：《社会改革者罗斯金》（赫布森：*John Ruskin, Social Reformer*）书中言运动及生活甚详。在《七灯》书中，彼相信在理想上固然是尊重劳动，即在事实上亦去改良劳动。以前基督教艺术社会主义创立劳工大学（Working men college），为 Maurice、Kingsley（摩利士、金斯黎）所立。在此大学中 J. F. D. Maurice、John Ruskin 不仅是理想艺术社会主义，且为实行者，完成教务，虽夜深不倦。1850年至1860年其艺术批评生涯终结。1860年开始为社会改良家之生活，在此年后其著作甚多，其重要者有1862年《直到这最后》（*Unto this Last*）讲经济学原理甚深，1867年《时与潮》（*Time & Tide*）书内，为寄劳动者25封信之集合。1869年至1884年为牛津大学美术讲师，听者甚众。1871年著有《维权现状》（*Fors Clavigera*），对于英国工人陈述自己对于道德上、宗教上种种感想。晚年作自叙传，其父给以200多万之财产，用尽于公共之运动中。1900年1月染时疫，经20日死去，死时将其生平所最爱之物品及名人均环绕其畔，遂溘然长逝。

Ruskin 之恋爱史 Ruskin 之一生生涯，可说是悲剧之联续，以诗人来看与之生活一样。1836年当其17岁时，因恋爱不成之苦，受一打击，时住于 Herme Hill（赫尔姆山），其父友 Domecy（杜梅西）由西班牙携眷来此，住于其家，乃人有女四，长者名 Adele Chotil-de Domecy（阿德勒·乔提尔德·杜梅西），Ruskin 颇与之有感情，作小品《求友情》一首与之，然女士亦不以为意，置诸一笑。且其家族恐误事，遂移家至巴黎。Ruskin 缱绻不忘，作七页之长信与之，终无回音，惟 Adele 之妹 Elise、Caroline（爱丽丝、卡洛琳）二人，以信告之，谓其姊接信后，态度极为冷淡，并无何种表示云。Ruskin 虽不以为悲，然终有试验 Adele（阿德勒）之作品，如《晚安》*Good Night* 等诗，以表示其爱情。厥后 Adele 与法之贵族 Baron Duguesne（男爵杜圭那）订婚，此消息传至后，Ruskin 之母，恐其子悲伤，不之告，后为 Ruskin 所知，于1839年作一诗《Farewell 再见》末句有爱慕 Adele 之意。为何 Adele 不能与 Ruskin 成功结婚？其原因有二：二人之性情不同，Adele 生在南欧，Ruskin 生在英国，性情因之不合；Ruskin 之母是加尔文新派宗教，Adele 是加特立旧派宗教，因此不成。1840年5月 Adele 与法人结婚之消息传来，Ruskin 极受刺激，因之而病，漂泊于欧洲各旅馆中，郁郁不欢。第二期之恋爱史：Ruskin 之母亲与其友 Withers（卫泽斯）夫人，有宗教关系，故时相过从。乃人有女名 Charotte（夏洛特）常在 Ruskin 之家玩耍，时其年 16，与 Ruskin 谈论，有辩论之点，R 氏以长文驳之。时不久 Charotte 又移去，与一商人结婚，与其夫意见不合，不越二年而死。此又足使 R 氏，加上悲伤也。Ruskin 经两次悲剧，其母极力安慰之，介绍女友 Wardell（瓦戴尔），然极端不合。后又遇见一女，与前 Charotte（夏洛特）同名，亦与之有情感，然不成。1847 年春 R 氏屡次受爱情之打击，常住在 Herme Hill（赫尔姆山）与 Denmark Hill（丹麦山）与小孩玩耍，接近于自然之生活矣。Ruskin 对于爱情常失败，然不咀咒女性，可见之于《Ethics of Dust》与《Sesame and Lilies》（《尘埃之伦理》与《芝麻与百合》）中，极力赞扬女性，并不侮辱之，且其言曰："吾决不违背母亲"。第三期之恋爱史：1840 年 Euphemia Chalmers Grey（尤费玛·查尔莫斯·古雷）住在 R 氏之家。R 氏在此时曾作《金色河流之王》The King of Golden River 一小说，富有文学意味，1851 年出版。R 氏因其母亲勉强撮合，与之订婚，然其结果又加上许多悲剧矣。此种错误三方面人均须负责。其母为安慰其子之悲哀计，不问其是否合意，勉强撮合；Ruskin 顺从其母命，勉强允许；Grey 又不审慎，亟亟于求婚。因之结果不佳。1848 年 4 月 10 日，在苏格兰二人结婚，蜜月旅行于野外而得病，返至伦敦，在 Park St 公园街购得一房。当其病时，其母爱子故，作看护妇，不免使新妇起不快之感。住伦敦七年，对于结婚后之生活，极不能表出真相。1851 年春日有一艺术家 J. E. Millais（米莱斯）作一品，为社会所攻击，Ruskin 作文以袒护之。故 M 氏感谢之，时与 R 氏往来。1853 年 R 氏偕其夫人 Grey 至 Green Finlas（格林·芬莱斯）避暑，邀 M 氏同往，二人时有争论，M 氏常和解之。回家后，Grey 又不告而行，回至父家，而 R 氏则自己旅行去矣。此后遂正式宣告离婚。当初 R 氏之友人来访，Grey 常言不在家，友询何以不在家？则答云常为其母所保护，甚至云已与其母结婚，可想见其恨之深矣。离婚后，Grey 于 1855 年与 Millais 结婚，伉俪甚笃。R 氏经过此种悲剧后，仍赞扬女性，即 Millais 与其夫人 Grey 结婚，亦不恨之，且有许多作品，安慰其自己，并在报上介绍之，称赞 Grey。第四期之爱情悲剧：1858 年与爱尔兰之一女子 Rosis Rose 罗赛斯·罗斯（Rosis，原名 Rose La Tonche）教其书画及数学等课，此时 Rosis 年仅 9 岁，而 R 氏年已 39 岁，不久又发生恋爱，故有 St. Grumpet 之绰号。1861 年彼等回故乡，R氏亦曾访问一次与Rosis谈宗教。1865年其姊出嫁，Rose安慰之。1866年提出求婚于Rose之父母，然Rose因宗教不同，拒绝之。Rose死后，Ruskin得到消息，觉得十分悲伤。Ruskin之生涯，在恋爱中，演出许多悲剧。其在失恋中，唯一之安慰者，是为自然之快乐。

Ruskin之美术的经济观奢侈论。 R氏对奢侈问题与欲望问题，虽为大家所注意，完全以私有财为中心而生者。其讨论此问题，将财分为两种：第一种财是直接与吾人生活必需者；第二种与生活之目的有必要者。即要有用财（used property）如营养而有功效之食物，保护身体之衣服、薪炭、煤及生产之土地，均属之。如美丽之衣服、精装之书籍、美丽图画等均属之。R氏解释劳动，由广义方面而言，不仅在肉体，又须包括精神的。根据广义之劳动观察点，可分财为五种：（1）不由劳动而生产之财，如空气、水、土地属于第一种。因人生于世，当然为人所应有。唯在道德上，此财不可分开；（2）仅由劳动而得之财，此种财为人生活必要品，如简单之衣服、食物、住居、器具、作工所实用之家畜；（3）由劳动结果而能生产之财，但于维持生活无直接效用者属之，不过使吾人身体、精神之快愉及方便而已，如美丽之宝石及器具等；（4）亦由劳动而生产之财，亦不是直接维持生活效用者，而为满足智或情之愉快者，如网球场、图书馆、博物馆之标本、美术品等有教育之趣味者；（5）代表之财（representative property），如证书、货币等。此五种中，何者为奢侈品？普通财论理虽可说是奢侈，然空气不能算是奢侈。土地与水有时有奢侈之现象，如滥用土地、水等，即生奢侈问题。其余由劳动而生产者可生奢侈问题，出生其对象。Ruskin以为贫苦问题，不仅是科学经济之问题所能解决，宜以科学、道德、伦理各方面调和来解决。盖用经济观察，不足用也。彼谓奢侈品，无论是个人或全体，即足减少一国民用在必需品之力量。一民族之贫苦人，食未充足，此民族无享用奢侈品之权。彼又谓一国美术品，仅供上流阶级独自享乐，此种美术品之功用，不能普及人民，此国家一定灭亡。在历史上可举例以明之，西班牙有Velesguez（韦拉斯科维茨，1599—1660）之名，而西班牙随之灭亡。意大利北部美术家Leonardo（Leonardo da Vinci，达·芬奇，1452—1519）著名，而意大利北部灭亡。Raphael（拉斐尔，1483—1520）美术多而罗马灭亡。有大美术家，生命即传布国亡警告之钟声。人不可无生活，即不因劳役而贫乏，不因奢侈而腐败，以正当目的与美术行为，所占据之平和而满足者。其对于"经济"（economy）一字之解释，不是金钱消费之意思，亦不是节约之意思，而是聪明之处理调节的意思。详言之，即将人间劳力，用巧妙之处理，合理保存劳力之产物，并用适宜的合理的以分配产物。Ruskin之学说甚多，谈到心的改造，又有许多地方承认心与物之支配，与马克思唯物史观有相同之处。其推崇自然，人类不能离开自然，自然是用人为其解释者，发挥其美，如社会为赞美自己美之人去解释时，自此社会成为健全社会。彼是心物调和改造论，以为健壮社会实现，必须健全之人，如健全人心，不得不要一种健全社会。健全社会如何产生？财物之分配，适得其宜之社会实为必要。现代社会是奢侈与贫乏相结合者。奢侈即缺乏调和。R氏在其《芝麻与百合》（Sesame and Lilies）著作中，论人类所应做事为何？其结论有三：人类应当度朴素之生活；人类应竭力作健全事情；为竭力作极好事情，应用尽其财产。此三点是对于富者而言，其对富者奢侈与贫者奢侈均为绝对的。Rousseau（卢梭）主张自然，然有反对奢侈之论，但其以为原始社会是自然的，现代社会是反对自然者，故以为悲观。Ruskin以为并不悲观，可以改造者，但奢侈是比较之概念，并无一定标准。对此问题，德国学者Rocher亦言在此国为奢侈者，在别国即以为不奢侈。富家以为常，而贫者观之以为奢侈。Ruskin亦主张此意。中国墨子反对奢侈，而在非乐之论中言之。但Ruskin并不反对乐。在现今不完全社会中，奢侈亦不调节分配不公平之办法。

　　Ruskin在《时与潮》之著作中，谓："尔可请一大画家Paul Veroness（保罗·维罗尼斯，1528—1588）为尔作房子之画，亦可请极有名之铸金家Benvenuto Cellini（本韦努托·切利尼，1500—1571）为尔铸一杯亦可以，此均可由尔随意。然尔不能为尔自己作珠衣，使一百个潜水夫，至海中采珍珠。"此可表明R氏奢侈之思想。

　　Ruskin之经济观。有人称R氏是社会主义者，亦有不然者。在1919年其百年纪念时，J. A. Hobson（霍布森）作一论文，谓R氏不仅在产业界是一引导者，并且是社会主义者。F. C. Mestorman（麦斯陶曼）赞扬其社会改造论，谓列宁之学说近乎马克思，毋宁近于Ruskin。社会改造亦有三：人道社会改造家；理智的科学的社会改造家（马克思等）；虚伪的社会改造家。人道的社会改造家重道德、精神，科学的社会改造家重理智、科学，虚伪的社会改造家重艺术。Ruskin兼第一、第三而有之。Ruskin相信于美之一人。在19世纪英国思想界之地位上，可与J. S. Mill、Carlyle（穆勒、卡莱尔）鼎足而三矣。在维多利亚时期，Ruskin 反对个人自由主义，即反对正统派经济学家。其对于经济观念，即是 Economy = goods + good management（经济 = 货物 + 良好的管理）。所谓 goods 即属于物质的问题，good management 即属于人的精神问题，将此二者结合即成为经济问题矣。

Ruskin 于 1845 年与基督教社会主义者，办理劳工专门学校，主张将基督教义应用出来，即是社会主义。又主张合作，反对激烈运动，如罢工（过度者）。主张工人于物质生活外，更应有娱乐与趣味之生活。彼所谓娱乐与趣味之生活，即指音乐与美术。此种物是感化者，于改造人心有莫大效力。音乐与美术之娱乐，含有道德与宗教之意味。美术家之制作，均为正当之劳动，不是奢侈之劳动。此种论调与 Morris 相同。彼谓：凡美术之物，一定是永久欢喜，凡永久美之物，应是一切人之欢喜（普遍之欢喜）。William Morris（威廉·莫里斯）之美术观说：美术不是特种阶级所特有之奢侈品，是为全人类所必需者，社会上并无将美术物从任何人手中夺去之权，应为大家所享受。关于此点，此二人亦相同。

Ruskin 主张劳动价值说，在其《艺术经济学》发表出来，使劳动者知劳动价值，并要使劳动者认识劳动之趣味。劳动者以锄、犁耕种，其为国尽力，与中流阶级之武士，以枪、刀在战场上为国尽力，文人以笔表现艺术为国尽力均相同。劳动者领受国家年金，应与中流阶级受同等待遇，因武士文人固然不可缺少，而在农田或工场做工之工人，更不可缺少。此说之目的，即使劳动者知自尊，同时使一般人尊重劳动。

Ruskin 亦承认资本家之掠夺（于 1858 年讲演），载于其著作《两路》(*The two paths*) 中，题为《人于自然美术与社会生活上铁的作用》。在此文中承认资本家有掠夺之事实。彼对于金钱是反对者，彼谓：在无金钱之社会制度中，社会是极有幸福者，及金钱成为社会制度，社会即发生种种不安之现象。有几处与 Tolstoy 之无抵抗主义相同，即反对暴动。再者 Tolstoy（托尔斯泰）以为音乐贵族化，一定是堕落者。Ruskin 也以为美术贵族化，一定是堕落者。彼谓人类生活之泉源有三：（1）美的衣服，（2）润泽的食物，（3）艺术。无论诗人之艺术家与美术之艺术家，想成真正之作品，一定须了解时代之精神，最优最美之作品，是以该时代作材料。

彼对于土地私有制度，甚反对之。Henry George（亨利·乔治）亦是反对土地私有制度，彼以为土地之不平等，是社会上一切不平等之渊源。Ruskin 在《时间和交易》(Time and Trade) 中发表，对于个人主义学说（John Mill 所主张）加以攻击。彼将贵族社会分为三种：地主与军人；资本家、商业家；科学家、艺术家、文学家。第一类之贵族即地主。最要者即解决土地问题，土地问题中，尤以分配问题为要。土地分配有两种难点：（1）土地分配方法与人数之关系；（2）有许多改革家均有一种个性，若辈以为假使土地分给人民，社会立有幸福。彼关于第一问题，以为土地分配方法虽好，然人口总是增加者，结果不必能成功，现在我辈不必讲人口问题，仅就分配问题立论。第二点彼主张于物质改造外，应有人心之改造。彼对于地租亦反对之。彼谓人之身体、水、空气，均不能当租之物，人无买卖人身之权利，空气亦不能出租，土地亦然。所以人利用土地不能禁止，然须有相当办法。其办法：1. 对于国家有信用之人，以其希望能将才能，领一部分土地，但国家须定法律来监督；2. 领有土地者，必须自己耕种，不能转租别人，征收地租；3. 借用土地之人，应得一部分收入，但应由国家定出一定之额数；4. 所有剩下来之土地，开辟为可耕种之地。

Ruskin 对于阶级斗争，是不赞成者。Marx 即主张阶级斗争者，以为欲改良劳动者之生活，只在阶级斗争。此纯由物质方面去改造。Tolstoy 主张从心的方面去改造。Ruskin 主张心物调节，故二者均须改造。

Ruskin 之乌托邦（理想乡）。其思想完全在圣·乔治商社（St. George guild），将其过去 20 年的理想实现。为作此种运动，将其遗传下来之百五十万财产均牺牲矣。彼以为（1）无实际的宗教的文明，不能存在；（2）土地上之劳动，于人之生活最为重要，离开土地上之劳动，不能希望人类之繁昌；（3）人之幸福，须有正直、真实在内，否则无正直、真实即绝无幸福可言。彼以为此三种目的，组织 St. George guild，1871 年，集合许多同志，其中有地主、佃户与劳动者，彼自己先出七万元，同时集资组织商社式之社会主义的小国家。彼谓：We may try to bulld a small piece of land to make beautiful a peaceful（吾辈想将英国小块之土地，养成极美丽者，极和平者）。

在此处完全适用农业，不用机器，有目的，有思虑者之人才能住在此地。除疾病、死亡外，是无懒惰之人。移住正可自由。大路一小时行四十英里，是不可能者。然可利用家畜之背与舟车之便利运输，而不用机器。在此处有极美丽之花园、菜蔬，田地有丰富美丽之谷物，又有音乐诗歌。彼想以此种物品，作模范之境界。此种新村（理想乡）运动，与日本武者小路之新村，极有相似之处。1871 年发起此种运动，至 1877 年建设 guild，在英国 Sheffield（设菲尔德）附近（郊外）得有十三 acre（公顷）土地来组成。Ruskin 为 guild master（行会师傅），凡捐金与土地者，均称为伙计（company）；佃户与劳动者，为居住者。在农业上，所谓人生种植必需的有形的物品：（1）新鲜空气，（2）水，（3）肥沃之土地。人人需用不加限制。彼主张家庭工业，奖励手工，纺织。彼关于美术亦极注意，彼在 guild 中组织博物馆，以使人心改造向上。现在此馆仍在，凡入社者须于下列六条条约签名后方可。

1. 我相信上帝，它是全能的天父，是天地间一切可见和不可见事物与生命的缔造者；

2. 我将尽我所能去拯救、捍卫它的法律，从事它的工作，我为此而生存；

3. 我相信人性高贵、相信人完美的尊严，享受上帝的仁慈和关爱，我将如同爱护自己一样爱护邻居，即使我实际难以做到时，也要做到有爱护的表现；

4. 上帝给予我力量与机会，我将尽我所能去生产劳作；

5. 不为自己一人的快乐去欺骗或诱导欺骗他人；

6. 绝不滥杀无辜或伤害生命，绝不破坏任何美好的事物。

(1) I trust in the living God, father almighty, maker of heaven & earth of all things & creatures visible & unvisible.

(2) I will strive to save Him and keep His law and see His work, which I live.

(3) I trust in the nobleness of human nature, in the majesty of its fulfilled, the fullness of its mercy, &.. joy of its love. I will strive to love my neighbor as myself, and even when I am not, will act as if did.

(4) I will labor with such strength & opportunity as God give me.

(5) Not to deceive, or cause to be deceived, any human being for my given or pleasure.

(6) Not to kill nor hurt any living creature needlessly, nor to destroy any beautiful things.

8. 费边社（Fabian Society）

费边社之意义，是采取罗马之有名将军 Fabius Maximus（费边·马克西姆斯，公元前275—前203）与 Hannibal（汉尼保）战争，彼初时取迁延政策，后待机会临头，立即猛攻得胜。费边社所采取之态度，即是如此，故有此名。此社成立后，有一种极明显之规条上言：尔宜静待时机，取法于 Fabius Maximus 之战略，时机一到，一定须照 Fabius 之勇猛，激烈奋斗。此规条是社中共同遵守之格言。

此社成于1884年，起源由于 Thomas Davidson（托马斯·戴维森，1866—1937），彼发起一"新生活社"vite neova（new life），想寻一地方，实行共产主义之生活。后来讨论结果，以无地点，即在英国社会上宣传理想，此为费边社之渊源。

新生活社，出一杂志名《播种之时》。其中 Frank Polmore（弗兰克·波摩）于1884年提议改为费边社。彼等之主张不同，有主张无政府主义，有主张国家社会主义者，后来大家成为一定的主张，反对马克思主义。然此种社会主义之发生，是受影响于 Marx，彼等大致亦取其说，但政策上主张缓进，不主张革命。此可说是英国式之主张。对于社会制度，则主张集产主义（国家社会主义），用缓进方法，将生产机关收为国有。有人批评谓 Fabian Society（费边社会主义）主张中央集权，不免有其他思想家（如 Bernard Shaw，萧伯纳）否认此说，否认消极的集产主义。彼等中著作家甚多，当时组织中多是少年，后来大多数成为有名之著作家，现美之 guild socialism（行会社会主义）大多出身于费边社，如 MacDonald（麦克唐纳，1866—1937）（前任英国国务总理）、Sidney Webb（西德尼·韦布）（夫妇均是费边社社员，主张工联主义）、Bernard Shaw（萧伯纳）、Sidney（西德尼）、Oliver（奥利佛）、Graham Wallas（格雷汉姆·华莱斯）、Mrs. Besant（贝赞特夫人）、Hubert Bland（休伯特·布兰德）、G. D. H. Cole（柯尔）。

宣传主义有二种方法，一种宣传，一种论著。彼等有七人著一《费边论集》，其影响甚大。其论著即经七人之研究讨论而发表之，至欧战以前三十年其影响于英政治甚大。欧战后，费边社之势力渐衰，至今为 Guild Society、Distributionism（分产主义）、Syndicalism 三种代之。于1920年 Guild Society 代费边社之思想而起，Guild Society 袭 Fabian Society 之无政府主义与工团主义之衣服而成。

由费边社宣言中，可以看出几种要点：现代制度，除本人以外与任何人无关系，将国家土地、资本变为私有财产，可使社会纷乱，变为无数之阶级。故彼等主张将土地、资本收为国有，乃大众之责任。又谓：资本主义能鼓励发明均分之说，亦无人相信矣。故主张资本归国有，又主张两性间宜平等政治权利，男子不能以政治势力压服女子（盖费边社中女社员极多之故，有此主张），又对于教育，亦极注重，当时对于大学有一种运动，即用浸灌之方法。

9. 行会社会主义（Guild Socialism）

行会社会主义为英国特有之学说，亦为最新之运动，我人对之颇饶研究的兴味，据此兴味，而生此种社会主义如何发生之钻研焉。我人看现代世界各国社会主义有统一之倾向，大体的方向群趋于马克思主义。德国学者宗巴时（Jombats）于其大著《社会主义运动》一书中，曾谓现代世界各国社会主义渐有统一的趋向，此趋向为何？即竟尚马克思主义是也。由此言可证吾人观察之不误。夫此倾向固吾辈所宜知，然各国所有的特色亦岂可忽略。英国之特色，即此行会社会主义也。

此种最新的运动，于思想上运动的体积如何，固难确知；于实际表现上，尚有年月可存。从1906年后发生，1906年前无此运动。最近之可谈的是1911年后的运动，因1906年虽发生，仍无何种效力，于1911年其势渐大。此主义为对英劳动党之反动，英劳动党采议会政策，取立法手段，达若辈之目的。彼等所认为目标的社会主义可说是集产主义，与费边社主张大抵相同。Guild Socialism 是对于两种主义批评之结果而成。此种主义即一为集产主义的批评，一为工团主义的批评。从消极方面言，是批评集产主义与工团主义；从积极方面言，采集产主义之长，补工团主义之短，取工团主义之长，补集产主义之短，撷英摘华，取长补短，得成此特有之主义焉。

英国议会中有劳动党出现，始于1906年之总选举。因此故，吾辈说行会社会主义为1906年发生之运动，然吾辈又可言此是1911年之新运动。盖因1911年欧洲大陆法国之工团主义输入英国，虽其年月不清，大体可说是于1911年。后J. S.（应是G. S. 即Guild Socialism）受工团主义之影响，因当时英之劳动者，对于劳动党非常信任，此信任可说是一种过信。其结果劳动党发展速度不快，同时议会政策，露不满之现象，因此劳动者渐不信任，此时恰值工团主义输入。

工团主义与集产主义不同之处，即后者主张生产机关集中于社会与国家之间，由自治团体支配之。我辈可说其国家的社会主义或国家的资本主义。在此主义下，劳动者并未解放。在现代资本主义下，劳动者纯属奴隶之地位，而在国家的资本主义下，劳动者物质生活略得解决，而于精神方面仍属奴隶地位，劳动者并未管理生产立于主人之地位，与现代资本主义所差者不过由个人名义换个国家名义而已。再者集产主义所采之政策为议会政策，以为劳动者多得议席，即可解决一切问题；而工团主义与之相反，主张生产当归工团或劳动组合管理，采取直接行动，如同盟罢工、怠工等手段。集产主义可说是消费者的专制，工团主义可说是生产者之专制，在此制度下，一定不顾消费者之利益，无消费者参与，生产额完全由生产者决定，结果绝不易得正确之计算，此其缺点。再者彼否认国家，但实际上，主张由各国代表组织中央委员会，此会吾等可说与国家有异，况且由生产者举出代表管理事体，表面上，似生产者干涉事体，实际上由委员会组织，仍是外来之干涉，如煤矿能产出多少煤，其决定由于中央委员会，此委员会中一定有矿工的代表，其余对于煤之关系均为消费者，因此仍是大多数消费者组合来解决，对其宗旨，岂不矛盾？此又其缺点也。即修正其缺点，采取其长处。工团主义于 1911 年输入英国，此时英国表现劳动不安（Labour unrest），此种不安可说是工团主义输入之因，亦可说工团主义输入之果，然于 1911 年前，英国并无工团主义，故此种不安，不能说彼造者，是因英有此种不安，工团主义始乘隙而入，故后说较为适当而合理。英国劳动者有代表出席议会，早已有此举。于 1874 年时，煤矿工二人到议会为代表，但彼时以自由党资格列席，不是以劳动党资格列席，至 1906 年，始完全以劳动党之资格列席。英国劳动党由三种人组成：（1）独立劳动党（In-dependence L. P.），（2）费边社，（3）劳动组合。独立劳动党与现在之劳动党不同，此为劳动党之一部，不可混而为一。在 1893 年为 Hardy（哈迪）所创立，亦为标社会主义的团体，由此劳动组合，化为社会主义者，此党尽力独多，于是劳动党出独立代表之机会渐熟，遂于 1906 年劳动组合组织劳动代表委员会，于是年总选举时，推选候补者，结果举出 29 人，于 1907 年不属于劳动代表委员会之煤矿工委员会有 12 名，两者相和，共 41 人。此时改劳动委员会为劳动党，劳动党之名称自此始。

英劳动党渐似社会主义，但不是纯粹社会党，与德之社会党不同。因其分子甚杂，由独立劳动党与费边社别有劳动组合大多数及少数消费组合，占势力大部者为劳动组合。按最近 1912 年统计，劳动党包劳动组合人数为 1858078 人，社会主义团体会员为 31237 人。于 1906 年总选举为劳动党之成功，结果使劳动者对于该党有过大之希望，相信劳动解放，完全可由该党手中作成，但该党绝无如是之力量，不能有如此巨大之成功。此话中含二意，即劳动党议会中势力，一定日增，再者相信劳动党势力，如有相当增加，必能将劳动者完全解放，换言之，劳动者相信依赖该党之议会政策立法的手段，即可满一切之要求。果然，该党成立即制订职业争议法，此制订后，可使劳动者对该党生起过信。所谓职业争议法者，即因有一案件，是劳动组合对职业有不法行为，要求赔偿责任，于劳动方面，有莫大利益。但劳动党纵有议员甚多，终不能防制社会上物价日腾，引起劳动者不安。此问题不能解决，后来又经两次选举，议员权不能增加，因此劳动者大失所望，遂不相信议会政策。此时工团主义输入，反对议会政策。

G. S. 之发生，由于当时一般劳动界对劳动党表示不满，尤于 1911 年因宪法争议为甚。是年 1 月选举，劳动党得 40 人，12 月得 42 人，比第一次劳动党人数 41 名，无大进步。因对该党之手段上、目的上及发展无力上种种关系，均不满意于劳动界，适值工团主义输入，G. S. 遂于批评原有之集产主义与新输入之工团主义而成立焉。从正方面言，G. S. 为若何之形体？即一面批评集产主义，一面批评工团主义，以前者为消费者之专制，后者为生产者之专制。两者各有长短，G. S. 以其所长，补其所短，折中二派而成新奇之一种主义。

G. S. 派主张如何？不可不研究之。费边社之健将 S. Webb 虽主张集产主义，但亦为在此制度下，有一种可怕的危险。彼一方面主张产业归国有、社会、市有，同时主张定一国之最小限度（National Minimum），保障国民之生活（指劳动者）。同时彼以为虽产业归公，然劳动组合运动，绝不可废止，借以提高劳动地位。盖因其看出集产主义权在消费者手中，在此制度下，仅将原来之企业家变为国家者，而劳动者仍立被动地位，故从物质生活上着想主张国民最小限度之保障，一面不要废止劳动组合，以补救专制之危险。然卫布虽看出此种危险来，仍不免受 Cole（柯尔）（主张行会社会主义者）之批评。Cole 谓集产主义者虽能看出彼制下劳动生活之危险，因此若辈主张定出国民生活最小限度，保存劳动组合的运动，然此不过从物质方面救济而已。于精神方面，劳动者仍不自由，不能自管产业，仍立于从属地位，因在集产主义下工人制度依然存在，结果劳动者处在以劳动为商品去卖之地位，故仍不能解放。

G. S. 认定以人类为商品是不合者，反对买卖人口为奴隶。彼等谓奴隶是以终身为奴者，劳动按日、月、年为期之买卖，与以终身为期之人的自由买卖无区别。彼等以此二者罪恶相等，想废除人身之买卖制，须首先宜将雇主与被雇者间之阶级区别消灭之，非废除工人制度不可。S. Webb（韦布）谓产业之经营，无论在任何社会有三种紧要之问题：

（1）生产为何物，属何种类，其数量、品质何若？应归谁决定；

（2）生产之方法、材料、手段、技术、人员，应归何机关决定；

（3）生产者之工钱、时间与其别种条件，应归谁决定。

此三问题在现代资本主义下，均归营利之企业家决定之。在集产主义下，此三问题归：第一问题归国家决定，因国家代表消费者，不能归生产者决定，以其不易将生产额与种类计算精确之故。行会社会主义，对此问题亦同此主张。第二问题为集产主义与行会社会主义争论之焦点。集产主义以为应归国家决定，其理由为：此问题不能归生产决定，因为归生产者决定，则技术无进步，生产者习熟技术，喜用旧法，以新方法为不利于己，故劳动组合往往拒绝用新机器，于劳动运动史上之例甚多，如归彼等决定，恐现今我等航海，仍用昔日之帆船，旅行仍用一轮车，所穿之衣服仍为粗布。据此理由，S. Webb 主张应归消费者决定，于是生产技术无进步之妨碍。关于此点，G. S. 派主张不同，彼等以为生产之决定，认属于管理生产方面事体，即应归劳动者决定，至于以劳动者偏于保守，有妨技术进步，是完全错误者。何则？彼等无有反对新机器之偏见，彼恐新机器用入，因而失业，或因用新机器，手艺不熟，因之工钱低落，如现在假定行 G. S. 制，则一切失业与工钱低落之危险无有，工人不致如此守旧拒新，此时以机器不是人类之仇敌，乃是良仆。在现代资本主义下，机器可以致人死命，为人类之仇敌，当然工人偏于保守之倾向，乃将此制改革之，彼等绝不致于保守。第三问题无论集产主义与行会社会主义皆认定归生产者决定（劳动组合决定），因不然，恐受消费者之压迫。

主张 G. S. 著名之人，有 Cole（柯尔）、Hobson（霍布森）、Penty（潘蒂斯）、Russell（罗素）诸人。Russell 以为 Cole 谓工人趋于保守一层，实大有可顾虑之价值，罗素提出一补救之方策，主张一种方法奖励新技术与发明，即于一定时间，许发明者所属的 Gild 一专利权，此法即可奖励技术之进步。

行会社会主义之制度。此主义为折中集产主义与工团主义，用动力平衡而成。一种代表生产者，即 National Gild（全国行会）组织 Gild conference（行会大会）。此外，其认定国家之存在，此点与工团主义不同。然后者主张设立中央生产局（Central Production Bureau），我辈以为与国家无异，前已言之。国家代表消费者，有两种会议，一种由地域所举出之代表，与以职业所举之代表开一联合会议，以决定生产事件。一种是行会代表生产者与国家代表消费者之会议，使一切生产事体，生产者不能独行专制，而得一平衡，国家受社会委托，对生产工具有所有权，行会亦受社会委托来管理或支配生产事情。因此行会须受国家之掣肘，防生产者之专制，即由国家于行会中收一种租税，并定生产物价格，以防价格额外增高，因以此事由何机关定之，即由国家与行会组织-Joint Committee（联合委员会）定之。

行会社会主义能否实行于英国，尚待研究。然吾人以为此主义于理论方面尚饶兴味，于实行方面研究无大价值。何则？以徒尚空谈，于实行颇不易也。今不惮烦琐，略述其理由如下：

（1）当其最初发生之时，学说之宣传不广。1912年于《新时代》杂志中同人标一主张，此杂志（《新时代》New Age）只在上流阶级流行，故其宣传力不及下流阶级。宣传学说不广遍，欲其实行，岂不甚难。此第一因也。

（2）英国劳动组合不十分整齐。旧有的组合，大抵为职业劳动界之组合。按劳动组合，有职业界与产业界之分。前者按职业性质而成的 Craft Unionism（手工联合会），如手艺劳动者为一工会，使用机器的劳动为一工会是也。后者 Industrial U.（产业工人联合会）属于一类产业之劳动，通合起来组一劳动组合，如矿工劳动组合、铁路劳动组合是也。如实行 G. S. 须劳动者管理产业，如劳动组合为职业界的是不易成事，以其无管理之能力，故须由职业界之劳动组合变为产业界的方可。但现在英国多职业式的组合，改变实属不易。此 G. S. 在英国不易实行之第二原因也。

（3）G. S. 在英国带有平和性质，缺乏革命之性质。然在现代阶级斗争时代，想以平和手段，将生产完全归其管理，实属不易。此 G. S. 在英国不易实行之第三原因也。

Cole、Hobson、Penty 此数人之主张亦有不同之处。Cole 主张国家加上基尔特来组织联合会机关经营生产事体。其主张多元主权论，主张职分原则（Principle of function），无论何者均有职分，在此职分内均有主权与自由权。Hobson 主张 G. S. 专管经济方面，国家专管政治方面。Penty 著《旧世界或是新世界》（Old world or new）一书，回想欧洲中世纪之手工业行会制度，反对大工业制，主张地方基尔特，不主张国民基尔特（National Gild）；厥后彼自己承认国民基尔特，为达地方基尔特之阶级。

（二）介绍社会主义与社会运动的历史文献

经过考察，《社会主义与社会运动》一文，确实是在 1924 年以前我国学界最为完整介绍社会主义与社会运动的一篇文献资料。

"社会主义"这个词语最早是由梁启超在 1902 年 9 月 15 日出版的《新民丛报》第 18 期上面开始使用的，是移植于日本。在此之前，socialism，1878 年黎庶昌将其音译为"索昔阿利司"；1898 年李提摩太将其译为安民新学、养民学。

李大钊指出："社会主义是由英语'棱雪立什姆'（socialism）翻译而来的名词，本身拉丁语 socius（同僚）的形容词 socialis（同辈）而来。"关于社会主义的定义？在 1835 年的《大英百科全书》中被定义为："凡用政治权力，以变似有土地及资本为公有者，是为社会主义。"从历史进程的高度指出："谈谈社会主义的理想。因各地、各时之情形不同，务求其适合者行之，遂发生共性与特性结合的一种新制度（共性是普遍者，特性是随时随地不同者），故中国将来发生之时，必与英、德、俄……有异。""我人看现代世界各国社会主义有统一之倾向，大体的方向群趋于马克思主义……夫此倾向固吾辈所宜知，然各国所有的特色亦岂可略。"（《李大钊全集》第 4 卷第 197 页、第 245 页）

李大钊对社会主义的认识是坚定而明确的，认定只有社会主义才能救中国。

他坚信："社会主义者是要求政府有一种权力，使之伸张，以保障每人享受极大量地平等、自由。""社会主义与共产主义，所用的手段与范围等均不同。""社会主义亦有相当的竞争，不过禁绝使社会起极大之竞争。""社会主义不是使人尽富或皆贫，是使生产、消费、分配适合地发展，人人均能享受平等的供给，的最大的幸福。""社会主义是保护自由，增加自由者，使农工等人均多的自由。""社会主义是由个人生产变为社会主生产，由手工的生产变为机器的生产，其进步是一线的，故社会主义不是破坏生产，是求进步的、适合的生产，即整理生产，使归统一，免呈纷乱之象。分配平均，使生产不致过度，社会上遂出一种新的秩序，此实为整理，非为破坏。"社会主义"压制资产阶级为怨仇，若就彼自己方面而言，是互助、相爱，不是谋怨仇，并为大多数人谋幸福。"

由于现在出版的《李大钊全集》，篇幅巨大，反而把这篇《社会主义与社会运动》的文章，在李大钊社会主义思想研究中，多半是当做一般地社会主义的宣传文章而未能给予细致和深入的研究。

李大钊介绍了16—17世纪英国托马斯·莫尔的《乌托邦》，却没有介绍意大利康帕内拉的《太阳城》和德国闵采尔的《千年太平天国》。因为这些毕竟是恩格斯所说的对"理想社会制度的空想的描写"，他们与无产阶级的社会主义运动并没有发生直接的关系。正因为《社会主义与社会运动》课程所限定的范围，李大钊对空想社会主义者的历史文献都予以省略，例如对17—18世纪英国温斯坦莱的《自由法》，法国马布里的《论公民的权利与义务》、摩莱里的《自然法典》、巴贝夫的《起义和施政法令》等。李大钊讲得很明确："一般人均鄙弃空想社会主义，因为不能实行之故。至于科学社会主义可以实行，遂为人所重视。其实不能如是，因空想社会主义是母，科学社会主义是子，故其关系颇切，此两种主义不同之点，即在历史观各有不同。"社会主义思想有一个从空想到科学的发展过程，社会主义运动则是推动社会主义思想从空想到科学的推动力量。所以，李大钊重点讲述了19世纪的空想社会主义者。显然，李大钊当时已经能读到恩格斯的《社会主义从空想到科学的发展》，他是着重从社会运动的角度论说社会主义思想的发展，也就没有展开论说19世纪三四十年代的卡贝、德萨米、魏特琳、布朗基为代表的空想共产主义者，而是介绍了路易·勃朗和蒲鲁东，基督教社会主义者金斯黎、摩利士、卢得郎，罗斯金，费边社，行会社会主义。

李大钊的《社会主义与社会运动》课程内容架构是具有独到见解的，它是把社会主义思想的演变与社会运动的发展紧密地结合在一起来论说的，社会主义作为社会思想对"现在存在之资本制度之批评指南。由情的方面言之，则为以新的、好的秩序，代替旧的、坏的制度。由意的方面言之，则使人发生努力，以平静寻秩序，代替旧秩序。就以上所言三项,故可知社会主义从吾人精神方面言之,可分为(1)智、(2)情、(3)意,三项。然其所作运动,则以科学社会主义为根据,此根据必须是实在的,故从社会方面观察,可分为(1)政治、(2)法律、(3)经济,三项言之。"

现在认真学习李大钊的《社会主义与社会运动》一文,还很能启迪我们对建设社会主义伟大事业的思考。特别是关于李大钊对社会主义精神方面智、情、意三个维度的论述;关于社会主义与学艺之关系的论述;关于社会主义竞争与互助友爱的论述;这些方面的论说,充分展示出李大钊的社会主义思想深刻而独到。

(三) 从学理上探究社会主义

在中国近现代思想发展进程中,对社会主义进行严肃的学理上的探讨是从李大钊开始的。此前,有些政治家和学者通过他们的著述曾经片段地译介过马克思的生平、社会主义学说,这种一般性的介绍,并没有也不可能对中国思想界和近现代社会的发展产生重大影响。

而李大钊对社会主义理想的追求是建立在对社会主义学理和社会主义运动的开展的探究之上。他深知马克思主义是科学,接受马克思主义并不等于对马克思主义有了深刻、准确的理解。而没有深入研究很难全面掌握马克思主义,他在《我的马克思主义观》中就说过:"拼上半生的工夫研究马克思,也不过仅能就他已刊的著书中,把他反复陈述的主张得个要领,究不能算是完全了解'马克思主义'的。"

李大钊在《中国的社会主义及其实行方法的考察》中说:"为了使一般人民了解什么是社会主义,应首先翻译各国最简明扼要的关于社会主义的名著,进而深入研究中国与社会主义的关系及其实行的方法。"才能认识到社会主义在中国的实现是必然的。1920 年,李大钊在北京大学相继发起组织了马克思学说研究会、社会主义研究会。宗旨正是:"集合有信仰和有能力研究社会主义的同志,互助的来研究并传播社会主义思想。"马克思学说研究会设有唯物史观、《资本论》、社会主义史、晚近各种社会主义之比较及其批评等研究组。

社会主义学说是西方文明的产物,要真正弄清楚马克思的社会主义与其他社会主义流派的异同,使马克思的社会主义学说与中国的新文明建设实际结合起来,李大钊在《我的马克思主义观》《社会主义与社会运动》《桑西门的历史思想》《美利坚之宗教新村运动》等文章中，对包括马克思主义在内的欧美各种社会主义流派进行了比较研究。其中涉及英、法等国不同历史时期的社会主义派别：空想社会主义鼻祖、英国人道主义者和文学家托马斯·莫尔（Thomas More，1478—1535），英国空想社会主义者罗伯特·欧文（Robert Owen，1771—1858），英国艺术社会主义者、政论家约翰·罗斯金（John Ruskin，1819—1900），英国空想社会主义者、历史学家托马斯·卡莱尔（Thomas Carlyle，1795—1881），英国基督教社会主义者、作家查尔斯·金斯莱（Charles Kingsley，1819—1875），英国空想社会主义者、作家威廉·莫里斯（William Morris，1834—1896），法国空想社会主义者圣西门（Saint Simon，1760—1825），法国空想社会主义者傅立叶（Charles Fourier，1772—1873），法国经济学家、无政府主义创始人之一蒲鲁东（Pierre Joseph Proudhon，1809—1865），法国小资产阶级社会主义者路易·勃朗（Louis Blanc，1811—1882）。

（四）深受约翰·罗斯金的人本主义思想影响

罗斯金"在传播为社会主义鸣锣开道的思想所做的工作超过任何其他英国作家"。罗斯金"宣扬在唯物主义时代精神具有至高无上的地位"，"认为很有必要发现和信任明知的统治者"；他是"希腊经济学理论的信徒"，"抨击对财富的崇拜和对竞争的迷信"，主张"用合作（'如同一家人一样'，柏拉图也是这样类比的）代替竞争"；他还"力求以道德来阐释政治经济学并给予政治经济学以应有的地位，即把它作为一门从属科学，忠实地为政治学这门主要科学服务"，并"同伦理学联系起来加以研究"。很显然，罗斯金的社会主义学说带有浓厚的人本色彩。

李大钊对罗斯金称之为"英国之艺术的社会主义者""静的英雄"，与培根、卢梭"在思想界上打破悖谬间真理之路"，是"重道德、精神、艺术"的"人道社会改造家"。他指出，罗斯金"发明其艺术哲学与其社会改造结合之要领"，"如新之文艺复兴"。李大钊尤其推崇罗斯金主张的"心物调和改造论"。他说："马克思即主张阶级斗争，以为欲改良劳动者之生活，只在阶级斗争。此纯由物质方面去改造。托洛茨基（Tolstoy）主张从心的方面去改造。罗斯金（Ruskin）主张心物调节，故二者均须改造。"他又说："近来哲学上有一种新理想主义出现，可以修正马氏的唯物论，而救其偏蔽。各国社会主义者，也都有注重于伦理的运动、人道的运动的倾向，这也未必不是社会改造的曙光，人类真正历史的前兆。我们于此可以断定，在这经济构造建立于阶级对立的时期，这互助的理想、伦理的观念，也未曾有过一日消灭，不过因他常为经济构造所毁灭，始至不能实现"。李大钊还引用罗斯金的名言做《阶级竞争与互助》一文的立论。该文的开篇语即是罗氏的话："竞争的法则，常是死亡的法则。协合的法则，常是生存法则。"李大钊认为，"这是互助的思想"，"是社会主义者共同一致认定的基础"。由此可以看出，李大钊的思想深受罗斯金学说的影响，他也强调"以人道主义为中心的精神改造"、心与物两个方面改造，并且认为互助思想有助于社会的进步。

应该说，从国际共产主义运动的历史发展来看，自从马克思主义产生以来，确实存在着一种令人憎恶的"庸俗唯物主义"倾向。恩格斯曾经尖锐地批判过德国资产阶级哲学家保尔·巴尔特把马克思主义唯物史观歪曲成为宿命论的谬说；也对有人采取教条主义的态度，把唯物主义当成"套语"、"标签"，鼓吹"经济唯物主义"进行过严肃的批评。同时，恩格斯自己也公开承认，在马克思主义初创时期和随后的一段时间里，为了同唯心史观做斗争，他和马克思不得不强调被他们的论敌所否定的"经济决定论原则"，着重揭示政治、思想所赖以产生、存在发展的经济根源。这样，就导致对社会意识形态的特点和相对独立性"强调得不够"，"在这方面我们两人都有同样的过错"。(《恩格斯致弗·梅林》，见《马克思恩格斯选集》第4卷，第500页) 在中国马克思主义的初创时期，李大钊能相当敏锐地捕捉到这种"强调得不够"的"过错"，指出马克思主义本身存在着某些"偏蔽"，强调新文明的建设既要进行物质的改造，也要进行精神的改造，这的确是难能可贵的，说明当他最初接受马克思主义的同时并不盲从，而是对马克思的学说采取了科学、认真和求实的态度。

（五）系统地传播所认定的社会主义思想

1. 科学社会主义学说是以唯物史观为基础的科学理论

李大钊在接受马克思主义以后，很注意研究唯物史观，在多篇文章中阐发了唯物史观同社会主义的关系，用唯物史观做指导，分析中国近代社会演变和思想变动的内在原因。他认为，马克思虽没有专书论述唯物史观，但他的著作如《资本论》等确是"彻头彻尾以他那特有的历史观作基础"。阶级竞争说与唯物史观"很有密切关系"，它是具体说明"过去历史的一个应用"，也使我们知道，"社会主义的实现，离开人民本身，是万万做不到的，这是马克思主义一个绝大的功绩"。他还特别强调：马克思主义"是完全自成一个有机的有系统的组织，都有不能分离不容割裂的关系"，"离了他的特有的史观，去考他的社会主义，简直是不可能的"。李大钊学习运用唯物史观研究中国社会，写出了《由经济上解释中国近代思想变动的原因》一文，他表示："凡一时代，经济上若发生了变动思想上也必然发生变动"，"新思想是应经济的新状态、社会的新要求发生的，不是几个青年凭空造出来的"。

2. 实现社会主义的道路不可忽略各国的独具特色

在《社会主义与社会运动》一文中，李大钊对社会主义在全世界的发展趋势及其实现的道路做出了非常精辟的分析和预见。他指出："现代世界各国社会主义有统一之倾向，大体的方向群趋于马克思主义"。"此倾向固吾辈所宜知，然所有的物色亦岂可忽略"。他又说："因各地、各时之情形之同，务求其适合者行之，遂发生共性与特性结合的一种新制度（共性是普遍者，特性是随时随地不同者），故中国将来发生之时，必与英、德、俄……有异。"这种对于世界社会主义发展总趋向的展望，对各国社会主义"特色"和"异点"的强调，为各国社会主义者提供了一条科学社会主义的新的认知理路，沿着这条理路进行探索，"求其适合者行之"，自然就会探寻出具有各国、各民族不同特点的社会主义道路。

3. 社会主义社会制度的实现是历史发展的必然

李大钊指出："今社会主义既立在人类历史的必然行程上，有具有绝大势力的历史为其支撑者；那么社会主义之来临，乃如夜之继日，地球环绕太阳的事实一样确实了。"他认为，社会主义作为一种"有力的政治运动"在中国发生也同样是不可避免的。至于要实现社会主义，他认为，"必须经过三阶段：一、政权的夺取；二、生产及交换机关的社会化；三、生产分配及一般执行事务的组织"。就夺取政权来说，采取平和的手段往往流于失败，"非取革命的手段不可"。但是，他也承认："G. S. 在英国带有平和性质，缺乏革命之性质。然在现代阶级斗争时代，想以平和手段，将生产完全归其管理，实属不易。"

4. 社会主义社会人们享受着美好的物质和精神生活

李大钊认为，在资本主义社会中，人民"永远不会享福，不会安逸；能够安逸享福的，唯独那少数的资本家"。"社会主义社会就是应运而生的起来改造这样社会，而实现一个社会主义社会。社会主义是使生产品为有计划的增值，为极公平的分配，要整理生产的方法。这样一来，能够使我们人人都能安逸享福，过那一种很好的精神和物质生活"。"社会主义是要富的，不是要穷的，是整理生产的，不是破坏生产的"。他还说，在社会主义社会，"不是使人尽富或皆贫，是使生产、消费、分配适合的发展，人人均能享受平均的供给，得最大的幸福"。人与人之间是"互助、相爱，不是谋怨仇，并为大多数人谋幸福"。他设想，在社会主义条件下，人们的精神生活应该是十分充实的。社会主义能够避免资本主义那种"恶俗的气氛"、"商贾的倾向"、"金钱主义气味"，促进文化艺术的真正发展，保存文化艺术的个性，"表现纯正的美"。

5. 社会主义的个人与社会、自由与秩序是不可分的

李大钊指出，"社会主义与共产主义，在学说的内容上没有区别，不过在范围和方法上有些区别罢了。德谟克拉西与社会主义，在精神上亦复相同。真正的德谟克拉西，其目的在废除统治与屈服的关系，在打破擅用他人如器物的制度。而社会主义的目标亦是这样"。他还说："德谟克拉西（Democracy）、伊尔革图克拉西（Ergatocracy）、社会主义、共产主义，在精神上有同一的渊源，在应用上有分析的必要。"

李大钊认为在社会主义条件下自由与秩序的关系，是"个人与社会并不冲突，而个人主义与社会主义亦决非矛盾"。"真正合理的个人主义，没有不顾社会秩序的；真正合理的社会主义，没有不顾个人自由的"。因此，"我们所要求的自由，是秩序中的自由；我们所顾全的秩序，是自由间的秩序。只有从秩序中得来的是自由，只有在自由上建设的是秩序。个人与社会、自由与秩序，原是不可分的东西。"

6. 实现社会主义要从精神和政治两方面同时建设

李大钊在《社会主义与社会运动》中指出："马克思即主张阶级斗争，以为欲改良劳动者之生活，只在阶级斗争。此纯由物质方面去改造。托洛茨基（Tolstoy）主张从心的方面去改造。罗斯金（Ruskin）主张心物调节，故二者均须改造。"他在《我的马克思主义观》终究认定"近来哲学上有一种新理想主义出现，可以修正马氏的唯物论，而救其

偏蔽。各国社会主义者，也都有注重于伦理的运动、人道的运动的倾向，这也未必不是社会改造的曙光，人类真正历史的前兆。我们于此可以断定，在这经济构造建立于阶级对立的时期，这互助的理想、伦理的观念，也未曾有过一日消灭，不过因他常为经济构造所毁灭，始至不能实现。"姑且不论李大钊强调克鲁泡特金的《互助论》是否得当。但是，必须承认从马克思主义产生以来，确实存在着一切以阶级斗争为纲的宣传倾向。这一点使恩格斯也有所觉察。在1893年7月14日《恩格斯致弗·梅林》的信中，恩格斯指出："在马克思和我的著作中通常也强调得不够，在这方面我们大家都有同样的过错。这就是说，我们大家首先是把重点放在从基本经济事实中引出政治的、法的和其他意识形态的观念以及以这些观念为中介的行动，而且必须这样做。但是我们这样做的时候为了内容方面而忽略了形式方面，即这些观念等等是由什么样的方式和方法产生的。""历史思想家在每一科学领域中都有一定的材料，这些材料是从以前的各代人的思维中独立形成的，并且在这些世代相继的人们的头脑中经过了自己的独立的发展道路。"（《马克思恩格斯选集》第4卷，第500—501页）就是说，忽略了马克思主义人文主义的本质方面是一种过错。

李大钊在宣传马克思主义时指出要防止这样的"偏蔽"，并非是对马克思主义的"救正"，而是要使人懂得马克思主义指出的社会主义文明建设，不仅要进行物质的改造，也要进行精神的改造，"主张心物调节，故二者均须改造。"他在接受马克思主义时，采取的是认真、求实的态度，力图恢复马克思主义的本来面目。李大钊提出精神建设方面是抓好：

（1）智的方面：社会主义是对现存资本主义的批评指南，确立社会主义理论优越性的自信；

（2）情的方面：要以新的、好的秩序代替旧的、坏的制度，确立社会主义道路优越性的自信；

（3）意的方面：使人发生努力，以平静寻秩序，代替旧秩序，以尊重人格根本观念出发，确立社会主义制度优越性的自信。

李大钊提出科学社会主义建设方面是抓好：

（1）政治方面：必须无产阶级专政，方合其目的。社会主义要求政府有一种权力，使之伸张，以保障每人享受及大量的平等、自由；压制资产阶级为怨仇，若彼自己方面而言，是互助、相爱，不是谋怨仇，并为大多数人谋幸福。

（2）法律方面：必须废止旧的经济生活与秩序，另规定一种新的经济生活与秩序。社会主义是由个人生产变为社会的生产，不是破坏生产，是求进步的、适合的生产，及整理生产，使归统一，免呈纷乱之象。已有相当的竞争，不过禁绝使社会上起极大的、使人犯罪的竞争。

（3）经济方面：必须使劳动的人，满足欲望，得全收利益。社会主义不使人尽富或皆贫，是使生产、消费、分配适合的发展，人人均能享受平均的供给，得最大的幸福。

李大钊据此认定社会主义在中国的实现必然是建立起一个中国化的、以人为本的、物质方面和精神方面两面的刀改造的、科学和学艺极为发达的、允许建立适用于新的经济组织的宗教的、人民当家做主的政府。

第四部分　李大钊受聘为北京五所高校教授

李大钊起初并不是职业革命家，而是一位学者，他的职业是高等学校的教师，而且卓有成就。而在现在的李大钊生平事迹陈述中，对他在教学方面付出的巨大精力和艰辛劳动，因为资料方面搜集的困难，总是显得过于简略，往往是用"1918年2月，李大钊先后在北京大学、女高师、师范大学讲授《唯物史观》、《马克思的历史》、《马克思主义经济学》、《社会发展史》、《社会学》等课程，作为宣传马克思主义的讲坛，受到进步青年的热烈欢迎"（《马克思主义在中国的传播》，载《人民日报》）这样的语言予以概括。

诚然，教师这个职业就是这样的：燃烧自己，照亮他人。李大钊在北京的十年中大半精力是花费在为讲好课的备课上的。从1918年起，李大钊先后受聘为北京大学、北京女子高等师范学校、北京高等师范大学、朝阳大学、中国大学的教授。只可惜除了北京大学以外，其他学校都没能保存下完整的档案，有关李大钊任课的具体资料、任职年月、开设课程、讲课时数等等，均已经无法统计和查证。

教 学 篇

一、李大钊受聘为北京大学教授

　　李大钊在纪念北大校庆25周年讲演时说:"我个人心中没有一切,所有者唯北大耳。"李大钊在北大从1917年底至1927年初,长达十一个年头,自1926年"三一八"事件后始迁入东交民巷。但是,到1927年4月李大钊牺牲后的一段时间,北大教职员工的薪金册上仍有他的名字,蒋梦麟校长批准照常发给薪金。

　　李大钊在北京大学的十年,是他生命历程中最光彩的时期。章士钊说:"守常充图书馆主任,而后为教授,还有一段可笑之回忆,盖守常虽学问优长,其时实至而声不至。北大同僚皆擅有欧美大学之镀金品质,独守常无有。浅薄者流,致不免以樊哙视守常。"(章士钊:《〈李大钊先生传〉序》1951年8月,见张次溪:《李大钊先生传》,北京宣文书店1951年版)这足以说明开始时他的威望并不高,经过短短两年后,1920年7月23日李大钊受聘为教授;10月,李大钊当选为校评议会评议员,并且直至1923年连续四年当选。他的威望是经由工作努力获得的。李大钊参与了校务改革,担任过许多重要职务,为北京大学的发展做出了重要贡献。

　　李大钊对北大发展的贡献可以归结为以下三个方面:

　　一是,李大钊为北大开辟了传播马克思主义的传统。李大钊在中国举起了传播马克思主义的旗帜,在北大秘密成立"马克斯学说研究会",宣传俄国革命和马克思主义,预言"将来的寰球,必是赤旗的世界";又公开签名发起成立了"北京大学社会主义研究会",研究和传播社会主义思想;1920年起李大钊在北京大学史学系、经济系和法律系同时开课,开设《唯物史观研究》《社会主义史》《社会主义与社会运动》等课程,举办《现代政治讲座》,主讲《工人的国际运动》《印度问题》《人种问题》《现代普选运动》等专题。1922年12月,蔡元培请李大钊担任校长室秘书。当时,北大无副校长,日常校务由秘书办理,校长秘书是一个很高的职位。1924年，北京政府以提倡共产主义罪名通缉李大钊。北大致函教育部："大学为讲学之地，研究各科学问实为大学教授应尽之责任，不能因此蘧令通缉……嗣后对于大学教授，非依据法律确实证明其为现行犯者，绝对不能任意通缉。"

二是，李大钊指明青年必须深入实际与劳动民众"打成一气"。李大钊周围团结了一批进步青年，倡导研究、宣传马克思主义，帮助许多青年建立共产主义世界观、人生观。五四运动前后，北大进步社团"新潮社""国民杂志社""平民教育讲演团""马克斯学说研究会"等，都请他为导师，听从他的教诲。从北大成长起来的众多民族精英，都或多或少受过李大钊的教育和影响；也正是依靠这些追求真理的进步青年，建立起共产党北京支部，缔造了中国共产党。

三是，李大钊以正直学风推动北大学术发展。李大钊对学术风气的开拓和学术研究的发展极为重视。他说过："北大两字，本旁视者对北京大学之缩称，吾校人员亦省而用之，外人即不免认吾校自称北大，带有骄气。其实此正北大之精神。盖吾校要研究各种学术，自然算大。希望同人以后都从大字上做去，发扬伟大的精神。"（《京报》1922年10月26日）在建校25周年纪念会上，李大钊说："只有学术上的发展值得作大学的纪念，只有学术上的建树，值得北大万万岁的欢呼。"作为学者和教授，李大钊对哲学、史学、文学、经济学、政治学、法学、伦理学、图书馆学许多领域进行了研究，取得了成就，发表的《唯物史观在现代史学上的价值》《史学与哲学》《研究历史的任务》等论文，使之成为中国历史哲学的奠基人。

罗章龙选听了李大钊讲的《唯物史观研究》，他说："过去的历史课，都不外是按旧史观，照本宣科，不出春秋义法和二十四史范围。而李先生讲授这门课程，在当年是件新鲜事物，这门课无现成教本可循，要自己编写讲义。他的讲义从科学的唯物史观出发，立意创新，内容精当，而且篇幅很多。他在课前亲自散发讲义，每次都有十张八张，的确开全校风气之先……李先生讲课有系统，兼有条理，而且联系中外数千年的历史发展加以印证，具有高度说服力，所以同学们听课十分踊跃，座无虚席，迟到的就站着听讲……"

二、李大钊受聘为北京女子高等师范学校教授

1909年建成的京师女子师范学堂，1913年改称北京女子师范；1916年到1918年期间筹建女高师；自1919年秋开始招生；1924年改为北京女子师范大学。1925年8月7日，教育部以北京女子师范大学闹学潮为由，一度予以解散并封闭校舍。李大钊为首的中共北京区委，派出联络员刘清扬、夏之栩到女师大具体指导运动，与军阀政府把持的"女子大学"相抗衡，支持以鲁迅为中心的"女师大校务维持会"，师生们赁屋另立"北京女子师范大学"。鲁迅和20多名教授接受了聘书，义务授课，不取报酬。1925年11月28日下午，北京学生、工人及市民3000余人到段祺瑞住宅示威，支持女师大，段祺瑞政府始同意复校。

1926年3月18日下午，在李大钊领导下，北京各界群众数万人在天安门前集合，举行反对帝国主义和封建军阀游行示威活动，要求拒绝帝国主义国家的无理要求。会后，到铁狮子胡同段祺瑞执政府请愿。游行群众刚到执政府门前，军警竟开枪射杀游行群众，当即死47人，伤200多人。女子师范大学学生自治会长刘和珍及学生杨德群英勇牺牲，史称"三一八"惨案，鲁迅称"民国以来最黑暗的一天"。1927年6月18日，张作霖在北京建立大元帅府，改女师大为京师大学师范学院第二部。

1919年11月30日，在女高师举行李超追悼会，李大钊到场并发表演说。1920年7月，李大钊受聘为北京女子高等师范学校，开设"社会学"与"女权运动史"两门课程，新理论、新方法受到欢迎。"七月七日，教育部正式免方还职，委毛邦伟先生担任我校校长。他还未到校任职，我们就到他家提出下学期希望聘请的教师，主要是李大钊老师和陈中凡老师。"（程俊英、罗静轩：《五四运动的回忆点滴》，见《五四运动回忆录》，第277页）李大钊还组织领导女高师的学生编著、排练

和演出了话剧《孔雀东南飞》。"导演者就是我们最敬爱的李大钊老师。"（朱杰人等编：《程俊英逝世十周年纪念文集》，华东师范大学出版社2004年版）

李大钊在女高师的主要业绩是：

一是，传播马克思主义的"妇女解放"思想。

李大钊老师"平顶头，椭圆脸，浓密八字胡须，穿一件爱国布灰色的长夹袍"。"记得李老师在一次上课时，大声疾呼：'马克思主义给妇女指出一条正确的道路，只有社会性质改变，妇女才能获得真正的解放。'将近考试时，他在黑板上写了一个论文题目：《论妇女解放》。""李大钊老师担任'社会学'和'女权运动史'两门课程，这使我们初步接触到马列主义的理论。"（朱杰人等编：《程俊英逝世十周年纪念文集》，华东师范大学出版社2004年版）

李大钊积极支持由女高师进步学生发起成立的女权运动同盟，1922年8月1日，《晨报》第三版刊登了《女权运动同盟宣言》全文及《女权运动同盟启示》；13日，李大钊出席北京女权运动同盟在女高师举办的茶话会，讲话的要点次日也刊登在《晨报》上面，表示了对男女平等的全力支持。

二是，以深切热烈的政治情怀引导学生。

缪伯英1919年考入女高师，即参加李大钊组织的北京大学马克思学说研究会；1920年11月加入社会主义青年团和共产主义小组，中共"一大"后转为正式党员，是中国共产党早期的女党员。王一知曾住在李大钊家中，常与缪伯英去北京女师大做女学生的工作，开展妇女运动。（王一知：《回忆李大钊二三事》）

1919年秋，张挹兰抱着教育救国的热望来北京求学。1920年秋，考入北京女子师范大学预科，与缪伯英结为好友。1922年，张挹兰考入北京大学教育系，常听李大钊讲课，在他的教育下，积极投身于反帝、反封建、反军阀的革命斗争。1927年4月28日，和李大钊一起从容走上绞刑台，壮烈牺牲。

三是，担任女高师教职员代表领导索薪斗争。

1921年4月，北京国立专门以上各校辞职教职员代表联席会，李大钊任女高师代表领导索薪斗争。自4月27日，因教职员代表联席会主席马叙伦生病缺席，从第23次会议开始由李大钊代理教职员代表联席会主席，直至7月28日此次风潮告一段落。

教 学 篇

1922年2月24日至26日，女高师国文专修科学生在教育部大礼堂举行游艺会，连续三天公演《叶启瑞》、《归去》、《孔雀东南飞》、《爱情与金钱》等四部话剧。此次公演的剧目是由李大钊、陈大悲指导，女高师学生自编自演。她们希望表达对于"五四"新女性之处境与选择的思考，与轻视艺人、轻视俗文学的旧传统作斗争。女学生首次公开演出引起广泛反响，票价从一元到四元大洋，场场爆满，晚七时正式演出，四时大礼堂内已观众二千余人。对女高师公演及剧目，《晨报副刊》刊发一系列剧评；《孔雀东南飞》的剧本，发表在1922年《戏剧》第二卷第二号。《孔雀东南飞》由孙桂丹（即孙斐君）饰焦仲卿，程俊英饰刘兰芝，冯沅君饰焦母，陶玄饰刘兄，陈定秀饰小姑。程俊英在李大钊的鼓励下，对演剧产生热情，之后在第一舞台主演了《金钱与爱情》、《一只马蜂》等话剧。冯沅君在《孔雀东南飞》中的演出，令她初尝文艺创作的滋味，在她心中播撒下关注戏剧、俗文学的种子。（林峥：《女高师的新教育与"新女性"的塑造》，载《云梦学刊》2009年5期）

同在女高师任教的胡小石无党无派，为人真诚、正直，很少介入政治活动。他对学生程俊英说："守常兄是一位爱国爱民的学者，他整夜伏案写文章，想用马克思理想的共产主义救中国，达到世界大同的境界，我钦佩他，欢喜他，他是我的一位益友。"

"三一八"惨案中的殉难烈士刘和珍，总是全神贯注地听鲁迅及李大钊的课。李大钊讲"社会学"、"女权运动"，把教学和革命活动相结合，为学生提供正确的人生观。刘和珍说："我们将来做了教师，也要像大钊老师这样教自己的学生。"

长篇小说《不尽长江滚滚来》的作者彭慧，也是在李大钊影响和教育下成长起来的。1925年秋，彭慧（涟清）进入女师大，结识赵世兰、刘亚雄等。她们一起去听李大钊作报告，听赵世炎讲马列主义课，学唱国际歌。1926年3月18日参加天安门前反对八国通牒国民大会。"三一八"惨案发生后，《现代评论》发表污蔑殉难烈士杨德群的文章。彭慧、李慧、彭媛华、雷瑜等著文介绍杨德群烈士一贯的爱国表现和崇高品德，批判《现代评论》所散布的谬论。不久，彭慧入了中国共产党。

现在保留下来的"1922年李大钊与北京女高师毕业班合影"弥足珍贵。

1922 年李大钊与北京女高师毕业班合影（四排右三为李大钊）

教 学 篇

三、李大钊受聘为北京高等师范学校教授

　　1902年创立的京师大学堂师范馆，1908年改称京师优级师范学堂，1912年改名北京高等师范学校，1923年更名为北京师范大学，是中国历史上第一所师范大学。1919年5月初，北洋政府代表准备在出卖主权的《巴黎和约》上签字的消息传到国内。5月4日北京高师的队伍最先到达天安门广场，愤怒声讨北洋政府的卖国行径。高师学生周蘧（予同）、匡互生等首先冲进并火烧赵家楼、痛打章宗祥，使北京高师成为五四运动策源地之一。

　　李大钊在学校开设"史学思想史"等课程，宣传马克思主义，介绍进步学生加入中国共产党。

　　1919年12月13日，李大钊在北京高师图书馆两周年纪念会上演讲，由予同笔记，刊登在《平民教育》第10号。

　　1920年8月3日，李大钊在北京高师图书馆讲习会开始连续讲演"图书馆教育"，3日、4日各一次，听讲者近百余人，有从各省、各校选派来京的图生曰工作者。（《晨报》1920年8月8日）

　　1922年5月1日，李大钊出席北京高师工学会等单位举办的"五一纪念大会"，并发表了演讲。（《晨报》1920年5月2日）5月4日，李大钊出席了在北京高师举行的"五四运动二周年纪念大会"，并发表了演讲。（《晨报》1920年5月5日）

　　李泰棻在北师大三年级时，完成了著作《西洋大历史》，显示在史学研究的才能，李大钊给以推介，并为该书作序。

　　1923年以前，在李大钊指导下，北师大建立了中共党支部，1927年4月李大钊遇难前，北师大的党员达到40余人，是北京第二大的党支部。李大钊对北师大党员谢伯俞、吴平地非常器重，常向他们讲述马克思主义原理和革命斗争的策略。

　　上世纪90年代，在北师大图书馆发现了李大钊生前的藏书《九

通》，该书共 114 函，894 册。这是 1939 年 1 月 14 日，钱玄同到孔德学校处理李大钊遗留的图书，用来解决李大钊子女生活上遇到的困难，卖给了当时的北京女师大，后来转到北师大图书馆的。

教 学 篇

四、李大钊受聘为朝阳大学教授

  1912年创办的朝阳大学是民国时期著名法科大学,创办人是汪有龄,董事长为居正(觉生),校址于北京市东城区海运仓(现为北京中医药大学东直门医院和北新仓中医研究院等机构所在地)。"中国法学和司法界,朝阳大学出身的人才是第一流,亦可以说是主流,法学教育史上,朝阳大学应居第一位。"(陶希圣:《朝阳大学二三事》)世称"南东吴,北朝阳",为我国法学摇篮之一。1949年,华北人民政府以朝阳学院为基础,在其校址成立北平政法学院。同年8月5日中央决定把该校校名改为中国政法大学。1950年2月,中央决定将中国政法大学和华北大学合并成立中国人民大学法律系,为中国人民大学的八大系科之一。

  李大钊在朝阳大学讲授"社会学",学生张尔岩回忆:李守常老师"第一次给我们上课时,开始没有授课,而是和同学们漫谈,引导大家明确学习目的"。他指出:"学习的目的在于应用。应用要服务于社会,不能为个人名利。"他勉励同学们"为挽救危难中华而学,为人民造福献才智"。他的这一教导,使大家顿开茅塞,皆啧啧称赞。他讲课,也从不照本宣科,而是结合实际传授知识,循循善诱,由浅入深,针对现实穿插实例,处处给人以启迪。如在讲解有关社会过程的课题时,结合讲述了国际、国内的历史沿革,分析了产生种种社会现象的根源。他着重指出:"古往今来,社会生活始终存在着新与旧的斗争。而创新则是青年的责任。"他殷切期望广大青年"打起精神,于政治、于社会、于文学、于思想等各个方面开辟一条新路径,创造一种新生活"。通过这样启发式的教学,当时对引导同学们解放思想,破除迷信起到了极大的促进作用。又如:他在教授社会经济方面的课题时,剖析了我国半封建半殖民地社会的经济状况,讲了经济与政治的关系,强调指出:"经济制度的改造,是改造一切上层建筑的基础。"号召同学们"发扬薪胆精神、赴国难，雪国耻，发奋为雄，再造神州"。在以后的讲课时，又多次引导同学们应走与工农相结合的道路，离开家庭，离开父母，到农村去，宣传群众，开发农村。他指出："在中国农民占绝大多数的国家里，如果没有农民的解放，就没有全体国民的解放。"号召广大青年要不畏艰苦，克服困难，积极到农村这个天地里去锤炼自己，并把现代新文明，从根本上输送到社会里面，唤醒民众，掌握自己的命运，改造社会，创造新生活。从而，对启发同学们树立革命人生观、投身革命事业打下了良好的思想基础。所以，每当守常老师讲课，同学们没有缺席的，都聚精会神听，教室里的气氛格外两样，只听到他的讲课声和同学们记笔记的响声，连个咳嗽的都没有，每个课时都是在大家没有听够的情况下很快过去。在守常老师讲完课后，同学们仍不走开，纷纷围向讲台，有的请教这个问题，有的请教那个问题。对此，守常老师总是不厌其烦作解答。有时来不及解答，以后另找时间补上。由于守常老师平易近人，和蔼可亲，同学们都爱接近他，结为良师益友。当师生建立了深厚的思想感情后，守常老师向同学们提出了这样一个问题："倘若你们能在读书之余去研究马克思的学说，使中国将来能够产生几位真正能够了解马克思学说的，真正能够在中国放点光彩的，这实在是我最大的希望。"（葛辛垦：《访问李大钊的学生张尔岩》，1986年3月）

李大钊自述："历在北京大学、朝阳大学、女子师范大学、师范大学、中国大学教授史学思想史、社会学等科。数年研究之结果，深知中国今日扰乱之本原，全由于欧洲现代工业勃兴，形成帝国主义，而以其经济势力压迫吾产业落后之国家，用种种不平等条约束制吾法权、税权之独立与自主。而吾之国民经济，遂以江河日下之势而趋于破产。今欲挽此危局，非将束制吾民族生机之不平等条约废止不可。从前英、法联军有事于中国之日，正欧、美强迫日本以与之缔结不平等条约之时，日本之税权、法权，亦一时丧失其独立自主之位置。厥后，日本忧国之志士，不忍见其国运之沉沦，乃冒种种困难，完成其维新之大业，尊王覆幕，废止不平等条约，日本遂以回复其民族之独立，今亦列于帝国主义国家之林。

惟吾中国，自鸦片战役而后，继之以英、法联军之役，太平天国之变，甲午之战，庚子之变，乃至辛亥革命之变，直到于今，中国民族尚困轭于列强不平等条约之下，而未能解脱。此等不平等条约如不废除，则中国将永不能恢复其在国际上自由平等之位置。而长此以往，吾之国计民生,将必陷于绝无挽救之境界矣!然在今日谋中国民族之解放,已不能再用日本维新时代之政策,因在当时之世界,正是资本主义勃兴之时期,故日本能亦采用资本主义之制度,而成其民族解放之伟业。

今日之世界,乃为资本主义渐次崩颓之时期,故必须采用一种新政策。对外联合以平等待我之民族及被压迫之弱小民族,并列强本国内之多数民众;对内唤起国内之多数民众,共同团结于一个挽救全民族之政治纲领之下,以抵制列强之压迫,而达到建立一恢复民族自主、保护民众利益、发达国家产业之国家之目的。因此,我乃决心加入中国国民党。因此,我乃决心加入中国国民党。"(《狱中自述》,见《李大钊全集》第5卷,第226—227页)

《史学思想史》一书,就是李大钊1920年至1922年间,在北京大学、朝阳大学等高校开设此课程的讲义。《史学思想史》说明历史观的发展和变化,是《史学要论》的续篇或姊妹篇,在建立我国马克思主义历史学理论体系上有相当的重要性。

聂维桢(1900—1931),1923年春,考入北京朝阳大学法律系;1924年经李大钊介绍加入中国共产党,成为学生运动的主要组织者。1926年"三一八惨案"后,聂维桢被段祺瑞政府通缉,党组织介绍与中共湖北省委领导人董必武、陈潭秋取得联系;8月底,被董必武以特派员身份回建始县秘密筹建和发展中共基层党组织。

朝阳大学学生张尔岩回忆,他曾劝李先生要注意营养,李大钊听后说:"美味佳肴人皆追求,我何尝不企享用?但时下国难当头,众同胞食不果腹,衣不遮体,面对这种情况,我怎忍只图个人享受,不思劳苦大众疾苦呢?"(葛辛垦:《访问李大钊的学生张尔岩》,1986年3月)

2014年10月,《朝阳大学先贤文集》第一批四本著作(《江庸法学文集》《李大钊法学文集》《郁嶷法学文集》《戴修瓒法学文集》)由法律出版社正式出版,这是中国人民大学法学院传承优秀法律文化和学术文脉的重要工程,也是我国法学界的一件大事、喜事。后续还会有更多优秀的朝阳大学先贤文集出版。

五、李大钊受聘为中国大学教授

中国大学成立于1912年,是在孙中山指导下筹办的国民党历史上的第一所大学,初名定为国民大学,由国民政府拨款84500两白银为开办费,校址在前门内西城(现改建为全国人大机关办公楼),1913年4月正式开学。二次革命爆发后,开办经费被北洋政府收回,学校由官办改为民办。1914年1月学校与上海吴淞中国公学合并,改称中国公学大学部。1917年3月5日,中国公学大学部改名中国大学,学校迁入西单二龙坑郑王府(新皮库胡同乙12号)新址。1919年增设大学文科。1921年起,由王正廷任中国大学校长。1930年11月学校改称中国学院。1949年3月,中国大学部分院系教授及学生合并到华北大学和北京师范大学,理学院并入山西大学。从1924年开始,中共便在该校建立了基层党组织,党的外围学生组织也在此扎下了根。2001年为纪念辛亥革命九十周年,北京在二十九中学门前设立了"中大旧址说明牌",并对《孙中山创办中国大学及附属中学史料展》重新布展。

1919年11月,以中国大学学生宋介为主编的《曙光》杂志创刊,共出版9期。《曙光》的创办者是一些山东籍旅京学子,包括宋介、王统照、王晴霓、徐彦之、范予遂等。创刊不久,《新社会》杂志的编辑郑振铎、耿济之、瞿世英等相继加入。文章作者有瞿秋白等。其宗旨是"根据科学的研究、良心的主张,唤醒国人革新的运动"。张国焘在中国共产党第一次全国代表大会上发言,报告了北京共产党早期组织成立以来的工作,其中"在知识分子中的宣传工作"一节里有:"《曙光》杂志虽有我们的一个同志负责出版,但不纯粹是我们的刊物,而是一个混合性的刊物,我们刊登了一些翻译的和创作的文章。""我们刊登了一些翻译的和创作的文章",有李大钊的《团体的训练与革新的事业》、《社会主义下之实业》,何孟雄的《发展中国的实业究竟要采用什么方法》,宋介的《新俄罗斯之建设》《俄罗斯之女劳动家》《彼得格勒之粮食分配》等。刊物还刊登了列宁部分著作的译文及陈独秀与无政府主义者论战的文章《社会主义批评》、《陈独秀先生答区声白先生书》。《曙光》的确是北京共产党早期组织的宣传阵地。李大钊在《曙光》杂志上宣传社会主义思想，成为进步青年的思想导师。

李大钊在1921年11月3日，曾在中国大学讲演"由平民政治到工人政治"，讲述了民主、无产阶级专政、社会主义、共产主义的渊源、区别和联系。"由平民政治到工人政治"这篇演讲，由甘蛰仙笔记，刊登在1921年15—17日的《晨报副刊》上。李大钊于1922年至1927年任中国大学兼职经济系教授。（陈瑜：《中国大学研究（1912—1949）》第19页，2013年北京大学硕士学位论文）开设"唯物史观研究""社会主义与社会运动""现代政治"等课程，向广大青年进行马克思主义基本知识的教育。

1922年12月17日，李大钊在北京中国大学哲学读书会上讲演："社会问题与政治"。这次演讲的全文，由刘月林笔记，刊登在1922年12月29日《民国日报》副刊《觉悟》上。李大钊指出："现在社会上有两个最大的问题，就是：妇女参政问题和劳工问题。""现在要改革社会的问题，最要者：第一，先争得宪法上的平等权，如女子参政、劳工立法等，然后拿争到的政权去解决各种的问题；第二，要作联合运动，妇女劳工固当联合，此外凡目的相同的都应该联合起来，一点一滴的去作。"结论是："欲改良社会，非靠政治的力量不可；因为政治的力量，可以改革一切的社会问题。"

20年代初，李大钊在《曙光》《评论之评论》杂志上发表《团体的训练与革新的事业》《社会主义下之实业》《中国社会主义与世界的资本主义》，在青年知识分子中大力宣传社会主义思想。当时，国内外对李大钊的学识均予以肯定，例如日本园田一龟（当时是满铁奉天图书馆工作人员，负责撰写馆藏文献名著解题，或将研究成果以研究报告集的形式出版。）在他编撰的《分省新中国人物志》中，许多论说有片面之嫌，如说："河北之地，与朔方相接，天燥雨少，风物索寞，无江南山河之美，故其所产人才，多限于头脑简单之武人；至于著名之学者文人，则甚少。"却又说："惟当代之思想家，以学者著称之李大钊先生，于武人天下之河北，崛然杰出，确为例外也。"

"李大钊受聘北京五所高校教授"研究论文索引

- 《中国大学学术讲演集》第一集，1923年。
- 章士钊：《〈李大钊先生传〉序》1951年8月，见张次溪《李大钊先生传》，北京宣文书店1951年版。
- 李义彬：《关于李大钊在北京大学任职的时间》，载《历史研究》1979年10期。
- 葛辛垦：《访问李大钊的学生张尔岩》，1986年3月。
- 程俊英、罗静轩：《五四运动的回忆点滴》，见《五四运动回忆录》。
- 王一知：《回忆李大钊二三事》，见《回忆李大钊》，人民出版社1980年版。
- 王淑芳、麻星甫：《李大钊与北京两师大》，载《北京师范大学学报》1989年第6期。
- 萧超然：《李大钊与北京大学》，载《北京大学学报》（社科版）1998年第2期。
- 朱杰人等编：《程俊英逝世十周年纪念文集》，华东师范大学出版社2004年版。
- 林峥：《女高师的新教育与"新女性"的塑造》，载《云梦学刊》2009年5期。
- 陶希圣：《朝阳大学二三事》，转引自孙政华：《百年朝阳：一所法律名校的繁盛与荒芜》，载《法治周末》2012年4月18日。
- 陈瑜：《中国大学研究（1912—1949）》，2013年北京大学硕士学位论文。

第五部分　李大钊的学术讲演活动

李大钊不欣赏高谈阔论、咄咄逼人的政客，诚如章士钊所述："盖守常乃一刚毅木讷人也。其生平才不如识，识不如德。""盖守常虽学问优长，其时实至而声不至，北大同僚，皆擅有欧、美大学之镀金质量，独守常无有，浅薄者流，致不免以樊哙视守常。时北京民主运动正在萌芽，守常志在得北大一席，以便发碇指示，初于位分之高低，同事不合理之情绪，了不厝意。由今观之，守常一入北大，比于临淮治军，旌旗变色，自后凡全国去向民主之一举一动，从五四说起，几无不唯守常之马首是瞻。"（章士钊：《我所知道的守常》，见《回忆李大钊》第144页，人民文学出版社。）

李大钊也认识到"文明国之政争，皆在演说台上"。"盖于稠人广众之中，公布其主张，以求舆论之同情，乃政治家之天经地义，虽刀锯在前，鼎镬在后，有所不顾。区区反对之声浪，乌能摧捲其政帜者。"参加讲演活动，实际上也是一种斗争的方式和手段。因此，他十分重视演讲活动，并且热心于参加各种学术讲演。例如：

1918 年 11 月 15 日，李大钊在天安门前参加北京大学举行的庆祝第一次世界大战结束的集会上的演说，是李大钊在群众集会上演讲的开始。他开门见山地指出：我们庆祝的"不是哪一国的军阀或资本家的政府"的胜利，而是"世界人类的新精神""全世界的庶民"的胜利。分析了大战的起因，揭示了战争的本质，昭示了世界的发展趋势，召人们对创造新纪元的艰难要有充分的思想准备，要不怕冒险，不要逃避。

1919 年，李大钊的《"少年中国"的"少年运动"》更是一篇充满诗意与激情的演说。理想的新中国是"少年中国"，有志于创造新中国的青年们要投入"精神改造"与"物质改造"两面改造的运动。

1924 年，《追悼列宁并纪念"二七"》是李大钊在广州工会联合会等团体联合举行的追悼列宁并纪念"二七"大会上的演说，控诉帝国主义、军阀势力对为争取集会结社自由而斗争的工人群众的血腥屠杀，用死难工友的精神激励人们继续斗争，展现出无产阶级革命者英勇不屈的浩然正气。

1917年至1926年，李大钊在各地至少发表了45次演讲，其中约有40次是直接或间接地宣传马克思主义。著名演讲有《庶民的胜利》、《马克思的经济学说》、《社会主义下的经济组织》、《史学与哲学》、《社会主义释疑》等。

依据李大钊生平史料，将李大钊的主要学术讲演活动，列举如下。

教 学 篇

一、李大钊各次学术讲演

《大亚细亚主义》

1917年6月25日,天津

辛亥革命失败后,人们陷于帝国主义与封建军阀压迫的内忧外患的苦闷中,迫切寻求救国自强的出路。到五四运动前夕,这种要求更加迫切。天津青年接受李大钊的爱国主义启蒙教育最早,印象也最深刻。1917年6月,天津青年组织爱国讲演会,邀请李大钊于25日在东马路青年会礼堂(今少年宫)讲演,听众异常众多,楼上楼下均站满听众。

李大钊的讲题是《大亚细亚主义》(这篇讲演稿早在1917年4月18日的《甲寅》日刊上刊登,署名为守常。现以原题收入《李大钊全集》第2卷第106—108页)。日本的《中央公论》在1917年4月号发表《何谓大亚细亚主义》一文,提出了亚洲人应当觉悟自强,为抗击西方国家的暴力掠夺,应建立大亚细亚主义之理想,为正当之防卫。李大钊就此对当时的国际形势做了分析,指出英美帝国主义向亚洲落后国家进行政治、经济、文化侵略的实质,亚洲人民团结起来,共同抵御外侮,建立大亚细亚主义之理想,是一件急迫之事。但若此时日本假大亚细亚主义之旗帜,而行侵略我国及亚洲各国之实,则是对真正大亚细亚主义的背离。真正的"大亚细亚主义者,当以中华国家之再造,中华民族之复活为绝大之关键"。因此,应当担当起建立大亚细亚主义主责任,又要防止日本军国主义者的侵略野心。李大钊的讲演,不断被掌声打断,极大地鼓舞了天津人民内反封建军阀、外反帝国主义的情绪,特别是教育了广大青年,促使他们急起救国。

李大钊对帝国主义和日本军国主义的认识不断在深化。1919年t月

1日，在国民杂志第1卷第2号上又发表了《大亚细亚主义与新亚细亚主义》一文（《李大钊全集》第2卷第269—271页），对亚细亚主义进行了深刻剖析。他是中国最早使用帝国主义概念和提出民族自决权的学者。

《庶民的胜利》
1918年11月14日、29日，北京

第一次世界大战结束之后，全世界工人运动高涨，不但十月革命的成果保住了，而且革命的大潮汹涌澎湃，大有席卷全球之势。为了庆祝第一次世界大战协约国胜利，北京大学于1918年11月14日举行演说大会；29日北京大学于中央公园（今中山公园）举办庆祝第一次世界大战协约国胜利大会，李大钊先后两次在讲演大会上演说。李大钊在这两次讲演大会上都做了题为《庶民的胜利》的演讲（这篇演说稿最早发表在1918年12月6日的《北京大学日刊》上，标明"李大钊主任在中央公园之演说"；后发表在《新青年》第5卷第5号上，署名守常。尽管此期杂志出版日期印成为10月15日，但是，其实际的出刊日期大约是在1919年1月初。现以原题收入《李大钊全集》第2卷第254—256页）。

李大钊首先满腔激情地宣告："我老老实实地讲一句话，这回战胜的，不是联合国的武力，是世界人类的新精神。不是那一国的军阀或资本家的政府，是全世界的庶民。"接着，李大钊深刻地剖析了第一次世界大战发生的原因和结果，政治的结果是：大……主义的失败，民主主义的战胜。社会的结果是：资本主义失败，劳工主义战胜。从而促使世界出现了庶民胜利、劳工世界的新潮流。李大钊进一步宣传了列宁领导的十月革命是20世纪世界革命的先声。这样，为中国人民在世界革命的新潮流中，指出了革命的前进方向。

为北京大学新闻学研究会演讲
1919年3月10日，北京

《北京大学日刊》1919年3月10日刊登："本日晚七时半，本会敬请本校图书馆主任李守常先生，在理科十六教室演讲，会员诸君务早

到会为幸。北京大学新闻学研究会。"

应"觉悟社"邀请赴天津讲演

1919年9月21日，天津

五四时期出现大批学生社团，许多都得到李大钊的热情关怀和积极支持。1919年9月16日天津学生周恩来、郭隆真、马骏、邓颖超等发起组织的觉悟社正式成立，李大钊与之建立了亲密联系，接受周恩来的邀请去天津。1919年9月21日上午，李大钊在维斯礼堂（今滨江商厦）讲演。此次讲演的内容，主要是第一次世界大战后的国际形势，英、美、日等帝国主义国家侵略亚洲落后国家的野心和实质，斥责日本军国主义推行强权统治，阐述被压迫民族和人民求得解放的途径。李大钊的讲演入情入理，深深地启发和鼓舞了天津的革命群众。

在《国民》杂志社成立周年纪念会演讲

1919年10月12日，北京

这次讲话的主要内容刊登在《国民》杂志第2卷第1号："此次五四运动，系排斥大亚细亚主义，即排斥侵略主义，非有深仇于日本人也。斯世有以强权压公理者，无论是日本人非日本人，吾人均应排斥之！故鄙意以为此番运动仅认为爱国运动，尚非恰当，实人类解放运动之一部分也。诸君本次进行，将来对于世界造福不浅，勉旃！"（《李大钊全集》第3卷，第67页）

在北京高等师范学校图书馆二周年纪念会演讲

1919年12月13日，北京

李大钊在北京高等师范学校图书馆二周年纪念会上的演讲记录稿，由予同笔记，发表在《平民教育》第10号上面，署名李守常。（《李大钊全集》第3卷，第132—134页）。他指出图书馆有两种：由于服务对象不同，可划分为社会图书馆和学校图书馆。中国图书馆的历史很久远，老子所任的柱下史，就是管理图书馆的职务。现在的图书馆不再是单纯藏书、文库，而是要为读者服务，为此图书馆不仅要增加复本、开架式查询，更需要具有专业知识的管理人员。李大钊希望北京高等师范学校"添设图书馆专科或简易的传习所，使管理图书的都有图书馆教育的知识"，强调指出图书馆和学校教育、社会教育的密切关系，"这是关系中国图书馆前途的事情，也是关系中国教育前途的事情"。

这篇演说不仅引起了学生，而且引起了社会各阶层人士对图书馆工作的兴趣，为促进图书馆事业的发展，普及图书馆学知识起了很大作用。

《群众心理与群众道德》

1920年6月27日、7月4日，北京

《晨报》1920年6月20日刊《学术讲演会启事》："本会定于六月二十七日（星期日），在西城前京畿道美术学校讲演。兹将题目及时间列下：

讲演题目：群众心理及群众道德。

讲演者：李大钊。

时间：早九时至十一时。

讲演次数：第一次。"

《晨报》1920年6月30日刊《学术讲演会启事》："本会定于七月四日（星期日），在西城前京畿道美术学校讲演，兹将题目及时间列下：

讲演题目：群众心理与群众道德。

讲演者：李大钊。

时间：早九时至十一时。

讲演次数：第二次。"

这两次讲演收录在《李大钊年谱长编》中，第一次讲演是列在1920年6月20日，《晨报》所刊登的消息；第二次讲演是列在1920年6月30日，《晨报》所刊登的消息。

《图书馆教育》
1920年8月3日、4日，北京

这是在北京高等师范学校图书馆举办的图书馆讲习会上的讲座。1920年8月8日《晨报》曾刊登《北高图书馆讲习会志盛》：北高图书馆讲习会"到会听讲者不下百余人，内有女子十余人，多系各省或各校选派来京或有志研究此项教育者。每日开讲座为之满，询吾国图书馆教育发展之一新纪元也"。"八月三日，八至九时，'图书馆教育'李大钊。""八月四日，九至十时，'图书馆教育'李大钊。"

在少年中国学会北京会员茶话会讲话
1920年8月19日，北京

这次讲话的主要内容刊登在《少年中国》第2卷第3期《少年中国学会消息》："八月十九日茶话会：北京本会同人于是日仍假座来今雨轩开茶话会，由陈君愚生报告昨日开会经过情形，并征询本会同人对于此次联络有无别的意见。众无异议。继李君守常提议，略谓：本会之创立，原系研究学问团体，思想须极自由，主义自不一致；惟两年以来，世界思潮既有显然之倾向，而国内应时发生之无数小团体，亦莫不各有鲜明之旗帜；本会同人已经两载之切实研究，对内对外似均应有标明本会主义之必要，盖注意不明，对内既不足以齐一全体之心志，对外尤不足与人为联合之行动也，云云。"（《李大钊全集》第3卷第212页）

《自然与人生》
1920年11月28日，北京

为少年中国学会北京会员作讲演。《少年中国》第2卷第7期《少年中国学会消息·北京方面的报告》："十一月二十八日，假座北京大学第一院第二教室开第一次学术谈话会，除会员都到外，并由各会员预约许多非会员男女同志十余人加入。""讲演题目为自然与人生，是会员守常担任。"

"社会主义是否适合于中国"辩论会发言

1921年1月21日，北京

　　罗素学说研究会主办的"社会主义何以不能实行于现在的中国？"讲座及大辩论会将于23日在北大欧美同学会举行。马克思学说研究会相应组织了"社会主义是否适合于中国"的大辩论。这次大辩论连续举行了几天。参加者是北京各大学及专门学校的教员和学生，会上发言踊跃。李大钊被邀请为裁判员。

　　据朱务善：《回忆守常同志》（原载《人民日报》1957年4月29日）所记："辩论会上发言非常踊跃，争辩激烈。最后听众都想听一听当代马克思主义专家的意见，一时满场俱寂。守常同志不慌不忙地走上讲台，手里拿着一页笔记大纲，用唯物史观的观点来解答问题。守常同志说明了人类社会发展的规律，证明由资本主义到社会主义，正如封建制度因生产力的发展一定要转变为资本主义社会一样的必然性，非人的意识和感情所能左右的。守常同志用了河上肇所常用的'譬如'来说明这一点（守常同志在日本留学时代，多少受了河上肇的一些影响）。他说，譬如雏鸡在孵化以前，尚在卵壳以内，到孵化成熟以后，雏鸡必破卵而出，此为必然之理。守常同志最后说：'赞成派若是拿唯物史观的观点来解答这个问题，就比较容易驳倒反对派了。但我说社会主义必然到来，这并不是意味着工人阶级不要斗争就可以垂手等待社会主义的到来……'守常同志说话时，声音不大，但在话语里却表现出一种最高度的自信心。闭会后，守常同志在这次辩论会上的结论，引起了大多数听众研究马克思主义的兴趣。此后，马克思主义研究会增加的会员达数十人之多。"《李大钊年谱长编》误将朱务善文章发表日期排印为1957年4月17日。

《各国的妇女参政运动》

1921年2、3月，北京

　　早在五四时期，李大钊就十分留心妇女解放问题。他认为如果妇女不解放社会就成了一个"半身不遂"的社会。他曾就妇女解放问题在北京大学政治系做了一次题为"各国的妇女参政运动"讲演（这篇讲演是均一记录整理的。1921年2月19日、2月26日、3月5日连载在《北京益世报》的"女子周刊"一栏：一、绪论；二、英国。全文未刊登完全。署名李守常讲、均一记。现以原题收入《李大钊全集》第3卷第258—265页）。李大钊指出，妇女的职业问题、教育问题、法律问题，即妇女的参政、职业、教育，是现代妇女问题中的三个重要问题，只有把这三个问题解决好，妇女才能彻底解放，从而为妇女解放运动指明了方向。

在报纸上刊载时有一个"记录者说明"："妇女的参政运动，在英国已成过去。但中国此时，却连萌芽还说不上。不过我想，以中国妇女界年来的进步观察起来，不到几年，这种运动总会勃然发生。在未发生之前，我们应当赶快将他国妇女的运动情形，介绍给中国妇女，做她们将来的参考。恰巧李守常先生在北大政治系讲演《各国妇女的参政运动》，虽为时很短促，不能十分说的详细，大概的情形，却都已提纲挈领地说了。我听了一遍，并承李君将讲演原稿及所有英、日文参考书都交给我，得做成这篇笔记。中间有十分之九是李君的讲演，有十分之一是我因修辞的必要而有所增减的、或从参考书上加入补充的。不过都给李君看过，背谬愿意的地方，大概总不会有的。"可惜至今，李大钊的讲演原稿未能找到。

《俄罗斯革命之过去、现在及将来》
1921年3月，北京

1917年十月革命胜利之后，俄国成为世界注目的焦点。为了更好地宣传十月革命的胜利果实以唤醒国人。李大钊于1921年3月前做了一次题为"俄罗斯革命之过去、现在和将来"的讲演（这篇讲演是李林昌笔记的。1921年3月21日发表在《民国日报》的副刊"觉悟"上，署名为李大钊讲演。现以原题收入《李大钊全集》第3卷第279—285页）。李大钊详细地阐述了俄国十月革命的远因、近因和将来的发展趋势。对于当时的知识界正确地了解十月革命和劳农新政府，起了帮助作用。

因为是一次讲演，时间有限，不可能详细论说。在1921年7月1日出版的《新青年》第9卷第3号上面李大钊发表了长篇文章《俄罗斯革命的过去及现在》：俄罗斯革命史上的重要年代；俄罗斯革命的中心势力；革命中心势力的三大系统；劳农政府的组织及其中心人物。重点介绍了列宁及托洛茨基等人。

《纪念五一国际劳动节》

1921年4月30日，北京

1921年4月30日《晨报》报道：李大钊出席北京大学社会主义研究会讲演大会，并在会上做了《纪念五一国际劳动节》的讲演。

《社会与个人》

1921年7月30日，北京

据《晨报》1921年7月27日、7月30日刊出《读者日历》："三十日（阴历二十六日，星期六）八校公共学术讲演点。地点：美术学校。时间：上午九时至十一时。讲题：社会与个人。讲演者：李大钊。"

《关于图书馆的研究》

1921年10月，北京

李大钊在担任北京大学图书馆主任的5年间（1918年1月—1922年12月），以坚韧不拔的开创精神和讲求实效的工作态度，为中国图书馆事业的进步与发展，作出了多方面的贡献。1921年10月，李大钊在北京女子高等师范学校做过一次题为《关于图书馆的研究》的讲演（这篇讲演是自强笔记，署名李大钊先生讲。连续刊登1921年10月24日，11月7日、14日的《北京益世报·女子周刊》上。现以原题收入《李大钊全集》第3卷第330—334页）。首先，李大钊就图书馆最重要的问题——"管理图书馆事务"，谈了自己的建设性主张。然后讲了包括书的来源、分类和借用等图书馆的日常隔离问题。其后，简明扼要地介绍了美国17所图书馆学校及其课程安排等情况。他特别提到纽约州公立图书馆学校毕业生841人内，只有167名男生，女生为674人，引起他哀叹国内图书馆管理人才中女性的缺乏，他呼吁学校增设图书馆讲习科。这篇讲演，达到了他预期的目的是要"引起诸君研究的高兴"。

可以说李大钊在我国开创了图书馆向近代现阶段发展的转变过程，起到了开创和奠基者的作用。

《平民政治到工人政治》

1921 年 12 月 15—17 日，北京

中国共产党成立初期的中国，是一个半殖民地半封建的中国，军阀连年混战，人民痛苦不堪。这时，已成为世界发展最大潮流的"德谟克拉西"（Democracy，即民主）对中国人来讲仍很模糊。为了唤醒民众，必须进行反帝反封的民主主义宣传。李大钊在北京中国大学做了一次题为《平民政治到工人政治》的讲演（这篇讲演由甘蛰仙记录。署名李守常先生在中国大学讲。1921 年 12 月 I 5、16、17 日在《晨报》副刊上面连载。现以原题收入《李大钊全集》第 4 卷第 1—7 页）。他对德谟克拉西（民主），伊尔革图克拉西（工人统治），社会主义，共产主义作了应用上的分析，明确区分了资产阶级的民主主义和无产阶级的民主主义，指出中国革命决不能再走一般的资产阶级民主革命的道路，而要走无产阶级的平民政治的道路。

《理想的家庭》

1921 年 12 月 19 日，北京

虽经五四运动的冲击，但由于封建社会的遗毒过深，到 20 世纪 20 年代，中国妇女仍未摆脱受歧视、受奴役的境地。无论在社会，还是在家庭，她们的地位都很低，甚至没有起码的人格和地位。李大钊自始至终关心着妇女解放运动。1921 年 12 月 19 日，他做了一次题为《理想的家庭》的讲演（这篇讲演由隽因记录，刊登在 1921 年 12 月 19 日北京《益世报·女子周刊》上，现以原题收入《李大钊全集》第 4 卷第 8—9 页）。李大钊首先强调了家庭的突出地位，谈了建立理想家庭所需的五个条件：民主之精神；小家庭之制度；一夫一妻之条件；真正的爱情；家事之研究。这五个条件围绕的中心，就是男女平等。他主张男女自由结婚，摆脱各种封建束缚。这篇讲演是一次生动的家庭教育课，使广大青年特别是妇女懂得了如何去建立一个理想的家庭，激发并促进了她们反抗封建束缚的热情和勇气。

《今与古》
1922 年初，北京

李大钊是广大青年的良师益友。他循循善诱，经常勉励青年为国家自重，告诫青年什么是应该做的，什么是不应该做的。《今与古》是李大钊在北京孔德学校做的一次讲演（这篇讲稿由吴前模、王淑周记录。1922 年 1 月 8 日刊登《晨报》副刊上，署名李守常讲演。现以原题收入《李大钊全集》第 4 卷第 10—14 页）。他首先分析了"怀古思想发生之原因，及中外怀古思想不同之点"，随后，对怀古思想进行了批评，他批评了崇古派的"黄金时代说"。鼓励青年以现在为阶梯而向前求，要拿新的来改造。他指出："历史是人创造的，古时是古人创造的，今世是今人创造的。古时的艺术，固不为坏，但是我们也可以创造我们的艺术。古人的艺术，是以古人特有的天才创造的，固有我们不及的地方，但我们凭我们的天才创造的艺术，古人也不见得能赶上。"这篇讲演，极大地鼓舞了广大青年的革命斗志，破除迷信，解放思想。

《给新闻界开一个新纪元》
1922 年 2 月 12 日，北京

1922 年 2 月 12 日上午，北大新闻记者同志会在北大二院大讲堂召开成立会，李大钊应邀参加并发表演说（这篇演说发表在 1922 年 2 月 14 日《晨报》上，署名为李大钊。现以《给新闻界开一个新纪元——在北京大学新闻记者同志会成立会上的演说》为题收入《李大钊全集》第 4 卷第 39—41 页）。他指出：新闻事业是一种"活的社会事业"，而社会是复杂的，"要想把这不断的、发生的、多方面的社会现象描写出来，加以批评或指导，非有相当的学问和知识不可"。希望北大同学努力提高自身素质。接着，李大钊批评了胡适的新闻要注意活的问题、不应单讲死的学说的片面性主张，指出在报上宣传马克思、克鲁泡特金，不但是应该的，而且完全可以做得很有成效，绝不象胡适所讲的只是为了填写新闻纸。

教 学 篇

《马克思的经济学说》

1922年2月19日，北京

作为革命教育家，李大钊不仅在他担任北京大学教授的教育工作中，领导着学生的爱国革命活动，而且还指导着由当时的北大学生邓中夏等发起组织的"北京大学马克思学说研究会"的活动，担任该会主办的公开讲演会的主讲人。1922年2月19日下午1时，李大钊在"马克思学说研究会"举办的第一次公开讲演会上．做了题为《马克思的经济学说》的讲演，地点在北大二院大讲堂（这篇讲演由黄绍谷记录。刊登在1922年2月21日至23日的《晨报》上，署名为李大钊讲。1922年2月21日北京大学日刊也刊登了这次的研究记录稿，是由陈忠瑜记录的。现以原题一并收入《李大钊全集》第4卷第42—53页）。李大钊讲了马克思的剩余价值说、马克思的资本集中说、马克思学说的要点、马克思学说的影响、社会主义革命的不可避免。他希望通过这次讲演，"能够引起点兴趣"，去研究马克思的学说，并将成果发表出来，指导社会。正如他所希望的，讲演过后不久，北大同学掀起了学习马克思学说、宣传马克思主义的热潮。

《宗教妨碍进步》

1922年4月9日，北京

1922年4月9日，非宗教同盟第一次大会在北京大学三院召开。中外人士与会1000余人。萧子昇主持，蔡元培校长因病未到会，由萧子昇代读发言稿。继而张耀翔、李石曾、李大钊、吴又陵发表演说。李大钊的演讲被1922年4月10日出版的日文《北京周报》第12号刊登，题目是《宗教妨碍进步》，署名北京大学教授李大钊。这篇讲演稿以《宗教妨碍进步》被收入《李大钊全集》第4卷第68—69页。

在北京高师举行的"五一"纪念大会演说

1922年5月1日，北京

李大钊是我党最早从事工人运动的革命先驱，非常注意用革命的团结战斗的精神教育工人群众。1922年5月1日下午2时，北京高师工学会、北大马克思学说研究会、北京学生联合会三团体，共同在高师举行五一纪念大会。一些工人代表参加了会议。

在马克思诞辰104周年纪念大会演说
1922年5月5日，北京

1922年5月5日，马克思诞辰104周年，"马克思学说研究会"在北大第三院大礼堂举行纪念大会。李大钊出席并发表演说，纪念这位国际共产主义运动的创始人，颂扬他的伟大功绩，宣传他的学说，用他的理论观点教育、武装广大青年，这对青年学生和知识界都是一次生动有力、意义深远的启蒙教育。

李大钊演说其大意是：五一运动历史概略；工学主义与五一纪念。讲述了五一纪念的由来，美国、法国、德国及日本对五一运动的态度，中国近来的重视及俄国纪念五一的特色。李大钊指出：劳动本应是愉快的而非痛苦的、自由的而非强迫的。工学打成一片，实为人类的正轨。

在女权运动同盟会招待报界学界茶话会上的讲话
1922年8月13日，北京

1922年7月12日，女权运动同盟会在北京成立。其宗旨是要求在宪法上规定男女完全平等。此会的成立，竟遭北京警厅禁止。8月13日女权运动同盟会举办招待报界学界茶话会。蔡元培、曹敏、黄日葵、谭仲逵、李大钊等出席，并在会上发言。李大钊的讲话要点刊登在8月14日的《晨报》："贵会进行，宜首先注意下列三项：要求撤废治安警察法；要求选举法中列入女子；希望劳工保护法内加入女工保护之规定。"

在上海社会主义青年团"国际少年日"纪念会演说
1922年9月3日，上海

李大钊对五四运动中青年学生的作用给予高度评价，并多次号召我国青年继承五四光荣传统，发扬五四革命精神，保卫国家的主权，洗清民族的耻辱，恢复中华民族的独立和自由。1922年9月3日，上海社会主义青年团在中华职业学校召开"国际少年日纪念会"，特邀北京大学教授李守常参加。李大钊在会上就"青年问题"发表演说（这篇演说刊登在《学生杂志》第9卷11期上。署名为李守常。现以《在上海社会主义青年团"国际少年日纪念会"上的演说词》为题收入《李大钊全集》第4卷第92—93页）。李大钊指出："我们青年尤其应该明白青年所处的地位。'青年人的精神是进步的、发展的'。我们青年的群众运动，就是社会革命的先锋。"这篇讲演号召广大青年认清当时的国际国内形势，明确自己肩负的责任："国际帝国主义、资本主义，都是我们的仇敌。"

《苏俄革命的历史及对于世界革命的影响》

1922年11月7日，北京

1922年11月7日苏俄十月革命五周年。在李大钊倡导和推动下，北京各进步团体于11月7日下午在北大三院举行"苏俄十月革命纪念会"。李大钊被公推为大会主席，并在会上作了题为《苏俄革命的历史及对于世界革命的影响》的重要演说（这篇演说的消息刊登在1922年11月8日《晨报》。现已收入《李大钊全集》第4卷第101页）。他全面地介绍了列宁领导十月革命成功的经过情形，强调指出中国必须仿效俄国，走俄国革命的道路，热情地赞扬与歌颂了苏俄革命。李大钊指出：苏俄革命对于世界的影响有四个好处：无产阶级专政；剥夺压迫阶级的言论自由；红军；恐怖主义。

在北京学生读书会上的演讲

1922年11月19日

1922年11月21日北京大学、法专等小学生在中央公园举行学生读书会董事会议，到会50余人。该会分设政治、法律、社会、教育、经济各组，每组聘导师一人或数人。李大钊被聘为导师，并在会上演讲。北京《京报》在11月21日刊发此消息。李大钊指出："在北京成立的团体很多，却向来没有读书团体的组织。这会实是应着需要而成立的。且这会宗旨以根据学理研究实际问题，则以前所谓主义与问题之争，也可以由此会解决了。"

《社会问题与政治》

1922年12月17日，北京

党的"二大"以后，在北方党组织和李大钊的领导下，北方工人运动迅速地由经济斗争向反帝反军阀、争取民主权利的政治斗争发展。而当时，一些资产阶级和小资产阶级知识分子，却标榜不过问政治，对五四以来的革命运动持否定态度，他们指望不触动帝国主义、军阀的反动统治，不去解决政治问题，仅凭"振兴实业"、"举办教育"等方法来"改造社会"、"改造中国"。针对这种错误思想，1922年12月17日上午10时，李大钊在北京中国大学哲学读书会上作了题为《社会问题与政治》的讲演（这篇讲演稿由刘月林记录，发表在1922年12月29日的《民国日报》副刊《觉悟》上，署名为李大钊讲。现以原题收入《李大钊全集》第4卷第110—113页）。李大钊首先分析了社会与政治的关系，然后指出，妇女参政问题、劳工问题是当时社会上的两个最大问题，引发这两个问题的根本原因是经济不平等。"欲改良社会，非靠政治的力量不可，因为政治的力量可以改革一切的社会问题。"这篇讲演表明他已能够熟练地运用马克思主义的立场、观点来分析中国的实际问题。他的讲演，进一步阐明了当时党的政治主张，宣传了列宁主义的革命原则，指明了中国革命的必经之路，教育广大知识青年投身中国革命。

在北高师纪念李卜克内西、卢森堡殉难四周年大会讲演

1923年1月15日，北京

北高师为纪念李卜克内西、卢森堡殉难四周年大会，李大钊出席并在会上发表演说。1923年1月16日《晨报》报道了这次大会简况。

《社会主义下的经济组织》

1923年1月16日，北京

在本世纪20年代初，人们对社会主义是否适宜于中国看法不一，

争论不休。作为著名的马克思主义者,李大钊始终站在争论的前沿。为了抨击各种反动思潮,消除一些人对社会主义的误解,教育广大青年,李大钊于1923年1月为"北大经济学会"做了一次题为《社会主义下的经济组织》的讲演(这篇讲演发表在1923年1月16日的《北大经济学会半月刊》第三号上,署名为李守常。现以原题收入《李大钊全集》第4卷第134—138页)。李大钊首先指出,马克思主义使社会主义从空想变为科学,给人们以必然能够实现的确信。而"社会主义的实现,必须经过三个阶段:政权的夺取;生产及交换机关的社会化;生产分配及一般执行事物的组织"。在这里,无产阶级通过革命手段夺取政权,建立无产阶级专政是前提。他还介绍了社会主义的生产、劳动、分配诸原则。分析了生产交换机关的社会化,生产的组织,劳动的组织,分配的组织。这篇演说,进一步阐释了社会主义必然胜利、资本主义必然灭亡的真理,扩大了马克思列宁主义的影响,使得人们端正了对社会主义的认识。

《进步的历史观》
1923年2月2—4日,武汉

《江声日报》1923年2月3日刊出:《演讲日程·寒期讲演会最近规定》。李大钊先后在2月2、3、4日分三次讲演《进步的历史观》,地点在高等师范。具体日程是:"2月2日午前十一时至十二时,由李守常先生在高师讲演《进步的历史观》(第一讲)。2月3日午前十时至十一时,由李守常先生在高师讲演《进步的历史观》(第二讲)。2月4日午前十时至十一时,由李守常先生在高等师范讲《进步的历史观》(第三讲)。"

现在世界四种妇女运动之潮流及《性质并中国妇女运动进行之方法》
1923年2月4日,湖北

1923年前后,中国的妇女解放运动还处于萌芽状态,但李大钊没有轻视这项工作,始终把它当作党的一项重要工作亲自参与并热情支持。1923年2月4日下午7时至9时,应湖北女权运动同盟之邀,发表题为《现在世界四种妇女运动之潮流及性质并中国妇女运动进行之方法》的演说（这篇演说的报道刊登在1923年2月5、6日的《江声日刊》上面，记者为明丙。现以《在湖北女权同盟会演讲会上的演讲》为题收入《李大钊全集》第4卷第149—151页）。李大钊介绍了当代世界的四种妇女运动，即：宗教的、母权的、女权的、无产阶级的妇女运动。它们的性质和情况，指出了我国女校运动的目标，号召广大妇女结成坚固的团体，联合一致，在打倒军阀、争取民权的运动中，实现妇女的解放。

《马克思经济学说》

1923年3月11日，上海

1923年2月初，李大钊应湖北教职员会邀请赴武汉讲学。不久爆发了"二七"大罢工。罢工被镇压后，北京政府发出对李大钊、陈独秀和共产国际代表马林等人的通缉令。中共中央机关和第三国际代友马林等都回到上海。李大钊也由武汉乘船沿江而下到达上海，并在此滞留两个多月。这期间，他曾多次讲演，《马克思经济学说》为其中的一次（这篇演讲稿为孙席珍笔记，署名李守常先生讲。刊登在1923年3月12日的《时事新报》附张之上海职工俱乐部特刊《合作》周刊第52期上面。现以原题收入《李大钊全集》第4卷第152—156页）。李大钊着重介绍了马克思经济学说的核心——剩余价值学说，揭露了资本家剥削的秘密，并指出研究马克思的经济学说，必须系统地开展对《资本论》研究。这篇讲演宣传了马克思主义，促进中国无产阶级进一步地团结起来。

《演化与进步》

1923年4月15日，上海

1923年4月16日上海《申报》报道了李大钊于4月15日在上海大学演讲《演化与进步》的消息。这则报道现已收录在《李大钊全集》第4卷第157页。

《史学与哲学》
1923年3、4月，上海

1923年3、4月间，李大钊还在上海复旦大学作了一次题为《史学与哲学》讲演（这篇讲演由黄维荣、温崇信记录，发表在1923年4月17—19日的天津《新民意报》副刊《星火》第13、14、15号上，署名为李守常讲演。现以原题收入《李大钊全集》第4卷第158—168页）。李大钊系统地介绍了历史一词的意义，历史的定义，史学与哲学及文学的关系，历史与历史学的关系，哲学与史学的接触点，哲学与史学的关系，史学、文学、哲学与人生修养的关系。启发青年研究历史的兴趣，指出青年要具有进步的人生观及改造世界的知识和勇气。这篇讲演进一步宣传了马克思主义的唯物史观，对青年学生的成长和中国革命的进展都很有益。

《纪念五月四日》
1923年5月4日，北京

1923年4月下旬，李大钊自上海返回北京。5月4日，北京学生联合会开展了隆重的纪念五四运动四周年活动。李大钊参加了他们组织的五四纪念大会并发表题为《纪念五月四日》的演说（这篇演说刊登在1923年5月5日的《晨报》上。现以题为《在北京学生联合会纪念五四大会的演讲》收入《李大钊全集》第4卷第177页）。他在演说中指出：五四纪念日是学生加入政治运动之纪念日，也是学生整顿政风的纪念日。他鼓励青年："民国到现在十有余年，革命事业，还未成功，这些继续革命事业的人，就是我们。"为此，青年们必须做好两个方面的工作：第一，要组织民众，以为达到大革命之工具；第二，要反对军阀政府，"对现政府立于弹劾的地位"。这篇演说宣传了五四精神，揭示青年肩负的宣任，鼓舞了青年学生的革命斗志。

《美术应表现社会之改造》

1923年7月9日，上海

1923年7月9日，上海大学美术科举行毕业式，李大钊应邀演说。《申报》在1923年7月13日的"本埠新闻"中作了报道："次由李大钊演说，大意谓：美术勿专供贵族阶级之所赏，应将现代社会之困苦悲哀表现出来，企图社会全部之改造。社会改造家，大分为三派：一惟理想派，以人道主义为徽识，如托尔斯泰便是代表。一为科学派，以社会经济改造为目的，如马克思便是代表。一为趣味派，以精神改造为归宿，如拉斯琴便为代表。第一派至今已证明徒为空想，试验失败，故置勿言。第二派与第三派乃相需为用，庶可使社会改造易为完成。一般谓马克思派绝对屏弃精神方面，实乃误会。不过欲图社会之改造彻底，惟有赖于社会经济之彻底改造也。而启发及鼓舞人们改造之精神，则有待于趣味改造社会家之努力。诸君为美术科毕业生，应特别注意于此云云。"

《社会主义释疑》

1923年11月7日，上海

1923年11月7日是苏联十月革命六周年纪念日。同日，上海大学成立了"社台问题研究会"，李大钊在这次会上作了题为《社会主义释疑》的讲演（这篇讲演刊登在1923年12月13日的《民国日报》副刊《觉悟》上，署名为李守常。现以原题收入《李大钊全集》第4卷第354—355页）。他针对人们对社会主义的种种疑虑，作了透辟的解释，驳斥了资产阶级诬蔑社会主义"不自由"等各种谰言，指出"经济上的自由才是真的自由"。"所以我们想得到真的自由，极平等的自由，更该实现那'社会主义的制度'，而打倒现在的'资本主义的制度'。"这篇讲演宣传了社会主义学说，进一步阐释了社会主义必然胜利，资本主义必然灭亡的真理。

《历史概论》

1923年11月17日，上海

据1923年11月18日《学灯》副刊所刊《历史概论》，为"李守常先生讲，正厂记。原定六次讲毕，现改为两次，这是第一次讲的"。可参见《李大钊全集》《史学概论》（第4卷第357—362页）。

《历史观》

1923年11月21日，上海

1923年11月24日上海《申报》在第18版的《演讲丛刊》中报道："吴淞中国公学中学，自本年来迭请校外名人讲演，前星期三（1923年11月21日）担任讲沿着，为李大钊君。讲题为《历史观》，分进步的历史观，堕落的历史观，循环的历史观三段。听众除外小学生外，尚有同济水产各校多人。"

《史学概论》

1923年11月29日，上海

1923年10月，孙中山致电国民党上海事务所，着其密电李大创赴沪商讨国民党改组问题。月底，李大钊抵沪。李大钊在沪期间为上海大学作了一次题为《史学概论》的学术讲演（这次讲演发表在1933年11月29日的《民国日报》副刊《觉悟》上，署名为李守常。现以《史学概论》为题，收入《李大钊全集》第4卷第357—362页。）他运用马克思主义观点回答了什么是历史，应当如何研究历史等根本问题，指出只有马克思主义才指出了历史的真正意义。历史家的任务，不仅要在浩瀚的古书堆中找出真确的事实，而且要从历史的事实中找出其中的理法，寻出规律性来。其系统地介绍了马克思的唯物史观，主张运用马克思主义改造旧史学，建立以唯物史观为基础的历史科学。

《茶贸易与蒙藏之关系》

1923 年 11 月底，上海

  1923 年 11 月末，李大钊应邀在中国公学商科演讲。一位听众将其笔记发表在日本人中岛真雄创办的《盛京日报》1923 年 12 月 7、8 日的"实业栏"中。盛京即今日沈阳。李大钊这次演讲对茶贸易与蒙藏之关系进行了全面的分析，首先说明这种需求关系形成有四个方面的原因，进而分析了汉民族何以要输出茶叶给塞外的民族，这种五六十经济发展的必然，其中也存在有政治方面的因素。最后讲到茶贸易也必然会随着经济社会的发展而发生变化。说明观察人士问题要以马克思的唯物史观为指导方法，要认识历史的形成各个方面和现实的动态变化各个方面，又要看到未来的发展方向。

《劳动问题的祸源》

1923 年 12 月底，上海

  1923 年底，李大钊在途经上海赴广州帮助孙中山改组国民党及筹备国民党"一大"时，在上海大学举办的劳动问题讲座上作了一次题为《劳动问题的祸源》讲演（这篇讲演发表在 1923 年 12 月 4 日《民国日报》副刊《觉悟》上，署名为李守常。现以原题收入《李大钊全集》第 4 卷第 363—370 页）。他用通俗的语言，揭示了无产阶级在资本主义制度下，政治上受压迫，经济上贫穷困苦的根源，揭露了资本主义制度的罪恶，展示社会主义制度的光明，宣传社会主义学说，为无产阶级指明斗争方向。

《北京大学是黑暗中之灯塔》

1923 年 12 月 17 日，北京

  1923 年 12 月 18 日《京报》报载，在北京大学校庆第二日纪念会上，李大钊发表讲演："谓略北京大学是黑暗中之灯塔。我个人心中没有一切，所有者唯北京大学耳。外界黑暗势力有如过眼烟云等语。"

《历史与人生观》

1923 年 12 月 23 日,天津

直隶法政专门学校于 1923 年 12 月 30 日,举行建校 18 年来的首次校庆活动。作为校庆活动的一部分,李大钊于 12 月 23 日在"天津学术演讲会"上发表题为《历史与人生观》的演说。该演说的全文至今尚未查见(可参考《李大钊史学论集》第 327 页,河北人民出版社)。当时的法政专门学校校长李秀夫在校庆纪念会开幕词中提到,"上星期日曾请本校毕业的老前辈,学界革新的急先锋李守常先生在省议会讲演",并引用了李大钊在演讲中的话:"历史是要前进的,回顾从前、羡慕从前是无用的,不惟无用,一踌躇、一眷恋,反足耽搁吾们前进的时间,黄金时代总是站在吾们的前面,作吾们引路的一盏明灯,一直照着它奔去。"

《十八年来之回顾》

1923 年 12 月 30 日,天津

李大钊曾于 1907 年至 1913 年在直隶法政专门学校学习。该校于 1923 年 12 月 30 日举行建校 18 年来的首次校庆活动,李大钊作为校友应邀赴津参加校庆活动,并在纪念会上发表题为《十八年来之回顾》的演说(这篇演说登载在会后刊印的《直隶法政专门学校十八周年纪念特刊》上,署名为李大钊。现以原题收入《李大钊全集》第 4 卷第 378—386 页)。他详尽地回顾了母校建校 18 年间"人民运动的经过","和本校同学运动的经过",号召诸位同学"齐心!努力!""整顿我们的国家,恢复我们的民族"。这篇演说对青年学生是一次生动的历史与形势教育,使他们了解历史,认清当前,懂得今后应该怎么办。

《追悼列宁并纪念"二七"》

1924 年 2 月 7 日,广州

国民党第一次代表大会正在进行的时候,列宁逝世的噩耗传到了中国,李大钊怀着无比悲痛的心情悼念这位伟大的无产阶级革命导师。

1924年2月7日，广州工会联合会等联合举行追悼列宁并纪念"二七"大会，李大钊到会并发表题为《追悼列宁并纪念"二七"》的讲演（这篇讲稿刊登在1924年2月16日出版的《新学生》第14期《纪念"二七"并追悼列宁号》上，署名为李大钊。现以原题收入《李大钊全集》第4卷第393—394页）。他指出："列宁同志是世界上被压迫民族的解放者，他的死是全世界被压迫阶级与民族，尤其是东方披压边民族若中国，一件莫大的损失。"他介绍了列宁高尚的革命操守和"刻苦俭朴的生活作风"，高度评价了无产阶级为争自由而表现出来的伟大斗争精神和牺牲精神。他号召大家遵照列宁的指示和"二七"工友的斗争精神，打倒军阀和国际帝国主义。他的话激励了广大革命群众，化悲痛为力量，更加坚定地投入了新的战斗。

《人种问题》

1924年5月13日，北京

当资本主义发展到帝国主义阶段，种族歧视日益恶化，民族矛盾激烈冲突，引起了有识之士的广泛关注。李大钊于1924年5月13日下午，在北大第三院第一教室，为北大政治学系、政治学会同学作题为"人种问题"的讲演（这篇讲稿发表在1924年6月20日出版的《新民国》杂志第1卷第6期上，署名为李大钊。现以原题收入《李大钊全集》第4卷第447—453页）。他解释了"人种"、"民族"与"国民"的概念，介绍了西方学者的民族观和人种学说，及孙中山先生关于民族主义含义的发展。尤为重要的是，指出人种问题的实质是阶级斗争问题。世界上关于人种问题发展的斗争必定与阶级斗争并行，为阶级斗争所制约。这已为俄国革命的实践所证实。这篇演说使人们认清了人种问题的实质，明确了解决人种问题的方法与途径。

《琴华同志的演说》

1924年9月22日，莫斯科

1924年，李大钊被党中央委派为首席代表，化名为李琴华，率中共代表团赴莫斯科参加共产国际第五次代表大会。会后，他继续留在莫斯科，担任中共驻共产国际的代表，并到各地参观、访问、考察和讲演。中国的民族解放运动得到了世界无产阶级,特别是苏联无产阶级的支持,苏联组织了"不许干涉中国"协会,抗议西方帝国主义国家对中国欺诈。1924年9月22日,李大钊在该会组织的国际大会上发表演说(这篇演说现以《在莫斯科大剧院"不许干涉中国协会"组织的大会上的演讲》为题收入《李大钊全集》第5卷第14—15页)。他介绍了中国当时的状况,指出以孙中山为首的民族解放运动"不能没有中国共产党的帮助",而中国共产党又需要"世界无产阶级的帮助",否则,"中国的民族运动就无法发展"。最后,他希望苏维埃"积蓄力量援助中国的无产阶级和农民"以帮助他们"争取自己的自由和独立"。这篇演说加深了苏联等国无产阶级对中国革命的了解,对争取国际援助,加快中国革命进程起到积极促进作用。

《帝国主义侵略中国后之国民运动》

1925年1月17日,北京

1840年帝国主义列强用大炮和鸦片打开了中国封建闭关自守的大门,中国逐步陷入半殖民地半封建社会的深渊。自鸦片战争以后,中国人民为反抗帝国主义、封建主义进行了不屈不挠、艰苦卓绝的斗争。李大钊是中国先进知识分子中,从科学意义上认识到帝国主义本质的第一人,最早提出了彻底的反帝思想。他的反帝思想是随着帝国主义侵略的加深和中国人民反抗斗争的实践逐步发展起来的。1925年1月17日下午,北京国民会议促成会在北京师范大学举办。李大钊到会并作题为《帝国主义侵略中国后之国民运动》的讲演(这篇讲演刊登在1925年1月20、21日的《京报》上。现以原题收入《李大钊全集》第5卷第38—39页)。他首先"详述葡萄牙、荷兰等国势力东侵之历史,因英国帝国主义者侵略中国最甚,叙之尤为详尽"。接着,分析了太平天国、义和团,乃至辛亥革命反帝斗争的经验教训。赞扬了孙中山先生现在"看清帝国主义对于中国之祸患,高树国民革命的旗帜,以取消一切不平等条约相号召",并热切希望"全体国民都应在此旗帜之下,努力奋斗"。最后,针对一些人认为反帝是否会导致如同义和团笼统排外的疑虑,指出:"其实这是一个错误。现在的反帝国主义运动,仅仅反对各国的帝国主义者,并不是反对他们全体人民。"这篇讲演总结了中国人民近百年来反帝斗争的历史经验,宣传了中国共产党反对帝主义的正确主张。

在纪念列宁逝世一周年大会演说
1925 年 1 月 20 日，北京

内蒙古革命运动中的一个极端重要的问题，就是内蒙古民族问题。李大钊等在研究内蒙古民族问题的同时，为了开辟内蒙古地区的革命工作，把培养干部，尤其是培养民族干部放到了首要地位。为了在革命斗争的烈火中锻炼年轻的蒙古族革命者，李大钊等经常组织他们参加北京的革命活动。1925 年 1 月，纪念列宁逝世一周年大会在北京大学三院礼堂举行，蒙藏学校的党团员和进步青年大都参加了这次大会。李大钊在会上发表演说（可参见《李大钊研究论文集》，河北人民出版社），介绍列宁的生平事迹，俄国十月革命后的成就。这使这些青年人第一次系统地了解了社会主义的苏联国内的情况。他谈到苏联如何逐步实现民族平等，解决民族问题，使这些少数民族青年逐渐懂得了民族斗争和阶级斗争的联系，懂得了内蒙古民族解放斗争和全国各族人民革命斗争以及全世界无产阶级革命斗争的联系和一致性，坚信内蒙古民族的真正出路和彻底解放，只有依靠中国共产党的领导。

在国民会议促成会全国代表大会讲演
1925 年 3 月 1 日，北京

北洋军阀在北方的力量异常强大，对北方的统治也很牢固。1923 年"二七"惨案发生后，北方工人运动乃至整个中国革命都陷入低潮。为了掀起新的革命高潮，李大钊主持国共两党领导机关，乘孙中山北上的东风，不失时机地开展了国民会议运动。面对声势浩大的国民会议运动和以孙中山为首的国民党领导人北上，封建军阀极为恐慌。为抵制国共合作的国民会议主张，段祺瑞提出召集"善后会议"。1925 年 3 月 1 日当军阀的"善后会议"正在进行期间，与之对立的国民会议促成会全国代表大会，也在北京北大第三院隆重举行开幕典礼。李大钊在会上发表了演说（1925 年 3 月 2 日的《京报》有记载。也可见《李大钊与中国革命》，国防大学出版社）他着重强调："真正国民会议之召集，非由诸位代表回去在工人农民中组织宣传不为功。"他寄希望于人民的觉醒和斗争。国民会议运动是国共两党合作领导的第一次全国规模的政治运动，是中国革命由低潮定向高潮的重要转折。

在北京国际妇女节纪念大会上的演说
1925年3月8日

1925年3月9日上海《申报》报道《北京国际妇女节纪念大会》，记者署名：捷。介绍这次大会在会议主席刘清扬述开幕词，鲍罗廷夫人用英语演说之后，北京大学教授李守常演说，大意谓："中国妇女被压迫于帝国主义封建军阀之下，业已四千年。四千年之忍耐已够，今后宜自动的永久的坚持的努力奋斗，加入国民革命运动，联合全国民众，除去种种障碍，造成一良好政府。并与全世界妇女，互相呼应，以求的光明之路。"

《大英帝国主义者侵略中国史》
1925年8月，开封

第一次国内革命战争时期，李大钊曾两次莅临开封从事革命活动。他第二次到开封，是在河南政治形势发生了巨大变化的时刻。1925年4月，倾向革命的国民二军司令、河南督办胡景翼病故，军政职务由丘维峻接任。鉴于河南的重要战略地位和丘维峻表现出的反动倾向，李大钊于1925年夏同于右任再次赴开封。当时正值五卅惨案之后又发生了沙基惨案，帝国主义疯狂干涉中国内政，镇压人民革命运动。李大钊在开封各学校及民众团体的欢迎大会上，发表了题为《大英帝国主义者侵略中国史》的讲演（这篇讲演发表在1925年8月6日发行的《雷火》第8期上，署名为李大钊。现以原题收入《李大钊全集》第5卷，第51—57页）。他在讲演中罗列了英帝国主义三百年来侵略中国的历史，热情讴歌了中国人民的革命运动，提出了"尊重民权，打倒军阀，打倒帝国主义"三条口号。最后，他语重心长地说："我们希望中国的青年诸位，全都起来，参加现在之国民革命运动，使之早日实现。"这篇讲演运用详尽的史实，揭示出帝国主义的侵略本质，进一步解释和宣传了中国共产党反帝反军阀的政治主张，教育广大人民，对河南乃至全国的革命运动都起到了促进作用。

在内蒙古农工兵大同盟成立大会演说
1925 年冬，张家口

　　李大钊在领导中共北方区委的工作时，十分重视内蒙古地区的工作。1925 年秋天，中共中央在"蒙古问题议决案"中决定成立内蒙古农工兵大同盟。李大钊亲自主持了这项组建工作。1925 年冬，在张家口召开了内蒙古农工兵大同盟成立大会，李大钊亲自主持大会并发表重要的演说（可参见《李大钊传》）。他在演说中分析了当时全国反帝反封建的革命形势，介绍了苏联十月社会主义革命后政权建设的情况。他指出了革命统一战线对中国革命胜利的意义，要求与会的代表们多做些实际的群众工作，努力发展和团结一切进步势力，来反对帝国主义，特别是日本帝国主义；反对北洋军阀的反动统治和民族压迫；废除王公扎萨克的封建特权制度。他特别阐明了蒙汉两族人民团结起来谋求解放的重要意义，一再强调蒙古族人民必须和汉族人民团结在一起，才能谋求自身的彻底解放的道理。这篇演说使内蒙古地区蒙汉两族工农兵群众，认清了政治形势和加强团结的必要，促进了民族团结和内蒙古革命运动的开展。

《青天白日旗帜之下》
1926 年 1 月 1 日，北京

　　从国民党开始改组起，国民党内一些代表大地主、大资产阶级的右派分子，就反对国共合作，并千方百计进行破坏活动。1926 年 1 月 1 日下午 3 时，国民党北京执行部和北京市党部在翠花胡同八号举行元旦升旗典礼。这次升旗典礼是针对国民党右派另立伪市党部的分裂行为而举行的。李大钊以国民党北京执行部负责人的身份参加并发表题为《青天白日旗帜之下》的演说（这篇演说发表在 1926 年 1 月 8 日《国民新报》副刊第 31 号上，署名为守常。现以原题收入《李大钊全集》第 5 卷第 87—90 页）。他在演说中，回顾了孙中山在共产党帮助下改组国民党以来，国民革命蓬勃发展的大好形势，以及孙中山对北方革命青年的希望，驳斥了帝国主义和国民党右派挑拨国共两党关系的种种谬论，号召"国民党中的同志，不论他是共产主义者，还是非共产主义者，都应该在青天白日旗帜之下,披肝沥胆的提携起来"共同奋斗,把国民革命进行到底。他指出:"赤色旗是世界的阶级革命的旗帜,青天白日旗是中国民族革命的旗帜,是东方镇压迫民族革命的先驱。……青天白日满地红旗……是中国国民党联合中国工农民众完成中国国民革命的象征,亦就是中国民族联合全世界弱小民族及无产阶级企图世界本命的象征。全国的革命者联合起来!在青天白日旗朗之下!"这篇演说揭露了国民党右派只讲"青天白日"闹分裂的阴谋,打击了国民党右派的嚣张气焰,指出了中国国民革命胜利的道路,促进了全国革命者的团结。

《在列宁逝世二周年纪念大会演说》

1926年1月21日,北京

随着1926年的到来,北方局势发生了急剧变化和重大的挫折,帝国主义重新联合起来向革命力量疯狂反扑,国民党右派也伺机破坏,加紧叛变革命的准备工作。面对如此严峻的形势,李大钊加紧了挽救挽命局势的工作。1926年1月21日是革命导师列宁逝世二周年纪念日,北京各界在北大三院大礼堂举行纪念大会,李大钊出席并发表演说(这篇演说刊登在1926年1月27日《政治生活》第66期上,署名为李守常。现以《在列宁逝世二周年纪念大会上的演说》为题收入《李大钊全集》第5卷第93—95页)。他着重指出:列宁的死和中山先生的死都是我们的重大损失,特别是在国民革命局势如此紧迫的时候。"列宁主义是帝国王义时代无产阶级革命的理论与策略。中山主义是帝国主义时代被压迫民族革命的理论与策略。"最后,他号召"现在无论列宁主义者或中山主义者都不应该两下分离!等到中山主义胜利的时候,也就是列宁主义胜利了!在座的同志们,你们不管是列宁主义信徒,中山主义信徒,应该紧紧地联合起来!"这篇演说在追悼列宁和中山先生的同时,使人们认清了当时国内形势的紧迫和团结的必要,使人们对即将到来的白色恐怖有了精神上的准备。

《日本维新运动与中国国民革命之比较观》

1926年3月1日，北京

《京报》1926年3月2日刊出《昨日学总会之讲演》："北京学生总会，昨日下午二时，第一次在女师大大礼堂举行讲演，听众千余人，由女师大代表刘亚雄女士主席，次由总务主任报告学总举行学术讲演之意义，及学总以往之工作。旋即请李守常讲演《日本维新运动与中国国民革命之比较观》。历述中国与日本革命发展之程序，及以后进行的趋势。次即由瞿秋白讲演《中国经济状况与国民革命》，对于中国经济发展之程序，及帝国主义侵略中国之原因，和中国反帝国主义潮流高涨，均极受听众之欢迎，至七时始散会。"

在清华学校追悼孙中山会上的讲话

1926年3月17日，北京

《清华周刊》第25卷第4期于1926年3月7日出版。其中刊有李大钊在清华学校追悼孙中山会上的讲话要点："今日追悼孙中山先生，吾人即想到他在国民革命史上之地位。中山先生所处的时代，是一个中国被外国力量所侵略，为外人经济掠夺的时代。孙中山先生相信三民主义，以抵抗一切帝国主义者，则是一方面结束以前的历史，一方面开新的道路，其为功实甚伟大。"

在天安门举行的反对八国最后通牒示威大会讲演

1926年3月18日，北京

五卅运动以后，国内军阀与日、英等帝国主义国家内外勾结，血腥镇压国民革命运动，中国革命处于危急关头。1926年3月12日，日本纠合英、美、法等八国公使向中国发出最后通牒。帝国主义这种蛮横到极点的挑衅行为，进一步激起中国人民的无比愤怒。李大钊亲自领导十余万群众、二百多个社会团体在天安门举行反对八国最后通牒示威大会。他在台上发表了慷慨激昂的演说（见《李大钊传》），号召大家"用'五四'的精神、'五卅'的热血，'不分界限地联合起来，反抗帝国主义的联合进攻，反对军阀的卖国行为"。他的演说极大地激励了全体听众。这次大会开得异常激烈，与会者个个义愤填膺、热血沸腾，准备与帝国主义决一死战，并且一致通过了驳回最后通牒和驱逐八国公使等决议。会后，又组织了两千多人的请愿团。紧接着，发生'三一八'惨案。但英雄的鲜血没有白流，他们所表现出来的视死如归、临危不惧、凛然不屈的英雄气概，永远激励着中国人民。

二、1921 年末四川讲演

1. 来源:《胡适日记》1921 年 7 月 7 日的原文。

"四川朋友邀我们去重庆讲演,已允去的有陈惺农、陶孟和、高一涵、李守常、文范村诸位;我因时间上的关系,辞不能去。今天蒲柏英先生邀我们吃饭,再谈此事。我仍辞谢不去。席上谈四川情形甚久。"

2. 转引:《李大钊年谱长编》1921 年 7 月 7 日的原文(第 351 页)。

7 日,据当日《胡适日记》记载,李大钊已允到重庆讲演。《胡适日记》:"四川朋友邀我们去重庆讲演,已允去的有陈惺农、陶直(孟和)、高一涵、李守常诸位……"

3. 误读:《剑桥中国史》中《中华民国史(上)》"党的建立"。

……在这两位深受景仰的马克思主义的先驱——李大钊和陈独秀当中,被选中的为什么是陈而不是李呢?李仅仅获得了中央候补委员的职位。李正在四川讲学,陈则正在为改革广东的教育体制而工作。在他们的学术地位、社会威望和对于马克思主义的传播的贡献之间,是没有什么可挑选的。决定这个问题的也许是实际问题。

4. 辩证。

胡适在日记中只是记下了李大钊等人已经答应去重庆讲演,是否真的去了,在后面的日记中并没有记载。《李大钊年谱长编》则给予了肯定性的转引,既然是长编,就应有分析和说明,却只字皆无。而在此之前,《剑桥中国史》中,《中华民国史(上)》在"党的建立"一节中则完全误读。

5. 蒲伯英:邀请去四川讲演的人。

蒲殿俊(1875—1934),四川广安人。蒲伯英是其笔名,又字址庵。蒲殿俊是立宪派的代表人物,四川保路运动的发起者和组织者之一,新文化运动中的斗士。1912 年与梁启超、汤化龙等组织民主党。1913 年民主党与共和党、统一党合并组成进步党,蒲殿俊为七理事之一。1917

年后曾任段祺瑞内阁内务部次长。1919年蒲殿俊谢绝北洋政府委他教育部长之职,应北京《晨报》之聘就任总编辑。在李大钊等人协助下改组《晨报》副刊,介绍新知识,传播新文化,宣传新思想。同时,蒲殿俊独办《实话报》,全登白话文稿。以"止水"和'蒲伯英'为笔名发表文章,鼓吹言论自由,宣传妇女解放,提倡戏剧改革,产生了一定影响。

第六部分　李大钊与北京高校索薪斗争

从1921年3月开始，李大钊领导了北京大学、高等师范等八校的教职员工进行了索薪和争取教育经费的斗争。

当时，北京的教育部门竟然拖欠各校教职工的工资达3个月之久。广大的教职员生活遇到了很大困难，学校的经费难以为继，正常教学工作无法进行，被逼无奈，这些教职员工组成了北京国立专门以上各校教职员代表联席会议，通过罢教来进行抗争。这个各校教职员代表联席会议的主席最初是马叙伦，后来，马叙伦因为生病不能出席会议，由李大钊代理主席。实际上，有的会议马叙伦参加了，但是仍然请李大钊代理主席来主持。

李大钊领导北京国立专门以上八校教职员工的索薪和争取教育经费斗争，在北京引起了强烈反响。各校的学生，教职工都起而响应，纷纷举行罢课、游行等请愿活动，八校的校长辞职，一致支持教职员们的正义要求。接着，这场风波波及全国，山东、上海、江苏等地的教职员工纷纷表示对北京教职员工的声援。斗争持续到1921年7月，最后还是以基本满足教职员工的要求收场。

《李大钊史事综录》一书第309—353页，以40多页的篇幅提供了当时报刊上刊登的有关信息，十分珍贵。这次历时4个月的斗争，正式会议76次，临时各种会议不下百余次，由于马叙伦患病，后又遭受军警殴打住院，这项工作还由李大钊担当。李大钊先后任新闻股干事、《半周刊》编辑、八校总代表、代理主席等职。在6月3日的请愿中，他同样遭受到军警的殴打。

特别要指出的是，虽然在习惯上称之为"索薪斗争"，实际上，是为了要求北洋政府确保教育经费及时拨付，以维持北京国立专门以上八校教育事业的问题，并非只是为了索取教职员薪俸的积欠。在这样一场长达4个月的斗争中,李大钊殚精竭虑,食不甘味、席不暇暖,付出了极大的辛劳,始终站在斗争的最前线,赢得了广大教职员工和学生的高度信任。正是在这个时间节点上,中国共产党的第一次代表大会在上海召开,使李大钊不可能脱身去参加这次宣告中国共产党成立的重要会议。

教学篇

一、李大钊参加索薪斗争大事记

1921 年 3 月 12 日

李大钊被推举参加索薪斗争的北大教职员委员会成员。自此，李大钊全力投入北京国立八校教职员索薪斗争。

当时的北京政府在 1920 年 7 月直皖战争中打败了皖系，结束了段祺瑞长达 4 年的统治，徐世昌要靳云鹏组阁，靳云鹏任总理，实际权力则是握在直系军阀曹锟、吴佩孚及奉系军阀张作霖手中。连年内战，国库空虚，处境维艰。南北统一，只是纸上空谈，中央财政入不敷出，国家教育经费不可能宽裕，各省军阀割据，战争频仍，中央政府财权旁落，1918 年以后各省不再向中央解款，财政入不敷出，各部把经费当作私产互不统属；田赋、货物税、盐税等被地方截留。1919 年北京政府财政岁入为 4.39 亿元，岁出为 4.96 亿元，大宗开支是军费和债务，军费支出 2.172 亿元，债务费为 1.28 亿元，合计占总额的 69.6%。1919 年，教育经费仅占国家预算的七十五分之一。1920 年 7 月直皖战争爆发，军费有增无减，教育事业的经费更是微不足道。加之，多年来政争激烈，政局动荡，军人争权、政党争权，对教育经费均"置而不问"，都给教育事业带来危害。对北京政府来说，教育事业不可能占较高的地位，教育部门同其他行政部门一样存在着严重的腐败现象，更使教育经费难以落实。如交通部与教育部虽同为政府两部，发给薪俸就有发给时期差异，已有国立各校的薪俸无款发给，而交通部则有款开办交通大学。所以，自五四而后，教育经费积欠日多，教育界为生存需要，只得用罢课、停职方法请求政府解决问题。1919 年冬，教师曾因索发现金而罢课；1920 年教育联合会提出教育经费独立议决案："应由中央先行划清教育经费，并令行各省区长官督饬财政、教育机关妥筹办法，统计每年该省区教育经费共需若干，于最短期内妥为区处，专款存储，按时发放。无论遇何紧要事情发生，均不准挪用，以示限制。庶经费确定，教育可期进步。"只是一纸公文。1921年3月，积欠北京国立八高校教师薪俸已达三个月。八高校教师为解除教育危象召开教职员大会，决定与政府展开索薪斗争。

1921年3月13日

在北大教职员会议上，陈世璋提出：要求政府一方面指定的款，一方面补发积欠，并以罢工为后盾。

《京报》3月13日刊登：《北京大学高工教职员议决罢工自本月十四日起实行》：

"昨日下午北京大学教职员在第二院大讲堂开临时大会，讨论经费问题，到会者百余人。""由姚憾教授主席，胡适、陈世璋教授相继发表意见，略谓政府当局将国家收入当作私产，任意分配，创造新的教育事业，如开办交通大学、职工教育讲习所。对于固有的学校，公认的最高教育机关，反不与维持。结果为'自三月十四日起'，暂行停止职务，要求政府于直辖各铁道收入项下，拨付教职员积欠薪俸及国立各校经费。继推出陈世璋、马叙伦、王绍瀛、陶履恭、谭仲逵、顾梦余、王星拱、周象贤、李守常等十一人组成委员会，执行上列表决案。"

《晨报》3月13日亦刊登《教育经费独立之大运动》：

"北京教育界以政府积欠各校经费至三个半月之久，且对于将来之教育经费，亦无确实办法，不得已而起为同盟罢工运动。""北京大学方面，亦于昨日下午四时在第二院开会。""自三月十四日起暂行停止职务，要求政府于直辖各铁路收入项下，拨付教职员积欠薪俸及国立六校常年经费。""选出郑寿仁、陈世璋、马叙伦、王绍瀛、王星拱、陶履恭、何基鸿、周象贤、顾兆熊、谭仲逵、李守常十一人，以执行上述决议案。"

"闻法政专门、高等师范等校，将于近日开会讨论此问题。该二校之教员多与北大想通，开会直接过，必不免于与北大、高工采取一致行动。"

1921年3月14日

北京国立大专学校（八校）教职员以欠薪四月不发，自次日开始停止职务、罢课。

1921年3月15日

北京国立专门以上各校教职员代表联合会议成立，推定马叙伦为主席。发表《国立教职员停职宣言》。全文如下：

"我们从前因政府没有维持教育的办法,已经停职过一次。当时郑重的宣告,是'要政府切实筹集全国教育基金,并须急速筹足。无论如何的特别情形,不得挪移或减少。在基金没有筹足以前,按现在教育进行的情况,制定确实款项,作教育经常费。经指定后,不得挪移或减少。'这是我们明明白白声言的,政府明明白白答应的,国人明明白白听见的。

现在怎么样了?政府本有教育经费的预算,国民本有教育经费的负担,这种经费到哪里去了?政府平日所说筹集的教育基金在哪里?指定的教育经费在哪里?全不过是一套骗人的空话。各校的教育经费,比从前愈形困迫,盼政府发款像大旱的时候盼雨一样艰难。添聘教员没有钱,购买书籍没有钱,购买仪器没有钱,购买实验用的化学药品没有钱,乃至购一切用品都没有钱。学生终日皇皇,觉得学校停闭就在旦夕,不能安心求学。教职员终日皇皇,迫于饥寒,没有法子维持生计,亦不能安心授课。试问教育机关困穷至此,还有何法可以维持下去。若说财政艰难,何以政府办那些毫不相干的事,一用就是数千百万,而维持这几个经费有限的学校,便没有钱了?况且政府现在命名还在那里添设特种学校,而于缔造经营了多年的几个国立学校,倒反眼看着他们停闭而不维持。似乎政府不维持教育,不是没有力量,乃是没有诚意,不是不能,乃是不肯。

我们再不能忍了。所以我们于三月十四日宣告暂行停止职务,与政府做最后的谈判,问政府是否还有维持教育的意思。如果还有维持教育的意思,就要政府由现在最确实的收入,如国家所办的铁路、邮电等项内、指拨一点点定数,做教育的经费,并须确实的保障,不得挪移或减少。如果办到这样,各校才能持久,我们才能恢复职务。如这种要求办不到。我们宁愿政府明明白白的宣告他停办教育,断乎不愿再和政府苟且敷衍,使教育事业在不死不活的状态中,并且贻误了许多青年的学子。

凡我们的举动,系为急救垂危的教育事业,系为巩固长久的教育事业,系为使国家不要成为无教育的国家。

我们所最痛心的,是耽误青年学子最可宝贵的光阴,但是这个责任,应该由政府去负。"

1921 年 3 月 16 日

北京国立专门以上各校教职员代表联合会议开会,选举马叙伦为主席及办事机构负责人。李大钊为新闻股办事，担负对外新闻工作。

《晨报》1921年3月16日刊登《教育界之罢工风潮》："昨日国立各校教职员已实行罢工。上午十时，国立八校教职员代表二十余人，在前京畿道北京美术学校开会，临时推定北大代表马叙伦为主席。先由高师代表马裕藻提出，高师教职员希望国立专门以上各校教职员，从今以后，组织一永久的联合机关。讨论结果，先组织北京国立专门以上各校教职员代表联席会议，每校得派代表三人到场，惟只有一表决权。自明日起，每日下午一时至三时，在美术学校开会。并票选马叙伦为主席，由主席指定女高师代表李贻燕为文牍股办事，美术代表吴起凡为庶务兼会计股办事，美术代表徐瑾及北大之李大钊为新闻股办事。"

1921年3月17日

北京国立专门以上各校教职员代表联合会议《国立教职员停职宣言》，于今日《晨报》全文刊登。

1921年3月18日

北京国立专门以上各校教职员代表联合会议召开第二次大会。再上书政府："近年以来，即学校教育一端不特无进步之可言，且因经费不给而辍弦颂者，京内京外，此仆彼继。"

《京报》3月19日《教职员联席会议》："北京大学加派郑寿仁、陶履恭、顾孟余、王绍瀛、谭熙鸿、何基鸿、李大钊、周象贤等八人为代表。"

李大钊开始了头绪多端的工作，与《晨报》每日联系，使动态见诸报端；与支持此项斗争的各地、各校学生联合会的联系，一些重大问题必须向教职员代表联席会汇报有关进展。

《晨报》1921年3月19日刊登《昨日教职员代表之联席会议》："昨日（18日）下午一时半，北京国立专门以上各校教职员代表联席会议，到北京美术学校开第二次大会。首由主席马叙伦报告，添派北大之外国教员柯乐文担任新闻股、孟寿椿担任文牍股，与各校长、京师学务局之复函，教育次长王章祐之复函，学生联合会之来函，及法专派定姚恨吾、徐吉安、王宏宾、胡可庄、戴熏琴五君为代表，北大加派郑寿仁、陶履恭、顾孟余、王绍瀛、谭熙鸿、何基鸿、李大钊、周象贤等八人为代表。报告毕，即讨论。（一）本会对于各校长及京师学务局寒日通电所言。以所得税作教育基金一事，并未根本反对。不过，以缓不济急，故要求铁路、邮电等项收入为教育经费。诚恐外间多所误会，乃决定仍致函校务讨论会及京师学务局申明此意，并希望该会、该局为设法表明寒电系该会、局所发。（二）复函学生联合会，表明本会目的所在。非达到目的，决不上课。（三）前次派定三代表，决定于教育总长未到部以前暂不与接洽。仍造谒总统、总理，质问其对于此事之态度。旋以电话询问国务院，复言郭则沄秘书长代见。乃定于四日往见郭氏。（四）马叙伦提出'教育基金案'，经详细讨论，结果全体一致主张由本台先行组织——'教育基金委员会'。诸如所得税、铁路收入、关余、盐余、印花税等国家收入，均拟拨定若干款项，作教育基金，并以社会组织的由人民自动的监视收支。该委员会组织，主席一人，委员十六人。其中八人由各校代表各自推举一人，余八人则由各校自由推定，并即以本会主席为委员会之主席，旋即推定郑寿仁（北大）、姚憾（法专）、李贻燕（女高师）、朱其煇（医专）、经亨颐（高师）、戴济（工专）、许璇（农专）、徐瑾（美术）八代表为委员。其余八人则俟各校另推出再定。最后并全场一致决定教职员停止职务期间，各校之图书馆、图书室及学期毕业等考试，与夫春季旅行等事，均一律暂时停止。并定于下星期（21 日）再开大会。散会已下午四点矣。"

1921 年 3 月 21 日

北京国立专门以上各校教职员代表联席会议，决定出版《半周刊》，以加强信息的沟通，李大钊被指定担任《半周刊》的编辑事宜。

1921 年 3 月 23 日

北京国立专门以上各校教职员代表联合会议于 23 日召开第五次会议，议决限政府于本月底前答复欠薪要求。北京专门以上学校学生联合会，于近日发表《争教育基金会宣言》。

《晨报》1921 年 3 月 24 日刊登《罢教中教育当局之态度》，索薪运动兴起，而徐世昌北京政府竟以敷衍塞责对待。交通部长命令下属造账搪塞；教育部长范源濂（静生）当即请假，竟说："教育为立国之本，彼等皆身任高等教育之责，有钱则上课，无钱则罢课，试问此等教育精神，灌输青年心理中，中华民国之基础，将建立于何处，言念及此，殊为寒心，此等教育，若再办下去，讵非罪恶。"（《申报》1921 年 4 月 30 日）代理部务的次长王章祜更是凭空许诺说，月内当能解决问题，否则只能隐身而退，以谢教育界。

1921 年 3 月 29 日

教育部长范源濂在提请各位阁员设法筹措款项，否则决议辞职，以谢国人。国务总理靳云鹏批示："自本月起，按月准由政府筹得的款项下，拨发25万元，仍由教育部经财政部具领。至积欠之60万元，自应分月由财政部清还。"事实上只是说了空话，始终无维持教育事业之诚意，对于教育经费一层，忽而承认，忽而否认，忽而允拨全部，忽而允拨一部分，以掩饰国民之耳目。请求政府每月拨付20万元，系根据近年来教育部拨付各校经费之总数。阁议讨论该问题时，故将20万元减为15万元，又将所减之5万元拨作留学费及中小学费。对于补发积欠一层，原承认分3个月拨付，又改为分作6个月，有意挑拨，使教育界内自相争斗，拱手以收渔人之利。

1921年3月31日

教育总长范源濂偕北京各校教职员代表，与财政总长叶恭绰商筹拨各校经费事，了无结果。叶恭绰对《半周刊》的相关言论产生私人恩怨，竟对教育经费截留。

1921年4月1日

《申报》刊登《关于教育经费之调查》《教育费有着》。

1921年4月2日

《申报》刊登《罢教中之教育费交涉》。

1921年4月3日

《申报》刊登《教育费之最近谈判》；1921年4月4日刊登《京学界基金运动近况》。

1921年4月5日

《申报》刊登《京学生之教育运动已奋起》。

1921年4月6日

北京国立各校教职员代表联席会第十一次会议，议决限政府于明日作确实答复，否则全体辞职，不是暂停职务的问题。

1921年4月7日

北京国立八校教职员全体辞职。教育总长范源濂亦宣告辞职。

《申报》4月7日刊登《京闻拾零》。

1921年4月10日

《申报》4月10日刊登《京教育界罢工风潮扩大》。

1921年4月15日

北京各校校长因政府不肯发经费，全体辞职。

1921 年 4 月 25 日

北京国立专门以上各校教职员代表联席会议召开第二十三次大会。

《晨报》1921 年 4 月 26 日刊登《教潮仍未可抱乐观，积欠问题仍未解决》："昨日（25 日）下午二时，北京国立专门以上各校辞职教职员代表联席会议在前京畿道美术学校开第二十三次大会。主席马叙伦因病未愈仍缺席。由北大代表陈世璋代理主席。报告（一）女子高等师范教职员会来函，补推李大钊君为代理有发言权代表。（二）主席马叙伦来函，因脑病未愈，请假一星期。（三）北大毕业同学会派代表前来，已由李大钊接待。报告毕，由北大代表谭熙鸿报告上星期六检验教育部领到 33 万元支票情形，及教育部与北大代理校长蒋梦麟接洽情形。并谓据云积欠款项，本日下午三时，当有确实消息云云。旋对于积欠问题，有所讨论，以斯时已至午后三点，尚无消息。盆以当款项未发下以前，是否将积欠全数发清，抑系发一部分，同人无从推测。俟发出后，再行讨论进行交涉办法。次由美术代表徐瑾，报告北大毕业生同学会 23 日在北大第三院开会，决定上呈文于大总统、总理及教育部，并通电全国（原文录后）。惟对于积欠一层，则有愿教职员让步之意。报告甫完。李大钊归席，报告接见北大毕业生同学会代表廖书仓、林彬二人情形，谓二代表叙述同学会意见，在确实筹定教育基金及有担保，希望教职员方面，勿为政府所欺。并述该会上府院部呈文及函电内容。该会已定决定联络八校毕业同学组织联席会，为教职员后援，望本会议随时将进行情形，报告该会云云。维时将届四点，校长方面，尚无回答。且闻尚经国务院签字，然后由教育部向银行领取。代表以其不履行预定时间，于是决定再函校务讨论会，质问其延宕情由而散。

兹将其致校务讨论会函录下：

迳启者，前据教育部正式答复同人，称支票已由财政部领到。当即致函台端务于今日（4 月 25 日）下午三时以前，将收此项欠薪，交付同人。今时期已届，欠薪尚未见付，究竟如何，望即赐复为荷。此致校务讨论会。

    北京国立专门以上各校辞职教代表联席会，25 日下午四时。

北京国立八校罢课学生代表何玉书（法专）、王麟昌（高师）、汪瀚（北大）、黄族翘（美术）等四人，昨日（25 日）上午，又往国务院请谒总理。因月理赴津，由许秘书出见。该代表等谓八校罢课迄今月余，荒废宝贵光阴，至为可惜。政府对此，何故不早日设法。现闻积欠已有解决之望，惟对于教职员及学生方面，所视为最重要之教育基金，则并无切实办法，以致上课无期。政府苟不甘受破坏教育之罪，应请速即俯从教职员以及学生之请，速定基金。于基金未筹足以前，每月拨定的款，作八校经费，以便早日上课云云。许氏当允将此意俟总理回京后代为转达云。兹将北大毕业同学会上大总统、国务总理、教育部呈文录下。（下略）

1921 年 4 月 26 日

北京国立专门以上各校教职员代表联席会议召开第二十四次大会。

《晨报》1921 年 4 月 27 日刊登《消息沉闷之学潮》：

昨日（26 日）下午二时，北京国立专门以上各校辞职教职员代表联席会议，在前京髓道北京美术学校开第二十三（四）次大会。主席马叙伦仍因病缺席，由高师代表李大钊代理主席。报告八校学生临时联席会来函，请辞职教职员代表及各校长，于星期五（29 日）下午二时，到女高师该会事务所，会商八校经费问题。佥以学生方面，既能注重于此，星期五下午，虽为本会议定例开会期日，可暂停一次会议，由全体代表齐往会商，当即复函与该会。次即讨论积欠问题，佥以教育部方面，对于已领到二个月薪金，有自由支配，并划出一部，为发给部员薪金之意，同人当然不能承认，且尚有三个月欠薪未发，乃决定昨日散会后，全往教育部追索。并定于本日（27 日）下午四时，全体仍往教育部，为严厉的要求，非欠薪问题解决，其余诸问题，概不过问。散会时已下午四时，随即赴教育部索薪，仍无结果云。

1921 年 4 月 27 日

北京国立专门以上各校教职员代表联合会议召开第二十五次大会。女高师代表李大钊代理主席。

《晨报》1921 年 4 月 28 日刊登《教职员辞职索薪之无结局》：

"昨日（27 日）下午二时，北京国立专门以上各校辞职教职员代表联席会议，在前京畿道美术学较开第二十五次会议，各校代表俱到，主席马叙抡仍请假，由女高师代表李大钊代理主席。报告（一）八校此届毕业生，派代表黄哲文（法专）、方豪（北大）、朱光桓（工专）、顾华孙（农专）、黄汝贤（医专）等五人来会。谓此届毕业试验，可以师生名义，出题考试。（二）教育部三司长任鸿隽、陈宝泉、高步瀛三人来函，谓本日下午奉国务院之命，须与各校长接洽，请代表不必赴部。当即讨论，对于毕业生要求考试问题，咸以同人辞职后，已脱离学校，

教 学 篇

按法当然不能为负责的回答,惟对于学生自身,同人亦其抱歉,希望学生向校长方面交涉,倘校长不能负责,可再向负责机关交涉。次讨论三司长来函问题。该函原文云:

敬启者,昨闻贵代表来谈,今日下午四时到部接洽。因适得国务院电传,摄隽等往见各校长,届时恐难相候,请下午暂勿到部。是所盼祷,专肃顺颂。

职教员代表诸先生公安。

任鸿隽、高步瀛、陈宝泉鞠躬
4月27日

讨论结果,同人与该司长等之约见在先,此时以一纸搪塞.决定仍赴部坐待。其次,讨论本星期五到八校学生临时联席会,应有发言之人,乃由徐瑾提议,请谭熙鸿、马裕藻、陈世璋三代表发言,无异议。最后约请八校校长到会谈话,当有北大代理校长蒋梦麟、医专校长张黻卿、工专校长俞同奎、农专校长英挚臣、美术校长郑锦五人到会。代表要求各校长早将欠薪发清,否则请同到教育部追索。蒋校长发言曰:京欠一层,是同人等应尽之资,当然可以同去。本日教育部任司长与鄙人在电话谈话,谓接院电,靳总理回京尚无确期.前提三项办法,教职员方面能否满意.却别有意见,请提出当局。明日(即今日)国务院会议时,亦可讨论。俟讨论之后,当派员赍往天津,请示总理。惟司长之意见,以为此项办法,与教职员方面之要求,相去太远,认为无磋商之必要。故拟定二条办法。第一、交部特别协款,非教育基金筹足以后,不得停止。第二,每月应由交部尽先拨付财部,不得延宕。此项意见,日前国务院与鄙人在电话中谈话时,彼对于'筹足'二字,欲改为'筹定'谓筹足不易,可否用'筹定'二字.鄙人以此'足'字,大有关系,未曾允许,唯此不过同人之意,仍须与诸位教职员商量云云。代表等以此项问题,于未解决欠薪问题以前,不能表示意见。故未有明白之态度。旋即同赴教育部。至五时始,有任鸿隽、陈宝泉二司长出见,代表当责以何故藉词不见?三司长与校长约定时间,据前代理校长云,是下午五时,同人昨日约定系下午四时,此等官话,以后望不必再向同人发挥。任、陈二人均力辩白,代表等亦不深究,只向其要未发之欠薪。任等均力言,可以代达代表之意于国务院,唯不能负责。旋有美术代表徐瑾起而诘问,概不能负责,何以美术学校之欠薪,教育部竟仅发一月,任意扣留一月?照国务院公函,明明申明发两个月,教育部何以随意扣留？同人业已辞职，索欠是应有之权利，教育部究凭何项理由，扣留一月欠薪。任等谓此系会计科长之责任，我等不得预知。唯此系国务院发下者，教育未曾扣留。徐瑾又言，国务院前已声明发二月，今又扣留一月，其中显有教部人员出而捣鬼，应请明白答复。任等不得已，派人觅会计科长，不得。乃约于今日（28日）下午三时，请会计科长出见，表明此事。而对于尚未发清之新金，任等始终只允照已过办法，代为转达国务院，不能负责。代表等极不满意，于是提起国务院公函内所言，'已与各该主管机关商妥'之一语，谓据此看来，教育部必有人负责无疑，何以言不能负责。请问此负责交涉之人，究竟是谁？任等各推自己未曾负责交涉，始终不得要领，惟欲其与代表校长商量办法。旋由北大代理校长蒋梦麟发言，谓政府对于同人，虽蒙慰留，不允辞职，惟照法律论，契约不履行，而欲同人复职，万无此理。今教职员业已辞职．彼等应享权利之欠薪，政府负有履行清偿之义务。政府苟不履行此契约，以后之事必无从办理。同人惟有请二司长转催政府，速即准予辞职，否则倍大学校，只有校长一人，既不成体统，复有许多危险，倘有意外，同人不能负此重责。至于前提三项办法，与教职员方面之要求，相去过远。此事无商榷之余地。现在最要者，惟望政府速将欠薪清还，然后能为第二步之进行。否则请速准予辞职云云。任等默然不发一语。直至六时余尚无办法。代表等不得已约于今日（28日）下午三点，再到部取讨回答而散。

又昨日（27日）上午十时，北大毕业同学会代表鲁邦瞻、林彬、顾名、黄文弼、廖书仓等五人，往总统府请谒总统。因总统事忙未见，谓谒秘书长。而秘书长又不在府。不得已只留呈文，又往国务院请谒总理，因总理赴津未回，由王秘书出见。该代表等谓北京国立八校教职员，校长相继辞职，教育部长官亦已弃取赴津，全国行政之首都，竟陷于无教育之状态。政府虽与教职员校长等接洽将近两月，而于最重要之教育基金，尚无切实办法。若长此以往，国何能国？最好指定的款，不作别用．由国务会议通过，正式公布，宣示遐迩，庶免疑虑。至欠薪一节，系教职员分所应得，亦宜从速筹妥，以便恢复原状云云。王氏允将此意代为转达云。"

1921年4月29日

北京国立专门以上八校学生临时联席会议。

《晨报》1921年4月30日刊登《政府旅行中之教育界消息》：

教　学　篇

昨日（29日）下午二时，北京国立专门以上八校学生临时联席会，在石驸马大街女子高等师范学校大讲堂招待八校校长及辞职教职员代表，除高师校长外，余七校校长均到，教职员代表则八校齐到。首由学生代表陶玄（女高师）起立，述招待校长教职员理由。略谓学生方面，主张教育经费独立，分为三项。

第一项，八校现在经费数目。

第二项，筹足教育基金，基金未筹足以前，由交通部每月尽先拨付财政部特别协款为八校经常费。

第三项，须有切实保证，不能任意停止拨付。

对于二、三两项，学生方面业已再上呈文，要求政府速即照办。惟第一项之八校现在开支数目之实在情形，学生方面甚不明了，请校长教职员明白宣示，以便进行。并希对于国务院提示之三条办法，表示态度云云。

旋由法专校长王家驹起而说明，略谓八校经费照八年（1919年）度预算，约175000元。然而实支数目，只有143000元，相差31000元。虽各校情形不同，不能为具体的说明，但可断言均不敷开支，只可忍痛维持现状而已。至于国务院提出之三条办法，同人均表示不满意。盖同人此次运动，系为一劳永逸之计。乃政府所提办法，既不通过阁议，又不为对题的问答。始终唯有敷衍。同人固知在此不良政府之下，而欲求完全安稳的办法是不可能，但亦须求有比较的安稳之办法，方不致国家教育，长在风雨飘摇之中。故校务讨论会方面，将政府提出之第一条办法中'在财政未筹定的款以前'一句改为'教育基金未筹足以前'，将'由财政部就交通部特别协款每月按期拨付'之句改为'由交通部每月按期尽先拨付财政部特别协款'，并申明'此项特别协款，非至教育基金筹足不得截止'。如此改正，似较政府办法为切实，亦稍稳固。昨日（28日）鄙人以私人资格，往见交通当局之代表，质问交部意向。据云，交部始终情愿协济，惟要求，（一）无论如何，不得打破交通部之特别会计。（二）不能放松财政部，仍须责令财政部负责。校务讨论会对于此两项要求，均已承认。前日已由校务会提出说帖于政府，要求于本星期六（即今日）以前，须有切实的回答。大概政府方面之意见，大体可以表示同意。明日即提出国务会议讨论，结果如何，明日可以知悉云云。

次由教职员代表谭熙鸿发言。略谓同人态度，自罢课以来，无日不表示，亦无处不表示。今虽已辞职，然亦仍以国民资格极力进行。同人要求之目的，在于'筹足教育基金，基金未筹足以前，按月由交通部、铁路、邮电收入项下拨付 20 万元为八校经常费'。故政府提示之三条办法，同人不能满意，盖同人所谓的款，与基金性质虽有不同，然其实际则与基金相等。故无论如何，对于教育基金一项，是绝对的不能让步。至于积欠一层，倘政府对于基金之要求，能完全承认，同人未始不可牺牲。但政府始终并无表示，故同人亦惟有力索积欠，不肯牺牲云云。次由陈世璋发言。同人此次运动，希望为最后之一次，不愿以后再有罢课之事发生，故同人坚持非筹足教育基金不可。顾政府始终以敷衍试探之手段，对待同人。同人亦惟有不满意之一法，不能视为实际。故政府未有切实办法表白于世以前，希望诸君不可为政府所欺云云。次由医专学生良铎发言。大意希望校长教职员尽力从速进行。倘八校现状可以维持，希望稍为让步，以便学生等早日上课。学生方面之要求，与校长教职员方面之主张，不俟而合。是可知团体虽有三个，其实即为一个。放学生甚希望以师生之谊，双方极力进行云云。北大学生鄢祥禔亦将此意申明，并希望校长团积极进行，务期早日解决。及希望教职员对于此事，亦有具体的表示。王校长家驹，遂起立言曰，校务讨论会对于此事，已一再申明，必尽心尽力去做。万不至如教育当局之不辞而去，倘至无法维持，亦必将其始末公表于世，藉明责任之所在。诸君尽可放心云云。教职员代表李大钊、马裕藻二人，亦发言曰，教职员现在辞职之中，原不能过问，惟以公民资格视之，亦何忍教育破产，故校长团方面，提出于政府之说帖，要求筹定教育基金。乃基金未等定以前，不能中断交通部之特别协款之办法，同人亦表示赞成。故若政府能依此而行，并正式经国务会议通过而宣布于世，同人亦必不坚持索欠云云。最后女高师学生陶玄发言曰，综观校长教职员诸位先生之表示，是对于教育经费之必须独立。三方面之意见，业已完全一致。学生闻命之下，不胜欣幸。此后惟希望校长各位先生．对此为猛力进行；教职员诸位先生，亦一致进行，则解决必可期其速，学生等不敏，亦当尽其力量，向政府要求，务必达到目的而后已。惟多劳校长及教职员诸位大驾，请以师生情谊，略坐闲谈，粗备茶点，藉供谈助云云。于是全体茶会尽欢而散。此已下午四时余矣。"

1921 年 4 月 30 日
国务院接受北京国立八校教职员关于经费要求。

1921 年 5 月 1 日

北京国立专门以上八校校长致教职员代表联合临时会议。女高师代表李大钊代理主席。

《晨报》1921 年 5 月 2 日刊登《教职员昨讨论复职问题详情》：

"昨日（1 日）星期日下午二时，北京国立专门以上各校辞职教职员代表联席会议，在前京畿道北京美术学校开第二十五次临时大会。八校代表全到，主席马叙伦带病出席，仍由女高师代表李大钊代理主席。报告（一）前日教育部任、陈二司长赍国务院公函来会接洽情形，及与校长非正式接洽情形。（二）本日八校长已正式来函请同人复职。其公函如左下：

敬启者。前次贵会宣言辞职，梦麟等曾一再恳切挽留，未蒙允诺，所以未敢冒渎者，诚以当时尚无确切解决之法，自未便贸然请求复职。惟昨由教育部转到国务院第 812 号公函一件，附国务会议议决办法三条。梦麟等虽未能认为十分满足，第迁延日久，莘莘学子，学业坐荒，至可惋惜。诸公热心教育，素所钦佩，甚愿委曲求全，俯允复职。除抄录原件函致学生联合会外，合将国务院函并所开办法三条，送调查阅，并希格外见谅，允如所请。毋任企祷之至。此致北京专门以上学校教职员会代表联席会议。

5 月 1 日

报告毕，即将第二问题付讨论。讨论之点，大略分为二层：第一层，国务院之三条办法，同人对于其大体上能否与以承认？第二层，该三条办法，与同人向持宗旨，略有出入，能否表示迁就？工专代表戴济以为，该三条中第一、三两条，均与同人宗旨不符，应请大家注意。北大代表郑寿仁、谭熙鸿均主张大体上可以表示承认，惟须就其条文中，再加以切实的解释，使以后不致发生问题。美术代表徐瑾，对北大代表意见，表明付议。主席乃付表决。表决结果，对于'国务院三条办法，大体可以承认'一层，大多数通过。于是讨论条文中之应注意之点，决定如下：

（甲）对于第一条应注意之点：

（一）"未筹有的款及确实保障方法以前"句。其保障方法究竟如何，同人对于此点，政府方面应先得同人之同意，认为的是"确实"始可算无变更。

（二）"每月经常临时经费 22 万元"问题，无论如何最小限度，八校必须照八年度预算支配，每月应拨发八校17万5千元。

（三）"此款由财政、交通、教育三部。订明不作别用"及"尽先拨付"二句。须详细订明三部办理手续并请校长团及本会议参与其事，且须明定每月何日拨发。

（四）"俟财政部筹有的款或教育基金筹定时"句，是否与前段相同，亦有"确实保障方法"。

（乙）对于第二条之注意点：

（一）此条与八校无大关系，惟可以证明此22万元，系在报部类领款项之外，使八校教育经费无变动之虞。

（二）倘他日八校及北京师范与中小学校等有扩充必要时，此项经费应仍向教育部领取。

（丙）对于第三条之注意点：

（一）积欠问题希望政府一次悉数清还。如万不得已，于可照原条办法办理，惟须三期均分摊还，不得随意多少拨发。

（二）须有银行之确实担保，校长方面与银行均须负责。

（三）4月业已过去，故4月份薪金须即日发给，并同时发欠薪三分之一。

（丁）国务院秘书长郭则沄日前在电话中言，'如照国务院所定办法，马上就有款发，否则一个大子也不给'一语，侮辱教育界太甚。须质问政府，何以出言不逊。并须有明白之答复，向教职员表示歉意。

上项诸款决定后，已下午四时。当请校长到台接晤。除高师校长邓萃英未到外，其余七校长均到。先由教职员代表谭熙鸿发言，将上述甲、乙、丙、丁四款向校长述明，并谓同人对于三条办法大体已表示承认，请校长先行复职，然后详细磋议以后问题。校长方面，内法专校长王家驹代表发言，对于教职员方面提出之事件为详细恳切的答复。其大略如下：

（甲）对于第一项，'保障方法'略云，因'的款'二字，然后发生保障方法。保障二字，虽属抽象名词，然而其的与不的，必须经教育界同人认明，然后可定。诸位不必经虑，日后必将保障方法之切实办法公诸于世。第二项'22万元'一层，校长方面当然承认，并当与政府声明。第三项参与订明办法一层，恐不能办到。惟亦必有切实办法请诸位承认。第四项当然包含'有确实保障'意义。此层注重'基金'二字,同人何以声明'筹备基金'与否,必须经教育界之认可,不能听政府方面意见。

(乙)对于第二条办法,校长方面当然承认,并向郭中声明。

(丙)对于第三条办法,分三期偿还原非正当办法,校长方面亦认为不妥,惟政府财政困难,已达极点,实无力量一次清还,此层惟有谓诸位通融迁就。照第三条认为,有 40 余万元,其实已发一月,所余只有 30 余万元. 政府既能每月认 22 万元,则此道过之数,政府自无不能办到之理。惟校长亦曾顾虑及此,诚恐又发生拖欠。故对于银行担保一层,校长团必负完全责任。至于 4 月份薪金与三分之一欠薪同时拨发一事,昨经教部任、陈二司长言明,此款已有着落,只俟支领而已。故此层自然可以照办。

(丁)国务院电话侮辱教育界同人,但教职员方面不能默尔而息。即校长方面,亦不能默尔而息。校长当然正式向院质问有无此言。如有此言,须即日道歉。倘无此言,亦须令其声明。

王校长回答毕,并申明希望教职员早日夏复,谭熙鸿谓,三部订明办法,必须许同人参与。否则亦必须与同人以前主张相差不远。至于挽留同人,同人甚为感佩。惟须请校长先复职等语。王校长答谓。同人之呈文虽已被退回,然并未允许复职。只要教职员能早日复职,则校长之复职已不成问题。否则不敢复职云云。谭氏乃再申明国务院侮辱同人电话,非有明白答及不能复职。王校长答言,此层校长当负完全责任。如国务院无明白答复,校长亦不能复职。盖此与教育界之人格有莫大关系,为校长教职员若被如此辱骂,何能作育人才,故此层请诸位放心,必有切实办法等语。于是教职员暂请七校长退席。

校长退席后,已下午五时半。乃复开会讨论。金以校长方面如此殷勤劝同人复职,非今日有具体的答复不可。惟复职问题,与国务院侮辱问题,有密切关系,非政府对于同人完全表示歉忱,同人实无颜再执教鞭。且取消总辞职与恢复职务问题,不能混为一事。取消总辞职而恢复职务一层亦须另议办法。于是决定对于积欠问题,完全听凭校长同负责两法,同人不必争执侮辱问题必国务院正式道歉方能取消总辞职。议毕,复于六时请各校长列席。当将上项议决向校长团表明,校长团当即允于明日下午四时以前,向国务院请问,有相当之回答。并定于今日(2 日)下午四时,仍到联席会议为二次之会谈。散会时已六时半矣。并闻联席会议定于今日（2日）下午二时，再开会议讨论云。"

1921年5月2日

北京国立专门以上八校校长致教职员代表联席会议。女高师代表李大钊代理主席。

《晨报》1921年5月3日刊登《教育经费不解决中之解决》：

"昨日（2日）下午二时，北京国立专门以上各校辞职教职员代表联席会议，在前京畿道北京美术学校开第二十五次常会。八校代表俱到。主席马叙伦仍带病出席，由女高师代表李大钊代理主席，报告昨日（2日）与校长接洽结果。今日（3日）午后三时至四时之间，必有正式答复。随将北大孟寿椿及法专宁协万二人分议本会议事项付讨论。佥以二人之提议，有共同之要点，须就共同之点及本会现在状态能讨论之点尽先讨论。于是由北大谭熙鸿提出赞成该二人提议。'定5月1日为精神劳动纪念日'之案，美术徐瑾、高师马裕藻付议，5即时无讨论全体通过。次讨论留职问题。佥谓校务讨论会未有正式答复以前，宜以'假定该答复为满意'为条件，然后能讨论留职问题。主席即以此条件为前提，将文书组预拟之《留职宣言》付诸讨论，字句间略有修正，随即一致赞成通过。次复讨论'各校自开教职员大会问题'。美术代表徐瑾提议于星期三（4日）以前，各校召集教职员开大会，报告一切经过及以后办法，讨论结果，定于星期三日上午十二时以前，各校可自由开会。并即商妥开会时应行报告之问题：（一）一切经过；（二）注重经常费及确实保障方法原由；（三）总辞职及留职之始末；（四）恢复职务问题。议毕，已四时。当有七校校长（高师校长未到）及教育部司长任鸿隽、陈宝泉二人来会。先由法专校长王家驹代表校长团发言，略谓：（一）昨日接洽事项。对于即发四月份应发三分之一欠薪一层，校长团可负完全责任。该款已确有着落，支票亦已备好，惟因内阁阁员大半已赴天津，而财政次长亦已赴津，致无人签字，手续上尚未完备。但可保于最短时间内，将欠薪发出。（二）国务院侮辱问题。今日上午已到教育部质问，当由任、陈二司长负责接洽。现任、陈二司长在座，请当面报告云云。任鸿隽发言曰，今日因郭秘书长须下午三点以后始有余暇，故在电话中与郭氏交语。据云，彼始终未尝出此言。当日仅云：'教职员如能准照国务院办法，则款有法可筹。否则无法可筹。'且当日此育，系由陈任中代达云云。而据陈氏言，彼当日在院，因事忙无暇打电话,故令院中听差代达,致有此种错误,心中甚觉抱歉。郭氏亦言抱歉实甚。今证以郭、陈二氏之言及当日接电话之徐鸿宝秘书之语,可知全是听差传语之误,现在陈秘书及郭秘书长托鸿隽与陈司长亲到贵会表明歉忱,幸希恕谅等语。北大谭熙鸿及高师马裕藻均谓此等重要问题,陈氏竟令听差传达,实非慎重国政之道。且当日徐鸿宝时代表等声明,此电话确系陈任中所讲,今乃以听差相搪塞,代表等认为不得要领。应令陈任中本人亲到本会,当众声明。陈司长宝泉言曰,误传电话,郭、陈均已认错,希望诸位视为枝节问题,放开大量,窘恕为幸云云。王校长亦代任陈二氏说项。北大王星拱乃提出折中办法,请二司长要求陈任中以书面道歉。任、陈已允。于是请二司长、各校长暂时退席,再开会讨论。(一)对于道歉问题。现郭则沄推在陈任中身上,应令陈任中以正式公函表示歉忱,并宜申明所以不能亲到本会道歉及托二司长代为道歉之理由。(二)对于四月份应摊还欠薪之三分之一,限校长团于明日(即今日)起,三日之内发出。以上两项均一致通过。随请二司长及七校长复席,由谭熙鸿代表述明上次二条办法。王家驹代表校长团,完全允许于三日内发四月份应摊还三分之一欠薪,并再申明希望早行复职。陈司长亦概允令陈任中以公函道歉,并请各代表稍候即有回话云云。时已下午五时矣。至六时余,任、陈二司长将陈任中道歉公函送到,于是发开会讨论。金以同人复职条件,已完全达到要求目的,自宜早行宣言留职。于是一致决定将本日假定通过之《留职宣台》即日发表,并决定对于校务讨论会一日来函要求复职之事。与以正式答复。随由文书组起草,当众朗诵一退,略有修正,亦全体一致通过。于是乎扰攘月余之教育风潮,完全解决矣。

兹将教育部首席秘书陈任中道歉公函及复校务讨论会事与《留职宣育》照录于后。(下略)"

1921 年 5 月 3 日

北京国立八校教职员决定暂先留职,发表《留职宣言》。北大教职员决定捐俸建筑图书馆。

《晨报》5 月 4 日刊登《北大教职员捐俸建筑图书馆》:

"昨天下午各校教职员代表,召棠各该校同事,报告罢工以来经过及宣育复职情形。北京大学因校舍被人纵火,守卫甚为严密,故特假美术学校大礼堂开会。因天下大雨,至会者共五十余人。代表李大钊、谭熙鸿二教授将罢工后经过详情，一一当众报告。侯由徐宝璜提议，该校教职员对于该二代表之奔走和措施，当加以感谢及追认，众赞成，逆一致道谢。次由代理校长蒋梦麟报告校中失火情形，谓失火以后，由在校职员组织委员会日夜轮流守卫，全体教职员理应表示感谢，并于复职后分任仔肩。全体赞成。次由胡适教授提议，'校中此次出险，幸立时设法扑灭，未至成灾。事后又由在校职员组织委员会分别守卫，故无发生意外之虑。但此种举动，究系暂时的而非永久的。北大图书馆关系何等重大，非数十年来购藏中西书籍为值甚钜，即论开学以来之公文案卷，学生成绩，关系亦属非轻，倘一旦付诸一炬，损失之大，何堪设想。此次教职员罢工运动，早已一再宣言，系为维持教育，不为个人私利，本校教职员对于本校有深切肺腑之关系，对于最重要之图书馆，自然同有维护之责。所以我提议，为免除北大图书馆危险起见，请今日到会诸君发起，将本校教职员本年4月份罢工期内应得薪俸，凡每人每月在60元以上者总数捐作图书馆筑建费。其每月薪俸在60元以下者，自由捐助。此款由北大会计课分四个月摊发，存储银行，作建筑图书馆之用。此议案由今日在会同人发起以后，持往各教职员传观，并请赞成者签名。'当时在场教职员全体赞成。惟对于办法上稍有讨论，马裕藻主张，'薪俸在60元以下者只能自由捐助'。结果将60元之限制打破，无论60元以上或以下之薪俸，经多数赞成通过以后，均捐作图书馆建筑费。众赞成，散会已七时矣。"

1921年5月4日

北京国立八校教职员代表联席会议议决，各校开全体大会，做好复课工作。联席会议下午召开第二十六次会议。女高师代表李大钊代理主席。

《晨报》5月5日刊登《下星期一各校上课有希望》：

"本月3号，教职员代表联席会议议决，在本月4号上午十二时以前，各校须开一全体大会，经志前报，兹闻医学校即于4号上午九时，开全体大会，由葛竹书教授主席。先报告在联席会议中经过情形，次对于国务院所提出之三条办法，详细讨论。结果，在第一条中之'此款由财政、交通、教育三部订明不作别用'之句，认为极重要，必在复职上课前，先行订妥。但现在教育部无总、次长，此项正式公文，恐难办到。若必俟有正式公文，然后上课。恐非一两星期内所能解决，拟要求教育部与交通、财政两部,暂订一种革约,订妥即行上课。至于正式公文,俟各总长确定后补行之云云。

又昨日(4日)上午十时半,北京美术学校教职员全体,在前京畿道本校开会。首由该校教职员代表徐瑾报告,自3月14日停职与七校取一致行动以来,至4月8日总辞职,迄于本月3日宣言留职之经过情形及总辞职与留职之便宜行事原因,与夫此次联席会议团体,自始至终,坚持预定宗旨进行,毫不受外间影响之精神,及该校所以少发一月欠薪之理由。报告,后复将(一)联席会议议决,以5月1日为精神劳动纪念日,拟不日开八校教职员恳亲大会。(二)此次八校联席会议,八校代表有拟改为永久机关之议。(三)留职以后,对于上课之期日应如何定夺等三事,咨询全体意见。经详细讨论结果,对于(一)开恳亲大会,一致赞成。(二)改现在之联席会议为永久机关,亦一致赞成。以上二项之详细办法,均由代表在联席会议酌量办理,(三)上课期日,务以速为妙。决定在联席会议席上. 由该校代表申明该校希望,至迟于下星期一(9日)上课。最后该校代表吴起凡、孙毓俊、徐瑾三人欲于此事办理完毕后,请另举代表出席八校永久机关,全体教职员均不赞成。乃决定此次八校永久机关成立后,即以现在之代表为本校代表,至于代表之权限,俟机关成立由该机关定出办法再议,此时乃付代表以便宜行事全权。比复对于吴、孙、徐三代表此次争教育经费之劳绩,极力表示感激之意。散会时,已午后一点矣。

又昨日(4日)下午二时,国立八校教职员代表联席会议,在美术学校开第二十六次常会,仍由李大钊代理主席,先由法专王兆荣、医专葛成勋、美术徐瑾、女高师李贻燕、高师何炳松、农专毛恩旭、北大谭熙鸿、工专戴济等八代表,各将前、昨两日各在本校开教职员会情形,详细报告一番,大意相同,均主张速将确实保障方法办妥,并希望能于下星期一(9日)上课。主席乃将此事付讨论,经详细讨论结果,约略决定办法六条。至下午四时,各校长(高师校长未到)来会,

乃由谭熙鸿代表发言,要求校长方面,速照代表办法办理。王家驹代表校务讨论会发言,略谓校长方面对政府已有二种表示:(一)正式呈文;(二)公函。呈文中要求速将三部订明不作别用之办法订好宣示,及请指定担保之银行;公函则质问预算问题及的款问题。至于教职员方面提出办法,自当尽力做去。如至彼时不能解决,校长方面当负完全责任办理,总希望早日上课云云。教职员对于此事,亦已表示同意,

大约下星期一，准可上课矣。"

1921年5月6日

北京国立八校教职员代表联席会议下午召开第二十七次会议。女高师代表李大钊代理主席。

《晨报》5月7日刊登《教育经费问题忽生变化》：

"昨日（6日）下午二时，国立八校教职员代表联席会议，在前京畿道北京美术专门学校开第二十七次常会。主席马叙伦仍请假，由女高师代表李大钊代理主席。宣告开会后，北大王绍瀛提议，于上课之前，必须将经费之确实保障方法办妥，然后不致将来发生危险，并提出上课条件，（一）须与校长团严重交涉，使其催促政府速将三部订明不作别用办法，拟好公布。若谓各部尚无长官，不能完全决定，亦须将此办法拟成草案，声明俟长官到部后，即照此办理。（二）须由政府与国家银行以权力，并由银行声明，允为担保每月经费22万元，必能如期发出。（三）倘此不能办到，最少限度亦必须将4月份经费及4月份应摊还之积欠发出。美术徐瑾、高师马裕藻二人，均主张不可以第三条为上课条件，盖4月份薪金口口虽可如教职员要求拨发，诚恐五月以后不能照办，彼时反生许多枝节，不如以第一、二两条为交换条件比较确实。因同人此次运动，费如许之力，月余之光阴，始得稍能满意之结果，若政府并此不能照行，不特同人之运动终归泡影，而且必受外界之指摘也。最后对于银行担保一层，曾详细讨论，并略有办法，至三时半停会，约校长会商。适校长以经费问题尚无具体办法，同赴教育部交涉未回，直至四时半始来会，高师校长仍未到，当由法专校长王家驹代表校务讨论会发言，谓教育部已有函来，函云：

敬启者，承询各件，敬悉。第一次原定22万元，大致足敷分配。如或不足，对于专门以上八校，自应按照八年度预算尽先分配。设或有余，应俟本部长官到部后，由敝处等，陈诸拨归八校。第二项，此条前次公同拟定，经国务会议通过，后半所谓筹得之的款，原系承接上文，指有确实保障方法之的款而言，今晨各位校长到部，询及日昨所上本部公呈，作何处理。按银行担保欠薪一项，当经陈秘书代询国务院云，正在接洽，指定后，即行通知。第三项，三部订明保管不作别用办法，亦经任、陈二司长代询国务院云，此层国务会议业经声明，至将来办法，应俟教育长官确定时，再与财、交两部会商云云。案教育长官现时既未到部，秘书司长等为官制官规所限，实属无能为力，惟有请俟本部长官到部时，再由诸位先生商同办理。至其他面谈条件，均经当面陈明，兹不复赘。

此致校务讨论会诸位校长先生。

教育部秘书处普通司专门司同启
5月5日

至于4月份经费及4月份应摊还三分之一欠薪，支票虽有，然期股是5月20日始可支钱，故八校领到之期，至速亦须5月21日，此层似乎难办云云。

旋由北大代理校长蒋梦麟报告关于支果失信之事。略谓昨日（5日）鄙人到联席会议报告，支票业已领到，4月份经费22万元之支票，亦已领到，即日可发云云，系根据教部秘书陈任中之言，谓星期四领到支票，星期五必可发出，及至昨晚（5日），忽言支票虽领到，而领款之期不能在20日以前，本日到教部催问，陈任中及任司长均不在部，会计科长由国务院归来，只言有财政部之'支付命令书'，支票尚未签字，并言财部无论如何，不能于5月15日以前发出，鄙人以此事关于信用问题，曾极力交涉，均无办法，只得将此情形，报告于诸位，盖非鄙人故意说谎，是政府无信用所致，希望诸位格外原谅云云。

代表等事关重大，乃请校长哲退，复开会讨论。佥以此事于前途有莫大关系，不可不从详研究。且4月份经费22万元，系由交通部拨付财政部者，交部是否照拨，抑财政部有移作别用情事，同人均不得而知。惟第一次已经失信，而以财政部之'支付命令'搪塞，支票未签字，即等于无，同人若苟且敷衍，实无以对同事，亦无以对天下。于是决定：4月份经费及4月份应摊还积欠，限期于下星期二（10日）全数发清，而确实保障方法，亦须妥定，方能上课，否则同人惟有再行总辞职，以谢天下。随请各校长复席，当将上项决议，向校长声明。校长方面，惟有允为尽力办去而已。校长等退席后，已下午五时半，于是复开会讨论今后对付方针。经详细讨论结果，决定办法四项，非政府完全办到，必不再与政府苟且敷衍面子，兹将其四项办法照录于下（前附致校务讨论会公函）。

迳启者，本月4日曾由敝会议拟定保障方法办法六条送上，当蒙审问。现以有匪行修正之处，复改拟办法四条奉陈，希望察照，前拟之办法六条＊即行撤销，并此声明。此上校务讨论会。

北京国立专门以上八校教职员代表联席会议
5月6日

《本会议附订保障方法四条》

一、交通部自四月份起，每月拨付财政部特别协款充北京国立专门以上八校及北京师范学校暨公立中小学校经费22万元，须尽先拨存国家银行，一面咨明财政部，财政部接到交通部前项咨文，即日咨达教育部，教育部接到财政部前项咨文，即日送达支付书于北京国立专门以上八校及北京师范学校，暨京师学务局。

二、教育部于每月15日止，未接到财政部前项咨文，立即咨行财政部转咨交通部，促其于三日内，履行附则第一条办法。

三、财政部筹有上列各校经费的款，及拟定确实保随方法，或筹足教育基金时，须先咨行教育部，转令上列各校，俟得同意后，交通部方得截止拨付前项特别协款。

四、交通部或财政部，须指定价值200万元以上之担保品，征得国家银行之同意，以备交通部如届附则第三条规定期限，不能履行付款时，即提出该担保品于国家银行，由银行暂照前项办法第一条额定数目垫付，限期由交通部拨还。"

1921年5月10日

北京国立八校教职员代表联席会议下午召开临时会议。女高师代表李大钊代理主席。

《晨报》1921年5月11日刊登《五里雾中之教育经费问题》：

"昨日（10日）下午三时，国立八校教职员联席会议，在美术学校开临时会，八校代表均到，仍由李大钊代理主席。当即报告八校校长原定本日来会，切实答复，现在只来一函，声明无从接洽情形。旋付诸讨论，佥以校长从前既愿完全担保发还三分之一积欠，现忽自食前言，又4月份经费亦系校长自身愿极力催促之事，今乃仅以无从接洽一语答复，是否可以如此解释？于是一致决定于今日（11日）午后二时，约各校长谈话，并催促积欠。散会时已四时丰矣。

兹将各校长来函，照录如下：

敬启者，上星期五敝会同人出席贵会，属将4月份应摊还之积欠并4月份经费，迅与政府接洽，尽本星期二以前如数发出。当即赴部要求，以部中主持乏人，未有结果。昨日午后拟再前栓磋商，先行电部要约，据回电称，普通、专门二司长均因病不克到部，百席秘书陈君，亦赴津未回。旋又电约总理当面商榷，嗣得复电。谓连日三使在京，公务忙迫，不暇接待，一有机会再行邀请谈话云云。似此情形，委系无从接洽，为此据实函达、即希监谅为荷。

此致北京国立专门以上八校教职员联席会议。

校务讨论会倍启 5 月 10 日

1921 年 5 月 11 日

北京国立八校教职员代表联席会议下午召开第二十八次常会。女高师代表李大钊代理主席。

《晨报》1921 年 5 月 12 日刊登《昨日教职员与校长之谈话会》：

"昨日午后二时，国立八校教职员代表联席会议，在美术学校开第二十八常会，仍由李大钊代理主席。报告昨日校务讨论会来函及本日约八校校长于三时来本会议谈话情形毕，无甚讨论，即请八校校长到会列席。八校校长均到，当由本会议代理主席，提出：（一）4 月份应摊还积欠，系诸位校长之责任，4 月份经费亦是同人留职后政府应履行之条件，何以昨日来函，竟称同人等属办的事件。（二）保障方法，昨函并未提及，到底如何？（三）昨函称无从接洽一事，今日到底有政府否？质问各校长。校长团方面仍由法专王校长代表发言，略称 4 月份应摊还积欠，须于诸位留职以前发还，系同人等完全提保。而 4 月份经费，于留职以后应当发出，

亦经同人等与教部任、陈二司长及陈秘书声明，被等均谓已有着落，惟因 4 月份数目与前此不同，正在会计科核算云。不料教部欺骗同人，至于此极，同人等实为抱歉。现国务院以三使在京，教育部以陈秘书赴津，任、陈二司长均抱病，总理门禁，又异常森严，贸然往见，必遭拒绝，不过稍延数日，总有可以会见政府当局之一日，万一再做不到，惟有引责辞职而已。至于政府欺骗同人，致同人等失信用于教职员诸位，将来亦当向总理声明。支票一层，前曾与陈秘书提及，何以要 5 月 20 日以后？陈云，因财部言交部协款现尚未交来，非 20 日以后，不能拨款。同人等以为能将支票先期领出，或可以再与诸位商酌。陈云，此事已问过郭秘书长，以总理不在京时，彼不敢负责签字，今总理在京，彼又言非总理亲自签字不可。以致并支票亦不能领出。同人等受政府欺骗，及事实上做不到之处，应请诸位原谅云云。次由代表等向校长等声明，此次失信之事，同人等亦不愿苛责诸位，不过诸位于接受政府提出之三项办法时，关于银行担保及三部订明办法，即应向政府交涉清楚，然后再挽留同人。而诸位校长当日并未注意及此，所以有受政府欺骗之结果，以后幸勿再蹈此复辙，致同人等不能再为诸位谅解，且诸位

校长职责尚在，应迅谋解决方法，以免旷延时日云云。校长等唯唯而出，即赴教育部矣。"

1921年5月13日

北京国立八校教职员代表联席会议下午召开第二十九次大会，由李大钊代理主席。

《晨报》1921年5月14日刊登《学潮将又起一波》：

"昨日（13日）下午二时，北京因立专门上八校教职员代表席联席会议在前京畿道北京美术学校开第二十九次大会。八校代表均到，主席马叙伦仍因病请假，由李大钊代理主席，报告八校学生临时联席会本日来函本会议，请同人于明日（即今日）上午八点到石驸马大街女子高师该会事务所开会议，商议今后进行方针，究应如何答复。闻校长团方面对于该会来函，已表示到会，似乎本会亦应到会方为妥当。经讨论结果，曾以学生方面，既有协力进行主意，同人自须到会。于是一致决定到会，此事讨论毕，当有校长团来会，为非正式的报告，略以本日校长团曾晋靳总理于其私宅，靳以秘书翁庆民出见，校长将要求政府早日解决之情形详为陈述，翁代靳答言，准今日（14日），有确实复佥云云。代表等以既然如此，自应静待其正式答复后，再议其他事件。当由北大代表谭熙鸿提议，政府既如此欺骗同人，同人宜有最后之对付方法，日前略为决定之二次辞职宣言，可否提前讨论发表。佥以政潮起伏无定，同人前已决定暂持冷静态度，似不宜过于急促。而且各校亦有应先征求全体教职员意见之必要。于是决定于今日下午三时，开临时会议，先请各校长到会报告靳总理正式之结果后，视其回答程度如何及有无诚意，然后再议全体二次辞职与否之问题，较为妥当。全体均无异议，逐约校长团于今日下午三时来会会谈而散。时已下午五时半矣。

又闻美术学校及其余各校代表，均定于今日（14日）上午十一时，在本校召集全体教职员讨论二次辞职与否问题云。一波未平，一波又起，诚非国家之好现象也。

又自政府坐视八校学子失学之后，各地来电口请维持者，连篇累牍，政府充耳若不闻，迄无维持之诚意，日昨南通张季直先生来电，申请政府确定教育基金，原文附金如下：

国民均受其殃，其中尤以教育一途，影响最大，盖中央地方，军书旁午，财政艰窘，纵有维持教育之意，力亦不及。日来复因经费难筹，各处均有罢课之举。謇衰病残生，对于政府久不过问，徒以此事关系国家百年树人之大计,不得默尔不言。此项教育基金,急难确定,请专由交通项下筹款划拨,以立永久之基础。若所得税则宜暂勿推行,以苏民困而维商业。"

1921 年 5 月 14 日

北京内阁改组:国务总理靳云鹏,外交总长颜惠庆,内务齐耀珊,财政李士伟,陆军蔡成勋(蔡被任为甘肃督军,后因陆洪涛之阻,不能赴任,而绥远都统又失,故有是命),海军李鼎新,司法董康,教育范源濂,农商王迺斌,交通张志潭(第三次靳内阁。旧交通系之周自齐、叶恭绰被排去,李士伟以亲日遭反对,由次长潘复代。范亦未到任,由马邻翼代)。

北京国立八校教职员代表联席会议下午召开临时会议。女高师代表李大钊代理主席。

《晨报》1921 年 5 月 15 日刊登《愈趋愈远之学潮》:

"昨日(14 日)上午九时,八校学生联席会约校长、教职员在女商师开联席会,举法专王校长主席。首由学生方面提出校长、教职员、学生三团体联合往国务院,要求政府早日解决。校长方面因(一)地位不同,(二)本日政府约定答复,宜视其答复如何再定进止。惟对于学生之主张,亦表同意。教职员方面亦与各校长之主张略同,惟学生持之甚力,议至十二时,率无何等结果而散。下午三时,北京国立专门以上八校教职员代表联席会议,在前京畿道北京美术学校开临时会议,主席马叙伦仍病假,由李大钊代理主席。首先报告代表等本日上午出席学生联席会情形。次由某君提议,范静生氏有回长教育部消息,范氏对于此次教育经费根本问题,同人等苦心孤诣,百方运动,范既不负责代同人进行,且令参事蒋维乔发表侮辱同人等人格之言论,散见于京沪汉各报,同人等实难缄默。经详细讨论,结果议决由本会议发函警告,并议决例案效起。时已下午四时半,八校校长乃来会(惟医专校长未到)。仍由法专校长王家驹代表校长团发言,略谓教育部因任、陈二司长病重,连陈任中秘书亦不知去向。前据陈秘书言,款已备妥,且已问过郭则沄秘书长,据云确已有款。今陈既不知去向,无从当面证明。

又云,昨日(14 日)往见国务总理,总理振翁庆民代见,同人等即请其三部订明保障办法,银行担保及四月份经费暨积欠等条件,转呈总理,总理能亲自接见更好,否则亦当具体以文字答复,后翁秘书约同人等于本日(15 日)午后答复,但至现在尚未见有电话来,故同人无话可以对教职员说述。谁此事无论如何政府亦须答复。并对于政府提出之三条办法，因事前采询任、陈二司长及陈秘书，均言"可靠"，故同人极力担保。而亦愿为组保，此无非委曲求全之意。不料政府如此失信，今又误答复之期．同人疏忽之罪，尚希教职员原谅云云。代表等以事既至此，即令责校长，亦无办法，于是请校长退席。金以候今日或明日再听校长之回答。然后决定本会议之态度。散会时已五时半。"

1921 年 5 月 15 日

北京国立八校校长以政府迄未履行诺言，再辞职。

1921 年 5 月 16 日

北京国立八校教职员代表联席会议下午召开第三十次常会。女高师代表李大钊代理主席。

《晨报》1921 年 5 月 17 日刊登《不可收拾之学潮》：

"教育经费问题，因受政潮所鼓荡，延宕至今迄未解决。内阁改组成立后，一般人庆幸负责有人，学潮旦夕当可平息，即日上课。不意轩然大波又忽涌起，校长团竟又不得已而提出第二次总辞。兹觅得其上府院部辞呈及宣言书二通．录之如左下：

（一）上府院部辞呈（略）

（二）辞职宣言书（略）

又昨日（16 日）下午一时，八校教职员联席会议在美术学校开第三十次常会。仍由李大钊代理主席。报告范静生复函，及校务讨论会迄今尚未答复，应如何对付。金以政府对于同人等屡次失信，已迁延至今，万不能再听其延误，于是一致决定向政府声明，限期于本月 26 日止，须将国务会议决定之三条办法，及拨付将来经费之保障方法，完全办妥，切实履行。并即推定起草员即日起草，其原文候明日续志。"

1921 年 5 月 17 日

北京国立八校教职员代表联席会议上午召开紧急会议。女高师代表李大钊代理主席。

《晨报》1921 年 5 月 18 日刊登《校长团辞职后之教职员态度》：

"教育经费问题，自政府二次失信后，从前教职员及学生之运动，已完全失败。各校长因受各方面之指摘，业于前日全体二次辞职。教职员方面因事关重大，于昨日（17 日）上午十时，在前京畿道北京美术学校召集紧急会议。八校代表均到，主席马叙伦仍因病缺席，仍由女高师代表李大钊代理主席。报告校务讨论会来函称，业于 16 日呈谓辞职，本日形势已大变,昨日(16日)本会议议决向政府声明于26日以前须完全解决之议案,应有修正之必要。讨论经二小时之久,金以政府漠视教育,至于此极,目前国务会议议决之三条办,并非同人强其通过,系出于政府自身之意。同人为委曲求全,虽不能认为满意,然亦谅政府苦衷,于5月3日宣言留职。不料政府自定之办法,尚不能履行,屡以搪塞手段欺骗同人,并轻视教育。而八校校长又以连日奔走无效,且被拒于国务院之卫兵,迫而辞职,此后教育界,当愈不堪问。若同人无切实办法,公诸于世,诚恐国人误认同人多事。于是一致决定直接向政府明白表示无法维持之意,上书政府限至本月20日上午12时止,须将国务会议所议决之三条办法,及拨付将来经费之保障方法,以及四月份、五月份之经费与应摊还之积欠等问题,为完满解决。如届期不能解决,仍以延宕手段对付同人,同人等则视政府已无维持教育之诚意,取消5月3日宣言暂允留职之原议。孰是孰非,惟听国民公判。一方面八校应于三日以内,各召集全体教职员开临时大会,将经过始末情形,报告全体,及筹商进行各要件。随即推定起草员,即日起上政府书而散,时已下午一时半矣。

1921年5月20日

北京国立专门以上八校校长致教职员代表联席会议。女高师代表李大钊代理主席。

《晨报》1921年5月21日刊登《教育经费问题解决无望矣》:

"昨日(20日)下午三时,北京国立专门以上校教职员代表联席会议,在京畿道美术学校开大会,仍由女高师代表李大钊代理主席。首先报:(一)高师发言代表何炳松、刘玉峰因病不能出席,请张贻惠代理出席。(二)美术学校加推李祖鸿代表女高师加推焦占峰为代表,均有发言权,本日起出席。(三)法专教职员会来函。报告毕,由各校代表分别报告各该校开临时大会情形。

(一)女高师李贻燕报告曰,本校开会,全体教员承认本会议所办理一切事件,毫无异议。

(二)医专葛成勋报告曰,本校开会,对于本会议所办理件完全承认。并申明倘政府必须解散八校,可与西南大学取一致行动。

(三)高师马裕藻报告曰,本校开会,承认畀代表以全权,惟申明能不辞职即不辞职。至于外间所传,绝非事实。若至万不得已,亦全体辞职。

（四）工专许绳祖报告曰，本校教职员态度、与高师完全相同。

（五）美术吴起凡报告曰，本校开会，完全承认本会议行动。以后进行，惟以多数为从违。

（六）农专梁希报告曰，本校教职员，对于本会议，毫无异言，惟至政府解散学校时，希望全体教职员，不再入新校，藉维人格。

（七）北大谭熙鸿报告曰，本校昨假美术学校开会，因人数不足，只开谈话会。惟代表有全权，且是日各教职员亦报信任代表，故本会议行动，当然从多数一致进行云云。报告，即由马叙伦发言略谓，本日十二点，政府答复期限已至，尚无正式答复。本席会于午前到教育部，见有国务院致教育部第961号公函，兹已抄来，请大家一看。查该函所言，直不啻推翻前次阁议议决之三条办法。同人要求是保障方法及应发经费积欠等，该函所言，文不合题，应请大家注意。旋由李贻燕报告云，顷接八校毕业生同学会电话，本日下午，该会已开临时会议，对于国务院第961号公函，一致认为不满意，已决定驳复。并定下星期一派代表到国务院请愿云云。主席乃将此函付讨论。金以政府答复，既未正式送交本会议，本会议只能认为一种传说，以非公式之讨论。且政府至此，不特不自悟其非，反推翻自己议定之办法，对于同人要求之保障方法，竟一字不提，是政府已毫无诚意，同人惟有履行十八日宣言，为第二次总辞职。于是决定于今日（21日）下午一时临时会议，公决最后方针，并将公函附以驳复，于本日发号外通知全体同人。其第二次总辞职宣言，即由文书组起草，今日（21日）提出讨论。散会时已四时矣。兹将国务院致教育部公函第961号，照录如下：

敬启者，京师高等专门以上各校经费，前经议决办法，原为维持各校赳日开课，以免诸生旷误事业。兹经国务会议议决，以该八校迄未开课，所有八校教员薪费，应暂行停发，由财交两部查照前议，储藏以待。候该备校实行开课，再行照发。至从前积欠经费，仍照原议分月陆续发给。其中小各校经赞，现均照常上课，其经费自应仍由部按期拨发，等因。除分函外，相应函达，即希贵部查照办理。

此致教育部。

中华民国10年5月19日

又北京专门以上各校毕业生代表联席会议，昨日下午一时，复在高等师范开会，各校到者十余人。首由主席林君报告日前赴谒府院及教职员、学生各方面接洽最近情形，嗣即征询此后援助之办法。经各代表详

教 学 篇

细讨论，议决数事如下：（一）本会议决请政府迅速履行前次阁议三项办法为主旨，不涉其他枝节问题。（二）推定代表与八校学生代表及教职员接洽，说明学生与教职员有团结一气必要之理由，并须着眼经费问题，不可因其他细故，致生误会。当经推定代表三人，于今日下午前去接洽。（三）据5月19日国务院复教职员公函，殊属轻视教育，故意延宕，拟向政府质问。当即推定起草员，并定23日再去府院请愿。一俟与学生、教职员、政府各方面接洽后，再定第二步进行办法，以期达到恢复母校之目的云。"

1921年5月21日

北京国立八校教职员代表联席会临时会议，因国务院提出以开课为发薪条件，决定第二次总辞职。

1921年5月22日

北京国立八校教职员代表联席会主席李大钊，就北京国立八校教职员总辞职对《新支那》记者的谈话：《目前中国教育界的困境》。全文如下：

由于经费断绝，教学无法维持，北京专门以上八校教职员于3月14日开始总罢课，至今已经两月有余了。在这期间，虽然政府和"教联"之间多次交换意见，均未取得结果。最近政府方面声明，只有各个学校从速上课，才能支付拖欠的经费；而教职员方面则认为政府言而无信，只有发放拖欠的全部经费，才能坦复职开学的问题，遂导致了作出总辞职的决定。

教职员联席会议主席李守常以愤懑的心情谈到这次事件的经过，他说，北京的专门以上学校，即北京美术学校、北京医学专门学校、北京工业专门学校、北京农业专门学校、北京法政专门学校、北京女子高等师范学校、北京高等师范学校、北京大学等八校的教职员，由于政府连续数月拖欠经费，在已经无法维持的情况下，经各校教职员联合协议的结果，不得不于3月14日起停止上课，静观政府的态度，在此期间，政府曾以种种口实强迫学校开学。但直到目前政府并没有真正认识到教育的重要性，无诚意负责支付所需要的经费，这种情况已越来越明显，同人迫不得已才作出总辞职的决定。

我们这样做是由于政府毫无诚意，纯属万般无奈，在世界上断绝教育经费，使教育陷入一片黑暗的这种情况，除了我国，恐怕没有第二个国家了。这种政府只能说是胡闹，谈不到责任。在这样的政府之下，教育事业不仅现在的不到真正的发展,也绝无真正发展送的希望。这种教育机关即使关门也没有什么可惜之处。我国不能安于这种政府,对之容忍姑息,而应当彻底改变它,这一时刻的到来已经不远了。

教职员联席会议主席　李大钊
1921 年 5 月 22 日

1921 年 5 月 25 日

京师中小学罢课,为国立八校后援。

1921 年 5 月 28 日

北京任马邻翼署教育次长,代理部务。北京国立八校教职员代表联席会议下午召开第三十六次会议,马叙伦主席主持。

《晨报》5 月 29 日刊登《再度辞职后教育界之会议声》:

"昨日(28 日)下午二时,北京国立专门以上八校辞职教职员代表联席会议在前京畿道美术学校开第三十六次会议。八校代表全到,马叙伦主席。报告北大前日(27 日)开本校全体教职员会,议决对于大会提议之十二条事件:(一)代表联席会议继续存在。(二)联席会议所办之事,除催索积欠外,仍应照最初目的积极进行。(三)代表仍旧。(四)代表仍旧付与全权,并绝对信任。(五)追索积欠问题,加推周同煃、胡春林、沈士远、陈怀、胡鸣盛、高一涵、徐之杰、朱锡龄、马衡、杨震文、吴梅、梁展章、徐宝璜、丁绪贤等十四人帮同全权代表办理一切。(六)因联席会议既仍旧存在,则此条不成问题。(七)如最初目的不能达到,当然不受政府延聘。其余数条,因时间短促,未及讨论。惟另有议案,当于他日提出云云。

次由高师代表张贻惠报告该校开会情形。前四条议决与北大相同。第五条为追索积欠,加推代表之事,加推李运勋、陆费执、熊遂、钟道赞、汪懋祖、张贻同、林励儒等七人,惟不限于索欠。第七条亦赞成,惟申明不以法律的拘束限制而已。其余各条亦有讨论,可待他日详细提出云云。

次由美术代表徐瑾报告。

次由法专代表王兆荣报告该校教职员议决,对于第二条除索欠外,在各校长承认教职员总辞职以前仍照最初目的进行。第四条则决定在第二条目的范围以内有全权。至办理索欠,无加推代表之必要云云。

次由医专朱其辉报告云,前四条亦与北大相同,惟认为无加推代表帮同索欠之必要。若至有需要时,则由全体教职员出席。并另推秦彬、高公遂二人为代表，出席联席会议云云。

次由工专许绳祖报告云，前六条与北大意见全同。惟对于第五条加派代表之事，暂不实行，候有必要时，然后继续推定云云。

次由农专梁希报告，前四条亦与北大相同，惟加推万声扬、胡宗灏、赵济舟、杨景辉、胡继曾、庸廷秩、钟毅、尹炎午、曾沂、吴景澄、陈懋、周建侯、杨学恺、张凤魁等十四人，帮同代表索欠云云。

次由女高师李贻燕报告，前四条亦与各校同，惟加推孙庆霖、刘汉卿二人为代表。孙庆霖、刘汉卿、祁尧焕、杨埙、黄壬宾、佟双润、黄德润、梁栋选、陈奠球、曹治等十人，为帮同办理索欠云云。

报告毕，主席云，八校之议决，对于联席会议，既一致认为有存在之必要，则本会当然存在。而对于第七条以下之六问题，务认为可于将来讨论，自宜改日再议。惟欲加推副主席一人，并即投果选举，北大代表谭熙鸿得票多数，当选为副主席。次由主席报告，因文牍组事件太烦，于事不敷担任，已加派黄文弼、黄节、陈怀、胡鸣盛、沈士远五人为文牍组干使。半周刊之编辑，除李大钊为总编辑外，派黄文弼、孟寿椿、李翼庭、谭熙鸿、谷源瑞、胡鸣盛六人，分任其事，并希望八校各派一人为编辑云云。

旋对于扩充出席代表之发言权问题，有所讨论，彼时议论极多，有主张依旧各校三权者，有主张扩充为各校五权者，有主张一人为固定出席，其余二人可轮流出席者。讨论结果，仍照旧日规定，发言权代表各校仍为三人，惟每次会议，至少须有一人以上之代表出席。散会时已下午四时半矣。"

1921 年 5 月 31 日

北京国立八校教职员代表李大钊等 50 余人赴教育部索欠，未果。

《晨报》6 月 1 日刊登《教职员连日索欠之情形》：

"前日教职员在部索欠薪，下午六时以前之情形已如上述。是日代表等分为三团，分头往陈宝泉、任鸿隽两司长及陈任中秘书私宅请他们三人明日九时到部，并交涉许久至十二时而散。

又昨日十时，教职员等代表五十余人，又赴教育部索欠。由该部庶务科派员在西花厅招待。普通司长陈宝泉、专门司长任鸿隽出而接见。教职员中马叙伦、李大钊、谭熙鸿等，相继发言，陈述索欠之理由，并质问国务院究竟有无具体之办法。任、陈等均以教育当局业已发表为词，不肯为负责之答复。双方辩论甚久，不得要领。唯是日陈任中又负约不到部，教职员代表与陈、任两司长到陈宅，时陈任中适坐车中要走。代表等阻之。陈任中出言不逊。代表等力请下车。陈不得已下车，代表又请其到部，并责其何以出言不逊。陈不得已，跪地叩首谢罪。

旋有陈老夫人、陈太太等出来问他儿子怎么样，丈夫怎么样，陈即退入内室，令许多儿辈出来，大发雷霆。防氏旋又由内宅出见，言'实在要辞职。因次长未来、部中不能叫我去。司长亦不能指挥我。非总、次长到后，我必不到部云云。'

至下午一时，司长乃请代表在部午餐。至下午四时，任、陈二司长来言，本日实无办法，请诸位暂回。俟明日马次长到部再商。马次长既敢到部，自有善法云云。代表等答言，同人到部，并不与马次长相干。如要同人回去，请诸位在同人等前宣誓。不管次长到与不到，限一日或二日，将积欠之事办妥乃可。任、陈不允，惟云须部中全体负责乃可。可否由诸位请各参事司长全到此处，当众负责。于是医专代表往请参事汤中，女高师及法专代表往请社会司司长高步瀛，工专代表往请参事邓萃英，高师代表往请参事秦秘. 北大代表往请参事蒋继乔。一面徐鸿宝秘书饬庶务科预备晚膳十桌。此昨日下午五时之情形也。"

1921 年 6 月 2 日

连日京师中小学学生代表赴国务院请愿，以总理拒见，留宿不去。安徽省安庆各学校因教育经费案，请愿被阻，一律罢课。

1921 年 6 月 3 日

北京国立八校教职员因教育经费长期无着，教职员和学生聚集在教育部门前，国立中、小学的教职员和学生也自动参加进来，上千人冒着细雨一起赴总统府求见总统徐世昌。马叙伦、李大钊等几位教授走到队伍最前列。队伍行至新华门时，与徐世昌派出的卫兵相遇并发生冲突，李大钊教授等数十师生惨遭卫兵毒打，马叙伦教授头部、腰部被打伤，北大校长蒋梦麟、法政大学校长王家驹、李大钊教授等多人受伤，连教育次长马邻翼也未幸免。史称"六三"惨案。这一事件引起北京各校师生和社会各界的强烈愤慨，国内外教育界纷纷致电声援。孙中山致电八校教职员，邀请他们及北京教育界南下到广东去办学。

1921 年 6 月 4 日

对于 6 月 3 日发生的事件，政府百般抵赖，推卸责任。6 月 4 日国务院总理靳云鹏竟发文告，百般推卸责任，诬言事件经过，混淆视听。国务院总理靳云鹏文告全文如下：

"近年国家财政艰难,所有军政各费无不积欠甚巨。当上年8月内阁成立之际,查核北京国立专门以上暨学务局所辖中小学校经费一律积欠4个月,在范总长任内极力设法维持,除将各校经费按月照发外,并将旧欠之小学经费全书发清,中学积旧补发两个月有半,专门以上各校旧欠补发一个月,较前积欠之数已为锐减,此等还各校积欠之实在情形也。不意本年3月14日北京大学暨专门师范各校教职员忽以要索欠巩固教育的款为名,全体罢课以为挟持,经教育部劝导慰勉并与财政部协商拨济商劝兼施冀其启悟,而教职员等不以学生学业光阴为意,始终不允上课,并于4月13日提出要求两项:1、以后八校每月经费20万元须由交通部收入项下拨付;2、从前积欠限三次还清。似此要求指款拨付本非度支正轨,因念教育为根本至,若不变通办理则数千男女学生之光阴虚掷可悯。政府权衡轻重予以曲从,唯以库款枯竭,积欠须分六次付给,八校经费按照颁定预算,并无20万之数,须依公布之预算案办理。于14日议定交教育部传示各校,促令上课,乃次日午后八校校长忽向教育部具呈辞职,同时各校职员纠合多人赴部追索欠薪,非即日全发不可。自是以后遂逐日到部喧闹滋扰,甚至任意盘踞部内,自往司科捉人索偿,而政府尤以爱惜教员之故,力从宽大并于4月21日由国务会议采纳各教职员要求,议定办法三条:1.京师教育经费于一星期内先发3月份一个月,自4月份起在财政部未筹定的款以前就交通部协济政费项下每月按期拨付22万元,作为北京专门以上八校及北京师范暨公立各中小学校经常临时各费,此款由财政、教育、交通三部订明不作别用;2.其他教育部应向财政部额领之款以向来额领之数为准,由财政部筹定拨付;3.民国九年(1920年)12月起至本年二月份止之八校及中等各校积欠经费约40余万元,先发一个月与本年月份经费,同时并发。其余分为三期由银行担保,于四、五、六3个月各付一期,似此委曲求全,政府尊重斯文,维持学界之苦心,当为各界所共见。乃教职员等于国务会议决定三条之外,仍复多方吹求,谓未定的款以前一语稍涉笼统,并加入未有确实保障方法以前等字样,谓协济政费字未能满意要求改为尽先拨付特别协款,并要求加入俟财政部筹有的款或教育基金筹足时再行截止,得步进步,唯利是视,旋允旋翻,非理可喻。然政府终以教育为重,不惜曲如所请,于4月30日国务会议议决将第一条条文悉照废教职员所请,逐一修改,并照议定办法,即日发给两个月经费,一面由教育部慰留各校长照常任事,各教职员亦于5月3日自行声明复职。政府以为该教职员等即将两月份之旧欠新薪领去，且自行声明复职定可即日照常授课。莘莘学子荒废已久，暑假之期转瞬即届，但使学校之弦诵不绝，屡次曲意斡旋，亦所不惜。乃该教员等阳言复职，阴谋捣乱，领薪两月授课无期，又复借口条文字句肆意刁难，故为延宕。似此情形就令一切经费毫无拖欠，势必别生枝节，延不上课，况本学期教授课程已阙其半，既逾学业成绩考查规程所载缺席之时限，若不速为设法，则本学期各校升学毕业试验举无所施，各学生想学虽殷请业无望，一学期中宝贵之光阴，艰难之学费皆为该教职员等所牺牲，不特政府所未安，抑尤国民所弗忍，爰于5月19日续提阁议，决定将八校教员薪费暂行停发，由财、交两部查照前议储款以待，俟各该校实行开课再行照发，至从前积欠经费，仍照原议陆续发给，其中、小各校现均照常上课，经费自应仍旧按期拨发，即日行知教育部转知各校督促上课，一面将照常上课之中、小各校先行发给，乃八校辍课如故，且因中、小各校发给经费之故，故意煽动中小学生一律罢课以为抵抗，其间范教育总长续经特任尚未视事，简任马邻翼为次长并代理部务，马次长就职之次日，即于阁议席次商定拨发教育费27万元，即日具领转发；一面议将所有积欠各费，春节前一律清付，由马次长一再召集各教职员详加晓谕，而各校职员以经费清付无可借词捣乱，遂有唆使学生盘踞国务院，包围新华门击伤马次长之暴乱行为，起为蓄谋构煽有意破坏教育，破坏秩序已可概见，不意为国民师资之人而无行至于如此。以上皆政府近日维持学校，该教职员等破坏教育之实在情形也。"（《中华民国史档案资料汇编》第三辑"民众运动"第539—541页）

1921年6月5日

　　北京国立八校教职员因请愿被卫兵殴伤后，发表了《呈国务院文》、《八校职员通电》、《各校学生通电》、《八校辞职全团教职员宣言》。

　　《晨报》1921年6月5日刊登《挨打后教职员学生之文告》：

八校教职员呈国务院文

　　呈为国务院卫兵殴伤校长、教职员、学生据实呈报事。

　　窃校长等因京师教育问题，久悬未决，无法应付，叠呈请辞职，未蒙允准，昨日午后赴部晋谒次长请示办法。适各校教职员学生等亦先后到部，校长等以教职员学生之要求，随同次长齐赴新华门请见总统、总理。甫至辕门，守卫兵士拒不许入，继则用枪柄殴击，家驹被挤，昏晕倒地不省人事，齩卿头部被击重伤血流如注，教职员学生等受重伤者十余人，当经检查厅派员验明在案。查人民请愿载在约法，卫兵如此横暴，实属目无法纪，若不严行惩办，置国法于何地。况教育为立国根本，如此摧残士子，必致动摇国本。校长等目击身受，据实上陈。至此后校务行政，实在无法维持，更无力负此重大责任，诸即日批准辞职，并迅予派员接替，不胜迫切待命之至。

谨呈大总统、国务总理。

北京大学代理校长　蒋梦麟

北京高等师范校长　邓萃英

北京女子高等师范校长　熊崇煦

北京法政专门校长　王家驹

北京医学专闻校长　张齩卿

北京农业专门校长　吴宗栻

北京工业专门校长　俞同奎

北京美术学校长　郑　锦

八校教职员通电

上海时事新报、申报、新闻报、民国日报、中华新报、时报、神州日报、新申报、及各报馆转全国学生联合会、全国各界联合会、江苏教育会、各省教育会、各学校、商会、省议会、各团体鉴：

政府摧残教育，停给经费，同人等万不得已，罢课辞职，向政府力争，奔走呼号，心力交瘁，此两月以来之事，已为国人所共见共闻。本月2日，京师公立小学以上学校男女学生代表二十余人赴国务院请愿读书，并请见总理。乃总理不惟不见，反闭之院内，绝其饮食，冻其体肤。同人等为维持国家教育及援救在院三学生代表计，于3日下午全体赴教育部交涉，而京师公立小学以上学校男女学生，先期不约而至者近千人，同人等乃请教育次长代理部务马邻翼率领专门以上八校校长及公立小学以上男女学生暨同人等赴府请愿面见总统。不图甫至新华门铁栏外，即横遭卫兵百人毒打，枪柄刺刀，一齐交下，头面刺破，脏腑受伤者不计其数。马邻翼头部首遭卫兵枪击，医专代理校长张焕文，法专校长王家驹，北大教授马叙伦、沈士远，高师教授黄人望、张贻惠，女高师教授汤璪真、职员刘兴炎，医专教授毛咸，工专教授许绳祖，学生中：法专何玉书，美术封挺楷，女高师王本仪、陈激、梁惠珍、刘因民、赵林书等受伤尤重；女高师附中女生及附小女生被枪柄击伤，仓促间由卫生队保送国家调养者，尚有多人。卫兵等用枪击伤多人后，复将其余诸人包围在新华门前大街上，行动全失自由，等于俘虏，同人等困于雨中者有三小时之久，始被驱散。迨至下午八时，院中复令卫兵数十人先将二日闭在院中之医专学生代表梁铎捕去，不知下落，更不知如何处置。后复将其余之男女学生代表轰出院外。如此情形，实足为政府自暴其破坏教育，摧残民权之铁证。日本人所不敢施于朝鲜人者，政府竟以之施于同人。同人等牺牲一身虽不足惜，然号称共和国家，竟有此等野蛮惨毒之政府，国法何存，人道何存，瞻顾前途，伤心何极。现同人等除依法向法庭起诉外，谨将经过实在情形报告国人。惟国人速图谋之。

北京国立专门以上八校辞职教职员全体

各校学生通电

上海各报馆转各法团公鉴：

昨日，小学以上各校学生代表二十二人到国务院请愿拨发教育经费，被拘纯一斋内，经一昼夜尚未出院，消息不通。本日，各校同学千余人，复偕同马次长及各校校长、教职员冒雨续行到院请愿，自上午九时迄下午四时，始终拒绝不见。同人坚求放入，不意门前密布之军警，即用枪柄肆行殴打，并往来追击，当时血肉横飞，惨不忍睹，北大校长蒋梦麟受伤不能行动，法专校长王家驹、北大教授马叙伦、沈士远头破额裂，血流遍体，生命危在旦夕，李大钊昏迷倒地不省人事。此外受重伤者三十余人，轻伤者百余人，似此野蛮横暴虽土匪盗贼何以如此。同人痛愤之余，恨不能与万恶政府同时拼命于新华门前，特据情飞电奉闻，同人誓奋余生，作最后奋斗以殉我神圣教育。至应如何惩此万恶政府，惟国人素图之。临电不胜迫切。

又此电将发时，闻教部人员将于明日全体辞职，并闻。

北京公立各校学生临时联席会议叩

八校辞职全团教职员宣言

同人等前以国家预算案中规定之教育经费，为政府所滥用，以致北京国立专门以上八校暨中小各校，均不能维持，不得已而停止职务，以与政府交涉。中经三月之久，政府始则置之不理，继则以国务会议议决之三项办法相欺骗，而并不履行，旋又自翻前议，而厚辱同人，以自掩其失信之迹。同人等数月以来，奔走呼号，及维持教育之运动，实已心力俱瘁，而卒无效果。八校之莘莘学子，因此而损失其宝贵之光阴，即已甚钜，而复哀号吁请而无门。是政府早有灭绝教育屏弃士类之决心，同人等再无徘徊迁就之余地，只有决然辞去之一途。辞职而后，除迫索积欠外，同人等本不愿再向政府有所交涉，乃各中小校教职员同人暨八校并中小各校学子，不忍见首都教育之沦亡，亦复一律罢课，共起而为最后之挽救，连日出来，各校学生代表二十二人，呼吁于新华门内者，经两昼夜，饥寒虐辱，已备尝之，中且有十余龄之幼年男女，此辈纯洁之青年，何辜乃使之为维持教育而遭此僇辱。同人等义不能忍，爰于6月3日集议，以为吾辈亦属国民，安能坐视青年学子之奔呼困辱而不予以援救，遂议决以本日到部，请马次长暨八校校长，与同人等所推出之代表八人，同往总统府，意在向总统陈述政府摧残教育及一再失信不能负维持教育之责任等情，并质问其对此有无维持之办法，藉以援救学生代表，倘仍不得要领。同人等誓不退出新华门，饥寒困苦，愿与各校学生代表共之。

迨至教育部，各校学生六百余人，已在教育部大讲堂中，询知为冒雨赴新华门请愿为卫兵所阻，不得入而退至教育部者。同人等乃请马次长出席，与同人等及诸生相见，并即要求马次长与八校校长并同人等，同赴总统府，马次长允予同行。各校学生亦随行于后，至新华门东辕门之铁栏，早已紧闭。西辕门外早有武装兵士一队，列阵以待，同人等请次长、八校校长及八代表并学生代表等入府，讵卫兵不准通过，蛮横异常。同人等以堂堂民国政府，岂有禁人请愿之理，遂向理论，令其放行，该卫兵等不但不许通行，并用枪柄、刺刀乱刺击，知几之马次长稍受微伤，立即声言，我是次长，卫兵等乃许其通过，彼遂独自入府。卫兵更继续痛殴同人及学生等。是时天方阴雨，新华门外血肉横飞，同人及学生等，相继伤仆，枕藉于泥涂之中者不计其数。最痛心者，十余龄之男女学生，亦均遭蛮横军卒之痛击，嗟呼，政府而蛮忍至此，尚何言哉，尚何言哉。

造至卫兵之凶威稍戢，同人等始从血泊泥涂之中救出法专校长王家驹。先生腰部重伤晕倒在地；医专校长张焕文先生后脑骨一根打断，血流不止；北大教授沈士远先生，头部刺伤，口长寸许，额头打开，流血甚多；高师教授黄人坚先生两肩重伤；女高师教授汤璪真先生，内部重伤，两眼发直，全身已失知觉；职员刘兴炎先生，额轧破伤；医专教授毛咸先生，背胁受伤。学生受重伤者，法专有何君玉书，美术有封君挺楷，女高师有王君本仪、陈君澂、梁君惠贞、刘君因氏、赵君林书，其余教职员学生中受轻伤者甚众,此6月3日新华门前政府纵令卫兵击伤校长职员代表学生等之情形也。犹徐总统就职之日即以文治号召于国人,今也首都教育,先受摧残,而标榜文治之总统,竟坐视阁僚之辱蔑师儒,摧残教育,而若无睹,迫教育界起而谋挽救之方,又复令卫兵行凶伤人,溅师桶学于之血于文治总统白宫之前,而国家之事等文化中心,遂全破坏于徐氏文治旗帜之下,此诚国家之不幸,而民族之奇羞也。犹恬然自居于文治魁领而不辞,外则引友邦文学博士之崇徽以自夸重,内则收集所谓名流者,设立四存学会。四存学校等以颜李之学欺世盗名,夫颜李为河北儒宗,其学以言行合一为主,而四存之义,尤重存学,今许氏躬行祖龙焚坑之事,而口说颜李之学,使颜李有知,亦当痛哭于地下也。同人等遭政府之辱甚矣。除将政府摧残教育杀伤士类之罪状布之国人,请求全国同胞起而问政府之罪外,即日与此惨无人理之政府,停止一切交涉,至于如何处此摧残教育暗无天日之蛮忍政府,惟在国人矣。临书悲愤,不知所云。

1921年6月6日

"六三"暴举惊动了全国,纷纷通电声援校长团、教职员代表会议及学生代表。上海、南京等地学生联合会一致痛斥北京政府的暴行,要求严惩滋事士兵,维护教育界权利。各报君对事件详加报道。

《晨报》1921年6月6日刊登的《六三暴举后之政府对应策》一文中,将北京政府的所谓对事件的声明录入,可见其对事实的百般歪曲、抵赖。兹摘引其全文如下:

"本日据京师警察厅呈报转据外右一区、内右二区个警察署先后报称,近日有人暗中煽动北京高等专门等校男女学生屡欲出校游行示威,经迭向各校校长磋商阻止。不料于本月三日上午九时许,查有琉璃厂高等师范学校附属中学学生约四十余名,列队出发,由西河沿东行入正阳门赴天安门取齐,及散放传单。随又续到高等师范学校学生三十余名,及该校附属小学学生四十余名,复有女子高等师范中第三校、公立第六女学校,京兆第二、第一中学两校,专门医学、美术、高等工业、农业、法政专门六校,北京大学、师范中、小学三校,计共十五校陆续到天安门,男女学生约四五百名,各展白旗,经巡警沿途劝解,随解随散。至西长安门已剩两百名左右,声言赴公府请愿,当经署长等语公府驻守官长接洽防护。迫该学生等齐至总统府东栅栏外,推举代表十八名,经国务院派人劝谕,该生等麇集不去。至一时三刻许,学生近六代

表六人在公府前守候,其余群涌至教育部。其时闻马次长正与教职员代表马叙伦等在部议事,所有赴教育部学生,在该部东会场暂息。至三时许,忽见马叙伦率领多人,托架马次长出教育部署门,沿途步行至新华门外。迨至新华门西栅栏前,建马叙伦禁拥马次长身后,并用扬声器号令大众打进去。其时守卫队兵,正欲设法阻止,即见在后之教职员学生等向前掷去,一时石子乱飞,秩序紊乱。卫兵等分离护卫马次长,救入新华门内。马次长头戴绒帽遗失,头部、腰臂等处均各受伤。游击队中队官张海秀、小队官德祥、正兵福禄等数名,均受石子击伤。正在纷扰之际,马叙伦等先行抽身潜逃。嗣经兵警弹压,始各陆续散去。其未去者又复主张赴石驸马大街女高师开紧急大会。旋经拦阻而罢等情,具报前来,经本厅复核无异。

又本月二日,即有梁铎等男女学生十八名赴国务院求见,经院派秘书等接见,该生等在纯一斋办公室盘踞不去,经多方劝导不听。是晚12时后,鸿寿偕同马次长到院,督同各员再三劝导,该生等词理俱穷,坚持不去。至次日午后七时半许,因新华门外学生滋闹情事,诚恐别闹事端,本厅为保持公安起见,始将该生等扶出。除为首梁铎一名,按照妨碍公务送法庭依法讯办外,理合备文呈报等因,并据步军统领报同前因。

查所呈各节,均系实在情形,除饬令各该管机关依法办理外,特电奉达,即希遽电宣告以免远道传闻失实致误会为要。"

1921 年 6 月 28 日

北京国立专门以上八校校长致教职员代表联席会召开第五十一次联席会议。

《晨报》1921 年 6 月 29 日刊登《教职员对政府不取消极态度》:

"教育风潮自张一麟调停无结果后,政府方面,连日毫无表示,尤有置之不理之概。至教职员方面,则照其预定目的,积极进行。除前日已宣布马邻翼十大罪状外,昨日上午开第五十一次联席会议,讨论下列案件。

(一)国务院删电问题。金以于删日(15 日)更发出捏诬同人之密电,至昨日(27 日)始行发表,似此鬼蜮行为,绝无悔过之心,本会议应再行驳正。

(二)八校经费问题。本日《益世报》所发表之大同通信社教育部消息,谓八校经费,并未少发等语。教部虚账,妨且不论,查八校在教潮未发生以前，所领数目，合计系14万余元。而4月30日阁议办法三条，政府规定八校经常临时各费175000余元（合北京师范及公立小学为22万元），明明差3万余元，教部安得糊涂瞎赖。而据《益世报》所发表八年度预算。八校每月共文151855万元，此次每月少发9000余元，抵作各校直接收入，而临时费向例实支实销，此次各校并未开报，无从预发云云而论。查八校八年度临时费数目，均于二年前报部在案，教部会计，所司何事，不为一查。即无暇查看亦不得以未报相搪塞，岂教部未见该次长，临时经常各费，扫数清厘之大令乎。至八校175000余元之款，虽分经常临时两种，而此标准数目，已决定实发与八校，毫无疑义，今扣留在部，不行发给于各校，其意何居。若谓留作部款，而部款学款，固已明白划清。若谓留作其他教育费，则京师教育费，固另行定有四万众元，北京师范暨公立14小学经费，亦不能挪用。是则该次长每月扣留3万余元，诚不堪问。该次长又称'本次长到部以来，复发70余万元'，计本次陆续二次发给八校，为4个月经费。按《益世报》所载，经常费八校每月为150万余元，4个月即为60余万元，而该次长称70余万元，所不符之数万元，显系4、5两月临时费项下之款，可知该次长并未实发70余万元，亦未按4月30日阁议办理，临时经常各费，实未扫数清厘，今得《益世报》发表，益足证明该次长之部令与事实不符，其欺人处，益彰彰在人耳目，既迭经同人驳斥，自可置之不理。

（三）对于国立公立学生之29日之各团体联席会，推定王兆荣、李大钊为代表，届时前往赴会。议毕遂散会。至检厅对教职员所告诉之靳总理、马邻翼、殷洪寿，迄今未正式提起公诉，该会决定从事催促，业于昨日分呈地检厅，其原呈如下：

（一）催诉靳总理呈文为陈诉恳乞迅予传讯，并从速提起公诉事。窃代表等于本月16日，为国务总理靳云鹏，指使公府卫兵，刺伤请愿教职员及学生多人事，曾经告诉在案，至今已逾十日，未见传讯被告人靳云戊鹏。兹特乞贵厅迅予传讯查究，以维国法而顺舆情，实为公便，谨呈京师地方检查厅。

（二）催诉马次长呈文为陈诉恳乞迅予传讯，并从速提起公诉事。窃代表等于本月16日，教育次长马邻翼意图裁诬，捏造事实，曾经告诉在案，至今已逾十日，未见传讯被告人马邻翼。兹特乞贵厅迅予传讯查究，以维国法而顺舆情，实为公便，谨呈京师地方检查厅。

（三）催诉殷总监呈文为陈诉恳乞迅予传讯，并从速提起公诉事。窃代表等于本月16日，为警察总监殷鸿寿擅行监禁，并捏辞诬陷教职员事，曾经告诉在案，至今已逾十日，未见传讯被告人殷鸿寿，兹特乞贵厅，迅予传讯查究，以维持国法而顺舆情，实为公便，谨呈京师地方检查厅。"

1921年6月29日

北京国立专门以上八校学生联合会等11团体召开各团体联席会。《晨报》1921年6月30日刊登《军警干涉后之备团联席会》：

"京师公立各校学生联席会，发起各团体联席会。本定于昨日午后在女高师开会，嗣因事前军警干涉，乃通知各团体移于某校开会。到者除教职员及学生各团体外，有全国报界联合会，各界联合会，及京师教育会，共十一团体。由众推公立各校学生代表何玉书为临时主席。旋即报告该会主张，关于'六三'问题，请政府撤换靳云鹏，关于教育问题，筹办学校。并请全国教育会提前开会，及学生总会开会，以讨论一切。又该会代表刘衡静发言，谓当先解决'六三'事件，以去解决教育根本问题之障碍。京师教育会代表丁雨生发言，谓对于教职员及学生当积极援助，对政府提出警告。至于第七次全国教育会联合会，本定于10月10号举行，现已发出提前开会电文征求各省同意，俟答复即积极进行。全国报界联合会王玉圃，谓对于此次风潮，就个人意见，此刻无与政府谈判之余地，'六三'事件，应听法庭解决，又主张自办教育，推尚无确实方法。八校教职员代表王兆荣，谓同人意见，已屡次发表，所应当申明者，外间有误会教职员仍在争欠薪，其实欠薪已发清，现当先解决'六三'问题再及于经费问题云。各界联合会代表钟少梅，谓政府所摧残的教育，非学界的教育，乃全国的教育。'六三'事件，应诉诸国民。部立私立学生代表范连英，谓'六三'事件为全国问题，所以一致罢课，援助八校，以促政府反省及社会注意。公私立小学界教职员代表李庭祯，详述罢课以来一切困难及苦衷，主张非俟政府恢复教育尊严，及确实履行4月30日阁议后，决不复职。虽近受某方面激刺，然一本良心上主张，决不改变宗旨。中等学校教职员代表张大和，谓罢课专为援助八校，当与八校教职员一致行动。八校教职员代表李大钊，谓教职员前因所处地位的关系，以索欠为一种手段，社会一部分人的观察，对于此点，颇不明了，马邻翼亦误会教职员为争欠获，而不知此外尚有教育经费巩固之一大目的。至于'六三'事件，所以在法庭起诉，实因政府欲假法律为利器，教职员不得已而以此手段对付之。在现政治下之法律，非国民起而拥护之，难望其有独立精神，今日多数团体主张从法律解决，应当注意。教育会代表张承荫，谓今日到会各团体，多属于教育界，应再联络各团体，以壮声援。政府征纳租税而不办教育，最好方法，耶联络全国各团体，声明不承认此政府，停纳租税。至于教育基金问题，希望各团体努力，运动退还庚子赔款。随后尚有多人发言，金以此次不过彼此交换意见，对于以后办法，尚须从长讨论。主席以此次主张，征大众同意，当议决于相当时机内，再召集一次会议，除当场到会备团体外，尚拟请其他有力量之团体加入。闻此次函件将以维持教育名义，由京师教育会发出，至此时已六时，遂由主席宣告散会。"

1921年7月4日

北京国立八校教职员代表联席会议下午召开第五十四次联席会。女高师李大钊代理主席。

《晨报》7月5日刊登《昨日之教职员联席会议》：

"昨日，教职员开第五十四次联席会议，王兆荣因病请假，由女高师李大钊代理主席。报告范静生氏来与本会议主席王兆荣接洽情形后，续即报告本会议赴沪代表谭熙鸿由杭来信，报告与各方面接洽情形后，对于清华学校此次因援助八校罢课，致高等四年级学生未能毕业，三年级以下未能升学，牺牲太大，同人等实抱不安，不得不图挽救调解之法，寻议决致函清华学校董事会及教职员会，并派梁希、陆费执、燕树堂三人为代表，与金仲藩校长接洽。次议决对于安徽学生姜高琦受伤过重，已于7月1日殒命，应电吊唁。次于筹划全国教育基金问题，如退庚子赔款，分清国家教育租税等，议决作一议案，俟下次交本会议教育基金委员会，详细研究，以备将来全国教职员联合合成立时提出，遂宣告散会。"

1921年7月6日

北京国立八校教职员代表联席会议下午召开第五十五次联席会。女高师李大钊代理主席。

《晨报》1921年7月7日刊登《调停中之学潮消息》：

"教育风潮自范源濂、张一麟、傅增湘等出任调停，已斯趋于缓和一途。政府方面，因日来粤桂陕直各军均已发生战事，而湖北浙江问题，又甚觉棘手，故对于教育风潮，颇有希望从速了结之意。据闻关于'六三'问题，教职员所提出之条件，如政府派大员道歉，明令引咎、及赔偿医药费等条件,可望办到。至于经费问题,除履行4月30日阁议办法外,但闻对于教职员新拟之四项保障方法,就中尤以第四项须指定价值之200万元以上之担保品,政府大有难色。至于教职员方面,除由主席王兆荣与调人方面会晤外,尚未有正式接洽,刻抱冷静态度,以待调停人之消息,微闻若'六三'问题有圆满解决,则教育经费中之保障方法问题,将开大会征求多数意见,以便解决云云。

又昨日(6日)教职员代表开第五十五次联席会议,仍由女高师代表李大钊代理主席。报告最近情形及八校毕业生代表来访王兆荣之谈话情形后,即由梁希报告与清华学校金仲藩校长接洽情形。金校长已允将本会议来意,转达董事会。旋议决本日再派代表二人,到外交部与该校董事会接洽,即派梁希、燕树棠前往,遂散会。

又京师国立公立学校学生临时联席会议,于下午二时,在法专开会,由何玉书主席,议事进行如下。(一)报告派往调停清华学潮代表四人近来接洽情形。(二)去函上海各代表报告本会最近情形。(三)讨论靳、郭诉状,议决由本会推定二人会同诉讼委员修正,并定于本周内,呈递检厅。(四)美术学校代表提出,对于学术讲演会组织意见书,议决须待与教职员开联席会时决定办法。(五)法专代表讨论对于调停人之态度,议决以冷静态度对待。旋以警察干涉遂闭会。"

1921年7月12日

北京教潮经范源濂、张一麐、汪大燮、张国淦、傅增湘调停,获致五条办法。

《胡适日记》在1921年7月12日记载:

"今天范静生把调停学潮的条件由梦麟转交教职员代表,不意马夷初们还要别生枝节,此明系他们不愿此事完全由梦麟们办了,故生此风波。今天的条件里已有200万的担保品,——由政府拨给200万的证券,用民国十三年与十四年的盐余作抵,每月盐余下拨付8万,计25个月可得200万。有此一条,已出我们望外,岂可再争执?明天下午四时,代表王兆荣须正式接受条件,故梦麟很着急,与抚五来邀我回去看李守常。我们同坐汽车去,与守常谈了许久,他也不赞成再生枝节,答应明天一早就去力劝王兆荣、马夷初。我与抚五归时,已一点半了。"
(曹伯言整理:《胡适日记全编(三)》第369—370页,安徽教育出版社2001年版)

1921 年 7 月 15 日

北京国立八校教职员代表联席会议临时联席会，王兆荣主席，推举王兆荣、李大钊与学生会接洽，是否接受五条办法。

《晨报》7 月 16 日刊登《决定承认五条办法之教育界》：

"迁延四月之教育风潮，自前日下午范、汪、傅、张四调人，正式与校长、教职员、学生三方面接洽后，各方面意见，大体已归一致，惟形式上尚有待商之处，故未能即告解决。昨日（15 日）上午九时，八校辞职教职员代表开临时联席会议，仍由王兆荣主席，报告 14 日下午在中央公园董事会与调人接洽情形。略云，调人对于经费问题，虽不能如同人议定，将条文更改，然对于第四条之 200 万元证券作为准备金一层，已允由教育次长马邻翼正式函询代理财政长潘复，由潘氏函回复教部，说明证券担保品，系以明年某月起至某年某月止 25 个月之盐余项下，每月拨出 8 万元，教育部接到此公函后，即行发表作为正式的保证。对于第五条之临时费支给办法，则由调人公函教育部，说明应照 4 月 30 日阁议通过三条办法，按月支付。教部即复函调人，允为照办。至于明令，亦必由政府自动的速行发表，内容无非关于经费及军警之事等语，（此项详细情形，已见昨日本报）。报告毕，即付讨论。佥以同人要求目的，全在经费稳固。关于'六三'事件，政府已有转圜之意，则虽与同人当初条件不免不符，然亦不外分量轻重之问题。同人为维持教育，只要能保持人格，经费有着，其余细节无妨略为迁就，于是一致决定对于调人所提五条办法之大体，与以承认，并以公函回复调人，申明其旨。至于复职问题，无论如何必须于政府对教职员实行慰问之后，并将诉讼等问题结束始能谈到。于是对于复职之程序，略有讨论。上述之意见，决候函复调人时口头申明，免致外间发生误会。次对于学生方面之意见，讨论结束，由本会议公推王兆荣、李大钊二君，即日与学生会接洽。时已十一时，遂宣告散会。

闻今日（16 日）上午尚须再开会议讨论一切。至校长团方面。昨日（15 日）上午亦曾开校务讨论会，讨论结果，大致与教职员之决议相同。此外对于调人方面之奔走则拟于此事解决后，共同表示谢忱。学生方面，昨日上午国立公立各校学生临时联席会在高等师范开会，由何玉书等报告与调人接洽情形后，佥以学生所注重之问题，调人尚无正式回答，此时不便讨论。俟接到调人正式答复后再议。当时教职员会议派王兆荣、李大钊两代表到会，将教职员开会议决情形，向学生报告，并希望学生与教职员取一致行动，大概学生方面不致再发生他项问题，惟俟调人正式答复之一番手续耳。"

1921 年 7 月 16 日

国立公立各校校长团、学生临时联席均开会决定，与教职员联席会采取一致行动。

1921 年 7 月 24 日

北京政府派王芝祥正式慰问国立八校校长及教职员、学生代表。

《晨报》7 月 25 日刊登《北京政府派王芝祥正式慰问教育界》："到会者有北京国立专门以上八校教职员代表李大钊等 26 人；学生联合会代表何玉书等 28 人；蒋梦麟等七校长；调停人范源濂、汪大燮、张一麐，各方代表均有发言。随后去医院慰问马叙伦等。"

1921 年 7 月 28 日

北京国立专门以上八校校长致教职员代表联席会，讨论通过复职宣言。

教育部复函调停人。

《晨报》7 月 29 日刊登：《教育部复函调停人》："国务院 4 月 30 日阁议，第一条——自 4 月份起，各校每月经常临时各费 22 万元，本部即查照办理。"

"教育部训令第 221 号：以 200 万元的盐余作学校的准备金，为应急之用。"

二、北京高校索薪斗争中的报界舆论

索薪斗争发起不久，引起全国各界广泛支持，各地学界纷纷上书请愿，要求政府维护京师教育，巩固国本。各地舆论对此事做了大量宣传。《申报》《晨报》《京报》《大公报》《益世报》《东方杂志》《教育杂志》等报刊，对北京教育界发起的索薪斗争，都予以大幅的报道和评论。

《晨报》虽处于北洋军阀控制严密之北京，以论点鲜明，直刺政府之错误，言论保持独立性。对北京教育界发起的索薪斗争，持公正之立场，进行广泛而深刻的报道，扩大索薪斗争的影响，给教育界以舆论和道义支持，对斗争进程和结果产生很大的影响。李大钊曾经是《晨报》前身《晨钟报》的主编，基于这种特殊关系，加之，在这场斗争中，李大钊是新闻股的办事人《半周刊》编辑事宜的主笔，自然，与《晨报》有着密切的联系。许多内幕情节多是出自李大钊的提供。

《晨报》对索薪斗争保持了密切的报道和关注。以《晨报》对1921年"六三"事件报道来看，从6月3日事件发生，到7月28日事件解决的56天，除前面大事记中所引用的各篇报道之外，对事件发生、经过、解决的报道，共有82篇，对事件做了精细的报道，还有时论、社论、各地舆论、评论和来电，都对教育界给予同情和支持，对北京政府给予批评和鞭笞。

1921年5月31日刊登《教育风潮之昨讯》；

1921年6月4日刊登《国务院军威下之教职员学生》；

1921年6月5日刊登《挨打教职员学生之文告》《政府机关反攻的告诉》《刚柔并用之总统与阁员》；

1921年6月6日刊登《教育界创痛声中之呼号声》《六三暴举后之政府对应策》；

1921年6月7日刊登《国务院军威下之教职员》《政府电办六三事

件后之反响》《改组教育计划中之政府》；

1921 年 6 月 8 日刊登《学潮中政府方面之马邻翼》《国务院一面之词之他方面》《监视中之教职员与学生》《六三事件同情心之波动》；

1921 年 6 月 10 日刊登《政府不欲教育风潮扩大耶》《六三事件之各方面的影响》《军警监视中之病院伤心语》；

1921 年 6 月 14 日刊登《马叙伦绝食访问记》《政府对教潮之一部分转圜》《警厅与马邻翼呈文之反响》；

1921 年 6 月 15 日刊登《病院解严后之教育界与政府》《六三事件之继续反动》《警厅与马邻翼呈文之反响》；

1921 年 6 月 17 日刊登《教职员告诉中之三大官吏》《辞职后八校教职员之态度》《六三事件之援应声》《山东学生对六三事件之愤激》。

创刊于上海的《申报》在索薪运动中，在舆论上对教育界进行了有力的支持，无不深深浸透着对教育界的同情和支持，对腐败政府的严厉抨击。1921 年 3 月至 4 月的一个月里，涉及索薪和教育经费问题的文章有 27 篇（不包括电文），接近一天一篇。

1921 年 3 月 9 日刊登《北京教育之危象》；

1921 年 3 月 13 日刊登《北京教育将破产》；

1921 年 3 月 14 日刊登《北京电》；

1921 年 3 月 15 日刊登《京学界教育费独立之运动》；

1921 年 3 月 16 日刊登《京学界教育费独立运动续记》；

1921 年 3 月 17 日刊登《国立各校教职员罢工风潮之各面观》《教育费独立》；

1921 年 3 月 19 日刊登《罢工中之北京教育界》；

1921 年 3 月 20 日刊登《北大学生对教职罢工之会议》《范教长决心辞职》；

1921 年 3 月 21 日刊登《罢工中之北京教育界》；

1921 年 3 月 22 日刊登《罢教后教育费问题》、北京通讯《国校罢教风潮之内幕》；

1921 年 3 月 23 日刊登北京电，《教职员办半周刊》；

1921 年 3 月 24 日刊登《京校罢教问题未解决》《罢教中之京学生联合会》；

1921年3月25日刊登《京学界对内对外之文电》；
1921年3月26日刊登《北京罢教风潮近状》；
1921年4月1日刊登《关于教育经费之调查》《教育费有着》；
1921年4月2日刊登《罢教中之教育费交涉》；
1921年4月3日刊登《教育费之最近谈判》；
1921年4月4日刊登《京学界基金运动近况》；
1921年4月5日刊登《京学生之教育运动已奋起》；
1921年4月7日刊登《京闻拾零》；
1921年4月10日刊登《京教育界罢工风潮扩大》；
1921年4月30日刊登《范源濂之愤慨语》；
1921年5月19日刊登《京学潮不可收拾》；
1921年5月25日刊登《京校教职员再辞职》。

《申报》对索薪运动广泛而深刻的报道，引起很大反响，特别是对第三方学生会方面的报道，盖显平允客观。"本会对于北京国立专门以上各校教职员迫而罢教，业经前月径日通电各地同人，亟图挽救，不料荏苒一月，北庭仍蔑视教育如故，致令中外瞩目之区，弦诵辍响，今读北京国立专门以上各校教职员代表联合会议庚电，辞却职务，不禁涕愤交集，吾侪宜根本觉悟者，处官僚武人势力支配之下，无教育之可言，务望各地同人，努力教育，打破现状，然后教育有存在与发展之机会，祸临眉睫，即希一致进行。"《申报》对北京教育界索薪运动的关注和报道，扩大了索薪斗争的影响，引起全国各团体响应，给北京政府施加很大压力。

这些，正是从一个侧面表明了李大钊作为新闻股的办事人、《半周刊》编辑事宜主笔的工作成绩。

三、对《李大钊全集》收录索薪文献的探讨

《李大钊全集》第3卷,将这样一组消息列入李大钊著作,这一做法很不妥当,这些报纸上的消息报导,怎么可以列为李大钊的著作?况且这种从消息报道中摘引的词句,多是口头语言,又经记者转录,作为依据需要特别慎重。而录用这样一组"著作"的目的,看来是想突出李大钊在这次北京高校的索薪斗争中的领导作用,可是编者对李大钊何时成为1921年3月15日组织的"北京国立专门以上学校教职员联席会议"的代理主席的时间都没有搞清楚。

第一篇:《在国立八校辞职教职员代表会第二十三大会上的报告(1921年4月25日)》(《李大钊全集》第3卷,第287页)

这是摘录《晨报》1921年4月26日的报道《教育界之罢工风潮》。1921年3月15日经国立八校教职员代表二十余人发起组织的"北京国立专门以上学校教职员代表联席会议",于3月16日经票选马叙伦为主席,由主席指定女高师代表李贻燕为文牍股办事,美术代表吴起凡为庶务兼会计股办事,美术代表徐瑾及北大代表李大钊为新闻股办事。这个组织的正式名称是"北京国立专门以上八校教职员代表联席会议",并不是什么"北京国立专门以上学校教职员联合会"。后来在各报刊的报道中使用"国立八校辞职教职员代表会""国立八校教职员代表会"等,都是"北京国立专门以上八校教职员代表联席会议"的简称。《新版〈李大钊全集〉疏证》把"国立八校辞职教职员代表会"疏证为"北京国立专门以上学校教职员联合会",显然是误解(见该书第371页)。各校建立有教职员的组织名称并不统一。在北京大学,李大钊等人是于1921年3月12日,被推举参加索薪斗争的北大教职员委员会的委员,然后以此委员会代表身份出席北京国立专门以上学校教职员联席会议的。

李大钊在1921年4月25日下午二时召开的北京国立专门以上学校教职员联席会议第23次会议上，还不是代理主席，代理主席是陈世璋。因为李大钊此时正在接待北大毕业生同学会派来的代表。李大钊回到会议上，进行接待情况的报告以后，是在第23次大会上作接待北大毕业生同学会派来代表的，此时还不是代理主席。

现在摘引的李大钊报告的内容，只是反映了北大毕业生同学会派来的代表的意见：一是在确实筹定教育基金及有担保之前，不要受欺骗；二是该会决定对有关呈文、函电内容，联络八校毕业同学组织联席会为后援；三是望对进行情形加强相互联系。并没有李大钊个人的有关内容。何以要列入李大钊著作？

第二篇：《在国立八校辞职教职员代表会第二十四大会上的报告（1921年4月26日）》（《李大钊全集》第3卷，第288页）

摘录《晨报》1921年4月27日的报道《消息沉闷之学潮》。1921年4月26日下午二时召开的北京国立专门以上学校教职员联席会议，由李大钊主持，记录为北京国立专门以上学校教职员联席会议第24次大会，此时，李大钊始为代理主席。李大钊代理主席报告了：一是八校学生临时联席会的来函中提出：请各校的教职员代表及各校长于星期五（4月29日）到女高师八校联席会议事务所，会商八校经费问题。感于学生方面对此能予注重，决定星期五下午的例会为此暂停一次，复函该会应允来函所求；二是决定于本日（27日）下午四时，全体代表赴教育部索薪。

《李大钊全集》的编者没有摘引此次会议上，讨论了积欠问题，并于27日下午四时，全体代表赴教育部索薪，仍无结果。没有李大钊个人的任何有关内容。何以要列入李大钊著作？

第三篇：《在国立八校辞职教职员代表会第二十五大会上的报告（1921年4月27日）》（《李大钊全集》第3卷，第289页）

摘录《晨报》1921年4月28日的报道《教职员辞职索薪之无结局》。

1921年4月27日下午二时召开的北京国立专门以上学校教职员联席会议第25次会议，由李大钊代理主席主持。会议上的报告主要：一是商讨八校此届毕业试验，可以师生名义，出题考试问题。议决教员均已辞职离校，故不能为负责的回答。二是讨论教育部任鸿隽、陈宝泉、高步瀛三位司长来函，谓本日下午奉国务院之命，须与各校长接洽，请代表不必赴部。议决原已与该司长等约见在先，现以一纸搪塞，仍照旧赴部坐待。三是决定请谭熙鸿、马裕藻、陈世璋三代表为本星期五与八校学生临时联席会的发言人。四是约请北大代理校长蒋梦麟、医专校长张黻卿、工专校长俞同奎、农专校长英挚臣、美术校长郑锦五到会商谈。各校长已于下午赴部，均请求准予辞职，表示"偌大学校，只有校长一人，既不成体统，复有许多危险，倘有意外，同人不能负此重任"。28日，将再到教育部讨取确切答复。

这次会议被《晨报》称为"北京国立专门以上学校教职员联席会议第25次会议"，并没有称之为"国立八校辞职教职员代表会第二十五大会"。会议上李大钊代理主席是主持了相关讨论，并无主旨报告，讨论结果，更非李大钊一人所定。加之，该文注明引自《晨报》1921年4月28日，却任意改动了会议的名称，实为不妥。

第四篇：《在国立八校辞职教职员代表会第二十五临时大会上的报告（1921年5月1日）》（《李大钊全集》第3卷，第290页）

摘录《晨报》1921年5月2日的报道《教职员昨讨论复职问题详情》。

此次临时大会由李大钊代理主席主持。首先介绍了4月29日教育部二位司长赍国务院公函来会接洽情形、与校长非正式接洽情形；同时介绍了本日（5月1日）八校长正式请同人复职的公函。《李大钊全集》编者以全文照录了八校长请同人复职的正式公函。却不着一字介绍李大钊代理主席主持会议时对此事的态度。这与李大钊著作又有何关系？

须知，此时的索薪斗争，已经出现了三个团体，一是北京国立专门以上学校教职员联席会议，二是八校学生临时联席会，三是北京国立专门以上八校校长团。

教育部急欲从中分化瓦解三者的团结一致。方有了4月28日教育部司长与校长团洽谈而不见教职员代表的安排。才有了5月1日的八校长正式请同人复职的公函。所以，李大钊必须把三个团体的团结一致作为头等大事来抓，这才是此文的要点所在，而《李大钊全集》的编者在此引文中却对此不着一字。

《晨报》的这篇报道中有：校长"挽留同人，同人甚为感佩。惟须请校长先复职"。王校长答谓，"同人之呈文，虽已被退回，然并未允许复职。只要教职员能早日复制，则校长之复职已不成问题。否则不敢复职"。

而在此期间发生的国务院电话侮辱教育界同人一事，教职员代表联席会与校长团态度达成完全一致，如无明白答复，教职员代表联席会与校长团均不会复职。

李大钊此间做了大量协调工作，为此专门在 4 月 29 日组织了北京国立专门以上八校学生临时联席会，在女高师大讲堂招待八校校长及辞职教职员代表，举行茶会。达成明确表示："学生方面之要求，与校长、教职员方面只主张，不侯而合。是可知团体虽有三个，其实即为一个。"李大钊以教职员代表身份在会上作了发言。

目前在李大钊全集中的所谓"报告"，只不过是介绍了 4 月 29 日教育部二位司长赍国务院公函来会接洽情形、与校长非正式接洽情形；介绍了本日（5 月 1 日）八校长正式请同人复职的公函。并不具备成为李大钊一篇著作的要件。

第五篇：《在国立八校辞职教职员代表会第二十五常会上的报告（1921 年 5 月 2 日）》（《李大钊全集》第 3 卷，第 291 页）

摘录《晨报》1921 年 5 月 3 日的报道《教育经费不解决中之解决》。

因为称呼的不同，所以有了第 25 次大会、第 25 次临时大会、第 25 次常会。

这次会议仍由李大钊代理主席主持。会上报告了 5 月 1 日与校长接洽结果，在 2 日午后三至四时之间，必有正式答复。在这次会议上还讨论了以下问题：

一是本星期三 5 月 4 日上午十二时以前，各校可召集教职员自由开会，商妥索薪经过、经常费用确实保障方法、总辞职及留职始末、复职问题。

二是校长团七位校长及教育部司长任鸿隽、陈宝泉到会。法专校长王家驹代表校长团发言：对于即发 4 月份应发三分之一欠薪一层，该款已有着落。校长团可负完全责任。国务院电话侮辱问题，现有任、陈二位司长当面说明。

三是任、陈二位司长解释，此电话郭则沄秘书长责成陈任中代达，而陈则说也因事忙又令听差代达，致有此种错误，甚感抱歉，幸希恕谅。对于道歉问题，应令陈任中已正式公函表示歉忱。陈宝泉司长当即表示接受此种处理方法，并于六时许将道歉公函送到。

四是议决以假定答复为满意，满足所提出的承诺，即将文书组拟定的《留职宣言》，略有修改后，全体一致通过，可正式答复校务讨论会。

现在由《李大钊全集》编者所摘引的这段报道文字，并未能体现李大钊作为代理主席主持完成的各项工作，更没有理由列为李大钊著作之一篇。

第六篇：《在国立八校辞职教职员代表会临时会议上的报告（1921年5月10日）》（《李大钊全集》第3卷，第293页）

摘录《晨报》1921年5月11日的报道《五里雾中之教育经费问题》。

1921年5月10日国立八校辞职教职员联席会议召开临时会议，李大钊代理主席主持，报告八校校长今日到会，现在只来一函，声明前次所作完全担保，自食其言；对4月份经费之催促，仅以无从接洽作为答复。

《李大钊全集》的编者，仅将校务讨论会的来函全文照录，确实可以展示教育部对索薪的推诿。而李大钊代理主席主持此次会议的要害，在于针锋相对，经过会议讨论后："于是一致决定于今日（11日）午后二时，约各校长谈话，并催索积欠。"

第七篇：《在国立八校辞职教职员代表会第二十八次常会上向八校校长的提问（1921年5月11日）》（《李大钊全集》第3卷，第294—295页）

摘录《晨报》1921年5月12日的报道《昨日教职员与校长之谈话会》。

1921年5月11日国立八校教职员代表联席会议召开第二十八次常会，李大钊代理主席主持。首先报告昨日校务讨论会来函及本日约八校校长与三时来本会议谈话情形。会议代理主席向校长提出：

一、4月份应摊还积欠，系诸位校长之责任，4月份经费亦是同人留职后政府应履行之条件，何以昨日来函，竟称作是同人等所属办的事件？

二、保障方法，昨日来函未提及，到底如何？

三、来函中称无从接洽，今日到底有政府否？

所提问题，义正词严，确实体现了李大钊作为会议主席的刚正不阿。但是，其矛头并非对着校务讨论会的各位校长，明眼人一看便知。所以，王家驹校长发言指出，不料受教育部欺骗，实为抱歉；教育部陈秘书赴津，任、陈二司长均抱病，总理门禁森严，支票一层，以总理不在京，郭秘书长不敢负责签字；今总理在京，又说非总理亲自签字不可，故无法领出。而教职员会议更向校长声明，此次失信之事，不愿苛责各位校长。今已受政府欺骗，幸勿再蹈覆辙。"校长等唯唯而出，即赴教育部矣。"但是，李大钊这次主持会议提出的三个问题，是否可以作为一篇著作列入《李大钊全集》，还是要进行一番斟酌的。

本文既然是注明引自《晨报》报道的文字，就不应任意改动和删节；既然有所删节，也就不必对原报道误植之文字还用括号加以标明，如"（同）人""谅（解）"等。

第八篇：《在国立八校教职员代表会第二十九次大会上的报告（1921年5月13日）》（《李大钊全集》第3卷，第296页）

摘录《晨报》1921年5月14日的报道《学潮将又起一波》。

1921年5月13日北京国立专门以上八校教职员代表联席会议召开第二十九次大会。李大钊代理主席主持会议。

一是八校学生临时联席会来函，请本会于明日14日上午八时到女高师该会事务所共商今后进行方针，校长团已表示到会，本会亦应到会方为妥当。对如何答复，一致决定到会。

二是政潮起伏无定，校长团曾到靳总理私宅，靳以秘书翁庆民出见，对陈述代为答复。准14日确实复会。决定于14日下午三时，召开临时会议，请各校长报告靳总理正式之结果，视其回答程度如何及有无诚意，然后，再议有代表提出的提前讨论"二次辞职宣言"问题，及有学校定于14日召集本校全体教职员讨论"二次辞职"与否问题。

李大钊坚持了斗争进展应暂持冷静态度，不宜过于急促，并坚持重大问题必须先征求全体教职员意见的工作方式方法。

《晨报》的这则消息还报道了张季直（张謇）来电的原文。

第九篇：《在国立八校教职员代表会第三十次常会上的报告（1921年5月16日）》（《李大钊全集》第3卷，第297页）

摘录《晨报》1921年5月17日的报道《不可收拾之学潮》。

1921年5月16日下午一时，北京国立专门以上八校教职员代表联席会议召开第三十次常会。李大钊代理主席主持会议。报告范静生复函、校务讨论会至今尚未答复，政府屡次失信，不能听任其延误，理应采取相应对策。

此次会议，一是公布了校长团上府、院、部的辞呈及辞职宣言书。

二是一直决定向政府声明，限期于本月 20 日止，须将国务会议决定之三条办法，及拨付将来经费之保障方法，完全办妥，切实履行。并推定起草员即日起草此声明。

第十篇：《在国立八校教职员代表会紧急会议上的报告（1921 年 5 月 17 日）》（《李大钊全集》第 3 卷，第 298 页）

摘录《晨报》1921 年 5 月 18 日的报道《校长团辞职后之教职员态度》。

1921 年 5 月 17 日上午 10 时，国立八校教职员代表会议召开紧急会议。李大钊代理主席主持。这次会议主要是讨论校务讨论会来函：校长团于 16 日呈请辞职，形势大变。本会 16 日议决向政府声明于 26 日以前须完全解决之议案，应有修正必要。会议经讨论后，一致决定将完全解决之期限，从 26 日提前至 20 日上午 12 时止。

《李大钊全集》的编者，仅将此次紧急会议内容摘引出来，却没有说明此次会议的议决结果。对政府提出解决问题的内容及完全解决之期限，从 26 日提前至 20 日上午 12 时止，表明这场索薪斗争由于校长团的呈请辞职，教职员代表会议的态度已经进入到了更为激烈的程度。

第十一篇：《在国立八校教职员代表会五月二十日大会上的报告（1921 年 5 月 20 日）》（《李大钊全集》第 3 卷，第 299—300 页）

摘录《晨报》1921 年 5 月 21 日的报道《教育经费问题解决无望矣》。

1921 年 5 月 20 日下午 3 时，国立八校教职员代表会议召开大会。李大钊代理主席主持。这次大会是讨论向政府声明的于 20 日上午 12 时以前须完全解决议案的期限之时刻已过，政府并没有正式答复，本会将采取何种对策。首先报告了高师发言代表何炳松、刘玉峰因病，请张贻惠代理出席；美术学校加推李祖鸿、女高师加推焦占峰为有发言权代表；已经收到法专教职员会的来函。然后是到会各校代表分别报告本校召开的临时大会情形及表态。马叙伦出席了这次会议并发言：午前到教育部，见到国务院致教育部第 961 号公函，现已抄来，请大家一看。

该函系国务院于 1921 年 5 月 19 日致教育部公函。内容为：

迳启者，京师高等专门以上各校经费，前经议决办法，原为维持各校赶日开课，以免诸生旷误事业。兹经国务会议议决，以该八校迄未开课，所有八校教员薪费应暂行停发，由财交商部查照前议，储款以待。俟该各校实行开课，再行照发。至从前积欠经费仍照原议分月陆续发给。其中小各校经费，现均照常上报，其经费自应仍由部按期拨发，等因。除分函外，相应函达，即希贵部查照办理。

此致教育部。

中华民国 10 年 5 月 19 日

大会决定于 21 日下午 1 时，召开临时会议，公决最后方针。并由文书组起草第二次总辞职宣言。索薪斗争被迫进入更为激烈的阶段。

第十二篇：《就北京专门以上学校教职员总罢课问题发表的谈话（1921 年 5 月 22 日）》（《李大钊全集》第 3 卷，第 301—302 页）

次谈话发表于日文《新支那》1921 年 5 月 22 日晚版。原标题为《目前中国教育界的困境——就北京专门以上学校教职员总罢课问题发表的谈话》，署名：教职员联合会主席李守常。韩一德译，刘多田校。

第十三篇：《在京师各团体联席会议上的发言（1921 年 6 月 29 日）》（《李大钊全集》第 3 卷，第 303 页）

这次的各团体联席会议，是由国立八校教职员代表会议发起，全国报界联合会、各界联合会、京师教育会等共有 11 个团体参加，原定于女高师开会，因军警干涉，乃转移于某校。代表们发言对"六三"事件，要求撤换总理靳云鹏，要求解决教育经费根本之保障，声援国立八校教职员代表会议的斗争，当与八校教职员一致行动。李大钊以八校教职员代表的身份在会议上发言。

在这一组十三篇文章中，只有《就北京专门以上学校教职员总罢课问题发表的谈话（1921 年 5 月 22 日）》和《在京师各团体联席会议上的发言（1921 年 6 月 29 日）》两篇，是李大钊的个人谈话记录，符合列入《李大钊全集》的要求。

其余各篇，尽管特别突出是李大钊是国立八校教职员代表联席会议的代理主席，主持了各次会议，并且是在会议上的报告。而细查报告内容均为工作中有关项目的进展情形，都是不足以列入，成为李大钊著述的。

第七部分　李大钊与北京大学的校务管理

　　从 1917 年底至 1927 年初李大钊在北大工作、学习和战斗长达十年之久，1926 年"三一八"事件后，李大钊避入东交民巷，离开了北大，但其仍是北大教授。1927 年 4 月 28 日，李大钊被军阀杀害后的一段时间里，北大教职员工的薪金册上，仍有李大钊的名字，依旧发给李大钊薪水。李大钊在纪念北大校庆 25 周年讲演中所说的"我个人心中没有一切，所有者唯北大耳"。这是李大钊的心声，真情的表白。李大钊与北大的关系非比寻常。其交往、影响之深广，为北大历史中所少见。李大钊 38 年生命中最光彩的十年，是在北大与广大师生相濡以沫中度过的，构建了他个人的凝重而光华的历史。

教 学 篇

一、李大钊在北京大学的校务管理职位

（一）李大钊任北大校长室秘书

《北京大学日刊》1922年12月5日，刊登校长办公室通告：现在校长室秘书职务已请李大钊教授担任，定于本月5日起到室办公。此布。

此时，正是蔡元培校长辞职出国的日子。蔡元培在自传中写道："十一年冬，财政总长罗钧任君忽以金佛朗问题被逮，释放后，又因教育总长彭允彝君提议，重复收禁。我对于彭君此举，在会议上，认为是蹂躏人权献媚军阀的勾当；在私情上，罗君是我在北大的同事。而且于考察教育时为最密切的同伴，他的操守，为我所深信，我不免大抱不平。与汤尔和、邵飘萍、蒋梦麟诸君会商，均认有表示的必要。我于是一面递辞呈，一面离京。隔了几个月，贿选总统的布置渐渐地实现；而要求我回校的代表，还是不绝，我遂于十二年七月重往欧洲，表示决心；至十五年，始回国。"（《蔡元培自述》，河南人民出版社2004年版，第133—134页）

《北京大学日刊》1924年10月7日，刊登校长办公室通告："校长办公室秘书李守常先生，因事告假出京，秘书室事务暂请本室助教章廷谦先生担任办理，本学年不再另设秘书。此布。"

据此可知，李大钊是自1922年12月5日至1924年10月7日担任北京大学校长办公室秘书职务，是要在校长辞职离校情况下，保证学校各项工作有条不紊地进行的。蔡元培主持北大校政时，校长没有副职，校长室秘书起副校长、代校长的作用。

蔡元培实际在校工作期间，先后只任命过徐宝璜、谭熙鸿、李大钊三位教授为校长室秘书。

1917年1月，徐宝璜（1894—1930）受聘北京大学教授兼校长室秘书，代蔡元培负责处理日常事务。1918年徐宝璜与蔡元培发起成立北京大学新闻学研究会，徐宝璜被推为副会长、新闻学导师和会刊《新闻周刊》编辑主任。

1920年4月，蔡元培邀聘谭熙鸿（1881—1956）到北大任教授兼校长室秘书，代蔡元培负责处理日常事务。1921年10月，蔡元培因病不能到校办公，19日即公告："所有应与校长接洽事务，请与谭熙鸿教授接洽。"如1922年2月在上海召开中华教育改进社董事会、1922年12月北京大学音乐传习所（蔡元培是所长）成立典礼、1923年北京世界语学校（蔡元培是校长）成立典礼等，都是谭熙鸿代表出席。1921年上半年，北京国立八所高校教职员为抗议政府拖欠教育经费和教职员工资，成立联席会议开展索薪运动，推选马叙伦、谭熙鸿为正、副主席，李大钊为联席会议《半周刊》总编辑。此后，受校长蔡元培之托负责筹办生物学系，谭熙鸿示生物学系的创建者。谭熙鸿与李大钊的交往，应是在一起参加华法教育会组织留法勤工俭学的工作中，建立并发展起来的。1921年春夏时，一起作为北大代表，出席北京国立八校"教职员代表会议"，参加了历时四个多月的"索薪斗争"；又曾一起参加过北京"国立八校教职员太平洋问题研究会"，以及一起参与组织发起"非宗教同盟"，并一起当选干事等。1922年11月，北京学生读书会成立，李大钊、谭熙鸿到会讲话，并一起被聘为导师。1922年冬，谭熙鸿应孙中山之招，从北大辞职往上海，却于临行前向校长蔡元培举荐李大钊，接替他担任北大校长室秘书，得到了蔡元培的同意。1922年12月，李大钊接替谭熙鸿任校长秘书。（谭伯鲁：《辛亥战士 学坛先驱——回忆父亲谭熙鸿》，载台湾《传记文学》2003年8月号）

李大钊在担任校长办公室秘书期间，参与了北大校务的讨论与决策，为北大的进步与发展，发挥了重要作用。

（二）坚持领导开展索薪斗争

1919年12月28日李大钊在《新生活》第19期发表《生活神圣》一文，指出："此次教职员因薪水问题罢业，许多人还是拿冠冕堂皇的话来责备他们。就是他们自己，也有些人觉着因为吃饭问题罢业不好意思似的。我以为倒是光明磊落的要求生活权，是一种很体面很正当的

教 学 篇

事。不要套些假面具,把生活神圣的光华遮盖了。"在《大联合》一文中又说:"'五四'、'六三'以来,全国学生已成了一个大联合。最近北京各校教职员也发起了一个联合,对于全国教育的根本和个人的生存权,有所运动。我很盼望全国的教职员,也组织一个大联合,更与学生联合会连络起来,造成一个教育界的大联合。我很盼望全国各种职业各种团体,都有小组织,都有大联合,立下真正民治(民主)的基础。"

1921年,北京军阀政府拖延拨付教育经费,积欠教职员薪俸。3月15日,北京国立八校成立教职员代表联席会议,决定联合行动,集体罢教,开展索薪斗争。会议推选北大教授马叙伦为主席,李大钊为新闻股干事。4月8日,北京大学等八校教职员因抗议北洋政府克扣教育经费全体辞职,并通电全国。6月3日,"北京小学以上各校教职员联合会"罢课,并为维持教育举行请愿。马叙伦被军警打伤后,李大钊代理主席领导这场索薪斗争。8月15日,教育部公务员因欠薪达五个月召开全体会议,也决定停止办公。

李大钊领导开展了八校的教职员工索薪斗争,在北京引起了强烈反响。各校学生,教职工起而响应举行罢课、游行请愿活动,八校校长辞职支持教职员们正义要求。山东、上海、江苏等地的教职员工对北京教职员工表示声援,这场斗争持续到了7月是以教职员工的胜利而结束。在长达四个月的斗争中,李大钊殚精竭虑,付出了极大辛劳,始终站在斗争的最前线,赢得了教职员和学生极大信任。

(三)积极组织"驱彭挽蔡"斗争

1922年11月,北洋军阀政府任命政客彭允彝为教育总长。蔡元培十分气愤,于1923年1月发表《分歧作宣言》,指出耍弄势力搭救别人的彭允彝"人格卑鄙""不能再与为伍",并向反动当局提出辞呈,表示"痛心于政治清明之无望,不忍为誓不两立之偷安",于是离京而去。

李大钊旗帜鲜明地组织"驱彭挽蔡"斗争,毅然会同王星拱、马裕藻等人,联名提议请1月18日召开评议会特别会,商讨如何维持蔡校长辞职后的北大校务问题。接着评议会又召开了第二次、第三次特别会,对全校工作做出周密部署,接洽20人以全部教人员名义上书大总统,要求免职彭允彝。由李大钊等组成教职员常设委员会处置日常工作，保证了蔡校长辞职离校情况下，学校各项工作有条不紊地进行。

1月19日为北京政府国会议员投阁员同意票的日子，北大学生干事会决定以直接行动阻止投彭允彝的同意票，联合法专、工专、医专等校学生1000余人赴国会请愿，竟遭受军警围攻殴打，受伤达300余人。李大钊等立刻召开评议会特别会议，探讨学生被打事件，商量进一步斗争方式。李大钊把师生们的正义斗争，引向反对北洋军阀政府的斗争。在北京学联举行的五四纪念会上，他明确指出，当前应做的事："（一）组织大众，以为到达大革命之工具；（二）对现政府立于弹劾的地位。"1月24日，北京34所院校5000余名学生再次到国会请愿，要求否决对彭允彝的同意案。国会以抵制学生"聚众要挟"为由，仍通过了对彭允彝的同意案。1月31日，北大、医专等6校评议会召开联席会议，决定以后"凡是由彭允彝署名的教育部一切公文，概不接受"。由于北京各高校拒不接受彭允彝为教育总长，坚持驱彭斗争，1923年4月间，蔡元培致电北大评议会，指定总务长蒋梦麟代理校长职务。5月下旬，北大师生得知蔡元培将远走欧洲，纷纷致电，恳切陈词，请其务必打消出国计划。6月中旬，彭允彝终于去职，北大师生派出代表陈启修、李骏等人请蔡元培返校复职。此时曹锟贿选丑剧徐徐启幕，蔡元培思虑再三，仍决定启程赴欧，并分别致函北大教职员、学生和国立各校教职员联席会议："对于北大及其他北京国立各校之根本救济，鄙意宜与北京政府划断直接关系，而别组董事会以经营之"；"董事会未成立之前，拟请教务长、总务长与各组主任会设委员会，用合议制执行校长职务，并请委员会公推主席一人代表全权"；"培一人之去，又何关轻重耶？""北大校务，以诸教授为中心。大学教授由本校聘请，与北京政府无直接关系，但使经费有着，尽可独立进行。"年底，北京政府教育部发布部令："国立北京大学校长蔡元培在欧洲考察未回校以前，派蒋梦麟代理校长。"认可北大的既成事实。此后4年时间，李大钊作为校长室秘书，和代理校长蒋梦麟一起共事。这几年的艰难情形，从北大评议会"致蔡元培函"中可知："本校经费，积欠已达十五阅月之久，最近三数月，校费之枯竭，尤为历来所无。所以本校目前最大困难，仍是经费问题。现时本校同人之恐慌，亦即在此。""俄国庚子赔款，为数甚巨，大可接济北京国立诸校，俄国使署近易较前容易接洽，先生为俄款委员会之委员长，如能及时北来，进行此款，益以蒋梦麟先生及其他本校同人之辅助，大概可望成功。"但蔡元培不能回校，处理俄国庚子赔款用于教育事，就只能由李大钊协助北大代理校长蒋梦麟进行代理进行。

（四）斡旋、交涉"俄国庚子赔款"事宜

1925年至1926年，蔡元培因患胃病，未能回任北大校长之职。而办理交涉"俄国庚子赔款"事宜，由李大钊协助北大代理校长蒋梦麟进行，经过与俄国使署及北洋政府当局反复交涉，终于取得了以部分"俄款"用于京内九校经费的结果，不仅使北大度过了一次关系存亡的难关，而且也使濒临垂危的其他国立诸校获得解救。期间，百般斡旋、诸多交涉，主要由李大钊出面进行。对此，《世界日报》1927年4月10日报载："民国十一年，黎元洪当国，尔时教育总长尚未定人，洛方希望以蔡元培充任，畀李（大钊）次席，蔡李皆不肯就，改荐汤尔和以自代，中间高恩洪兼署教长，曾力请李（大钊）继任女师大校长，李亦谢绝，生平自奉俭约，每于学校所得薪俸，携至中途，即悉数周济穷苦学生，绝不事家人生活，故有时家中妻子不得一饱，年来国立九校之得俄款救济，李大钊从中斡旋之功居多。"

（五）李大钊当选北大评议会评议员

1916年12月，蔡元培在北京大学推行兼容并包，教授治校，一场五四运动，迫使蔡元培离校，经过多方努力，蒋梦麟接受蔡元培重托，教育部批准蔡元培的请求，同意由蒋梦麟代理北大校长的职务，1919年7月23日，蒋梦麟任职北京大学代理校长。蒋梦麟在出席教职员欢迎晚会时谦虚地说："蔡先生派我来代捺捺印子，一切请各位主持。"9月12日，蔡元培重返北大复职，蒋梦麟便以总务长的身份协助蔡元培对北大进行整顿和改革。在他主持下，北大创设教务、总务两处及聘任、财务等委员会，均以教授为委员。蒋梦麟自任总务长，顾孟余任教务长。

民国初年，教育部令各校成立评议会。北大在胡仁源任校长时始设评议会。蒋梦麟根据教授治校的原则，1920年全面规划，创设了评议会议、行政会议、教务会议、总务会议四大部门。评议会司立法，行政会司行政，教务会司学术，总务会司事务。评议会按照组织规定，校长为评议长。功能为学校最高立法机构。凡校中章程、规定，均需经评议

会通过。评议会有权制定各项规程，授予学位，维持学生风纪。评议会为协助校长调查、策划大学内部组织事务起见，又议决成立一个组织委员会，由校长指认，并征求评议会同意。组织委员会修改完成《国立北京大学内部组织试行章程》，规定了北京大学组织管理的基本模式，校长为大学最高领导；评议会为大学立法机构；大学行政由行政会议负责，其组成方式由各常设委员会委员长组成，校长为当然议长，教务长为当然会员，总务长为当然会员兼书记，协助校长，推行全校大政；各常设委员会有组织委员会、预算委员会、审计委员会、聘任委员会、入学考试委员会、图书委员会、庶务委员会、仪器委员会、出版委员会、学生自治委员会、新生指导委员会等。各委员成员由校长指定，明确规定以教授为限，以实现教授治校的理想。

大学的评议会制度，在一定程度上体现了民主和自治，评议会权力体现了教授治校的权威。由于社会上人情关系的干扰、评议员办学理念的不同，也呈现出利益团体和权力争斗，有时并不能真正代表多数教授的意愿。1932年，北京大学从教授治校置换为校长治校、教授治学。

北京大学评议会规则

第一条　本会以下列人员组成之。

　　（甲）校长。

　　（乙）学生及主任教员。

　　（丙）各科教授每科二人自行互选，一一年为任期，任满得再被选。

第二条　本会议长一人，一校长任之；书记一人，由会员中推举。

第三条　选举于每年暑假后第一月内行之。

第四条　本会讨论下列各事项：

　　（甲）各学科之设立及废止；

　　（乙）讲座之种类；

　　（丙）大学内部规则；

　　（丁）关于学生风纪事项；

　　（戊）审查大学学生成绩及请授学位者之合格与否；

　　（己）教育总长及校长咨询事件；

　　（庚）凡关于高等教育事项将建议于教育总长者。

第五条　本会每月开常会一次，由议长指定日期于三日前通知。

第六条　本会遇有特别事件，由议长径行或过半会员之提议，召集临时会议。

第七条　本会非有过半人数以上列席不得议决事件。

第八条　本会议决事件，凡关于校内者，由校长分别交该管职员办理，惟第四条庚项之建议者得以本会名义行之。办理情形，会员可随时请该管职员出席报告。

（《国立北京大学20周年纪念册》）

评议会规则修正案

（1920年四4月1日通过）

第一条　本会以左列人员组织之。

（甲）校长。

（乙）教授互选之评议员。

第二条　评议员额数以教授全数五分之一为准，评议员任期一年，任满得再被选。

第三条　评议员于每年暑假后第一月内，用记名投票选举之。

第四条　本会设议长一人，以校长任之；书记一人，由会员互选之，如校长因故不能出席时，得由出席评议员推定临时主席。

第五条　本会议决左列各事项：

（甲）各学系之设立废止及变更。

（乙）校内各机关之设立废止及变更。

（丙）各种规则。

（丁）各行政委员之委任。

（戊）本校预算。

（己）教育总长及校长咨询事件。

（庚）凡关于高等教育事项，将建议于教育部者。

（辛）关于校内其他重要事项。

第六条　评议员均有提案之权，非评议员之教职员，得以五人以上之连署，建议于本会。

第七条　评议员关于校内一切设施，有疑义时，得以书函或口头向校长提出质问，要求答复。

第八条　本会对于校内一切设施如认为不适当时，得议决咨请校长取消之。

第九条　本会议决事件，凡关于校内者，由校长分别交该管职员办理，惟第五条庚项之建议，得以本会名义行之。

第十条　本会每月开常会一次，由议长召集，于三日前通知。

第十一条　遇有特别事件，得由校长或过半数之评议员召集临时会议。

第十二条　本会以评议员全数三分之一为法定开会人数，得议决事件。

第十三条　遇有紧急事件，临时会议不足法定人数，又不及召集第二次临时会议时，得由校长斟酌办理，但须交最近之常会或临时会议追认之。

第十四条　本会开会时，得随时请各职员出席报告。

第十五条　本规则得以评议员全数三分之一之提议，过半数之可决修正之。

（《北京大学日刊》1920 年 4 月 15 日）

评议会会议细则

第一条　本会会议依据评议会规则第十二条之规定，以评议员全数三分之一为开会人数得议决事件。

第二条　议决事件以出席评议员过半数之可决作为通过，如可否之数相同议长得加入之。

第三条　评议员提出议案，须于会议三日前送交议长，议长得酌定其先后提出于会议，若临时提出之议案，须于开议前报告于议长，其付议之先后亦由议长决定之。

第四条　议长于开议前先报告本日议事程序，如评议员提出动议要求变更，经一人以上之附议，并过半数之可决者，议长即宣告变更之，但此项动议限于非提案之评议员。

第五条　议事次序先讨论而复表决，若议长认为必要时，得提出终止讨论及表决，经评议员过半数之可决者即宣告之，但评议员亦得提出动议要求终止讨论及表决，如经一人以上之附议并过半数之可决者，议长即宣告之。

第六条　表决之方法（一）举手，（二）投票，其方法之选用议长得临时酌定之，但评议员亦得提出动议要求选用或变更，如经一人以上之附议，并过半数之可决者，议长即宣告或变更之。

第七条　表决有疑义时，评议员得提出动议，要求重付表决或行反表决，如经一人以上之附议并过半数之可决者，议长即执行之。

第八条　凡动议无附议者，其动议即不成立。

第九条　评议员对于原有议案，未付表决之前，得提出修正案，经一人以上之附议，议长即以修正案付议。

第十条　会议时间评议员中途缺席至不足法定人数时，议长即宣告中止会议。

第十一条　评议员因故不能出席时，得委托他评议员为代表，但一人不得代表二人。

第十二条　本次未表决之议案，下次会议仍得列于议事程序。

第十三条　本次会议否决之案，非经常会二次以后不得重行提出。

第十四条　会议设议事录，记载讨论之要点及议决之事件，并应于议毕三日内将议决事件印送评议员。

第十五条　每次开会时，先由书记宣读上次议事录，如记载有误谬或遗漏，评议员得要求补正。

第十六条　本细则有未尽事宜或不适用时，得依第二条之规定修正之。

（北京大学档案·全宗号七·目录号1·案卷号50）

（六）李大钊当选为北大评议会评议员

李大钊自1920年至1923年连续四年当选为北京大学评议会评议员。从1922年8月1日的《北京大学评议会议事录》第3册、1923年12月24日的《北京大学评议会议事录》第4册中，可以查找到李大钊出席各类会议（常会、临时会、特别会）的具体情形。李大钊任评议员的4年间，共参加了26次评议会会议。

1. 1920年10月14日，李大钊被选为北大评议会评议员

《北京大学日刊》1920年10月14日刊登"蔡元培启事"：本届评议会选举，共收到选举票43张，内废票2张（因所选超过法定人数）。李大钊等16人当选为本届评议员。

2. 1921年11月3日，李大钊被选为北大评议会评议员

《北京大学日刊》1921年11月3日刊登"校长启事"：本届本评议会选举，已于昨日下午四时一刻在第二院大礼堂当众开票，李大钊等16人当选。

3. 1922年11月3日，李大钊被选为北大评议会评议员

《北京大学日刊》1922年11月3日刊登"校长启事"：本届评议员选举，已于昨日下午四时一刻在第二院大礼堂当众开票，李大钊等13人当选。

4. 1923年10月25日，李大钊被选为北大评议会评议员

《北京大学日刊》1923年10月25日刊登"校长布告"：本届本评议会选举，已于昨日下午三时一刻在第二院大礼堂当众开票，李大钊等16人当选。

据《北京大学档案》记载：1924年5月9日，李大钊出席评议会第三次特别会议，这是李大钊最后一次参加评议会会议。6月评议会第十次会议通过决议，致函教育部，质问通缉李大钊事，指出不得随意诽谤教授。"大学为讲学之地，研究各种学说，实为大学教授应尽之责任，不能因此遽令通缉，事关国家学术前途，为此函请校长转函教育部，请将通缉李大钊命令，迅予取消，以维学术。"

（七）李大钊任北大图书委员会委员

1920年10月18日《北京大学日刊》刊登北大图书委员会成员名单，李大钊任北大图书委员会委员。12月13日出席北大图书委员会第八次会议，

（八）李大钊当选北大国学门委员会委员

1922年2月，北京大学国学门由文学、史学、哲学三系组成。歌谣研究会并入国学门，并设立考古学研究室。

委员长：蔡元培。

委员：顾孟余、沈兼士、李大钊、马裕藻、朱希祖、胡适、钱玄同、周作人。

2月18日，李大钊出席国学门委员会全体会议。议决图书馆增设

特别阅览室。3月13日,李大钊出席国学门委员会第二次全体会议,研究助学金及奖学金条例。

8月1日,李大钊参加北京大学季刊编辑员讨论会。自1922年8月,每季出版自然科学、社会科学、国学、文艺四种季刊。李大钊伟社会科学、国学两种极看的编辑员。

北大研究所国学门研究规则

(一)凡本校毕业生有专门研究之志愿及能力者,又未毕业生及校外学者曾作特别研究已有成绩者,皆可随时到本学门登录室报名,填写研究项目,有著作者并呈送著作,一并由本学门委员审查;其审查结果合格者,得领研究证到研究所。

(二)凡本校毕业生及校外学者不能到校而有研究之志愿者,得通信研究;其报名及审查手续,均按上条办理。

(三)研究生须将关于之经过及其成绩随时报告,以便在本学门所办之杂志中发表或入丛书。

(四)研究生遇必要时,可要求本学门主人与有关之各系教授会代请本校教员及国内外专家指导研究。

(五)本校教员可以自由入所研究。

(六)本校教员可以提出问题,召集研究生入所指导,或共同研究;惟须先期通知,经委员会通过。

(七)本学门随时聘请国内外学者为专门讲演;其公开与否,临时定之。

(《北京大学日刊》1922年2月27日)

(九)李大钊当选北大教职员会委员

1920年1月20日,马叙伦、李大钊等54人发出希望建立本校教职员会的启事。

2月10日,又推举出11人组成教职员会组织大纲为起草员,组成临时委员会。胡适任主席,沈兼士、胡春林、李大钊担任交际。

3月12日,为做好教职员会选举活动,决定以教职员会组织大纲起草员为筹备选举委员。在《北京大学日刊》1920年3月12日刊登

《本校教职员会筹备选举委员致黄黼馨等君函》，恭请黄黼馨等16位教职员为本校教职员会筹备选举委员，以资广益。

3月22日，教职员会成员举行选举，全校有教员254人、职员141人。选出的委员为：教员26人、职员15人。李大钊以职员身份当选。本校教职员会委员会选举结果在《北京大学日刊》1920年3月23日刊登。

此后，在教职员会总务会议中一直担任文书组委员的职务。在国立八校的索薪斗争中，李大钊、王星拱、王绍瀛、周象贤4人是北大在国立八校教职员会联席会议的代表。

（十）李大钊任北大总务委员会委员

据《北京大学日刊》1919年12月8日所载，李大钊被蔡元培委任为北大总务处6位之一。

现在，能从《北京大学日刊》1920年3月26日查找到"北京大学总务委员会会议记事（一续）"，所记为：北大第三次总务会议在1920年2月2日下午四至六时召开。

依次，有据可查李大钊曾经出席的总务会议有：

第六次总务会议，在1920年3月15日召开。（《北京大学日刊》1920年3月17日）。

第七次总务会议，在1920年3月22日召开。李大钊提出补刻刘申叔遗著四种，所有应补刻价两项：（一）28.352元；（二）19.18元。可否由本校支计，将来即由本校出版部印刷发行？此项提议会议议决："通过，交由图书部办理。"（《北京大学日刊》1920年3月27日）。

第九次总务会议，在1920年4月28日召开。

第十八次总务会议，在1920年11月25日召开。（《北京大学日刊》1920年11月26日）。

第十九次总务会议，在1920年12月8日召开。

第二十次总务会议，在1920年12月23日召开。（《北京大学日刊》1920年12月24日）。

第二十一次总务会议，在1921年2月2日召开。会议议决：以后校内各机关新聘事务员及书记，均以三个月为试用期，试用期满，如确系称职后正式任用。（《北京大学日刊》1921年2月4日）

第二十二次总务会议,在 1921 年 10 月 15 日召开。会议议决:仍以民国九年度学年成绩咨报各省,作为选补津贴之标准。(《北京大学日刊》1921 年 10 月 18 日)。

第二十三次总务会议,在 1921 年 11 月 14 日召开。会议议决:法文系学生要求核减书价事,因学校采购学生各种用书,均照原价发售,未能照准。(《北京大学日刊》1921 年 11 月 15 日)。

临时总务会议,在 1922 年 1 月 24 日召开。会议议决,今后学校聘用书记采用公开招考的办法,各用人单位将报酬、办公时间、资格程度等登本校日刊。(《北京大学日刊》1922 年 2 月 1 日)。

第二十九次总务会议,在 1922 年 3 月 1 日召开。会议议决,对学生交纳学费确实困难者,可予特别宽容,由校长宣布准其缓交至春假时止。(《北京大学日刊》1922 年 3 月 4 日)。

第三十次总务会议,在 1922 年 5 月 10 日召开。会议讨论了学生欠学、宿费的处理办法。(《北京大学日刊》1922 年 5 月 11 日)。

第三十三次总务会议,在 1922 年 7 月 5 日召开。会议议决,暑假各机关办公时间,新学期收费办法、对为归还图书、仪器学生的处理办法。(《北京大学日刊》1922 年 7 月 15 日)。

李大钊在 1922 年 12 月 5 日,李大钊教授担任校长室秘书职务后,就不在担任北京大学总务委员会委员。这是李大钊在北大工作,担任校长室秘书期间的一项重要工作,表明李大钊为北京大学的教学制度建设花费了很大精力。

(十一) 李大钊任北大 25 周年校庆招待股主任

1922 年 12 月 8 日本校第 25 年之成立纪念会筹备委员会第三次会议。校长交下此次纪念会临时干事部各股干事名单:

干事部部长:蒋梦麟

会计股主任:黄世辉

文书股主任:周同煌

庶务股主任:沈士远

招待股主任:李大钊

纠察股主任:白雄远

(《北京大学日刊》1922 年 12 月 9 日)

（十二）李大钊：本校成立第二十五年纪念感言

我们很欢欣的很高兴的纪念这本校成立的第二十五年。

在这纪念日，本校同人合力预备些游艺、展览和讲演，固然是很有趣味的事。但我们自问，值得作一个大学第二十五年纪念的学术上的贡献实在太贫乏了！这固然不是一朝一夕所能筹备的，可是我们却不能不在这一日立下一个宏愿，从学术的发明上预备将来的伟大的纪念品。

远的将来且不论。明年的纪念日，如能有些学术上的纪念作品，使全国学术界都能得到一点点有价值的纪念赠品，那就是本校的光荣了。

我以极诚挚的意思，祝本校学术上的发展。只有学术上的发展，值得作大学的纪念。只有学术上的建树，值得"北京大学万万岁"的欢呼！

（《北京大学日刊》1922 年 12 月 17 日）

教 学 篇

二、李大钊在北京大学各社团的职务

（一）李大钊任北大进德会甲种会员、纠察员

《北京大学日刊》1918年1月19日，刊登了《北大进德会旨趣书》，公告组织进德会在于增进个人道德品质，使自己成为清流之士，负起与俗流斗争、改良社会风气的神圣职责。开列了以"三不"即戒赌、戒嫖、戒娶妾为基础的三个等级的会员条件，任师生员工选择承诺：甲种会员，不嫖，不赌，不娶妾。乙种会员，于前三戒外，加不作官吏、不作议员二戒。丙种会员，于前五戒外，加不吸烟、不饮酒、不食肉三戒。入会的效用有三：一，可以绳己；二，可以谢人；三，可以止谤。以后当公定罚章，推定纠察员若干人，对违章者执行处罚。

《北大进德会旨趣书》一经发布，全校上下普遍响应，教师职员学生纷纷递交申请书，截至5月底已有469人报名入会，占了全校人数的四分之一，其中教师76人，职员92人，学生301人。甲种会员有：李大钊、陈独秀、许德珩、沈尹默、章士钊、马寅初、马叙伦、罗家伦、周炳琳、朱家华、胡适、王宠惠、张国焘、辜鸿铭等；乙种会员有：蔡元培、范文澜、傅斯年、钱玄同、周作人、徐宝璜、康白情等；丙种会员有：梁漱溟、李石曾等。

1918年5月28日，进德会召开成立大会，蔡元培当选为进德会会长。

6月1日，进德会选举评议员和纠察员，李大钊当选纠察员。

6月29日，进德会召开评议员、纠察员会议。

7月6日，《进德会启事》公布八条戒律的界限，如"不作官吏，凡受政府任命而从事于行政司法者为官吏，但本其学说从事于教育学术实业者，不在此限。""不吸烟，中西各种烟与鸦片与代鸦片之吗啡针，

皆以烟论。用于治病必需之品不在此限。"

（二）李大钊任北京大学公余法文夜校发起人

《北京大学日刊》1918年2月8日，刊登了《北大公余法文夜校发起人启事》："大钊等为便于同人学习法文起见，商情华法教育会会员龚礼南先生，附设一夜班于本校，业经校长认可。凡本校同人及本校同人所介绍者，均可入班。愿学者请至斋务课报名，以便赶期开课。发起人：周同煌、李大钊、段宗林、李辛白、徐之杰同启。"

《北京大学日刊》1918年2月8日，一并刊登了《大学公余法文夜校缘起与简章》，详细介绍了法文夜校的宗旨与功用、组织与教授、学期与时间、资格与介绍、学费与报名、课目与分期等。此文已收录于《李大钊全集》第5卷第329—331页。

上海人民美术出版社1988年版的《蔡元培画传》第47页，是一张华法教育会在北京开会及孔德学校开学典礼时的合影，地址在北京东城方巾巷15号华法教育会事务所院内。照片中有蔡元培、黄仲玉、李石曾、李大钊。可得知李大钊与华法教育会关系密切。

关于李大钊与华法教育会的密切关系，王世儒著有长文《李大钊与留法勤工俭学运动》（《北京党史》2009年第6期）该文认为："李大钊曾经是华法教育会及中法协进公会的一名成员，并努力认真地完成了所承担的工作任务，在五四时期声势浩大的留法勤工俭学运动中，做出了无法磨灭的历史贡献。这是李大钊生平业绩中又一重要的组成部分，理应载入史册。"

（三）李大钊任北大学生游艺大会筹备会职员

《北京大学日刊》1919年1月17日刊登：《学生游艺大会筹备会通告》第2号。学生游艺大会由北大画法研究会发起，1919年1月11日召开筹备会议，蔡元培校长牵头筹备组织学生游艺大会，参与服务者都是各社团负责人或积极分子。1919年1月15日，李大钊被推选为北京大学学生游艺大会筹备会保管字画部职员。游艺大会共设立18个部，其中有"书画部"、"出售字画部"和"保管字画部"，因为宋元以来名家书画和当今名家书画，均暂时放在图书馆内保管，李大钊被推选为筹备会保管字画部职员,细心登录,精心保管,尽职尽责。

学生游艺大会的活动在农历正月初二、初三(2月2日至3日)下午举行,有展览、戏剧、军乐、民乐、昆曲、古琴、钢琴、提琴演奏。名画展览共展出北京各大收藏家收藏的宋元以来书画二百余件精品,并陈列名人杰作及北大书法社和画法会成员的习作。游艺大会向校外人士开放,来宾每日有千余人。学生游艺大会上演出了新戏《不如归》和《新村正》,剧作家宋春舫在看过该戏剧本及演出后,曾撰文刊登在《新潮》上,予以赞扬。

(四) 李大钊任"国民社"导师

1918年秋,李大钊担任了反日本帝国主义情绪强烈的《学生救国会》的顾问。《学生救国会》于1918年6月由北大学生发起,是北京和天津地区学生参加的进步政治团体。在李大钊指导下,《救国会》组织了南下宣传团,到天津、济南、南京、九江、武汉、长沙、上海等地作爱国宣传,串联学生,组织革命力量,在他们的鼓动下,这些城市有大批青年学生参加了这个组织。为加强联系,扩大影响,救国会于1918年10月成立《国民社》,成员有100多人,聘请李大钊为该社导师。李大钊对国民社进行了热情帮助和精心的指导。许德珩回忆说:"李大钊是《国民》杂志的总顾问,我们有事都和他商量。(《五四运动史》第22页)1919年元旦,出版了《国民》杂志月刊,在李大钊指导下,发表了很多反帝反封建的文章,突出强调反对日本对中国的侵略。李大钊也常在《国民》杂志上发表文章,尖锐地揭露日本帝国主义侵略阴谋。《国民》杂志第五期还发表了《共产党宣言》中译本前一部分,这是在我国最早出现的马克思主义著作的中译本。(许德珩:《在五四运动的激流中》,载《百科知识》1979年第1期)

(五) 李大钊任"新潮社"顾问

1918年12月13日,《北京大学日刊》刊登了《新潮杂志社启事》。启事:"同人等集合同趣组成一月刊杂志,定名曰《新潮》。专以介绍西洋近代思潮,批评中国现代学术上、社会上各问题为职司。不取庸言,不为无主义之文辞。成立方始,切待匡正,同学诸君如肯赐以指教,最为欢迎!"

启事还公布了首批 21 名社员的名单。全体社员均为杂志的撰述员。杂志社下设编辑部和干事部两个部门,均为 3 人编制,任事者由社员选举产生。1919 年 1 月,《新潮》杂志正式创刊。在新潮社的首届职员中,编辑部的 3 位是傅斯年、罗家伦、杨振声;干事部的 3 位是徐彦之、康白情、俞平伯。杂志刚一出版,就受到读者的广泛欢迎,创刊号一个月内再版了 3 次。

《北京大学日刊》于 1918 年 12 月 3 日刊登了《新潮杂志社启事》:"本部敬请图书馆主任、庶务处主任为顾问。所有本志印刷、登广告、发行及其他银钱出入事项,即由两主任分派出版部杂务课、会计课事务员执行之。"北京大学图书馆主任李大钊、庶务处主任李辛白。李大钊担任《新潮社》顾问后,帮助筹备出版《新潮》月刊,撰写文章,还专门在图书馆拨了一间房子供《新潮》社使用。

(六) 李大钊任北大学余俱乐部发起人

1919 年初,北大出版的刊物已有《北京大学日刊》《北京大学月刊》《新青年》《每周评论》《国民》《新潮》《新闻周刊》等十余种;成立的社团有新闻研究会、哲学研究会、画法研究会、书法研究社、化学研究会、数理学会、音乐会、体育会、技击会、进德会、雄辩会、平民教育讲演团、阅书报社、学余俱乐部、静坐社、消费公社等。这些刊物和社团,为活跃师生思想、参与社会活动提供了园地和场所。

《北京大学日刊》1919 年 1 月 25 日刊登了李大钊作为发起人之一的《学余俱乐部征求会员启事》并附有《学余俱乐部发起简章》(全文已收录于《李大钊全集》第 5 卷,第 334—335 页)。

(七) 李大钊任北大妇孺救济会调查部主任干事

1920 年 7 月 14 日,直皖战争爆发于京津一带。原国务总理熊希龄及其夫人朱其慧奋力操持设立中国红十字会北京女界分会驻津事务所于大营门中学,有针对性地赈恤"因战事被难之妇孺"。7 月 19 日,设立妇孺救济会,系联合本埠各团体共同组织,经费自行募集。妇孺救济会董事长为熊希龄。北京大学响应此活动,成立北大妇孺救济会。《北京大学日刊》1920年7月21日刊登《北京大学妇孺救济会通告》，公布北京大学妇孺救济会入会办法和干事名单：总干事为蔡元培，李大钊任北大妇孺救济会调查部主任干事。

（八）李大钊任北京大学赈灾会

《北京大学日刊》1920年9月23日刊登《北京大学赈灾会启事》：1920年9月16日，李大钊等30人发起成立北京大学赈灾会，"今年北方旱灾，异常重大，灾区有五六省之光广，灾民有数千万之重，无衣无食，道殣相望。瞬届寒冬，苦痛尤甚。窃思此等难民同属过敏分子，坐视不救，夫岂人情。同人等念责任之所在，用特组织斯会，仰祈本校全体赞助，慷慨认捐，以尽互助之谊，无任祷荷！此启。"并公布了认捐办法。

（九）李大钊任北大俄国灾荒赈济会发起人、庶务干事

《北京大学日刊》1922年2月28日刊登《俄国灾荒赈济会启事》。1922年初俄国涅瓦河两岸发生了重大旱灾，受灾面积1500英里、人口三四千万。北大教职员、学生173人发起组织俄国灾荒赈济会，委托总务处代为募捐，并刊载启事（全文已收录于《李大钊全集》第5卷第365—366页）。李大钊任北大俄国灾荒赈济会庶务干事。《李大钊年谱长编》注释说："1922年初，俄国涅瓦河两岸发生了重大旱灾，熊希龄、李大钊、蔡元培、黎元洪、胡适、高一涵等173人为此发起组织俄国灾荒赈济会（熊希龄为董事长）。随后，该会给北京大学总务处送去了赈济捐册，嘱为代募，总务处遂在《北京大学日刊》刊载此信。"（《李大钊年谱长编》，中国社会科学出版社2009年版，第364页）

依据北京市档案馆馆藏（档号J181－018－15729）的两册俄国灾荒赈济会1922年和1923年编印的《救灾恤邻》档案汇刊，可以得知：

一、"民国10年，俄国沿窝瓦河流域，大旱奇灾，赤地千里。"《赈济俄灾商榷书》中说："今岁俄国，雨量缺乏，田禾歉收，粮食不敷供给，煮野草以为食，和木屑以代食，啼饥号寒，父母子女不相保，遗弃流离，死亡满目，其影响及于旅俄华侨。""民国10年10月26日，青年会会长刘芳牧师，与张英华、王景春、王葆真诸先生，邀请各界人

士,在西四毛家湾潘宅发起'俄国灾荒赈济会'事,到者计学商政报教会各界及中外慈善家百余人"。说明1921年10月26日北京的俄国灾荒赈济会正式成立,1921年10月27日北京《晨报》报道了"俄国灾荒赈济会昨已成立"。灾荒发生的"窝瓦河流域"现译为伏尔加河,并不是"涅瓦河两岸"。

二、俄国灾荒赈济会成立大会的第二天,即1921年10月27日,举行第一次会议,议题中的"干事部职员分配问题",共设立总务股、文书股、会计股、交际股、游艺股、募捐股、新闻股7个办事机构。其中"文书股主任张庸池,副主任李大钊、王冷斋、陆少游、胥性荃、耿匡(耿济之)、贺云厦、吴厚培、张晋、邵景雍"。李大钊是文书股的第一位副主任,说明从1921年10月俄国灾荒赈济会成立,李大钊就参与了该会的工作。

三、1921年11月10日,俄国灾荒赈济会文书股召开工作会议,议决办事规则如下:"一、办公时间:每日下午一时至三时。二、轮流办公日期:星期一、四:陆少游、贺云厦、王冷斋;星期二、五:张庸池、吴厚培;星期三、六:耿济之、胥性荃、李守常(李大钊)。"李大钊每周都需要抽出两个半天参加赈济会的轮流办公,参加赈济会的日常工作。在1921年底到1922年初,文书股主任张庸池曾赴天津、山西、河南、湖北等地赍送捐册和洽谈赈务,在北京主持文书股工作的任务就落在了李大钊等人肩上。由文书股起草经议决发出的《本会致全国各机关通电稿》《致各处分送捐册函》《致太原转张庸池先生电》《谢总统夫人捐款并收戏券启》等电文和信函,有可能由李大钊执笔或参与改定。

四、河北教育出版社1999年版《李大钊全集》第4卷中,收录这篇文献题为《俄国灾荒赈济会来函》;人民出版社1999年版《李大钊文集》第5卷中,收录这篇文献题为《俄国灾荒赈济会启事》;在《蔡元培全集》第4卷中,收录这篇文献题为《俄国灾荒赈济会募捐启事》。1922年2月28日《北京大学日刊》上,有一则《总务处启事》:"兹收到俄国灾荒赈济会捐册,嘱为代募。特复印数十份,分置本校各办公机关。"因此,这篇文献的准确题目应是"俄国灾荒赈济会捐册启","捐启附订于捐册之前页"。

据此,《李大钊年谱长编》所断定的1922年是俄国灾荒发生时间,也是北京发起组织俄国灾荒赈济会的时间,俄国灾荒地点在涅瓦河两岸等,都是不对的。这篇文献的题目也应有所改动。(张小曼:《1921年张西曼与熊希龄、李大钊等成立俄国灾荒赈济会》,2013年3月25日;李曙新:《新发现的李大钊赈济俄灾活动史料》,载《党史研究与教学》2014年第1期)

(十) 李大钊任北大学生事业委员会委员长

1922年3月23日,北大评议会第十次会议议决,为了更好地指点各种学生社团的活动,设立学生事业委员会为评议会下设的委员会之一,委任李大钊为委员长。(《北京大学日刊》1922年3月28日)

李大钊最早提出了知识青年应与工农群众相结合的思想,多次鼓励青年到农村去,从事农民工作,开发农村,恳切地指出:"那些终年在田野工作的父老妇孺,都是你们的同心伴侣,那炊烟锄影、鸡犬相闻的境界,才是你们安身立命的地方。"李大钊教导青年要认识一切物质财富都是由劳动创造的,因此,应热爱劳动,尊重劳动,参加劳动:"一切乐境,都可由劳动得来","把宝贵的人生,都消磨在这个中间,岂不可惜!岂不可痛!"李大钊认为"流血的事,非所必要,然亦非所敢辞。要知道牺牲永是成功的代价。""平凡的发展,有时不如壮烈的牺牲足以延长生命的音响和光华。""高尚的生活,常在壮烈的牺牲中。"李大钊教导青年,必须具备求真的科学态度,"不驰于空想,不骛于虚声","以此态度求学,则真理可明;以此态度作事,则功业可就"。

附录一：梁启超著《中国古代币材考》

（引自《饮冰室合集》第 2 册）

中國古代幣材考

貨幣之職務有四一曰交易之媒介二曰價值之尺度三曰支應之標準四曰價格之貯藏故凡文明稍進之國莫不有貨幣以其功用至鉅舍之無以前民用也既有貨幣則不得不選定若干種物品以為制幣之材其物品最能完此四種職務者則其最適於為幣材也今世各國其幣材率用金銀銅諸金屬而尤於其中選最貴之一種金屬以為主幣而以其他金屬為從幣主幣號日本人謂為本位貨幣號輔助貨幣

日數見不鮮視為固然殊不知卽此區選定幣材之方法亦幾經進化然後止於至善其在古代無論何國皆不解用金屬蓋金屬隱於礦中不易發見卽復發見而化分以取純質其事尤難此非文明已開學力稍深之民不能從事也吾嘗讀歐美碩儒所著貨幣論記述各國前古所用之幣材光怪陸離至可詫異因搜討先秦遺籍仿其體例經為此篇因以明進化之軌轍示治古錢學者或亦不以玩物喪志相誚耶

以為主幣略實其所以然之故好

第一項　貝

考古代凡濱海之國其人民皆喜用貝殼以為幣材西史所述地中海沿岸諸民族用貝之跡歷歷可稽卽今日印度洋南太平洋諸島民尙多用貝者其影片屢見於各地志而用之最夥者則莫我中國古代若矣考古代人

428

民所以喜用貝者其原因蓋有六．

一　其文采斑斕可視為狉獞之民所同嗜．

二　其質堅緻經久不壞可以貯藏而無損其值．

三　其量至小便於擔運且便於敷計其一枚之單位可供最小交易之用而層累之可供較大交易之用故適於為交易媒介．

四　其每枚大小略相等彙集之而稱分等級可用為價格之尺度及借貸之標準．

五　其物為天然產物不能以人力任意製造驟為增加而得之頗需勞費故其價格變動不致甚劇．

六　其得之鍵需勞費然比諸探礦範金為事較易故文化未深之民未解用金而先解用貝．

時嗜好所共趨及夫交易之道漸開因公認為媒介之良品故古代之貨幣難命為貝本位制焉可也．

坐是之故無論何國古代人民皆喜用貝而我國其最著者也我國自伏羲建國於黃河上沿河東徙漸及於沿海舊腴之地 時則漁業與獵牧耕三業相並故採集貝殼為一 郳陳今河南 陝州府也 其後

說文貝字下云「海介蟲也居陸名猋在水名蜬象形古者貨貝而寶龜周而有泉至秦廢貝行錢」此說若確則用金屬為貨幣實自周始前此實皆用貝即周代亦不過貝錢並用貝之不為幣實自秦廢而始耳此徵諸文字而可知也我國凡生計學上所用之字無論為名詞為動詞為形容詞十有九皆從貝蓋古代之生計組織生計行為無一不以貝為標準也試取說文所示之訓詁擇要而詮索之

寶　飾也按此為貝最初之用蓋以為飾也其為飾者漸多乃為交易媒介

中國古代幣材考　一

飲冰室文集之二十

賄 財也。按此會意兼形聲字也。有貝則謂之財，故从貝从有。有財也，本畢所有攜之觀念，而起也。
財 財也。按今世生計學者以人所慾之一財即一財，古代所謂財即有貝之謂也。
貨 財也。按廣韻引蔡氏化能曰貨，化滿以體曰貨幣之化字亦有以也。財人所寶也。按人所寶者化也，故字从化，然則後世以寶定其義，故稱賞而古代所謂財即有貝之欲也。Thing 或 Goods 其意蓋指凡物之能養人欲而有。
貸 貨也。
賚 多財也。按古曰賢，後世別作之，凡多才之解引伸耳。
寶 以禮相奉曖也。
賑 富也。曰振西京賦邑股阗富饒之閭匰郭正作振俗作脹非俗。
貣 從人求物也。
貢 獻功也。
買 見也。以貝爲資今俗所謂見面禮。
賣 會禮也。
齎 持遺也。
貺 施也。
賕 從人求物也。
貸 遺也。
賸 物相增加也。一曰送也副也。
贈 玩好相送也。

賜 予也.

賜 賜也.

賚 賜有功也.

貸 有餘買利也.

贏 贏也.

負 恃也從人守貝有所恃也．一曰受貸不償．按人守貝則有所恃此貝字非解爲貨幣則無以明之

貯 積也.

貳 副益也.

資 所敬也 按相敬者必有錢故資亦從貝

賒 貰買也.

賣 貸也.

贅 以物質錢從敖貝敖貝猶放貝當復取之也 按漢書嚴助傳贅子以接衣食如淳曰淮南俗賣子與人作奴婢名曰贅子三年不能贖遂爲奴婢此不過贅之一種其實凡以物抵押皆謂之贅放貝而當復取之放貝即貸錢與人也

質 以物相贅也.

貿 易財也.

贍 貿也.

飲冰室文集之二十

費　散財用也。

貢　求也從貝束聲，按貢字葉作賢董聲有約束之誼，錢謂與人約束償問肉之貢也，故訓曰求問禮小宰稱解貢即今之舉債古無償字也，凡負債問之貢，引作為責任之責，又引伸為

買　市也，段氏曰市者買物之凡買者之所出皆曰買，漢石經論語曰求善買而買諸今論語以沽者買

賣　物出手也，因之凡賣所者之所得皆曰市，漢俗又別其字作價古，按古代以貝為買

販　買賤賣貴也。

貿　市也。

貶　損也。

貪　財分少也。

婪　欲物也，按欲多得之貪

賦　斂也，周之賦稅皆以主穀者之意，強制執行也

賤　買少也，按賣譁本指物價以凡物對於貝之較俊引伸為上下階級之也亦使賤字以或力使人獻所有也

寶　庸也，按庸者今之僱字任用也用他人之勞力而今日本人猶名稱工錢曰賃

賒　以財物枉法相謝也

購　以財有所求也。

教 学 篇

貲 小罰以財自贖也

以上皆許氏說文貝部所解之字也，其他見於徐氏新附者如貺賜也贍給也賻助也賵報也賺重賈也錯也，首作賺集韻云貼以物為賽也貽贈遺也賵贈死者也賻博鑣也凡九字，貶字不見說文載許氏所有疑生列附為凡設者之類又嚼小物失寶在心寶意也其劉曰孫也從心從玉從貝蓋古以玉與貝為貸幣之類，又說文有賽字而無賽字下云實也後人省為寶字，印合氰為錢形。

由是觀之凡中國文字與生計學有關係者大牵皆從貝則貝為古代最通行之貨幣且行之最久其事甚明。

古代以貝代表百物其跡更有極著明者說文貝部貫字下云「物數也從貝口聲」回口字說文別為一部網曰回也象圓轉之形其字讀為貝非切胡貫即員之與口字與金壇段氏釋之云「從貝者古以貝為貨物之最者也」然則古代以貝指物數問人之官則數貝以對此與今日計財產者言有金銀幾何圓無以異矣，從口者僅象其回市之形後世貨幣皆以金屬鑄為圓形名曰圜法亦取象於貝也。

古之用貝者皆累而貫之說文冊字下云「穿物持之也從一橫貫」貫字下云「錢貝之冊也從冊貝」古者以二貝為一朋漢書食貨志云大貝壯貝幺貝小貝皆以二枚為一朋詩小雅既見君子錫我百朋是也，說文有朋字從二貝為然其形與朋略近於朋竊疑百朋之朋，曰正象二貝相並之形以一橫貫一象絕以繩穿二貝也是冊字已函貫義貫乃後加貝以明之其稱為錢穿孔以備穿而持之便實則皆藍騰於穿貝也後世累千錢而貫之而一貫遂引申為一千之名若語其朔則兩貝耳也，說文寶字下云富也從宀從貝貫貨也多藏盛貝則多富也，位制之發證。

以上所舉之字未必皆起於一時其為夏商周聞孳乳滋益者蓋甚多然凡屬財富之意義無不以貝表之蓋貝。

中國古代幣材考

六三

433

本位制之時代甚長故也

第二項　龜幣

說文云古者貨貝而寶龜禮記云諸侯以龜爲寶史記平準書云神農時已用之其信否雖不可考然漢書食貨志言秦龜貝是古代以龜爲幣以其介鱗歷歷甚明據杜氏通典言神農時已用之其信否雖不可考然漢書食貨志謂布帛及金刀龜貝是古代以龜爲幣也

古代龜幣搨本

并天下凡龜貝皆不爲幣然則秦以前皆用爲幣甚明易曰或錫之十朋之龜然則殆與貝子母相權十朋云者謂所錫之龜價值十朋即二十貝也鄭康成箋謂五貝爲朋値五十貝也以其得之甚難（一）以其質經久不壞（二）以其可以割裂（三）以其得之甚難此龜之所以適於爲幣材者（一）以其質經久不壞（二）以其可以割裂雖便於貝然經割裂之後貝爲難故可高其値以與貝相權然亦以此故其用不能如貝之廣其可以割裂價必損又不如貝之有常値也

古代用龜幣以金龜爲之者固多然割裂之者亦不少蓋勢之所趨不得不爾也光緒二十五年河南湯陰縣屬之古朝歌城有龜板數千枚出土皆鐫有象形文字爲福山王氏懿榮所得推定爲殷代文字而英斂其所用余之古斷里城有龜板數千枚出土皆鐫有象形文字爲福山王氏懿榮所得推定爲殷代文字而英斂其所用余以爲此始古代之龜幣也參觀周官龜人職云旣事則繫常曰比其命繫龜之義杜子春鄭康成各異其說雖未敢望文生義然或卜餘之龜用以爲幣亦未可知朝里出土之物或古代人民所窖藏如後世之藏鏹也其所繫

之文字或所有者自爲標識如今銀塊之有鑒印期票之有畫押也此說若信則古代鑄幣之盛行可以概見

第三項　皮幣

劃畫獸皮以爲貨幣秦西各國古代莫不從同蓋太古人民類以獵爲主業皮爲其較所易得而毛朶足以供裝飾輕賫可以經久獵又得之益贍勞費其價格變動不劇故以爲幣材其用尚適各國所以廣行之蓋以此也我國書契所記載已自獯粥時代以進於農牧時代故皮幣之用於民間者不甚可考見言幣制者亦罕道焉 食貨志 漢書通典記古代鑄幣皆不及皮然尚行之於聘享餽贈其用亦等於貨幣蓋皮幣之爲物經割裂則其價大減而獵業漸衰得皮不易全端之皮所值日昂不適於爲普通交易媒介之用而古俗相沿猶以爲寶故專用之於大禮重典而不輕常貨幣同覲也儀禮聘禮云飱幣皮北首西上又云致命張皮又云受皮者自後右客鄉康成謂天子之孤用虎皮公之孤用豹皮諸侯相餽皆以虎豹皮若聘寶覲諸侯待使臣及使臣與所聘國之卿大夫相覿皆用麛鹿皮凡此皆最隆重之有價物品卽貨幣之稱相也士昏禮納徵用儷皮亦所謂以貨財爲禮也孟子曰事之以皮幣亦以貨幣相賂禮也秦漢以降獵業益微得皮益難而金屬之幣材漸盛皮幣之廢理有固然而漢武帝時乃以白鹿皮方尺緣以藻繢爲皮幣命値四十萬強王侯宗室朝覲聘享必用之 見史記平準書 是爲逆人情之所習強賦賤價之物以高價不能通行宜也

第四項　粟帛布

吾國古代常以粟及布帛縑絹等爲幣此雖近於實物交易然亦有當別論者蓋彼時之粟帛等實有兩種資格其一爲直接消費物品之資格其二則爲幣材之資格也周官旅師職云掌聚野之勤粟屋粟間粟而用之廩人職云掌敘市秋布總布寶布調布廛布而入於泉府載師職云凡宅不毛者有里布間師職云凡無職者出夫布孟子云廛無夫里之布職幣職云掌以斂官府都鄙與凡用邦財者之幣粟也布也幣也即所謂貨幣也以粟爲交易媒介其象寶寶於寶物交易故自古嘗幣材者多不及此然稽諸經傳其跡歷歷可見也周官司市職云國凶荒札喪則市無征而作布鄰注云有災害物貴金銅無凶年因物貴大鑄泉以饒民國語云古者天降災戾於是乎量資幣權輕重以振救民管子云湯七年旱禹五年水湯以莊山之金鑄幣而贖人之無饋寶子者禹以歷山之金鑄幣救人之困由是觀之三代同符矣貨幣多則其價賤貨幣少則其價騰貨幣騰則百物價賤貨幣賤則百物價騰此一定之學理古今中外所莫能外者也則當年凶年物貴之時反增鑄貨幣以益之母乃於抱薪以救火耶而薰成效者何也殊不知古代以粟爲幣以此爲幣且行之而灼見成效者何也殊不知古代以粟爲幣全國所有之粟以一部分供民食以一部分資幣材當凶歲則粟乏之時而兩者之用皆不可須臾缺則民病滋甚故廣鑄幣以濟其乏時昔專賣幣材之粟得受代而卸此職務舉其量以悉充民食則一國生計輕此而蘇也此與今世醫國當恐慌時代多發紙幣者同一作用然苟不知當時以粟爲幣之制則此理無從索解也
中國以布帛爲幣材其歷史最長唐虞以前殆已有之於神農氏迨燮起三代及春秋戰國間其用蓋極盛故錢謂之布冰明之幣布者布也幣者帛也貨幣二字今成爲交易媒介物之專名貨之材則貝幣之材則帛布帛而貨也然

則貝與布帛殆可稱古代幣材之二大系統矣。

漢書食貨志云「周布帛之制以幅廣二尺二寸為幅長四丈為匹」而周官載師職「凡宅不毛者有里布」鄭衆注云「里布者布參印書廣二尺長二尺以為幣貿易物詩云抱布貿絲抱此布也」禮記雜記「幣一束束五兩兩五尋」鄭康成注云十個為束兩者合其卷是謂五兩八尺曰尋兩五尋則每卷二丈也合之則四十尺今謂之匹錯綜諸說而參互之則當時所謂制幣者略可見也凡布帛以匹為單位每匹以兩端相向對卷合一端兩卷而成匹故亦謂之兩一端謂指而謂之匹非古也其經傳所腹稱束帛者是也其廣其長皆常每卷十分之一當每四二十分之一為卷十分卷之一為布亦謂之兩而其長則四丈也匹之五倍為束故一束為二十丈經傳所腹稱束帛者是也其廣其長皆常每卷十分之二分匹之一為卷十分卷之一此普通貿易所用也故曰貿易物此種布幣以二十方而值一匹以百方而值一束帛為典禮用不以施諸貿易矣由此觀之則當時幣制有法定盡一之單位與上有倍數位單位之下有補助位子母相權與今世之幣制系統極相似矣

古代所謂布者乃度量衡之名而非物品之名申言之則布者非與帛對舉而與卷與端與匹與束對舉也就其可舒而言之謂之卷就其兩相對卷而言之謂之兩謂之匹一布一卷一匹皆一段也特其段有大小耳春秋左氏昭二十四年傳云錦二兩罕人貸之百兩一布謂以普通幣帛之百兩乃能買此錦一布也即以四百丈之帛乃能易二尺之錦言其貴也以帛之賤者名為布後世習用之則以帛之貴者名為錦矣

夫幾貝皮等皆爲天然產物不能隨人意以盡分其形質其伸縮力極弱且之與粟雖其形大小可隨時增減其量以為計數然僕數省而種量之亦滋弗便惟布帛由人工織造故可懸一定式以為幟以之為量度價格量

飲冰室文集之二十

尺度則標準確而免鬥爭指敭易而省煩費此與金屬貨幣之由秤量制而進為員數制者顏相似古代人民便而習之蓋有由也布幣之用既廣後此雖鑄金屬以代之而仍沿偽名曰布曰帛不解所由乃強以布敭之義釋之是未稽其朔耳云漢書食貨志云貨布於民間也李奇注鄭司農所云布參印書者考漢舊儀如淳注引漢律云人傳僞用五寸木封以御史大夫印章其乘傳參封之證三也〕此所謂參印書者疑亦同此印三印於布之封面所以檢姦偽也故晏子云如布帛之有幅焉為之制度使無邊也禮記王制亦云布帛精麤不中數幅廣狹不中量不鬻於市夫使布帛僅為交易之目的物則何必於其數尺斤斤為制度以干涉之而使不得邊哉徒以其為交易媒介物故必須由國家敭定俾得斠若畫一也準此以譚則國家造幣權之觀念濫觴於是矣一布之廣二尺其長二尺實為其唯一之標準舍此之外不為他用矣此亦與今畫之貨幣性質酷相類者也
幣制既以匹為單位亦鋑之兩故爾雅釋幣云一布之長二尺且其例也兩本為布帛幅長之名不為金屬重量之名後世雖鑄金作幣然民久習於布帛之兩不能驟改故襲其名曰兩秦始皇鑄錢文曰半兩題此錢一枚其值半兩卽十布也左氏閔二年傳所謂重錦三十兩昭二十六年傳所謂幣錦二兩所謂百兩一布皆其例也兩純帛無過五兩春秋媒氏疏所謂凡嫁女娶妻入幣純帛無過五兩春秋

由此觀之則周代八百年間幣制殆可稱為布帛本位時代其他物雖亦兼為幣材而為用總不如布帛之廣此實中國古代史一特色也各國古代所用金屬以外之幣材雖有多種惟未聞有用布帛者則以薑萊為中國專有之文明故也秦漢以後金屬貨幣雖盛行然布帛之用猶不廢直至明代而布帛始不為幣材徵諸唐宋明史

其官俸皆舄緣若干儋而有徵矣．

第五項　禽畜

泰西古代各國多以家畜爲幣而我國則不槪見蓋緣彼都古史所記皆游牧遷徙之蹟而我則蚤進爲農國也雖然其蹟亦非無一二可尋者古者相見必以贄贄之文从貝亦所謂以貨財爲禮也周官大宗伯職云作禽摯孤執皮帛卿執羔大夫執雁庶人執雞皮帛旣爲貨幣則羔雁等亦爲一種之貨幣無疑聘禮言幣或用馬士昏禮言納徵用束帛儷皮而納采納吉請期皆用雁是皆古人以禽畜爲幣材之證孟子言事之以犬馬事之以珠玉皮幣皆爲古代貨幣則犬馬亦爲古代一種之貨幣明矣漢武帝鑄幣鑄馬形於其上亦猶希臘古幣鑄牛形之等浩古者用畜之習而以金爲代表之也

第六項　器具

齊法貨

各國有以器具爲幣者而我國古代之例證更爲顯著其最盛行者則軍器與農器也古代部落戰爭甚烈入人所不可缺者則護身之兵器也然冶鑄之事非盡人所能故人多欲出他物以易取之久之遂成交易媒介之用其後雖錯金以鑄專供幣用而猶沿其名且模其形故古代錢謂之刀而齊太公所鑄法貨如上圖文作刀形而小之後儒不察本末乃謂刀之名取義於利民漢書食貨志如齊法貨注云銛爲刀者淳

以其利於民也失之遠矣民習於以刀爲幣故雖鑄新幣而猶作刀形凡以代表刀而已其意若曰此幣一枚即與刀一柄同值也

農器亦然爲人人所欲得之物而非人人所能造故咸欲以他物易取之久之遂成爲交易媒介之用其後雖厚幣亦沿其名且模其形徵諸錢字之語源而可知也說文錢字下云銚也古者田器詩周頌臣工章庤乃錢鎛毛傳云錢銚也然則錢銚之本義與銖轉注絕不含有錢幣之意甚明然則銖果爲何乎銚字爾雅釋器作斛斗注云古鍬字方言云臿謂个鍬也然則錢即銚銚即鍬古者以農具之錢爲一種交易媒介之要具後此鑄幣仍象其形而襲名曰錢觀古代之鍬其形與今之鍬酷相類則其命名之所出可以見矣錢爲本字周代或稱曰泉者乃同音假借字後儒妄以如泉之流釋之漢志注如淳曰實鬻盧造也後世之錢圓周方孔乃鑄造技術之進化形雖變而稱不改於是錢鏹之名遂爲錢幣所奪而世無復知錢之本爲何物者矣

吾嘗考古代地中海沿岸人民所用銀幣有作魚形者印度洋沿岸人民所用銅幣有作刀形者其形略似我古澳洲土人又其銀銅幣有作海藻形者魚刀海藻皆其地前此一種幣材及鑄金爲幣仍象其形以代表之銖說人本

因以悟吾國錢刀之得名亦同此理東西一揆人情固不甚相遠也

錢
原
論
衛
生
計

第七項　珠玉

管子稱古者以珠玉爲上幣漢書食貨志言秦幷天下始不以珠玉爲幣則珠玉之充幣材久矣然其爲物所値

教学篇

太奢而毀壞極易一有破損價值全失實幣材中之最不適者也故雖在前代已不普行軍治稍進遂受淘汰還跡所存無甚可考大率以供藏襲之資備享饋之用耳朝覲會盟聘饗必以圭璧為禮簋齊是玉幣之遺意而爾雅釋器云玉十謂之區郭璞注云雙玉曰瑴五瑴為區是則古代用玉計數法之可考見者也

結論

由此觀之古代之貨幣非自始即能用金屬以為材也金屬之用實最後起然遂能凌駕諸品獨占優勝者何也吾固言之矣貨幣有四種職務惟能完此職務者最適於為幣材欲完此職務奈何是當具八德一曰為社會人人所貴而授受無拒者二曰搬運便易者三曰品質鞏固無損傷毀滅之憂者四曰有適當之價格者五曰容易割裂且不緣割裂而損其價值者六曰其各分子以同一之品質而或七曰其表面得施以燒印標識者八曰價格確實而變遷不劇者而此所用龜貝皮粟布帛禽畜器具珠玉諸品於此八德者或具彼而闕此或具此而闕彼以資格不備而見淘汰惟金屬悉備之故其用獨專也而金屬之中賤金之資格又不逮貴金故銅鐵不如金銀銀又不如金不然珠玉繾石之值豈不更卻於賞金乎夫金則八德咸備矣銀亦幾於具體而徵而其所缺憾者則以晚近數十年來全世界銀塊之出產太盛而需要之增進不能與之相應故其價漲落無常而於第八項所謂價格確實之德蓋闕焉故二十年前各國尚有以金銀兩種並為主幣者今則惟金獨尊而銀則夷而為從與銅同位原則所支配大勢所趨雖有大力莫之能抗也今者交通盛開生計無國界欲為國民謀樂利終不容逆時以取敗亡我后我大夫亦既知須定幣制之不可以已顧顧聞

廷臣之議猶復有主銀而不主金者，此猶生秦漢以降尚矜矜然欲貨貝而寶龜也，惡有濟矣。吾因考古縱論及此者，主金關銀之議他日更當為專篇以闡發之。

附录二：刘师培（申叔）：《小学发微补》

（摘自1934年北京修绠堂刊印本）

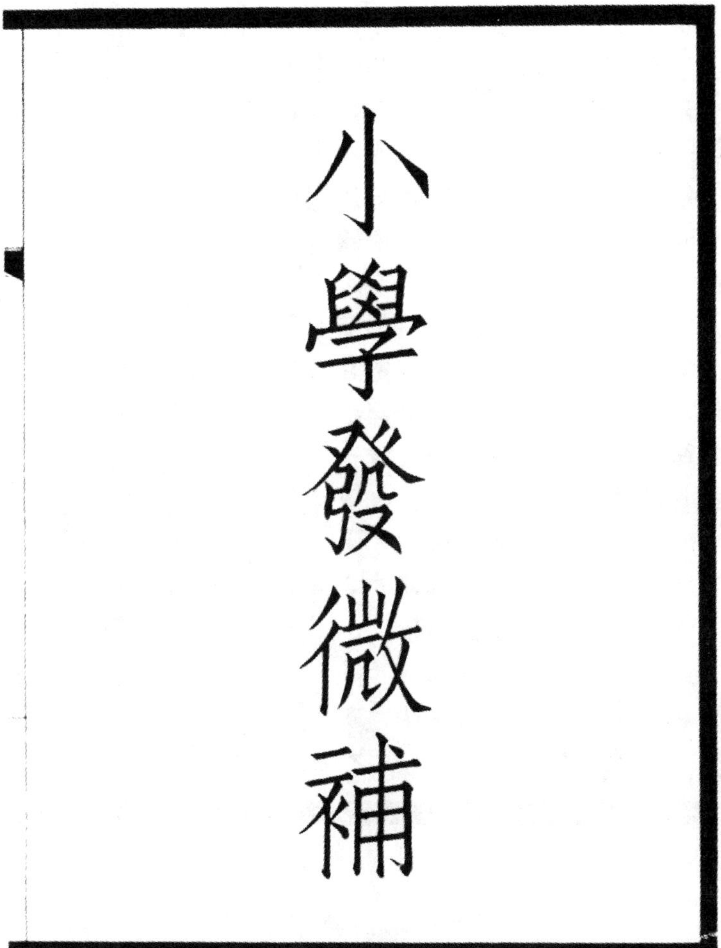

小學發微補

文合于孔門闕疑之義非後儒憑臆改經者可比（說文有讀若讀如無讀爲則但擬字音未有易字也）故即漢儒以音讀說經之例而溯其源英斯賓塞爾之言曰有語言然後有文字文字與繪畫無二理也蓋上古之時字皆象形墨西哥之古文埃及之古碑莫不皆然中國古代之字亦然（如洪崖石刻是）凡象形之字即古圖畫之變體也許君之叙象形曰畫成其物隨體詰屈字出于畫此其明徵如日字篆文作日（外以象其體之圓其中一畫即古人日中有黑影之說也）即古人所繪之日圖也月字篆文作☽（月闕時多滿時少故象其闕形其中之一畫即古人所謂月中有大地山河影之說也）即古人所繪之月圖也气字篆文作气（下云雲氣也象形蓋三畫所以象雲气之重疊復曲其形以象雲气之流動也又說文雷字下云從雨畾象回轉形雲字下云從雨云象回轉之形蓋古人以雲雷皆回轉于天故並有轉義）即古人所繪之雲圖也雨字古文作𩂣即古人所繪之雨圖也（𩂣字見玉篇蓋冂字象天形⺀象雨點之形也說文雨字下云一象天冂象雲水霝其間也亦此義）山字篆文作山即古人所繪之山圖也（上以象其峯下以象其洞穴）水字篆文

作巛即古人所繪之水圖也繪水字紋古文作三有三短即坎卦之字形今人

此其證其田字篆文作田即古人所繪之田圖也田古井田從十縱阡橫陌阡陌制交通蓋之田圖故文釋作山碑即作⊕字象田形字

古形心心形字外篆文象心包絡之田字圓篆象胘毛形也其胘形象上尖下象若夫象身體之形者如心

⊕其象目中之一筆者則匝也右之紋突狀者如顙耳字古文則作耳形象上尖下象肤筋交通之象也目字古文象黑睛回外象睡子故為目腦字象腦形⊙象

點象之形此字亦象中之圓者則手字指暇及字又謂手是也象臣字旁臣之古字起初作者左中一筆存骨連之象其兩是也呂字兩相

形之又形新之月文此字亦象也

尾為頭足為鳥喙與鳥目同其中未為翼下為尾形說其文云

形像動物之形者如鳥隹馬象之象立形虎犬之象蹲形

鹿鼠之象走形蟲象臥形巴象盤曲之形象植物之形象此皆古人所繪動物圖之變形象植物之形

獸字無正面之說無弟向右形

者如穀類之來字來葉字篆文故來字象麥之形其下為根四出禾字